AF557665

Zwischen den Kriegen

HOLGER MICHAEL

ZWISCHEN DEN KRIEGEN

Polens Außenpolitik 1919–1939

edition ost

Inhalt

Vorwort

Mit dieser Publikation liegt eine geschlossene Darstellung der polnischen Außenpolitik für die Jahre 1918 bis 1939 vor. Sie soll dazu dienen, die komplizierten Zusammenhänge des Kampfes um die polnischen Nachkriegsgrenzen, die permanenten Feind- und Gegnerschaften sowie Bündnisbestrebungen unseres Nachbarlandes deutlich zu machen. Polens Außenpolitik in dieser Zwischenkriegszeit führte in tragischer Weise in eine für das polnische Volk bis dato nie gekannte nationale Katastrophe. Das war keine Gesetzmäßigkeit oder unabwendbare Konsequenz. Doch unter den gegebenen konkret-historischen Verhältnissen der Herrschaft einer in bestimmten Adelstraditionen und damit verbundenen unrealistischen Sichtweisen befangenen polnischen Führungsschicht konnte eine andere Alternative kaum zum Durchbruch gelangen.

Die vorliegende Arbeit belegt, dass dies nicht vor allem und schon gar nicht die alleinige Schuld der polnischen Führung war und sie hinsichtlich des bestehenden Handlungsspielraumes ihre Möglichkeiten optimal genutzt hatte. Doch der selbst verschuldete enge Handlungsrahmen begrenzte eben auch jedes noch so klug angedachte Manöver zur Sicherung der staatlichen Integrität und letztlich der Existenz des unabhängigen Polens.

Die Außenpolitik Zwischenkriegspolens wurde von den seit 1944 in Polen herrschenden Linken allein auf ihren Klassencharakter reduziert und ihr Scheitern zu einer Gesetzmäßigkeit erklärt. Die polnischen Kommunisten und ihre Bündnispartner leiteten daraus zu Recht auch ihre politische Legitimation ab, die die Volksrepublik Polen tatsächlich in eine Position brachte, von der Zwischenkriegspolen nur träumen konnte: sichere und natürliche Grenzen, befreundete und verbündete Nachbarn, eine bedeutende internationale Stellung innerhalb der osteuropäischen (sozialistischen) Länder, innerhalb Europas und letztlich in der Welt. Mehr noch: Eine solch geachtete Stellung, unterlegt mit wohlwollendem

Respekt und Anerkennung und nicht mit Furcht vor nationaler und sozialer Unterdrückung und Arroganz seiner herrschenden Klasse, hatte Polen im Verlauf seiner tausendjährigen Geschichte weder vorher noch nachher aufzuweisen.

Bis heute ist die polnische Außenpolitik der 1920er und 1930er Jahre – die sogenannte Zwischenkriegszeit – nicht nur in Polen, sondern auch unter ausländischen Historikern umstritten. So wird immer wieder gefragt, was die polnische Führung bewogen haben könnte, durch eine zum Teil als weltfremd empfundene Haltung die eigene Unabhängigkeit aufs Spiel gesetzt und – verspielt zu haben.

Die meisten Kritiker – auch linksbürgerliche – machen Klassenbeschränktheit, Klassenegoismus, Borniertheit, blinden Antikommunismus, Antisowjetismus, fehlenden Realismus, Überschätzung der eigenen Kräfte und Mittel usw. für die Zwischenkriegsdiplomatie verantwortlich. All das ist belegbar, doch für eine plausible Erklärung nicht ausreichend. Die polnische Führung, ihre Außenpolitiker und Diplomaten waren keine Abenteurer, sondern hochgebildete, kompetente, der 1918 oft unter hohem persönlichen Einsatz erkämpften Unabhängigkeit verpflichtete Menschen, denen im Sinne eines bürgerlichen Patriotismus das Wohl Polens am Herzen lag. Sie verfolgten eine Außenpolitik, hinter der sie mit ihrer ganzen Person, mit bestem Wissen und Gewissen standen. Sie darzustellen heißt auch, die Anstrengungen Warschaus zur Verteidigung seiner Unabhängigkeit zu würdigen.

Was sich heute – aus der Retrospektive von mehreren Jahrzehnten – als Fehler, politische Kurzsichtigkeit oder insgesamt als verfehlt darstellt, konnte zur Tatzeit zumeist nicht als Irrtum erkannt werden. Bestimmte Entwicklungen, wie z.B. die in der Sowjetunion, konnten zu jener Zeit weder in Warschau noch anderswo in Europa vorausgesehen werden. Auch viele der warnenden Worte und Prognosen einzelner Persönlichkeiten waren weniger das Ergebnis von Genialität, exakter und kompetenter Analysen, sondern wohl eher Ausdruck von Intuition, Trotz und Opposition.

Jene Politik zu analysieren und gerecht zu bewerten, heißt, vom damaligen Erkenntnisstand auszugehen und die Interessen der vielen und gegensätzlich handelnden Protagonisten und Antagonisten deutlich zu machen. Das erfordert neben notwendigem Einfühlungsvermögen unbedingte Distanz. Für einen Historiker ist das immer wieder eine Herausforderung.

Die polnischen Rechten nach 1945 hingegen machten es sich hierbei einfach. Sie glorifizierten jene Außenpolitik als unabhängig und trennten sie von ihren praktischen katastrophalen Folgen. Damit wiesen sie jener Politik eine Bedeutung zu, die sie nie besessen hatte. Die verantwortlichen Akteure eben jener Außenpolitik waren nämlich keinesfalls mit den damaligen Konstellationen und Ergebnissen jener »unabhängigen Außenbeziehungen« zufrieden. Die polnische Staatsführung, vor allem der die Außenbeziehungen in den ersten Jahren und ab 1926 prägende Marschall Józef Piłsudski, war sich der Tragik des polnischen Bündnis- und Sicherheitssystems durchaus bewusst und spürte die darin liegenden Gefahren. Sie war – im Gegensatz zu den gegen die Volksrepublik Polen kämpfenden und heute regierenden Rechten – weit davon entfernt, ihren engen Spielraum zu bejubeln.

Die heutigen Machthaber Polens, die sich in den Medien geradezu unwidersprochen als Fortsetzer jener Zwischenkriegszeit präsentieren, befinden sich in einer weitaus besseren außenpolitischen Situation als ihre Vorbilder. Die gegenwärtige Gestalt Polens verdanken sie nämlich den abgetretenen Linken und der untergegangenen Sowjetunion. Doch statt auf den Errungenschaften eines halben Jahrhunderts aufzubauen, reaktivieren sie jene Elemente der Außenpolitik, die für Polen so katastrophale Folgen hatten. Statt die Beziehungen mit dem Osten zu stabilisieren, zu erweitern und insgesamt zu verbessern, wie es Marschall Piłsudski angestrebt hatte, wird eine feindselige Außenpolitik gegenüber Russland und Belarus betrieben. Dienten die Bemühungen des Marschalls der Verteidigung Polens und der Abwehr einer sowjetischen Revanche für das Jahr 1920, so zielt die heutige Ostpolitik auf expansive Einflusserweiterung (Belarus, Ukraine) und Erniedrigung (Russland) ab. Bislang war damit dem neubürgerlichen Polen kein Erfolg, sondern eher das Gegenteil beschieden. In der Europäischen Union gilt Polen als Störenfried in den Beziehungen zum rohstoffreichen Russland. Diese

Politik kostete mehr als nur dem Staatschef das Leben, als sich Präsident Lech Kaczyński im Frühjahr 2010 weigerte, im belorussischen Minsk oder russischen Moskau notzulanden. Die Beziehungen zu Polens großem Nachbarn im Osten werden heute bewusst verschlechtert. Derartiges hätte sich die Diplomatie Zwischenkriegspolens bei allem Antikommunismus und Antisowjetismus nach 1923 kaum erlaubt. Eine so einseitige Betonung der antisowjetischen Komponente der polnischen Außenpolitik durch die heutigen Machthaber verstellt aber auch den Blick auf eine sachliche, richtige und somit gerechte Wertung der Zwischenkriegsdiplomatie.

Andererseits ist es unzulässig, die Ergebnisse polnischer Außenpolitik allein und zwangsläufig in den Überfall Hitlerdeutschlands auf Polen im September 1939 münden zu lassen. Geschichte von ihrem Endpunkt aus zu betrachten, verleitet dazu, den Kriegsausbruch als logische und kausale Konsequenz einer verfehlten Außenpolitik zu klassifizieren. Das kann leicht zu der völlig falschen Behauptung führen, dass letztlich die Polen selbst am Kriegsausbruch schuldig wären. Das würde einigen politischen Kreisen in Deutschland und anderswo durchaus gefallen.

Zu bedenken wäre aber auch, dass Polen – trotz seiner wie auch immer gewerteten Außenpolitik – von seinen westlichen Bündnispartnern damals hintergangen und verraten worden ist. Das führt zu der bisher kaum diskutierten These, dass Polen gerade im Vertrauen auf den Westen auf die angebotene sowjetische Hilfe verzichtet hatte. Bis zum Schluss wurden London und Paris nicht müde, Warschau ihrer Hilfe zu versichern und Polen hierbei hinters Licht zu führen, wie neueste Forschungen bestätigen. Der Westen war bereit, Polen Hitler auszuliefern, um ihm die letzte staatliche Barriere auf dem Weg in die UdSSR wegzuräumen und selbst im sicheren Abseits zu bleiben.

Nicht weniger wichtig ist die Tatsache, dass Polen den Deutschen keinen Anlass zum Krieg gegeben hat und völlig schuldlos angegriffen wurde. Diejenigen Kräfte, die letztlich über den Überfall entschieden bzw. sich ihm nicht widersetzten, obwohl sie dafür ausreichend Kräfte und Mittel verfügten, befanden sich außerhalb Polens. Auf sie hatte Polen letztlich kaum Einfluss.

Dennoch verdient diese tragisch endende Außenpolitik Anerkennung. Polen hatte aktiv an der europäischen Außenpolitik teilgenommen. Polen war vertragstreu und zuverlässig, hatte keinen der mit ihm abgeschlossenen Verträge unterlaufen oder sich seinen Verpflichtungen entzogen, was man von seinen Verbündeten nicht behaupten konnte. Dass Warschau über bestehende Verpflichtungen hinaus Wege zur Absicherung seiner nationalen Sicherheit suchte und hierbei riskante Wege beschritt, ist sicher kritikwürdig, aber auch erklärbar.

Mit der Annexion des Olsa-Gebietes im Schatten Hitlerdeutschlands hatte Polen im Umfeld der Zerschlagung der Tschechoslowakei die Grenzen seiner bisher berechenbaren Außenpolitik eindeutig überschritten und verdiente daher entschiedene Kritik. Insgesamt jedoch hatte sich Warschau nach 1923 immer an seine selbst vorgegebene außenpolitische Linie gehalten. Trotz Machtwechsel 1926 gab es keinen grundsätzlichen außenpolitischen Kurswechsel. Die polnische Außenpolitik war konstant, konsequent und berechenbar. Das brachte ihr weitere historische Verdienste ein:

Erstens hatte Polen den Werbungen der deutschen Führung widerstanden, sich um den zweifelhaften Preis ukrainischen Landbesitzes an einem Krieg gegen die Sowjetunion zu beteiligen.

Zweitens setzte die Weigerung Polens, auf die deutschen Vorschläge einzugehen und die Bereitschaft, Polen gegen die Deutschen zu verteidigen, der westlichen Begünstigungspolitik (Appeasement) ein Ende. Nunmehr gab es erstmals bewaffneten Widerstand, gab ein mittelgroßes europäisches Land der größten und modernsten Militärmacht Europas nicht nach. Dadurch wurden die Westmächte gezwungen, in den Krieg zu ziehen und ihre Beobachterrolle im Kampf gegen die UdSSR aufzugeben. Das kämpferische Verhalten Polens machte in dieser Sichtweise letztlich auch die Entstehung der Antihitlerkoalition nötig und möglich.

Ich habe lange überlegt, wie ich dem Leser diese überaus umfangreiche und komplizierte Problematik nahebringen sollte. Die Verführung, durch eine strikt wissenschaftliche Abhandlung Lob und Anerkennung der Fachwelt zu erringen und vielleicht hitzige und Aufmerksamkeit erregende Debatten zu entzünden, war freilich groß. Sie barg aber auch die Gefahr, den Kreis der Leser klein zu halten und ihnen zudem übermäßig Geduld und Ausdauer zuzumuten.

Letztlich fiel doch eine andere Entscheidung. Hier geht es darum, dem deutschen Leser einen komplizierten und interessanten Zeitraum nahezubringen. Dabei darf er durch die Vielzahl der Fakten nicht verwirrt werden, er muss den Überblick behalten, um die geschilderten Vorgänge nachvollziehen zu können. Deshalb wird auch der bisher diesem Thema fern stehende Leser immer wieder an die verschiedenen Schwerpunkte durch entsprechende Erklärungen herangeführt.

Die vorliegende Arbeit bietet nicht nur einen umfassenden Überblick über die außenpolitischen Probleme der polnischen Zwischenkriegszeit, sondern ist auch geeignet, historisch Interessierten ohne Vorkenntnisse tiefere Einblicke in die Geschichte unseres Nachbarlandes zu ermöglichen.

Geschichte von Außenpolitik ist immer auch Beziehungsgeschichte zu anderen Staaten. Daher ist es angebracht, die Vorgänge in den an Polen angrenzenden Nachbarstaaten dahingehend zu beleuchten, um die Motivationen politischer Handlungen gegenüber Polen nachvollziehbar zu machen. Hierbei handelt es sich teilweise um Fakten, Tatsachen und Zusammenhänge, die in der deutschsprachigen Literatur nicht zugänglich sind und so auch als Bereicherung des Geschichtsbildes des Lesers über jene Länder dienen können.

Die Geschichte der polnischen Außenpolitik – und noch dazu in einem so bedeutsamen historischen Zeitraum – darzustellen, erfordert immer eine strenge Auswahl der zu behandelnden Geschehnisse. Einige werden breiter und tiefgründiger dargestellt, andere nur erwähnt. Komplizierte Verhandlungswege werden ausgeblendet oder nur im Umriss wiedergegeben, einige werden je nach Relevanz geradezu minutiös präsentiert. Jene Auswahl wurde nach dem Prinzip der historischen Relevanz getroffen: Ereignisse, die in besonderem Maße die weitere Entwicklung prägten. Andere Ereignisse tiefer zu beleuchten, war nicht möglich.

Mein Leben ist fast ein halbes Jahrhundert mit Polen verbunden gewesen. Eine Faszination von Land und Leuten, familiäre Verbindungen (meine erste Frau und unsere Tochter sind Polinnen), mein Studium in Warschau und Wrocław, eine über zehnjährige Dolmetschertätigkeit im Rahmen des Kinder- und Jugendaustausches DDR-Polen, meine berufliche Tätigkeit als Polen-Spezialist an der Akademie der Wissenschaften der DDR, mein Einsatz als Deutschlehrer in Polen sowie Polnischlehrer in Ostdeutschland, meine mit der polnischen Geschichte und Gegenwart befassten Publikationen sowie meine vielen Kontakte mit polnischen Freunden und anderen Bürgern machen es mir nicht leicht, bei einer solchen bis heute im polnischen Gesellschaftsbewusstsein sensiblen und somit emotional unterlegten Problematik eine für diese Arbeit nötige kühle Distanz zu wahren. In bestimmten Fragen, vor allem was das Verhältnis zur Sowjetunion betraf, hatte ich schon seit Beginn der Beschäftigung mit Polen eine andere Meinung als die Mehrzahl der Polen selbst. Diese Auffassungen, mit denen ich übrigens auch unter vielen Polen und auch polnischen Historikern nicht allein stehe, hat sich bis heute im Wesentlichen erhalten und wurde mit den Jahren wissenschaftlich immer mehr unterlegt.

Auch in anderen Fragen, die in dieser Arbeit behandelt werden, tauchen Wertungen auf, die von den allgemein heute in Polen vertretenen Auffassungen teilweise, erheblich oder gänzlich abweichen. Vielfach setze ich mich mit langlebigen und verfestigten Auffassungen in der polnischen Geschichtsschreibung auseinander. Mit Sicherheit fordere ich damit einen Teil der polnischen Leser heraus, da diese Fragen bis heute entweder ein Tabuthema darstellen oder hochgradig emotionalisiert sind.

Dennoch betrachte ich es als einen Vorzug, mit dieser Arbeit eine von den üblichen und stereotypen Vorstellungen abweichenden Darstellung präsentieren zu dürfen, die dem Verständnis des abgelaufenen Geschichtsprozesses dient.

Holger Michael
Berlin, im Januar 2021

1.

Vom alten zum neuen Polen

Mit der Dritten Teilung Polens verschwand 1795 einer der größten Staaten Europas, der zweitgrößte Osteuropas, von der politischen Landkarte. Sein Untergang war wesentlich selbst verschuldet. Eine über Jahrhunderte betriebene Ostexpansion, die Polen zeitweilig den Besitz Moskaus bescherte, forderte zuerst die Völker des Ostens, später die immer mächtiger werdenden Nachbarn aller Himmelsrichtungen heraus, die nicht minder expansiv waren.

Diesem Druck konnte Polen allein durch seine geographische Lage nicht auf Dauer standhalten. Zudem machte ein inzwischen antiquiertes politisches System das Land immer schwerer regierbar. Der nur auf seine Privilegien bedachte und gegenüber anderen Ländern vergleichsweise zahlreichere Adel im Verbund mit einer starken katholischen Machtkirche ließen alle Reformen und Modernisierungsbestrebungen fehlschlagen und bescherten dem Staat eine immer schwächer werdende königliche Zentralmacht. So begann der hundertjährige Zerfall dieser osteuropäischen Großmacht seit der Mitte des 17. Jahrhunderts und war auch durch zaghafte Versuche progressiver Kräfte des polnischen Volkes nicht mehr aufzuhalten. Eben diese Bemühungen polnischer Patrioten aus Teilen des Adels, des schwachen Bürgertums und der Bauernschaft brachten die sich sonst so patriotisch gebärdenden Oberschichten dazu, sich aus klassenegoistischen Gründen lieber fremden Herrschern zu unterwerfen.

Die nächsten Jahrzehnte waren davon gekennzeichnet, die staatliche Unabhängigkeit vor allem durch Aufstände und andere militärische

Unternehmungen wiederzuerlangen. Mit der Errichtung des Großherzogtums Warschau konnte auf einem kleinen Territorium dieser Traum für sieben Jahre realisiert werden. Nach seiner Liquidierung geriet ganz Polen etwas mehr als einhundert Jahre wieder unter Fremdherrschaft. In den nächsten fünfzig Jahren folgte eine Verschwörung, eine Erhebung und ein Aufstand auf den anderen: 1830/31, 1846, 1848 und 1863/64. Alle diese Aufstände, die besonders vom Unabhängigkeitswillen des polnischen Volkes kündeten, wurden blutig niedergeschlagen, endeten mit Massenemigrationen, Verbannungen und dem schrittweisen Verlust bedeutender autonomer Rechte. Besonders der letzte, der Januaraufstand 1863/64, verdeutlichte angesichts des realen Kräfteverhältnisses die Aussichtslosigkeit weiterer Erhebungen.

Das Fiasko der Aufstandsideologie ermöglichte erstmals eine breitere Diskussion über die Ursachen des Untergangs des alten Polens. Das war ein ungewöhnlicher Fortschritt, denn bisher wurde die Schuld am Verlust der Eigenstaatlichkeit vor allem den fremden Mächten angelastet. Die eigenen hausgemachten Schwächen und Verfehlungen kamen dabei kaum zur Sprache. Die Aufstände wurden so auch im alten Geist geführt, womit die Bauern, denen man kaum soziale und politische Rechte zubilligen wollte, als Bevölkerungsmehrheit nicht mehr zu gewinnen waren. Auch deshalb scheiterten die Erhebungen.

Es dauerte aber sehr lange, bis eine reale Sicht auf die Gründe des Scheiterns von größeren Gesellschaftskreisen angenommen wurde. Man kann sogar sagen, dass diese Wertungen im Geschichtsbewusstsein der meisten Polen erst nach dem Zweiten Weltkrieg wirklich Fuß fassen konnten.

Undifferenziert hingegen hängt man bis heute dem verlorenen Riesenreich an, was doch ein wesentlicher Grund für dessen Untergang war. Das Bewusstsein vergangener Größe und deren Restitution nahm auch durch verstärkte publizistische Tätigkeit nach 1900 immer mehr zu und bildete 1918 einen nationalen Konsens.

Nach dem Fiasko der Aufstandsideologie 1864 setzte ein gewisses Umdenken ein, das sich in verschiedenen Konzeptionen äußerte. Das Spektrum jener Überlegungen reichte von völliger bis partieller

Anpassung an die neuen Verhältnisse, »organischer Arbeit« (Schaffung wirtschaftlicher und kultureller Grundlagen für ein künftiges modernes Polen), bis zur Schaffung politischer Parteien, die eine nationale Autonomie postulierten.

Man hatte gesehen, dass die Kräfte der Polen zu schwach waren, sich auch nur einer der Teilermächte zu entledigen. Solange die drei auch noch zusammenhielten, war keine wesentliche Änderung in Sicht.

Zu Beginn des 20. Jahrhunderts kam wieder Bewegung in das politische Leben Polens.

Die Ereignisse der russischen Revolution 1905 führten im russischen Teilungsgebiet zu Massenaktionen der Bevölkerung, vor allem der Arbeiterklasse, die die besitzenden Klassen und Schichten verängstigt hatten. Sie waren daher bereit, sich um der Besitzsicherung willen »ihrer« Teilermacht noch weiter anzunähern, auf die Unabhängigkeit zu verzichten und bestenfalls eine weitgehende Autonomie im Rahmen des bestehenden Staates anzustreben. Zudem hatten sie bemerkt, dass die Widersprüche zwischen den inzwischen etablierten Bündnissystemen Entente (Russland, Frankreich, das Vereinigte Königreich) und den Mittelmächten Deutschland und Österreich-Ungarn auch für das Schicksal der polnischen Gebiete zunehmend Bedeutung bekamen und vieles darauf hindeutete, die bisherige Teilungspolitik aufbrechen zu können.

Die bis Ende des 19. Jahrhunderts herausgebildeten politischen Parteien und Gruppierungen traten nun mit unterschiedlichen Konzeptionen hinsichtlich der Zukunft der polnischen Gebiete an die Öffentlichkeit.

Die Nationaldemokraten – die Partei der besitzenden Klassen, der etablierten Intelligenz und mit der katholischen Kirche verbunden – vollzogen nach den revolutionären Ereignissen eine geradezu konzeptionelle Wende ihrer Zukunftsplanung. Sie blieben bei ihrer vor allem antideutschen Ausrichtung, da sie in den Germanisierungsbestrebungen des Deutschen Reiches die größte Gefahr für den Erhalt der polnischen Nationalität sahen, und suchten auch gegen die eigenen revolutionären Bestrebungen Halt bei Russland. Sie rechneten mit einem Krieg zwischen Russland, der Entente und den deutschsprachigen Teilermächten.

Nach einem Sieg der Alliierten sollten die polnischen Gebiete der Deutschen und Österreicher dann unter russische Herrschaft fallen und sich mit Russisch-Polen zu einem einheitlichen autonomen Organismus vereinigen. Solch ein enormes Territorium, davon gingen die Nationaldemokraten aus, wäre nicht mehr mit den bisher üblichen zaristischen Methoden regierbar gewesen. Hier hätte man Polen zur Verwaltung einsetzen müssen. Eine weitgehende Autonomie wäre die Folge, aus der die Polen in unabsehbarer Zeit möglicherweise noch mehr hätten herausschlagen können. Grundlage einer solchen Konzeption wäre ein Bündnis zwischen der besitzenden Klasse Polens und dem Zarismus gewesen, das sich gegen jeglichen sozialen Fortschritt gerichtet hätte. Russland wäre also die Schutzmacht gegen innen und außen gewesen. So wäre auch Polens Sicherheit gegenüber den Deutschen gewahrt. Polen hätte zudem im zaristischen Riesenreich einen unbegrenzten Absatzmarkt, eine nie versiegende Rohstoffbasis gehabt und sich zur am weitesten entwickelten Region des Imperiums entwickeln können.

Diese Konzeption, wäre sie zum Tragen gekommen, hätte Polen zusammen mit Russland lediglich in den geschwächten deutschsprachigen Ländern außenpolitische Gegner gehabt. Diese wären jedoch durch ein Bündnis mit Frankreich und Großbritannien in Schach zu halten gewesen.

Diese pro-russische Orientierung wäre durchaus eine realistische Alternative gewesen.

Eine gewisse Realisierung, allerdings unter wesentlich anderen Vorzeichen, erlebte diese Orientierung nach dem Zweiten Weltkrieg. Polen erhielt vor allem durch den Sieg der sowjetischen Waffen Gebiete bis zur Oder-Neiße-Grenze, war mit der UdSSR politisch, wirtschaftlich und militärisch verbunden und entwickelte sich zu einem der stärksten osteuropäischen Staaten. Dieser Zustand hat immerhin fast ein halbes Jahrhundert gehalten.

Die andere Orientierung war die pro-österreichische, die von einem Sieg der Mittelmächte Österreich-Ungarn und Deutschland ausging. Im österreichischen Teilungsgebiet herrschten die liberalsten Verhältnisse, konnte sich die polnische Kultur geradezu ungehindert entwickeln und waren Polen mit zur Verwaltung des Teilungsgebietes eingesetzt. Nach den durchaus positiven Erfahrungen des Ausgleichs mit Ungarn 1867, bei dem die Ungarn innerhalb der Habsburger Monarchie ein hohes Maß an Selbstbestimmung erhielten, reiften auch unter den Konservativen in Kraków und Lwów (Lemberg) ähnliche Überlegungen heran. Nach einem Sieg über Russland sollten das österreichische mit dem russischen Teilungsgebiet vereinigt werden und Polen neben Ungarn die dritte Säule des Habsburger Staates bilden.

Diese, wie auch die pro-russische Orientierung, hatte den Vorzug, ohne eigene Anstrengungen oder gar nationale Revolution zu einem eigenen polnischen Staatsgebilde zu kommen und den Einfluss breiter Volksbewegungen mit anderen Zielstellungen zu verhindern.

Die pro-russische Konzeption war in ihrer Anlage und bedachten Konsequenzen sicherlich die solideste von beiden. Die pro-österreichische implizierte von vornherein eine Vielzahl von ungeklärten Fragen und vorprogrammierten Konflikten. Tschechien als der am weitesten entwickelte Teil des Habsburger Reiches hätte Kompensationen gefordert, die die Monarchie einer inneren Zerreißprobe ausgesetzt hätten. Mit Sicherheit hätten die Tschechen Anspruch auf die Slowakei erhoben, die Ungarn zugeschlagen worden war. Eine »slawische Säule« des Habsburger Reiches mit Tschechen, Slowaken, Polen, Ukrainern usw. zu bilden, hätte sich schon allein wegen der polnisch-tschechischen Konkurrenz, letztlich wegen des damit veränderten Kräfteverhältnisses innerhalb der Monarchie als schwer durchsetzbar erwiesen.

Absoluter Schwachpunkt dieser Orientierung wäre der offizielle Verzicht auf das deutsche Teilungsgebiet gewesen. Diese Tatsache hätte immer für Spannungen zwischen den Deutschen, Österreichern und Polen gesorgt; normale Beziehungen zwischen Polen und Deutschen hätte es nie gegeben. Obwohl das deutsche Teilungsgebiet das kleinste der polnischen Territorien ausmachte, auf das die polnische Nationalbewegung Anspruch erhoben hatte, hätte sein weiterer Verbleib bei Deutschland ständige und heftige innenpolitische Auseinandersetzungen hervorgerufen. Bei diesen Spannungen wäre das Verhältnis zum deutschfreundlichen Wien belastet und letztlich zu Gunsten

Russlands ausgefallen, das sich nun zum Sprecher der polnischen Sache hätte aufschwingen können.

Außenpolitisch wäre diese Orientierung nicht nur gegenüber Deutschland von zweifelhaftem Wert, sondern wäre auch aggressiv gegenüber Russland gewesen. Da die Grenzen im Osten nicht ausgemacht waren, wäre hier noch alles offen gewesen und konnte zu weiteren Kriegen führen. Die »österreichisch-polnisch«-russische Grenze wäre eine permanent brennende Grenze gewesen, deren Folgen für den inneren Zustand Polens unabsehbar gewesen wären.

Die einfachste Konzeption hatten die revolutionären Linken, aus der im Dezember 1918 die Kommunistische Partei Polens hervorging. Sie lehnten einen unabhängigen polnischen Staat ab, denn er würde in jedem Falle bürgerlich sein. Ein Kampf um die Unabhängigkeit Polens hielt ihrer Meinung nach die Arbeiterklasse und andere Werktätige nur vom Kampf um eine sozialistische Revolution ab. Zudem waren ihrer Meinung nach die von den Teilungsstaaten weggerissenen polnischen Teile zu einem Gesamtstaat vereinigt wirtschaftlich nicht lebensfähig. Dieses Argument war nicht von der Hand zu weisen.

Diese Linken vertraten die Meinung, dass infolge einer europäischen Revolution die Nationalstaatlichkeit ohnehin wegfallen und die Völker ohne Grenzen friedlich nebeneinander leben würden. Grenzen sollten nur Völker, nicht Staaten trennen. Das war eine subjektivistische, den Realitäten fremde Einstellung, mit der auch Lenin scharf ins Gericht ging. Er hielt den polnischen Nationalstaat nach einer derartig langen Fremdherrschaft für eine historische Notwendigkeit, anderslautende Ideen hingegen für äußerst schädlich für die Arbeiterbewegung. Die polnischen Kommunisten, die noch lange an diesem Gedankengut festhielten, mussten dafür einen hohen Preis zahlen. Sie verloren wesentlichen Einfluss in der Arbeiterschaft. Nur unter großen Anstrengungen vermochten die Kommunisten den durch sie selbst verschuldeten Einflussverlust später teilweise auszugleichen. Letztlich akzeptierten sie die polnische Eigenstaatlichkeit und gehörten später zu ihren energischsten Verteidigern.

Eine völlig andere Konzeption verfolgten Józef Piłsudski (1867–1935) und seine Anhänger, die seit 1908 das eigentliche Unabhängigkeitslager ausmachten. Der aus dem Gebiet Wilna – einer Region von etwa vierhundert Quadratkilometern mit verschiedenen nationalen Minderheiten – stammende polnische Kleinadlige sah in Russland den Hauptfeind der polnischen Nationalbewegung und in einem bewaffneten Aufstand gegen den Zarismus den Hauptweg zur Erringung der Unabhängigkeit. Damit stand er in Widerspruch zu den an die neue Lage angepassten großen Teilen der polnischen Gesellschaft, die angesichts der letzten großen Niederlage 1864 die Aufstandsideologie begraben hatten.

Die einzige politische Kraft, die ebenfalls auf einen anti-russischen Aufstand setzte, war die sich in der Emigration herausbildende Polnische Sozialistische Partei PPS, zu deren wichtigstem Propagandisten und Parteiführer sich Piłsudski entwickelte. Es gelang ihm, die nach sozialer Befreiung strebenden Arbeiter auf seine Linie einer nationalrevolutionären Änderung festzulegen und eine bewaffnete Organisation innerhalb der PPS aufzubauen. Im Verlauf der Revolution von 1905 kamen seine bewaffneten Kräfte zum Einsatz, so dass er über einen Stamm zuverlässiger illegaler Kämpfer verfügte. Nachdem die Partei seine Aktivitäten missbilligte, spaltete er die PPS und nutzte den rechten Flügel als politisches Rückgrat seiner nunmehr nach rechts offenen Militärorganisation. Durch eine geschickte Politik gelang es ihm, einerseits eine bürgerliche und legale Schützenorganisation als Grundstock einer künftigen polnischen Armee zu schaffen und andererseits unter den ihn unterstützenden Rechtssozialisten den Eindruck zu wahren, Sozialist zu sein. Seine Anhänger rekrutierten sich vor allem aus Angehörigen der Szlachta-Intelligenz, die – beseelt vom Kampf um die Unabhängigkeit in einem freien Polen – für sich ein besseres Leben erhofften, aber auch Teilen der akademischen und Schuljugend, denen die konformistischen Konzeptionen der anderen Parteien nicht genügten, sowie Teilen der armen Bauernschaft und Arbeiter, die aus verschiedenen Gründen am Unabhängigkeitsgedanken festhielten.

Der Plan Piłsudskis bestand darin, bei Ausbruch eines Weltkrieges mit seiner Schützentruppe in Russisch-Polen einzumarschieren, Freiwillige zu sammeln und ein polnisches Heer unter seiner Führung zu schaffen. Er rechnete fest mit einem anti-russischen Aufstand und den darauf folgenden Rückzug der Russen nach Osten. So militärisch gestärkt, wollte er durchaus an der Seite der Mittelmächte weiter gegen Russland kämpfen und auf politischem Wege einen selbstständigen polnischen Staat aus der Taufe heben, dessen Anerkennung den Deutschen und Österreichern abgerungen werden sollte. Die Grenzen dieses Staates – nach Süden zu den Österreichern, nach Norden und Westen zu den Deutschen – waren noch nicht konzipiert. Das sollte durch die Wucht der polnischen Nationalbewegung unter seiner Führung in Absprachen und Verhandlungen den Mittelmächten abgetrotzt werden. Im Osten hingegen wollte er so weit wie möglich vorstoßen. Hier allein sollte die Stärke der polnischen Waffen die Grenzlinie festlegen.

Sein Polen sollte kein Teil des deutschen oder österreichischen Territoriums, sondern völlig unabhängig sein. Seine Konzeptionen verstand er meisterhaft zu tarnen, so dass er sogar bis heute unter einigen Historikern als Anhänger der pro-österreichischen Orientierung gilt. Das war er jedoch nicht. Dennoch musste er mit den Österreichern zusammenarbeiten, denn sonst wäre an seine legale Schützenorganisation nicht zu denken gewesen. Diese Zusammenarbeit war ihm lästig und er bekämpfte Leute, die aufrichtig zur pro-österreichischen Orientierung standen.

Die andere politische Hauptfigur im Vorfeld der Erringung der Unabhängigkeit und Hauptgegenspieler von Piłsudski in der Zwischenkriegszeit war Roman Dmowski (1864–1939), Führer und Ideologe der größten bürgerlichen, der rechten nationaldemokratischen Partei. Er und Piłsudski führten die einflussreichsten politischen Gruppierungen im neuen Polen, waren die bedeutendsten Kontrahenten jener Zeit. Obwohl Dmowski gegenüber Piłsudski wesentlich realistischere außenpolitische Vorstellungen repräsentierte und die politischen Vorstellungen von Millionen Polen über Jahrzehnte prägte, bekleidete er kaum eine Regierungsposition. Offiziell war er Ende 1923 nur knappe zwei Monate Außenminister. Dennoch wurde er – zumindest bis 1926 – von jedem dritten wählenden Polen als Führer der Nation betrachtet. In den dreißiger Jahren waren die Nationaldemokraten immerhin die mitgliederstärkste Partei Polens.

Der in Komionek (heute Warschau) geborene Kleinadlige studierte in Warschau Naturwissenschaften und schloss sich der patriotischen Bewegung an. Mit den Jahren wurde er zum Begründer und Ideologen der Nationaldemokratie. Sie bildete den rechten Flügel der polnischen Nationalbewegung. In der polnischen Geschichtsschreibung werden die Nationaldemokraten immer als Nationalisten dargestellt. Diese Sichtweise suggeriert aber auch, dass andere Gruppierungen nicht nationalistisch gewesen wären. Das war allerdings nicht der Fall. Allen politischen Parteien und Gruppierungen – mit Ausnahme der Linkssozialisten und Kommunisten – war ein mehr oder weniger stark verwurzelter Nationalismus eigen. Das war historisch gesehen normal und moralisch kaum verwerflich, denn der Nationalismus einer unterdrückten Nation hatte eine politisch-moralische Existenzberechtigung. Da durch das Fehlen eines eigenen Staates mit seinen Bildungs- und Erziehungsinstitutionen die Grenzen zwischen Patriotismus und Nationalismus fließend waren und bürgerliche Kräfte das Unabhängigkeitsbestreben dominierten und repräsentierten, bildete jener Nationalismus – und nicht nur in Polen – eine der geistigen Triebkräfte der nationalen Befreiungsbewegung.

Die Problematik des polnischen Nationalismus hatte direkten Einfluss auf die Außenpolitik Zwischenkriegspolens. In Polen bildeten sich zwei spezifische Arten von Nationalismus heraus. Beide Arten basierten auf den gleichen Grundlagen und gingen von einer höheren polnischen Kultur gegenüber den Ostslawen, einschließlich der Russen, aus. Jene Völker hätten sich also den Polen gegenüber unterzuordnen, da ihre Kultur angeblich weit weniger wert sei. Insofern deckte sich diese Art von Nationalismus mit dem Chauvinismus in anderen Staaten. Das Piłsudski-Lager modifizierte jedoch die Ansicht, indem sie anderen Ostvölkern das Recht auf einen eigenen Staat zubilligte, der jedoch mit Polen verbunden und von ihm politisch, wirtschaftlich und militärisch abhängig sein müsste. Eine Gleichberechtigung in dieser föderalistischen Konzeption hätte es faktisch nicht gegeben, denn eine Überlegenheit der Polen hätte als selbstverständlich gegolten.

Dieser eher gemäßigte Nationalismus richtete sich allerdings nicht gegen Juden. Da es in der Piłsudski unterstützenden PPS viele Juden gab und diese sich für die Unabhängigkeit eingesetzt hatten, galten sie als ein den polnischen Staat stabilisierendes Element, das zugunsten Polens auch in die ukrainischen und belorussischen Gebiete hineinwirken konnte und gewissermaßen eine Brückenfunktion einnehmen sollte. Zudem waren sie polnische Staatsbürger und somit juristisch gleichberechtigt. Piłsudski, der zeitlebens ein gutes Verhältnis zu Juden besaß, wusste um die Bemühungen vieler Juden, sich zu assimilieren bzw. die polnische Kultur anzunehmen und zu verbreiten. Die hohe jüdische Präsenz in Wissenschaft, Kultur, Kunst, Gesundheitswesen, Rechtsprechung, Politik usw. verstand er als Bereicherung der Nation. Mit solchen Ansichten, die aber auch von Piłsudski-Anhängern nicht immer und nicht konsequent geteilt worden waren, galt man in Polen gemeinhin nicht als Nationalist. Dennoch waren jene Ansichten eindeutig als solche zu klassifizieren. Jener Nationalismus war aber außenpolitisch aggressiv und somit chauvinistisch, denn er beanspruchte das Recht für sich, jederzeit zu intervenieren, wenn es nicht nach dem Willen Warschaus ging. Dem polnischen Heer kam hier eine ausschlaggebende Bedeutung zu.

Jener Nationalismus, der einer traditionellen Denkart des polnischen Adels entlehnt war und durch die aus ihm stammende Intelligenz verbreitet wurde, erwies sich aber unbrauchbar gegenüber den Deutschen. Das war sein empfindlicher Schwachpunkt und führte in letzter Konsequenz die ganze nationalistische Denkweise ad absurdum: Mit der am weitesten entwickelten Nation Festlandeuropas konnten die polnischen Nationalisten wohl kaum auf irgendeinem Gebiet, geschweige der Kultur, konkurrieren. Demzufolge war man Deutschland gegenüber wesentlich bescheidener und übte sich in respektvoller, auch achtungsvoller Zurückhaltung. Diesen »Kulturkampf« überließ man lieber den Franzosen und Engländern, die tatsächlich eine echte Konkurrenz zu Deutschland darstellten. Diese Haltung warf aber auch einen langen Schatten auf die gegenseitigen Beziehungen, d.h. die polnische Außenpolitik. Während die Beziehungen zu den Ostvölkern, darunter zur UdSSR, von Positionen realer und vermeintlicher Stärke, vor allem aber von unbegründeter Arroganz geprägt waren, versuchte Warschau mit

Berlin – auch eingedenk eigener potenzieller Schwächen – auf Augenhöhe zu verhandeln. Erfolgreiche Abschlüsse mit den Deutschen erfüllten die Polen demnach mit mehr Stolz als solche mit den Ostvölkern. Dieser Respekt vor den Deutschen verführte aber auch dazu, die Gefahren aus dem angrenzenden Westen zu bagatellisieren, zu unterschätzen oder gar zu verdrängen. Absprachen mit den Deutschen wurden weit weniger hinterfragt als jene mit dem Osten, und in der Regel dauerten Verhandlungen mit ihnen nicht so lange wie mit Moskau. Bei Zusammenbruch dieser Illusionen, d.h. wenn die Deutschen Polen bekämpften oder gar angriffen, schlug diese zurückhaltende und verschämt wohlwollende Haltung sofort in einen entschiedenen und zur Abwehr bereiten Patriotismus um, für den die Polen in Europa auch berühmt sind.

Ein Scheitern des landläufigen Nationalismus konnte für das polnische politische Denken und die praktische Politik verheerende Konsequenzen haben. Ratlosigkeit, Pessimismus und Resignation waren die ersten Folgen. Eine wirkliche Niederlagenanalyse blieb aus politisch-moralischen Gründen aus. Die Schuld wurde vor allem in äußeren Faktoren, weniger bei sich selbst gesucht. Anschließend war man wieder von der eigenen Größe und Unfehlbarkeit überzeugt und glaubte, wie zuvor weitermachen zu können. Eine verinnerlichte trotzige Haltung verhinderte im Nachhinein auch weitere Analysen.

Der Nationalismus der Nationaldemokraten, vor allem von Dmowski entwickelt, war in seinem Wesen außenpolitisch defensiv, allein auf die Verteidigung der polnischen Nation gerichtet. Er besaß den Vorzug, auch gegenüber den Deutschen zu funktionieren. Jener Nationalismus war systematisch, fundiert, relativ geschlossen, er schien vernünftiger als der des Piłsudski-Lagers. Dessen Nationalismus war kaum fundiert und letztlich ein Sammelsurium landläufiger und veralteter Auffassungen.

Dem Nationalismus Dmowskis lagen völlig andere Denkmuster zugrunde. Vor allem ging er außenpolitisch von einer realen Analyse und nicht – wie Piłsudski – von Wunschvorstellungen aus. Die Nationaldemokraten, politische Vertreter der Großgrundbesitzer, Großbauern, der katholischen Kirche und anderer Reicher, hatten durch ihre verschiedenen Präsenzen, Kontakte und Auslandserfahrungen ein anderes Weltbild als die vor allem kleinbürgerlich-kleinadlig geprägten und nicht zuletzt romantisierenden Piłsudski-Anhänger. Vor allem kannten sie die Potenzen und Stärken Deutschlands und Russlands. Als kapitalistische Unternehmer konnten sie sich keine politische Romantik leisten, sondern mussten nahezu alles vom Standpunkt einer nüchternen Kalkulation betrachten. Hierzu musste das politische Risiko kalkulierbar, übersichtlich und vor allem gering gehalten werden.

Unter den Bedingungen der Teilungen und angesichts der verloren gegangenen Aufstände hatte man schnell begriffen, dass das polnische Volk nicht die geringste Chance besaß, auch nur gegen eine der Teilermächte, geschweige gegen alle drei einen siegreichen Aufstand durchzuführen. Damit wurde jeglicher Aufstandsideologie konsequent abgeschworen.

Die Schaffung eines polnischen Nationalstaates konnte unter diesen Bedingungen nur ein Fernziel sein. Eine kulturelle Autonomie war das Nahziel. Erst durch die Veränderungen des Ersten Weltkrieges nahmen Polens realistische Nationalisten Kurs auf einen souveränen Staat. Unter dem Eindruck der verstärkten Germanisierung und der spät eingesetzten Russifizierung und nicht zuletzt anhand der Analyse des Untergangs des alten Polens hatten sich in der sogenannten Krakówer Schule realistische Ansichten durchsetzen können, die von der bisher üblichen Glorifizierung des alten Polens abrückten, die Ursachen für den Untergang kritisch hinterfragten und zu richtigen Erkenntnissen gelangten. Dmowski hatte festgestellt, dass die Germanisierungsbestrebungen der Deutschen weitaus gefährlicher für das polnische Nationalbewusstsein waren als diesbezügliche Anstrengungen der Russen.

Die Deutschen hatten im Gegensatz zu den Russen bis zur Dritten Teilung Polens ethnisch-polnische Gebiete besetzt und trachteten danach, den Einfluss der katholischen Kirche empfindlich zu beschneiden, die polnische Sprache schrittweise aus dem öffentlichen Leben zu entfernen, die Verbreitung der polnischen Kultur weitgehend zu unterbinden und auch polnische Bauern zugunsten deutscher von ihrem Landbesitz zu vertreiben. Es wäre nur eine Frage der Zeit gewesen, bis die Deutschen ihr Ziele erreicht hätten, und sich auch die hiesige polnische Bevölkerung mehr oder weniger untergeordnet hätte. Hierzu waren schon Ergebnisse spürbar: Als sich die Polen aller Teilungsgebiete 1918 wieder zu vereinigen begannen, hatten die Polen des deutschen Teilungsgebietes mental mehr mit den Deutschen gemeinsam als mit den Polen der anderen Teilungsgebiete. Hier gab es auch eine Konzentration der deutschen Minderheit. Eine bedeutende russische oder österreichische Minderheit gab es in den anderen Gebieten nicht. Bei diesen Deutschen handelte es sich nicht allein um aus dem Reich Zugezogene, sondern auch um Polen, die sich für die deutsche Nationalität und auch für das protestantische Glaubensbekenntnis ausgesprochen hatten.

Gegen diese fremden Einflüsse galt es sich abzuschotten, um die eigene Identität bewahren und sich politisch-ideologisch wehrhaft halten zu können. Insofern kam der katholischen Kirche eine Schlüsselfunktion zu. Über sie wurden nicht nur die polnische Sprache und Kultur gepflegt, sondern auch noch eine scheinbare politisch-moralische Einheit aller Polen erreicht. In der Tat wirkten Kirche und Nationaldemokratie besonders eng zusammen, und der größte Teil des Klerus war ihr Parteigänger. Gemeinsam organisierten sie vielseitige Formen der Hilfe für bedrängte Landsleute, die von juristischen Vertretungen bis zu einem gut ausgebauten Genossenschaftswesen reichten. Mit Hilfe der Kirche wurden auch viele kulturelle Einrichtungen unterhalten, die kostenlos eine weitgehend funktionierende nationale Bildung betrieben.

Diese Abwehrstellung wurde jedoch flexibel gehandhabt. Man verschloss sich nicht fremden modernen, die Wirtschaft voranbringenden Impulsen und allen geistigen Strömungen, welche die Auffassungen der Nationaldemokraten bestärkten.

Diese Betrachtungsweisen hatten sich politisch durchaus bewährt. Im deutschen Teilungsgebiet errangen die Nationaldemokraten unter allen polnischen Parteien eine dominierende Stellung.

Der nationaldemokratische Nationalismus hatte aber auch eine innere Zielrichtung. Sollte die innere Einheit aller Polen funktionieren, so durften keine sich gegenseitig widerstrebenden politischen Tendenzen auftauchen. Hier sollten nationale über Klasseninteressen stehen. Die Polen sollten untereinander national solidarisch, nicht aber klassensolidarisch sein. Der bedeutendste Gegner war demnach die sozialistische Arbeiterbewegung. Jegliche Ideologie der Arbeiterbewegung, ganz zu schweigen vom atheistischen und internationalistischen Marxismus, wurde als fremde und in diesem Zusammenhang deutsche Ideologie und als »unpolnisch« oder »polenfeindlich« diskreditiert. Auf diese Weise glaubte die Nationaldemokratie eine ihren politischen Auftraggebern subordinierte Gesellschaft ohne Klassenkampf schaffen zu können.

Im deutschen Teilungsgebiet war es den Nationaldemokraten gelungen, eine eigene klerikal-nationalistische Arbeiterpartei ins Leben zu rufen und die polnischen Sozialisten faktisch aus dem polnischen Leben auszuschließen. Der sozialdemokratischen Bewegung gehörten daher fast nur deutsche Arbeiter jener Gebiete an. Das war die deutsche SPD. Die polnische PPS verfügte hier kaum über Einfluss.

Die Nationaldemokraten wollten einen polnischen Nationalstaat ohne fremde nationale Minderheiten. Sie gingen hierbei von durchaus realistischen und logischen Überlegungen aus. Die Existenz fremder Nationalitäten, deren Titularstaaten an Polen angrenzen, können immer Probleme, einschließlich Grenz- und Territorialveränderungen nach sich ziehen, Auseinandersetzungen mit ihnen die Gesellschaft destabilisieren, radikalisieren und sogar zum Krieg führen. Das waren auch die Lehren aus dem Untergang des alten Polens. Auf diese Weise würde das neue Polen nur von Feinden umgeben sein. Die sich anschließende Geschichte Polens, vor allem seiner Ostgebiete, bestätigte diese Befürchtungen. Sollte es dennoch nationale Minderheiten geben, so sollten sie zahlenmäßig gering sein, um sie polonisieren zu können. Daher waren die Nationaldemokraten gegen die Ost-Pläne Piłsudskis. In ihnen sahen sie über kurz oder lang eine Gefahr für die Existenz der polnischen Nation. Die Nationaldemokraten waren sich darin einig, dass auch von Polen abhängige ostslawische Staaten Polen in gefährliche Abenteuer mit Russland hineinziehen konnten.

Das Haupthindernis für eine nationale Einheit hingegen sahen sie mehr in den Juden als in den Sozialisten. Juden, die in Polen eine eigene Nationalität bildeten, waren für sie eine Bevölkerungsgruppe, die sich für die Assimilation kaum eignete und durch die Stärke ihrer Religion und mehrere tausend Jahre Geschichte eine feste uneinnehmbare Burg war. Sie hatten es in jenen Jahrhunderten verstanden, ihre nationale bzw. religiöse Identität gegenüber den verschiedensten Formen von Diskriminierung, Staats- und individuellem Terror zu behaupten und ihre Position sogar noch zu festigen. Die polnischen Juden standen geradezu für alles, was den polnischen extremen Rechten und Nationalisten auf dem Weg zu einer »nationalen Gemeinschaft« im Weg stand. In der sozialistischen und kommunistischen Bewegung Polens waren sie zahlreich vertreten und stellten eine Anzahl von glänzenden Theoretikern, Propagandisten und Publizisten. Vor allem aber bildeten sie eine Konkurrenz im Wirtschafts- und Kulturbereich. Juden stellten die Hälfte der polnischen Bourgeoisie dar. Im Bereich von Lehre und Forschung war ihr Anteil vor allem in den lukrativen Rängen weit höher als ihr Bevölkerungsanteil. In den sogenannten Freien Berufen wie Ärzte und Rechtsanwälte war jeder Zweite ein Jude. Da die meisten Juden in Städten wohnten, war ihre Präsenz in Ballungszentren besonders auffällig und oft Stein des Anstoßes. Sie stellten vor dem Ersten Weltkrieg die Hälfte der Einwohner Warschaus. In Zentralpolen waren Städte mit ähnlichen Verhältnissen keine Seltenheit. Auch auf dem Land war die jüdische Präsenz unübersehbar. Die meisten Dorfwirte, Aufkäufer landwirtschaftlicher Produkte waren ebenfalls Juden. Auch Besitzer von Industriebetrieben waren Juden, so dass selbst unter der Arbeiterschaft antijüdische Haltungen weit verbreitet waren.

Die nationaldemokratische Demagogie, alle diese national relevanten Positionen »judenfrei« zu machen, fand natürlich Anklang in der polnischen Gesellschaft. Den meisten ging es hierbei freilich nicht um die nationale Sache, sondern um die Beseitigung der jüdischen Konkurrenz und um die Übernahme ihrer Positionen. Es gehört zu den Kuriositäten der jüngeren polnischen Geschichte, dass durch die Ergebnisse des Zweiten Weltkrieges und mit dem Sieg der polnischen Linken ein Staat ganz nach den ethnischen Vorstellungen der Nationaldemokraten entstand. Kaum nationale Minderheiten, fast alle Polen waren katholisch, und den Deutschen hatte man die polnischen Gebiete bis zur Oder-Neiße-Grenze abgenommen und ein Schutz- und Trutzbündnis mit dem sozialistischen Nachfolger Russlands abgeschlossen.

So sehr die Nationaldemokraten hinsichtlich der polnischen Grenzen und Außenbeziehungen realistische Positionen aufzuweisen hatten, so verfielen sie nach der erneuten Machtübernahme Piłsudskis einem nie dagewesenen Rechtsruck.

Mit dem Wegfall Russlands als vorgesehenem Beschützer Polens aufgrund seiner sozialistischen Entwicklung und der Wechsel der bisher die Nationaldemokratie unterstützenden einflussreichen wirtschaftlichen Kräfte auf die Seite des neuen starken Mannes in Warschau, nämlich Piłsudskis, hatten sie ihre bisherige richtungsweisende politische Rolle verloren. Das rechte Spektrum war nun mit dem Piłsudskis-Lager ausgefüllt. Ihnen blieb also nur, sich noch weiter rechts in der polnischen Gesellschaft anzusiedeln. Das war aber die extreme Rechte, so dass die Nationaldemokratie immer mehr dem Faschismus anheim fiel und ein noch extremerer Antisemitismus ihr Markenzeichen wurde. Aus Teilen dieser Partei entwickelten sich die polnischen Faschisten.

Die Nationaldemokratie war während des Krieges in der Londoner Exilregierung vertreten. Hier war nichts mehr von den Gedanken Dmowskis zu verspüren. Im Verhältnis zur UdSSR fehlte jeder Realismus. Letztlich wurde auf der Konferenz von Jalta von den Vertretern der UdSSR, den USA und Großbritanniens das Verbot dieser Partei empfohlen und von der Regierung der polnischen Linken durchgesetzt.

Vorerst aber sollten die Ereignisse des Ersten Weltkrieges die Nagelprobe für die verschiedenen Konzeptionen bringen und somit eine Weichenstellung für künftige außenpolitische Orientierungen einleiten.

2.

Der neue Staat ohne Grenzen

Mit Ausbruch des Ersten Weltkrieges erwiesen sich frühere Berechnungen und sicher geglaubte Perspektiven als gegenstandslos. Die Stunde der Wahrheit kam für Piłsudski schneller als für die Nationaldemokraten. Die Hoffnung auf einen Aufstand bei Erscheinen einer polnischen Schützeneinheit in Russisch-Polen erwies sich als Illusion. Um sein politisches Überleben zu sichern, musste Piłsudski sich nun zeitweilig der Gruppierung der Pro-Österreicher unterordnen. Er widmete sich nun ganz seiner zur Ersten Brigade der polnischen Legionen umformierten besten Schützentruppe, die sich mit der Zeit zu einem politischen, auf ihn fixierten und militärisch vorbildlichen Eliteverband entwickelte. Darüber hinaus schuf Piłsudski mit der militärischen Geheimorganisation Polska Organizacja Wojskowa (POW) eine militärische und politische Kaderreserve, die er in zunehmendem Maße in seiner riskanten Politik gegen Österreicher und Deutsche einsetzen konnte. Maßgebliche Kreise der Mittelmächte hatten die Zielrichtung Piłsudskis zumindest erahnt und sorgten dafür, dass sein militärischer Einfluss auf seine Brigade begrenzt blieb. Sein Versuch, durch verschiedene Manöver die Führung der Legionen zu erlangen, erwies sich als Fiasko. So blieb sein Einfluss vor allem auf die Erste Brigade der Legionen beschränkt.

Da den Mittelmächten mit der Zeit die Soldaten an allen Fronten ausgingen, wollten sie das Menschenreservoir Polens zur Gewinnung von Rekruten nutzen. Da Piłsudski diese Absicht hintertrieben hatte, setzte sich bei den Verantwortlichen in Berlin und Wien langsam der Gedanke durch, dass das ohne Piłsudski und die Ausrufung eines Satellitenstaates nicht zu machen wäre. So schufen sie 1916 ein polnisches Staatsgebilde, das die rechtlichen Grundlagen für die Gewinnung der Polen als Soldaten der Mittelmächte darstellte. Piłsudski erhielt den Posten eines Quasi-Kriegsministers. Diese Funktion sollte sich als Sackgasse erweisen, denn faktisch hatte er keinen praktischen Einfluss auf die zu schaffende polnische Wehrmacht. Die Befehlshaber waren Polen, die ihre hohen Dienstgrade österreichischen Offiziersschulen und Militärakademien zu verdanken hatten. Sie blieben Österreich treu und waren für eine eigenständige polnische Armee und gar unter dem Oberbefehl Piłsudskis keineswegs zu haben.

Piłsudski war also auch konzeptionell nicht weitergekommen, obwohl er es bis jetzt immer verstanden hatte, eine souveräne Linie gegenüber den Pro-Österreichern zu wahren und er unter Teilen der Bevölkerung als faktischer Führer der Unabhängigkeitsbewegung galt. Mit den Deutschen und Österreichern, die sich zu Polens Zukunft und vor allem seines Territoriums nicht äußern wollten, gestaltete sich die Zusammenarbeit immer schwieriger. Zudem bestand die Gefahr, dass Piłsudski in den Augen der Öffentlichkeit, die zunehmend zu den Mittelmächten auf Distanz ging, seine schwer errungene Stellung als faktischer Unabhängigkeitsführer verlieren konnte.

In dieser verfahrenen Situation kam die Nachricht von der russischen Februarrevolution 1917. Der Zar wurde gestürzt, die Republik ausgerufen und eine bürgerliche provisorische Regierung gebildet. Neben der Regierung hatte sich ein Rat (Sowjet) der Arbeiter, Bauern und Soldaten als politisches Zentrum konstituiert. In diesen ersten Sowjets besaßen nicht die Bolschewiki, sondern rechte Sozialdemokraten (Menschewiki) und kleinbürgerliche Gruppierungen die Mehrheit. Ende März erklärten die provisorische Regierung und der Petrograder Sowjet fast übereinstimmend in Datum und Text das Recht der Polen auf staatliche Unabhängigkeit. Damit war der Teilermächtekonsens gebrochen und eine neue und souveräne polnische Staatlichkeit völkerrechtlich ermöglicht worden.

Auch die im November 1917 erfolgte sozialistische Oktoberrevolution klärte das Selbstbestimmungsrecht der Polen einschließlich der Bildung eines eigenen Staates. Mit drei offiziellen Erklärungen verzichtete das revolutionäre Russland auf jegliche Rechte, die sich der gestürzte Zarismus gegenüber Polen angemaßt hatte. Nun veränderte sich auch schnell die Stimmung unter den Polen zuungunsten der Deutschen. Auf dem Territorium des von den Russen geräumten Polens fragte man sich, wozu man noch die Deutschen für einen wie auch immer gearteten polnischen Staat brauchte, wenn die Russen Polen die Unabhängigkeit zubilligten. Gegen ein solches Russland wollte auch kaum einer noch Krieg führen.

Damit entstand für Piłsudski und seine Unabhängigkeitsbewegung eine völlig neue politische Lage: Russland fiel als militärischer Gegner aus. Dadurch war auch jegliche Zusammenarbeit mit den Mittelmächten gegenstandslos geworden. Mehr noch: Nun musste sich die Unabhängigkeitsbewegung gegen diese wenden, um sie aus ehemals Russisch-Polen zu vertreiben und noch dazu österreichische und möglicherweise deutsche Teilungsgebiete zu beanspruchen. Überraschend eröffnete sich damit auch die Chance für Piłsudski, neben der Position eines militärischen auch die eines politischen Führers des polnischen Volkes anzustreben.

Doch unter den gegebenen Umständen war ein Durchbruch in dieser Richtung nicht zu erreichen: Die Mittelmächte, vor allem Deutschland mit seinen Truppen, waren ein militärischer Gegner, der weder durch die wenigen tausend Legionäre noch durch einen Aufstand vertrieben werden konnte. Zudem war der größte Teil der polnischen Kommandeure pro-österreichisch und somit fast automatisch pro-deutsch eingestellt. Um aus der vorläufig ausweglosen Situation herauszukommen und zugleich einen Gewinn für die eigene Sache verbuchen zu können, bedurfte es gründlicher Überlegungen, des Gefühls für den richtigen Zeitpunkt und des entsprechenden Anlasses.

Der Zeitpunkt, mit den Mittelmächten und ihrer polnischen Schöpfung zu brechen, fand sich im Juli 1917, als die ersten polnischen Soldaten unter deutschem Befehl zur Waffenbrüderschaft auf die Mittelmächte eingeschworen werden sollten. Am 2. Juli 1917 trat Piłsudski von seiner Funktion zurück. Damit wurde die sogenannte »Legionsschwurkrise« eingeleitet. Am 9. Juli verweigerte die Mehrzahl der Legionäre den Schwur. Sie wurden in Internierungslager verbracht oder ohne Vereidigung an die Front geschickt. Den Deutschen war klar, wer hinter der »Schwurkrise« stand, und sie verhafteten Piłsudski sowie zahlreiche Mitglieder seiner geheimen Militärorganisation POW. Er selbst wurde in Deutschland interniert. Damit hatten die Mittelmächte Piłsudski politisch enorm aufgewertet. Er war nun trotz seiner persönlich nicht beneidenswerten Situation für die Mehrzahl der Polen zum unbestrittenen Führer des nationalen Unabhängigkeitskampfes geworden. Ab jetzt sollte die Zeit nur noch für ihn arbeiten.

Im Frühjahr 1918 kam es dann zu einem neuen Eklat. In einem Abkommen mit der pro-deutschen Ukraine billigten ihr die Mittelmächte polnische Gebiete (Chełm-Gebiet und Teile von Podlasien) zu. Hierbei handelte es sich zwar um Gebiete, in denen es eine ukrainische Minderheit gab, doch sie lagen auf ethnisch-polnischem Territorium. Die Mittelmächte hatten das ohne vorherige Konsultation mit den Polen beschlossen. Der Gipfel der politischen Instinktlosigkeit bestand darin, gerade den Ukrainern, die vielen Polen als geschworene Feinde galten, jenes Land zu schenken. Nun entbrannte ein landesweiter und der größte Protest, den es während des Weltkrieges gegen die Mittelmächte gab. Diese Krise machte dem polnischen Volk deutlich, dass die polnische nationale Frage nicht mit den Mittelmächten zu lösen war. Damit waren die Anhänger der pro-deutschen und pro-österreichischen Orientierung politisch-konzeptionell gescheitert.

Aber auch die Nationaldemokratie mit ihrer pro-russischen Orientierung war gescheitert, und zwar viel früher. Im September 1914 hatte sie in Warschau das Polnische Nationalkomitee (KNP) zur Durchsetzung ihrer Orientierung geschaffen. Nach dem Rückzug der Russen wurde dessen Sitz in die russische Hauptstadt Petrograd verlegt. Nachdem die Russen auf Polen verzichtet hatten, waren die Bemühungen des Nationalkomitees gegenstandslos geworden. Es löste sich im Juli 1917 auf, um im gleichen Monat in Lausanne unter Roman Dmowski neu gegründet zu werden. Das KNP strebte ein bürgerlich-parlamentarisches Polen an, das mit den Westmächten verbündet sein sollte. Als Sitz wählte es Paris, wo es von den Staaten der Entente als inoffizielle Vertretung Polens anerkannt wurde.

In den polnischen Gebieten, vor allem aber im größten, in ehemals Russisch-Polen, konnte das KNP auf Grund seiner Orientierung und Verbindung mit den militärischen Gegnern der Mittelmächte vorerst nichts bewirken. Zudem standen die Besitzenden den Mittelmächten inzwischen näher. Was aber die wohlhabenden polnischen Kreise am meisten auf die Mittelmächte setzen ließ, war ihre Furcht vor dem Ausbruch einer sozialistischen Revolution in Polen. Die Aktivitäten der revolutionären Linksparteien, die eine sozialistische Revolution wie in Russland anstrebten, hatten an Aktivitäten enorm zugenommen. Auch die Bauern wurden immer unruhiger. Immer öfter wurden sozialrevolutionäre Forderungen gestellt, die die Interessen der Besitzenden mehr gefährdeten als die nationalrevolutionären Vorstöße.

Um die Volksbewegung zu befrieden, versuchten die Deutschen mit ihren polnischen Verbündeten die Stimmung in Richtung des weiteren Ausbaus einer begrenzten Souveränität zu kanalisieren. Der Provisorische Staatsrat war schon im August 1917 aufgelöst worden, weil er im Volk unpopulär war. Einen Monat später entstand als Akt der Mittelmächte der Regentschaftsrat, der bis zur Einsetzung eines Königs oder eines anderen Regenten die oberste Macht ausüben sollte. Seine Mitglieder waren streng konservativ eingestellt: der Warschauer Erzbischof Aleksander Kakowski, Fürst Zdzisław Lubomirski aus dem Hochadel und der Großgrundbesitzer Józef Ostrowski. Alle Versuche, die revolutionäre Bewegung durch Bildung von zwei polnischen Regierungen unter deutscher Ägide im Zaum zu halten, erwiesen sich als unzulänglich. Es gab faktisch keine Kraft, die über genügend Autorität verfügte, sich der befürchteten revolutionären Welle entgegenzustellen.

Das war die Stunde von Piłsudski. Er war nun der nahezu unbestrittene Unabhängigkeitsführer, dem man auch zutraute, eine polnische Revolution zu verhindern. Hierzu galt es aber vorerst einige Vorbehalte auszuräumen. Berlin war nicht davon überzeugt, dass gerade der umtriebige Unruhestifter und obendrein der sozialistischen Partei angehörende Piłsudski eine Beruhigung der Lage bringen sollte.

Die derzeit regierenden Polen wussten das aber besser, denn sie erinnerten sich, dass Piłsudski schon seit 1908 immer die Verbindung zu den Vertretern der besitzenden Klassen gesucht hatte. Ihnen war auch bekannt, dass er trotz seiner Nähe zur sogenannten Unabhängigkeitslinken kein Revolutionär und zudem ein erklärter Feind Russlands war. Sympathien für das neue Russland waren genauso wenig von ihm zu erwarten wie für das alte.

Nun setzte die polnische Führung die Deutschen immer mehr unter Druck und mahnte rasches Handeln an. Auch Berlin war in Sorge um die Verhältnisse in Polen. Immerhin hielt das Heer des kaiserlichen Deutschlands den gesamten baltischen Bereich, die Ukraine und Belarus besetzt. Fast alle Verbindungslinien zu den Besatzungstruppen führten durch polnische Gebiete. Deshalb wollten sich die Deutschen den Rücken freihalten. Auch die schwierige Lage an der Westfront forderte ruhige Verhältnisse im Osten.

Letztlich ging Berlin auf die dringende Bitte der Polen ein und ließ nach einigen Sondierungen Piłsudski in die Reichshauptstadt kommen. Es war nicht die deutsche Novemberrevolution, wie oft behauptet wurde, die Piłsudskis Freilassung verfügte, sondern der Wunsch der Polen, ihn an ihrer Seite zu haben, um eine Revolution zu verhindern. Die Revolution brach in Berlin erst aus, als er sich in Begleitung zum Bahnhof begab, um nach Warschau zu fahren. Faktisch hatte Piłsudski aber die russische Oktoberrevolution, die mit ihrem Einfluss auch Polen berührte, freigekämpft.

Vorher aber hatte Józef Piłsudski noch ein Gespräch mit deutschen Regierungsbeamten, die versuchten, ihn auf einen pro-deutschen Kurs festzulegen. Doch darauf wie auch auf irgendwelche schriftlichen Erklärungen ließ er sich nicht ein. Es entspricht also nicht der Wahrheit, dass Piłsudski von den Deutschen nach Polen geschickt worden war, um ihre Politik oder gar ein Bündnis mit ihnen zu realisieren.

Am Nachmittag des 9. November 1918, als er den Sonderzug nach Warschau bestieg, konnte er in Berlin noch die bewaffneten Arbeiter und Soldaten unter roten Fahnen sehen. Als er am nächsten Morgen in Warschau ankam, hatte auch in Deutschland die Revolution gesiegt. Polen lag nun zwischen zwei revolutionären Feuern. Die Donaumonarchie Österreich-Ungarn war schon Ende Oktober zerfallen und die tschechoslowakische Republik, der neue Nachbar Polens im Süden, ausgerufen worden. Damit war das Kernland Österreich von seinen polnischen Gebieten abgeschnitten. Kampflos übernahmen hier am 28. Oktober die Polen die Verwaltungen. 123 Jahre Fremdherrschaft waren zu Ende.

Am 7. November bildete sich in Lublin eine provisorische Linksregierung aus PPS und Bauernparteien, die den Aufbau der Volksrepublik Polen proklamierte. Das war keine sozialistische Regierung, die sich mit der der Bolschewiki in Russland vergleichen konnte, doch ihre Forderungen waren die radikalsten, die in der Zwischenkriegszeit von einer Regierung gestellt wurden[1]. Zur gleichen Zeit entstanden unter der Führung der Linkssozialisten Arbeiterräte.

Die Befürchtungen der polnischen Oberschicht hatten sich also als berechtigt erwiesen. Das sollte nun Piłsudski wieder korrigieren. Deshalb übergab ihm der Regentschaftsrat gleich am nächsten Tag, dem 11. November (in Zwischenkriegspolen und heute wieder Nationalfeiertag), den Oberbefehl über alle polnischen Truppen. Doch angesichts der Lage und der am gleichen Tag verfügten Beendigung des Ersten Weltkrieges dachte Piłsudski gar nicht daran, für den abgewirtschafteten Regentschaftsrat die Kastanien aus dem Feuer zu holen. Seine Anhänger brachten nun in Warschau die Massen auf die Straße, die unter roten Fahnen demonstrierten. So unter Druck geraten, blieb dem Regentschaftsrat nichts anderes übrig, als am 14. November die volle Regierungsgewalt an den berühmtesten Heimkehrer zu übergeben. Die deutschen Truppen wurden schon seit dem 9. November durch POW-Mitglieder entwaffnet. In Gesprächen mit den Vertretern des deutschen Soldatenrates handelte der neue Staatsführer einen baldigen Abzug der deutschen Truppen aus Warschau und dem neuen Territorium aus. Nun war auch hier die Fremdherrschaft beseitigt. Polen war wieder frei und unabhängig. Durch Piłsudskis Einfluss löste sich die Lubliner Volksregierung auf. Er selbst schuf am 18. November die erste Regierung im freien Polen. Sie bestand im Wesentlichen aus den gleichen Kräften wie die in Lublin. Am 22. November deklarierte sich Piłsudski zum

»Provisorischen Staatsführer«, der bis zur Parlamentswahl bzw. der Wahl des Staatspräsidenten amtieren sollte.

Die Regierung unter der Führung des Rechtssozialisten Jedrzej Moraczewski war faktisch eine Neuauflage der Lubliner Linksregierung. Sie bestand vor allem aus Rechtssozialisten, Vertretern der Bauernparteien und der Intelligenz. Es war eine Ansammlung von Piłsudski-Anhängern oder weitläufigen Sympathisanten. Ihr Regierungsprogramm war zwar nicht mehr so radikal wie das der Lubliner, doch das fortschrittlichste, was das neue Polen bis 1944 zu bieten hatte. Die Staatsform, die nun realisiert wurde, war eine bürgerlich-parlamentarische Republik.

In den Novembertagen hatte sich mit der Machtübernahme von Piłsudski in Polen dennoch eine Revolution ereignet, die allerdings vor allem nationalen Charakter trug. In politischer Hinsicht wurde ein Wechsel von einer weitgehend monarchisch geprägten Herrschaftsform zu einer republikanisch-demokratischen vollzogen. In sozialer Hinsicht änderte sich jedoch trotz einiger Sozialmaßnahmen nichts Wesentliches. Die Besitzverhältnisse wurden nicht angetastet. Das betraf vor allem den Großgrundbesitz. Seine Vertreter verfügten über enormen Einfluss, der auch von der katholischen Kirche gestützt wurde. Gegen sie zu regieren war zu jener Zeit unmöglich, was Piłsudski auch wusste und einkalkulierte.

Zudem wollte Piłsudski auch keine weiteren sozialen Veränderungen und schon gar nicht einen Wechsel der Besitzverhältnisse. Insofern erfüllte er die Postulate der Gründerzeit der PPS, als er zur Partei stieß. Ziel des Staatsführers war es, für seine Außenpolitik im Innern einen nationalen Konsens aus nichtrevolutionären Linken (Unabhängigkeitslinke) und den Rechten (Nationaldemokraten, Konservative) zu erreichen. Obwohl man ihn als Mann der Vorsehung gegen die sozialrevolutionäre Gefahr akzeptierte und unterstützte, gaben die Rechten jedoch nicht auf, ihm seine Grenzen vor Augen zu führen. Vor allem die Zusammensetzung der Regierung war für die konservative und reaktionäre Rechte ein Stein des Anstoßes. Im Januar 1919 putschten die Rechten und einige reaktionäre Offiziere, die nicht zu den Legionen Piłsudskis gehört hatten. Der Putsch wurde zwar niedergeschlagen, doch die Revolte zwang Piłsudski zur Bildung neuen Regierung, die als Kompromiss zwischen links und rechts gelten konnte. Der den Nationaldemokraten nahestehende weltberühmte Pianist Ignacy Paderewski wurde neuer Premier. In der Regierung verblieben nur fünf Minister der ersten Regierung. Nun war eine bürgerliche Regierung an der Macht, die sich der revolutionären Phrasen ihrer Vorgänger entledigte.

Die im gleichen Monat stattfindenden Wahlen zum gesetzgebenden Sejm brachten eine große Überraschung. Wahlsieger wurden die Rechten mit 34,2 Prozent. Die Linken erhielten ohne die diese Wahl boykottierenden Kommunisten 30,3 Prozent, das Zentrum (rechte Bauernpartei), nunmehr Zünglein an der Waage, kam auf 30,8 Prozent. In Russisch-Polen kamen die Linken und somit die Piłsudski-Anhänger nur auf 31 Prozent, die rechten Nationaldemokraten und ihr Anhang jedoch auf 45 Prozent. In Galizien waren es die Zentrumsparteien, die mit 48 Prozent die stärkste Gruppierung ausmachten, gefolgt von der Linken mit 37 Prozent. Hier konnten die Rechten nur 10 Prozent einbringen. Im ehemaligen deutschen Teilungsgebiet wurde mit 97 Prozent faktisch nur die Rechte gewählt.[2]

Józef Piłsudski wusste, dass er nur oder vor allem wegen der vermeintlichen revolutionären Situation und durch die effektiven Aktivitäten seiner Anhänger in das höchste Staatsamt gelangt war. Auf eine unmittelbare politische Mehrheit konnte er sich nicht stützen. Er war daher trotz seiner Machtfülle gezwungen, auch in außenpolitischen Fragen geschickt zwischen den Parteien und Gruppierungen zu agieren. Der Zeitraum seiner Staatsführerschaft kann daher kaum als Diktatur bezeichnet werden.

Nun galt es nicht nur die verschiedenen Teile des Landes zu einigen, sondern auch die Grenzen des neuen Polen festzulegen. Dieser Kampf sollte sich über die nächsten Jahre hinziehen, er fiel in erster Linie Piłsudski zu, der in seinem Amt bis zur Wahl eines Präsidenten verbleiben sollte. Die neue territoriale Gestalt Polens wird in erster Linie Józef Piłsudski zugeschrieben. Auch deshalb wird er heute so verehrt, was jedoch die Realität nicht widerspiegelt. Sein Polen verfügte zu jener Zeit kaum über die Kraft, seine Grenzen nach Belieben festzulegen.

Als die Grenzen letztlich von den Westmächten anerkannt worden waren, gab es nur wenige, die damit zufrieden waren. Das Piłsudski-Lager war mit den Grenzen und Verhältnissen im Osten genauso unzufrieden wie die Nationaldemokraten mit denen im Westen, Süden und Norden. Dennoch waren die östlichen Grenzen vor allem durch die Politik des Staatsführers Piłsudski und die in den anderen Richtungen durch das Wirken der Nationaldemokraten unter Roman Dmowski erreicht worden. Beide Hauptgruppierungen Polens verteidigten dann konsequent diese Grenzen als das Maximum, was nach insgesamt fünfjährigem Ringen überhaupt möglich war.

Ebenso fragwürdig ist die in Polen unter Historikern verbreitete Annahme, dass die östlichen Grenzen für Polen günstiger verlaufen wären, wenn die Nationaldemokraten statt Piłsudski bis 1922 das Sagen gehabt hätten. Dem ist entgegenzuhalten, dass die letztlich erreichten Grenzen im Osten eben den Vorstellungen der Nationaldemokraten weit näher kamen als denen Piłsudskis. Zudem war auch die mit den Nationaldemokraten verbundene katholische Kirche mit der unter schweren Opfern erkämpften Ostgrenze nicht zufrieden und drängte auf eine weitere Expansion nach Osten.

Piłsudski die Ergebnisse jener Außenpolitik allein zuzuschreiben, geht ohnehin an der historischen Realität vorbei. Die Nationaldemokraten waren direkt oder auch indirekt und in unterschiedlichem Maße Mitgestalter jener ersten Jahre polnischer Außenpolitik: Piłsudski benötigte die Nationaldemokraten vor allem auf außenpolitischem Terrain. Das begann gleich mit der Erringung der Unabhängigkeit im November 1918. Am 16. November informierte Staatsführer Piłsudski die Regierungen der Ententemächte, Deutschlands und einiger neutraler Staaten über die Errichtung des neuen polnischen Staates. Doch die Westmächte antworteten darauf nicht. Für sie war Piłsudski ein Mann der Deutschen, und unter seiner Führung schien Polen ein deutscher Satellitenstaat zu werden. Dieser Eindruck wurde dadurch verstärkt, dass einzig Deutschland Polens Unabhängigkeit anerkannte und einen alten Bekannten Piłsudskis aus der Legionärszeit, Harry Graf Kessler, als deutschen Gesandten im November nach Warschau schickte.

Zudem verdächtigte der Westen Piłsudski wegen seiner PPS-Vergangenheit des Bolschewismus. Für sie war das Pariser KNP die authentische und von ihnen auch de jure anerkannte polnische Vertretung. Frankreich billigte de facto einen Tag vor der Verlautbarung aus Warschau dem KNP Regierungsstatus zu. Hierbei handelte es sich nicht nur um zwei verschiedene polnische Regierungen, sondern um noch viel mehr. Polen sollte sich in erster Linie an westlichen Staaten orientieren. Nur dort war ein starker Verbündeter zu finden. Das konnte nur Frankreich sein, mit dem Polen über Jahrhunderte besonders freundschaftliche Beziehungen pflegte. Zudem verfügte diese stärkste westliche Festlandsmacht nicht nur über ein bedeutendes militärisches, sondern auch über ein wirtschaftliches Potenzial, an das sich Polen anlehnen wollte. Die Orientierung auf eine Siegermacht des letzten Krieges wurde von den meisten Polen gewollt. Doch nun war es das KNP, das die Verbindungen zu Paris hatte. Das konnte Piłsudski trotz seiner Feindschaft zu den Nationaldemokraten nicht ignorieren. Er musste einen Weg zur Verständigung mit ihnen finden. Die Anerkennung des KNP hatte aber auch innenpolitische Folgen, zumal die Macht des Staatsführers beileibe noch nicht gefestigt war. Nachdem die Nationaldemokraten gegen den deutschen Gesandten Demonstrationen organisiert hatten, wurde Graf Kessler von Berlin einen Monat später wieder abgezogen. Normale diplomatische Beziehungen sollte Polen mit Deutschland erst im März 1920 aufnehmen.

Von großer Bedeutung war auch die militärische Komponente. Dem KNP unterstand die in Frankreich aus Polen aufgestellte Kampftruppe, die als sogenannte Blaue Armee (um die 100000 Soldaten) mangels eigener Streitkräfte dringend in Polen gebraucht wurde.[3]

Staatsführer Piłsudski löste das inzwischen brennende Problem dadurch, dass er nach dem gescheiterten Putschversuch im Januar 1919 eben jene Kompromissregierung unter Paderewski aus der Taufe hob. Für ihn war das keine politische Niederlage, denn ein Mann der Linken, selbst ein rechtssozialistischer Politiker, war er schon lange nicht mehr. Piłsudski war vollends zu einem bürgerlichen Politiker geworden, der allerdings an einer stabilen Regierung interessiert war, deren

Zusammensetzung ihn nur insofern interessierte, als dass sie seine Ostpolitik nicht störte.

Mit dieser Regierung, die am 16. Januar 1919 gebildet worden war, hatte sich vor allem das Problem mit dem KNP erledigt. Das KNP wurde noch um einige Vertreter des Staatsführers verstärkt und war nun bevollmächtigt, als polnische Vertretung an der Pariser Friedenskonferenz teilzunehmen. Obwohl die Mehrzahl der KNP-Leute zu den erklärten Feinden Piłsudskis gehörten, gestalteten sich die Beziehungen des Staatsführers zu ihnen sachlich. Bei aller politischen Gegnerschaft sah Piłsudski in Roman Dmowski einen polnischen Patrioten, der hinsichtlich der Beziehungen zu den Deutschen kompetenter als er schien. Daher ließ er ihm in Paris freie Hand in der Erkenntnis, dass die Sache der polnischen Grenzen im Norden und Westen bei Dmowski und seinen Mitarbeitern gut aufgehoben war. Der internationalen Anerkennung stand jetzt nichts mehr im Wege. Die USA anerkannten Polen am 30. Januar als Erste. Es folgten Frankreich am 14. Februar, einen Tag später Großbritannien und Italien am 27. Februar.

Das neue Polen bestand Ende 1918 aus dem ehemaligen Russisch-Polen, dem Suwałki-Gebiet, Westgalizien mit Kraków, Przemyśl und Lwów (Lemberg) sowie dem Teschener Schlesien. Das waren 140 000 Quadratkilometer mit einer Bevölkerung von fast fünfzehn Millionen Menschen.[4] Vier Jahre später sollte es mit 388 000 km² und 27 Millionen Einwohnern das Doppelte sein.[5] Doch bis dahin war es noch ein schwerer, komplizierter und vor allem blutiger Weg.

Die wohl friedlichste Trennung von einer Teilermacht vollzog sich mit Österreich. Nahezu lautlos verschwanden die Österreicher. Die Russen waren schon während des Krieges weit nach Osten abgedrängt worden. Nur die Deutschen hielten noch polnisches Gebiet besetzt. Zu keinem der umliegenden alten bzw. neuen Staaten unterhielt Polen freundschaftliche Beziehungen. Lediglich mit den Litauern verband sie eine jahrhundertealte staatliche Gemeinschaft. Doch gerade die Litauer sträubten sich energisch, sich wieder von Polen vereinnahmen zu lassen. Die gegenseitigen Kontakte und Absprachen, die polnische Emigranten mit den Vertretern der Litauer und anderen benachbarten Völkern früher getroffen hatten, waren nun hinfällig. Die staatliche Wiedergeburt der neuen bürgerlichen Staaten Litauen und Tschechoslowakei war nun von der Priorität der bestmöglichen territorialen Ausdehnung bzw. deren Sicherung geprägt. Zumeist wurde hierbei das historische Argument bemüht, was der Sache zudem einen hoch emotionalen und irrationalen Charakter verlieh und Kompromisse nahezu unmöglich machte. Dass sich inzwischen über mehr als ein Jahrhundert die ethnische Struktur der Bevölkerung verändert hatte und jene Gebiete besser dem Nachbarland zugeschlagen werden sollten, wurde permanent ignoriert. Hierbei machte Polen natürlich auch keine Ausnahme, allerdings mit Unterschieden: Im Westen, gegenüber den Deutschen, spielte das historische Argument – die Grenzen von 1772 – nur eine orientierende Rolle, denn die westlichen Partner Polens hielten von historischen Argumenten nichts. Hier ging es darum, so viele Polen wie möglich und das dazugehörige Territorium in den neuen Staat zu integrieren. Gegenüber Sowjetrussland spielte das scheinbar keine Rolle. Hier zählte allein das historische und kulturpolitische Argument. Dafür nahm Polen in Kauf, eine beträchtliche Anzahl ihm feindlich gegenüber eingestellte nationale Minderheiten innerhalb seiner Staatsgrenzen zu wissen. Alles in allem war Polen nun das europäische Land, dessen Grenzziehung und territoriale Kämpfe einschließlich eines Krieges mit dem Sowjetstaat fünf Jahre beschäftigen würden.

Die Führung in Warschau war sich über die Methoden der neuen Grenzziehung von vornherein im Klaren. Im Westen, wo man in Deutschland einen scheinbar unüberwindbaren Gegner hatte, sollten die neuen Grenzen auf dem Verhandlungswege erreicht werden. Hier glaubte man in Warschau, durch die Niederlage und das militärische Übergewicht der westlichen Alliierten sowie durch die politische Schwächung Deutschlands durch die Novemberrevolution 1918 relativ problemlos die angestrebten Ziele erreichen zu können. Hauptaugenmerk wurde daher auf das Verhandlungsgeschick der polnischen Delegation um Roman Dmowski gelegt, so dass man in Warschau glaubte, dass alles ohne wesentliche Konflikte abgehen würde.

Im Osten hingegen sollte angesichts der chaotischen Verhältnisse im bürgerkriegsgeschüttelten Russland die neue Grenze mit den polnischen Waffen erstritten werden. Um es klar zu sagen: Warschau wollte Krieg, obwohl der letzte erst seit wenigen Tagen vorbei war. Der Bevölkerung gegenüber wurde in dieser Frage Stillschweigen bewahrt. Außerdem kalkulierte die polnische Führung hierzu kaum größere oder gar lang anhaltende Probleme ein. Mit dem späteren tatsächlichen Kriegsverlauf und den Opfern hatte keiner gerechnet.

Keine Illusionen hingegen hegte Piłsudski hinsichtlich der eigenen militärischen Stärke, die doch für die Unternehmungen im Osten ausschlaggebend sein sollte. Schon am 12. November schritt Piłsudski zur Bildung des polnischen Heeres. Zuerst strömten Freiwillige vor allem der POW in die Reihen des neuen Heeres. Seit März 1919 galt die Wehrpflicht. Ende 1919 dienten schon über 600000 Polen, und bis 1920 sollten es eine Million werden.[6] Damit wurde das neue Polen ein nicht zu unterschätzender militärischer Faktor in Osteuropa. Hinsichtlich der neuen polnischen Außenpolitik fand eine Arbeitsteilung statt. Piłsudskis Interesse lag in erster Linie an der Neubestimmung der polnischen Ostgrenzen einschließlich der Durchsetzung seiner föderalistischen Konzeption. Die Sache der Westgrenzen überließ er im Wesentlichen dem Geschick der Nationaldemokraten in Paris. Logistisch wurde dies durch das neu geschaffene Außenministerium abgesichert. Es befand sich im Zentrum Warschaus, an der Ecke des Sachsen-Platzes (später Piłsudski-Platz) und der Wierzbowa-Straße (Weidenstraße). Dort stand das Brühlsche Palais, ein Rokoko-Palast aus dem 17. Jahrhundert, das einem Minister des letzten sächsischen Herrschers Polens gehört hatte.

Im Zeitraum von der Erringung der Unabhängigkeit bis zur Festlegung der Grenzen bzw. der Präsidentenwahl im Dezember 1922 gab es acht Außenminister. Angesichts der nur vier Jahre dauernden Zeit war das eine erstaunlich hohe Zahl und machte knapp die Hälfte aller bis 1939 mit dieser Tätigkeit befassten Personen aus. Die Amtszeit jener Männer war demzufolge jeweils kurz bemessen.

Erster Außenminister war Leon Wasilewski, ein Vertrauter des Staatsführers, der allerdings nur zwei Monate im Amt blieb. Die Piłsudski ergebenen Außenminister Stanisław Patek und Gabriel Narutowicz brachten es auf jeweils ein halbes Jahr. Die längste Dienstzeit hatten Ignacy Paderewski (zeitweise zugleich Premier) und Eustachy Sapieha mit knapp einem Jahr. Konstanty Skiermunt war weitaus kürzer im Amt. All diese Personen gehörten den Nationaldemokraten an bzw. standen ihnen nahe. Die anderen Politiker waren nur Leiter des Außenministeriums, keine ernannten Minister. Piłsudski versuchte durch den häufigen Regierungswechsel – es waren neun – besonders auf die Besetzung des Außenministerpostens einzuwirken bzw. ihm entgegengesetzte außenpolitische Aktivitäten auszuschließen.

Der erste Außenminister war ein enger Vertrauensmann von Piłsudski, Leon Wasilewski (1870–1936). Dieser 48-jährige Journalist und Publizist, im russischen St. Petersburg geboren, hatte in Lemberg und Prag studiert, war vor allem ein Pressemann, gehörte aber auch zu den Führungen der PPS und POW. Er galt als der beste Kenner der an Polen grenzenden Ostvölker. Mit ihm glaubte Piłsudski für seine Konzeption den richtigen Mann am richtigen Ort zu haben. Obwohl er nur wenige Monate diesen Posten innehatte, war er später maßgeblicher Politiker in den Beziehungen zu den Sowjets und den Balten.

Der neue Premier Ignacy Jan Paderewski (1860–1941) übernahm im Januar 1919 zugleich das Außenamt. Die Einsetzung des 78-jährigen weltberühmten Pianisten und Komponisten als Ministerpräsident sollte vor allem der Stabilisierung der innenpolitischen Verhältnisse dienen. Diesen Erwartungen wurde Paderewski gerecht.

Sein außenpolitisches Wirken verdient besondere Erwähnung, zumal er auf diesem Posten in dieser Phase der neuen polnischen Staatlichkeit die längste Dienstzeit verbuchen konnte. Hinsichtlich der Amtszeit stand er in der Zwischenkriegszeit an dritter Stelle. Die folgenden Hausherren in der Wierzbowa waren zwei Juristen, zwei Journalisten, ein Bau- und ein Forstingenieur.

Die Berufung eines Musikers in ein derartiges Amt, bei dem eigentlich nüchternes Denken und weitgehende Emotionslosigkeit gefragt waren, mag heute ungewöhnlich erscheinen. Nicht so in Polen und schon gar nicht bei Paderewski. In der Zeit der Fremdherrschaft übernahmen die Intellektuellen, die zumeist aus dem landarmen Adel stammten und ihrer politischen Privilegien verlustig gegangen waren, die geistige Führerschaft. In Ermangelung eigener staatlicher Institutionen und offizieller nationaler Meinungsbildungszentren stiegen die Angehörigen der Intelligenz gewissermaßen zu einer von den meisten akzeptierten neuen Führungsschicht auf. Sie galten als die Träger des Unabhängigkeitsgedankens und vor allem als Personifizierung nationaler Traditionen. Sie wurden in geradezu jeder Frage für kompetent gehalten, obwohl viele von ihnen damit überfordert waren. Fehlurteile waren somit die Regel. Man traute also auch beruflich weit entfernt von der Politik beschäftigten Universitätsabsolventen wie Ärzten, Musikern, Ingenieuren usw. ein qualifiziertes politisches Werturteil zu. Mit anderen Worten: Sie galten als hohe politische Autoritäten.

Umso mehr galt das für die Intellektuellen, die im Ausland zu Ruhm gekommen waren. Sie repräsentierten nicht nur das unterdrückte Polen, sondern jeden einzelnen Polen, der in ihnen das nicht erreichbare Maximum eigener Möglichkeiten sah. Man bewunderte und beneidete jene Repräsentanten. Da sie zudem auch zumeist zu viel Geld und Besitz gekommen waren, besaßen sie somit alle Eigenschaften eines Vorbildes. Für Paderewski traf das alles zu. Der Sohn eines Teilnehmers des Januar-Aufstandes kam aus Ostpolen und machte nicht nur im Ausland schnell Karriere, sondern gewann auch als polnischer Patriot an Einfluss. Bei seinen öffentlichen Auftritten erwies er sich zudem als brillanter Redner. Im Ausland war er bedeutendes Mitglied polnischer Emigrantenorganisationen. 1917 wurde er Vertreter des Pariser KNP in den USA. Somit war er also mehr mit der Nationaldemokratie verbunden. In Westeuropa und den USA galt er durch seine umgängliche Art als sympathischer Vertreter Polens. So konnte er besonders die Amerikaner für die polnische Problematik gewinnen. Ein Mann solcher Herkunft und Tätigkeit stand – so waren sich seine westlichen Partner sicher – für ein bürgerliches und antisowjetisches Polen. Für Paderewski, der mit seiner offenen Art für Polen warb und hierbei auch beträchtliche Summen seines großen Vermögens eingesetzt hatte, waren die politischen Kämpfe innerhalb der polnischen Gesellschaft nahezu nebensächlich.

Ihm ging es allein um die Schaffung und Konsolidierung eines neuen Polens. Hierzu wollte er auch gern als Staatspräsident mitwirken.

Dieser Wunsch sollte sich hingegen nicht erfüllen. Die Anhänger Piłsudskis, mehr noch die Nationaldemokraten, wünschten ihn dann doch nicht in diesem Amt. Auch unter den Polen mehrten sich später die Stimmen, dass ein Musiker wohl doch nicht die für ein solch hohes Amt benötigte Qualifikation besäße. Mit dieser Meinung tat man dem Mann Unrecht und schmälerte sein Verdienst um das neue Polen. Ende 1919 trat er als Premier zurück. Als Premier hatte er nicht nur wesentlichen Anteil an der Stabilisierung des jungen Staates, sondern auch seine Erfolge als Außenminister waren nicht zu übersehen. Zunächst einmal hatte er von den acht Regierungschefs bis 1922 mit elf Monaten die zweitlängste Zeit regiert. Als Außenminister erreichte er als Delegationsleiter in Paris für Polen bei den Verhandlungen das Optimum. Diese Bilanz kann sich auch aus heutiger Position sehen lassen. Ab 1922 widmete er sich wieder der Musik und wirkte in der Schweiz in den dreißiger Jahren in der Opposition gegen das Piłsudski-Lager. Nach Ausbruch des Zweiten Weltkrieges war er zeitweise Vorsitzender des Exilparlaments, bis er in die USA übersiedelte und hier buchstäblich bis zum letzten Atemzug in der Öffentlichkeit für die polnische Sache stritt.

Ihm folgte als Regierungschef Stanisław Patek (1866–1944). Der Gutsbesitzersohn aus Zentralpolen war gelernter Jurist und hatte sich als Verteidiger polnischer Patrioten – vor allem aus der PPS – einen Namen gemacht. Die Persönlichkeit Piłsudskis, für den er zu Beginn des Ersten Weltkrieges in den westeuropäischen Hauptstädten unterwegs und rührig war, faszinierte ihn. Ihm oblag zu jener Zeit, die Westmächte davon zu überzeugen, dass die polnischen Legionen zwar gegen ihren russischen Verbündeten kämpften und sie deshalb zur Zusammenarbeit mit den Deutschen und Österreichern gezwungen seien, die Unabhängigkeit jedoch ihr Ziel sei. Zu jener Zeit, als den Franzosen das Wasser bis zum Hals und die Deutschen vor Paris standen, dürfte Pateks Sondierungen vor Ort kaum für Aufsehen gesorgt haben. Dennoch waren es die ersten inoffiziellen Kontakte des Piłsudski-Lagers mit den Westmächten. So hatte sich Patek seine ersten diplomatische Sporen verdient. Mit der Erringung der Unabhängigkeit wurde er zum Mitglied des Obersten Gerichts nominiert, dann aber vom Staatsführer zu den Pariser Verhandlungen geschickt, wo er an der Abfassung des Versailler Vertrages erheblichen Anteil hatte. Ein halbes Jahr war er Hausherr in der Wierzbowa. In dieser Eigenschaft sondierte er in persönlichen Gesprächen in Paris und London die Haltungen der Briten und Franzosen zum polnisch-sowjetischen Konflikt.

Nach seiner Ablösung, als die Rote Armee sich Warschau näherte, trat der 43-Jährige als Freiwilliger in das polnische Heer ein. Ein Jahr später war er Gesandter in Japan und nach der erneuten Machtübernahme Piłsudskis 1926 bis 1933 polnischer Botschafter in der Sowjetunion. Dort führte er maßgeblich die Verhandlungen zum Abschluss des polnisch-sowjetischen Nichtangriffsvertrages. Anschließend war er Botschafter in den USA. Bis zum Ende Zwischenkriegspolens war er Senator und blieb im von den Deutschen besetzten Polen. Während des Warschauer Aufstandes 1944 kam er ums Leben.

Der nächste Außenminister kam aus einem alten und mächtigen Magnatengeschlecht aus Ostpolen. Fürst Eustachy Kajetan Sapieha (1881–1963) war ein mit den Konservativen verbundener Politiker. In der Schweiz hatte er den Hochschulabschluss als Forstingenieur gemacht und die britische Staatsbürgerschaft erworben. Wieder in Russisch-Polen als Güterverwalter, musste er die russische Staatsbürgerschaft annehmen. Während des Ersten Weltkrieges war er Chef einer bedeutenden polnischen Hilfsorganisation. Dadurch konnte er Kontakte zu führenden polnischen Persönlichkeiten knüpfen und ausbauen. Nach Erringung der Unabhängigkeit spielte er eine führende Rolle im Putsch gegen die Linksregierung im Januar 1919. Nach kurzem Arrest meldete er sich als Freiwilliger zum polnischen Heer, wurde dann aber als erster polnischer Botschafter in Großbritannien ernannt. Im Juni 1920 wurde er Außenminister und gehörte zu denen im Amt, die es relativ lange innehatten. So konnte er eine wichtige Rolle beim Zustandekommen der Bündnisse mit Frankreich und Rumänien spielen. Scharf angegriffen wegen seiner Oberschlesien-Politik, trat er zurück und widmete sich wieder der Güterverwaltung in Ostpolen. Sein politischer Einsatz galt nun der Annäherung der Großgrundbesitzer an das Piłsudski-Lager, der letztlich von Erfolg gekrönt war. Für Piłsudski blieb er ein kompetenter Außenpolitiker, den er oft zu politischen Gesprächen einlud.

Als sowjetische Truppen im September 1939 Ostpolen besetzten, wurde Sapieha verhaftet. Für die Sowjetorgane galt er nicht nur als Reaktionär und Großgrundbesitzer, sondern als Schmied eines antisowjetisch ausgerichteten polnischen Bündnissystems. In Moskau wurde er dafür zum Tode verurteilt, dann aber zu zehn Jahren Lagerhaft begnadigt. Durch eine Amnestie infolge der Verbesserung der polnisch-sowjetischen Beziehungen konnte er 1941 die UdSSR verlassen. Anschließend war er bis 1945 Beauftragter des Polnischen Roten Kreuzes in Afrika. 1963 starb er in Nairobi.

Der Journalist Jan Dabski (1880–1931) wurde auch in Ostpolen geboren und war nur einen Monat Außenminister. Er stand als Führer der rechtsgerichteten Bauernpartei »Piast« eher dem Piłsudski-Lager als den Nationaldemokraten nahe, leitete dann die polnische Delegation zu den Friedensgesprächen mit Sowjetrussland und unterschrieb den Rigaer Friedensschluss 1921. Später stand er in Opposition zu Piłsudski.

Konstanty Skirmunt (1866–1949) entstammte einer ostpolnischen Großgrundbesitzerfamilie und hatte in Petersburg Jura studiert. Politisch mit den pro-russischen Konservativen verbunden, schloss er sich dem KNP an. Bis 1921 war er Polens Vertreter beim Heiligen Stuhl in Rom, dann Außenminister. Er war Gegner der Ostpolitik Piłsudskis und kämpfte im Westen für eine Änderung des Polen-Bildes, das zu jener Zeit in Polen einen schwierigen Nachbarn und Aggressor zeigte. Vor allem warb er für die Verbesserung der Beziehungen zu allen Nachbarn Polens. Skirmunt legte sich besonders für ein wesentlich besseres Verhältnis zu Prag ins Zeug. Doch seine Absprache mit Beneš erlangte für eine Ratifizierung im Sejm keine Mehrheit. Auch bei seinen Versuchen der Annäherung an die Briten blieb er weitgehend erfolglos, obwohl er als Polens Vertreter beim Völkerbund und Botschafter in London vieles dafür geleistete hatte.

Der letzte Außenminister jener neupolnischen Gründerjahre war Gabriel Narutowicz (1865–1922), der auf litauischem Gebiet geboren worden war. In der Schweiz wurde er zum Bauingenieur ausgebildet und schon als Student für seine Arbeiten ausgezeichnet. Früh sympathisierte er mit den Sozialisten und 1918 mit Piłsudski. 1919 war er Experte für die Regulierung der Weichsel und wurde 1920 Minister für Öffentliche Arbeit. 1921 leitete er die offiziellen Regierungsgespräche mit den Litauern. Ein Jahr später war Narutowisz Vizechef der polnischen Delegation auf der Friedenskonferenz in Genua. Anschließend wurde er Außenminister und begleitete Piłsudski im September 1922 bei dessen Besuch in Rumänien. Von den Linken und dem Staatsführer wurde er als Präsidentschaftskandidat aufgestellt. Mit Hilfe der Vertreter der nationalen Minderheiten konnte er den Kandidaten der Rechten Zamoyski besiegen. Die Rechten entfachten daraufhin gegen ihn eine Pogromhetze, in deren Folge er von einem rechten Fanatiker erschossen wurde.

Die ersten Außenminister waren also gebildete, kompetente und der Sache Polens treu ergeben Politiker. Das waren keine politischen Abenteurer, sondern Patrioten, die etwas von ihrem Handwerk verstanden. Alle sprachen mehrere Fremdsprachen: Russisch, Deutsch, Französisch und einige Englisch und Italienisch. Alle waren kultiviert, fast alle von Adel und mit einer Ausnahme aus dem Osten. Das Ressort befand sich bei ihnen also in guten Händen.

Die Außenpolitik des neuen polnischen Staates wollte sich an den Westen, vor allem an Frankreich wie auch Großbritannien anlehnen. Das war jenen Mächten nicht unbekannt. Über Jahrzehnte wurden die traditionell guten Beziehungen durch die beachtliche polnische Emigration gepflegt und betont. Nach der Niederlage der Mittelmächte, so glaubten die Polen, würde vor allem Frankreich ein vitales Interesse an einem starken Polen haben, das gegen die Deutschen wie auch gegenüber dem russischen Sozialismus (Bolschewismus) eine Barriere bildete. Hier spielte die Frage der neuen Grenzen eine ausschlaggebende politische und militärstrategische Rolle. Mit der Betonung der Zugehörigkeit zum Westen und der westlichen Kultur glaubten die Polen auch, in den Briten und Franzosen uneingeschränkte Unterstützer zu finden.

Hinsichtlich traditionell mit Polen verbundener Staaten war die Lage hingegen äußerst ungünstig. Das befreundete Ungarn und die den Polen wohlwollende Türkei gehörten zu den Verlierern des Ersten Weltkrieges und fielen als potenzielle Verbündete aus, wollte man es sich mit dem Westen nicht verderben. Zu den Tschechen hatte man keinen guten Kontakt, sie galten – wie die Serben als neue Führungsmacht in Jugoslawien – als russenfreundlich. Einzig zu den katholischen Kroaten hatte Warschau Kontakte. Doch die zu pflegen, hätte wegen des ständigen kroatischen Separatismus Spannungen mit dem Westen erzeugt, der auf Seiten Jugoslawiens stand. Das weit entfernte Griechenland betrachtete auch aus eigener Motivation die polnische Unabhängigkeitsbewegung immer mit Empathie, war aber als außenpolitischer Partner ungeeignet. Die in Griechenland weit verbreitete Sympathie mit Russland und die Feindschaft zur Türkei schlossen ebenfalls eine engere Zusammenarbeit mit Polen aus. Einzig mit Rumänien gab es Übereinstimmungen in vielen Fragen. Doch nicht unbegrenzt, denn Rumänien war ungarnfeindlich und den Tschechoslowaken wohlgesonnen. Die meisten Gemeinsamkeiten gab es hinsichtlich der feindseligen Haltung gegen Russland, vor allem die Sowjets, denen die Rumänen die ukrainische Nordbukowina und Bessarabien entrissen hatten.

Die westlichen und nördlichen Anrainerstaaten der Ostsee Dänemark und Schweden waren zwar vor allem an wirtschaftlichen Beziehungen interessiert, doch wegen ihrer Neutralität kaum an politischen.

So blieben nur die neu entstanden Staaten Finnland, Estland, Lettland und Litauen das künftige Ziel polnischer Bündnispolitik. Alle diese Länder hatten eines gemeinsam: In allen hatten die sich herausbildenden kommunistischen Parteien über kurze Zeit die Macht errungen. Finnland galt 1918 nach Sowjetrussland als der zweite sozialistische Staat in Europa. Die bürgerlich-konterrevolutionären Kräfte jener Länder leisteten mit ausländischer Unterstützung dem gegenüber erbitterten Widerstand. In allen diesen Ländern tobten über kürzere oder längere Zeit Bürgerkriege, die für die Rechten bis 1920 siegreich ausgingen. Mit Polen teilten diese neuen Staaten die Erfahrung, dass sie über Jahrhunderte vom russischen Zaren unterdrückt worden und Teil des Russischen Reiches waren. Eine antirussische und antikommunistische Haltung war unter weiten Teilen der Bevölkerung stark verbreitet. Mit diesen Staaten schien Polen die besten Grundlagen jeglicher Zusammenarbeit zu finden. Polen glaubte, ihnen aufgrund seiner Größe und Bevölkerung Schutz bieten zu können. Daher war man sich in Warschau ziemlich sicher, dass sich diese Staaten an Polen anlehnen werden. Warschau ging ferner davon aus, dass durch die föderativen Pläne die Bedeutung Polens in der Region um ein Mehrfaches zunehmen würde. In diesem Falle bliebe den Balten nichts anderes übrig, als sich mit Polen zusammenzutun. So erfüllte die föderative Konzeption auch die Funktion, das Fehlen von osteuropäischen Verbündeten und einer entsprechenden Einflusssphäre auszugleichen.

Besonders in Litauen glaubten die Polen den nächsten Verbündeten und Partner in einer Föderation gefunden zu haben. Für Litauen, im Unterschied zu den anderen Balten, traf dies nicht nur politisch-ideologisch zu. Mit Litauen war man jahrhundertelang im Kampf gegen gemeinsame Feinde auch staatlich verbunden. Hier gab es schon einmal eine Union, die Polen nun modifiziert wieder aufleben lassen wollte. Vor allem die adligen Führungsschichten beider Völker waren sehr eng, sogar familiär zusammengewachsen. Polen und Litauen sollten das Kernstück einer künftigen osteuropäischen regionalen Großmacht ausmachen. Gemeinsam die Ukrainer und Belorussen von ihnen abhängig zu machen, hatte Tradition und schien in den Wirren jener Jahre den Polen wieder möglich.

Im Verlauf der nächsten vier Jahre sollte aber hinsichtlich dieser Staaten eine erhebliche Ernüchterung eintreten.

Das betraf zuerst die Westmächte, die Staaten des Obersten Rates der Entente USA, Großbritannien, Japan, Italien und Frankreich. Sie wurden bei den Friedenskonferenzen 1919 durch ihre Staatschefs vertreten. Die bedeutendste Rolle spielten hierbei der Amerikaner Woodrow Wilson, der Brite David Lloyd George und der Franzose Georges Clemenceau. Die Hoffnungen Warschaus ihnen gegenüber erfüllten sich nicht oder nur zum Teil. Auf jeden Fall stellten sie sich als Illusionen heraus. Die Westmächte hatten ohnehin untereinander verschiedene, auch gegeneinander gerichtete Interessen. Das betraf nicht nur die Stellung gegenüber Deutschland, sondern auch Verhandlungsprinzipien, aus denen sich ihr Verhältnis zu Polen und seinen Gebietsansprüchen ableitete. Vielen zeitgenössischen Beobachtern schienen die Handlungsweisen einzelner Siegermächte unlogisch und unverständlich. Das waren sie aber nicht, wenn man die Interessenlage der einzelnen westlichen Großmächte in Betracht zieht.

Insgesamt waren sich die drei Großmächte hinsichtlich der neuen polnischen Grenzen darin einig, dass sich nur Menschen nachgewiesener polnischer Nationalität innerhalb des Staatsterritoriums befinden sollten. Vor allem Großbritannien, das in den nächsten zwei Jahrzehnten die europäische Politik mitbestimmen sollte, kannte aus eigener jahrhundertelanger Kolonialerfahrung die explosiven Risiken, die sich aus der Existenz religiöser und nationaler Minderheiten ergeben konnten. Nationale Minderheiten im Zeitalter von sich herausbildenden oder herausgebildeten Nationalstaaten, weit verbreiteter nationalistischer Anschauungen und dazu noch in Europa, würden derartige Risiken noch potenzieren. Keine der drei Mächte war angesichts der sich in Europa entwickelnden revolutionären Nachkriegskrise an zusätzlichen Konflikten interessiert. Derartige Konflikte würden die neuen Staaten destabilisieren und die Machtübernahme durch die Kommunisten begünstigen.

Diese dem reinen Machtkalkül entspringenden Prinzipien und davon abgeleiteten Handlungen wurden von den neuen osteuropäischen Staaten kaum verstanden, obwohl gerade sie mehr als der Westen mit der kommunistisch-revolutionären »Bedrohung« zu kämpfen hatten. Geradezu brachial wollten sie alte und zumeist überholte Vorstellungen realisieren. Die berechtigten Einwände des Westens stießen bei ihnen nicht selten auf taube Ohren. Vielfach war das sogenannte historische Argument das einzige, das sie den besorgten westlichen Verhandlungspartnern entgegenzubringen vermochten. Für jene galt das allerdings nicht. Sie hatten den Prozess der Herausbildung von Nationalstaaten längst hinter sich gelassen und wussten, dass sich historische Verweise für aktuelle Grenzziehungen nicht eigneten und höchstens nationalistische Demagogie bedienten.

Briten, Franzosen und Amerikaner wollten also innerhalb polnischer Grenzen keine fremden Völker. Lediglich Frankreich war da zugänglicher und bereit, auf Kosten Deutschlands den Polen entgegenzukommen. Die Engländer waren in dieser Frage besonders prinzipiell und warfen den Polen Undankbarkeit und sogar imperialistische Methoden vor, weil sie Gebiete mit überwiegend deutscher und ostslawischer Bevölkerung forderten. Der britische Premierminister Lloyd Georg begriff, dass die polnischen Forderungen und ihre Durchsetzung in Osteuropa einen ständigen Unruheherde und neue Kriegsanlässe schaffen würden. Daran hatte das auf Gleichgewicht in Europa orientierte England kein Interesse. Die Briten zu jener Zeit einer bewussten antipolnischen Einstellung zu bezichtigen, wie es in der polnischen Geschichtsschreibung aller Lager zu lesen ist, geht aber an den Tatsachen vorbei. Sicher hatte die britische Position auch Elemente, die Polen schadeten, wie z.B. das Beharren auf die Freie Stadt Danzig, doch insgesamt waren die Initiativen und Entscheidungen den realen Verhältnissen geschuldet und auf Konfliktvermeidung oder Schadensbegrenzung ausgerichtet.

Polen einerseits und die Briten und Franzosen andererseits gingen in den territorialen Fragen von gänzlich anderen Sichtweisen aus. Während Polen in erster Linie – und das war natürlich – vorrangig seine eigenen Grenzen im Blick hatte und kaum perspektivisch dachte, hatten die Westmächte als gestandene Großmächte den gesamteuropäischen Raum im Auge.

Für Briten und Franzosen spielte Russland in Osteuropa die dominierende Rolle. Beide Staaten, vor allem Frankreich, wünschten sich ein starkes Russland und waren auch deshalb bereit, den Russen die ostgalizischen Gebiete zu überlassen, in denen vor allem Ukrainer lebten, welche jedoch bei den Polnischen Teilungen Österreich zugefallen waren. Die polnische Ostgrenze sollte demzufolge am Bug verlaufen. Für Frankreich sollte Russland das Gegengewicht zu Deutschland bilden. Beide Länder sollten die deutsche Aggressivität in Schach halten. Das konnte aber nur funktionieren, wenn Polen – von Russland immerhin anerkannt – den Russen keine Gebiete nahm, die ihnen gehörten bzw. auf die sie Anspruch erhoben. Polnisch-russische Grenzstreitigkeiten, womöglich Kriege, würden die antideutsche Position im Osten schwächen, wenn nicht sogar verhindern.

Deutsche Gebiete, auch mit starken deutschen Minderheiten, ja sogar Mehrheiten, den Polen zu überlassen, würde andererseits permanente Spannungen zwischen Deutschland und Polen hervorrufen und ein eventuelles Zusammengehen beider Staaten verhindern. Deshalb unterstützten die Franzosen die Polen nur gegenüber Deutschland, nicht aber gegenüber der Tschechoslowakei, die von ihnen mehr präferiert worden war. Polen sollte alles in allem zu einem Bündnis oder zumindest zu einem gutnachbarlichen Verhältnis zu Russland genötigt werden. So dachte Paris, solange in Russland die weiße Konterrevolution noch eine Siegeschance gegen die Bolschewiki hatte.

Die Briten verfolgten eine andere Konzeption und waren auch auf andere Eventualitäten vorbereitet. Sie gingen aus dem Ersten Weltkrieg gestärkt hervor. Ihr Kriegsziel, die Ausschaltung der deutschen Flotte und die Abgabe der deutschen Kolonien, war erreicht worden. Immer noch eine Weltmacht, setzten sie andere politische Prioritäten als Frankreich, das aus dem Kriege trotz des Sieges stark geschwächt hervorging. Für Paris sollten Deutschland und Russland ein Paar bilden, das sich gegenseitig in Schach hielt. Dadurch hätte Großbritannien völlige strategische Handlungsfreiheit nicht nur in Europa, sondern auch im asiatischen Raum bekommen. Die Briten fürchteten allerdings die französische Konkurrenz und Hegemonie auf dem europäischen Festland, vor allem in den neu entstandenen Staaten. Hierbei sahen sie in Polen einen von seiner Größe her bedeutsamen Satellitenstaat der Franzosen, an dessen Stärkung sie kein Interesse hatten. Diese Haltung wurde dadurch verstärkt, dass die polnischen Vertreter in Paris unablässig betonten, gegen die Ukrainer, Belorussen und letztlich auch Russen als osteuropäische Ordnungsmacht auftreten zu wollen. Eine neue Großmacht im Osten wollten die Engländer nicht, zumal sie im Verbund mit Frankreich das neue, die Briten begünstigende Kräfteverhältnis auszuhebeln vermochte. Schon deshalb wollte London die Bäume der Polen nicht in den Himmel wachsen lassen.

Einer territorialen Schwächung Deutschlands stimmten sie ebenfalls nicht zu, um zu verhindern, dass nach einem Sieg der Bolschewiken Deutschland seinen Platz als Bastion des Antikommunismus und Antisowjetismus an Polen würde abtreten müssen. Zudem wäre durch Abtrennung wirtschaftlich wichtiger Gebiete Deutschlands die Zahlungsfähigkeit für Reparationen stark beeinträchtigt und Deutschland im Kampf gegen die Sowjets geschwächt.

Die Perspektive Polens sahen die Briten damals in recht düsteren Farben. Sollten die russischen Kommunisten siegen, so stieg der Wert Deutschlands als antibolschewistische Bastion. Deutschland würde dann Polen in seine Abhängigkeit bringen. Damit das leichter ginge, sollten keine Streitpunkte in Form von Gebietsabtretungen an Polen vorhanden sein. Sollte Russland wieder bürgerlich werden, so müsste Polen gemeinsam mit Großbritannien Deutschland in Schach halten. Daher durfte es auch keinerlei Gebietsgewinne Polens auf Kosten der Russen geben.

Sich der Deutschen gegen die Sowjets zu bedienen und Polen notfalls zu opfern, war also schon zwanzig Jahre vor Beginn des Zweiten Weltkrieges ein Prinzip britischer Europapolitik. Hier lagen die Anfänge der Appeasement-Politik, die Polen mit seinem Kampfeswillen und die UdSSR mit dem Nichtangriffsvertrag 1939 mit den Deutschen historisch zum Scheitern brachten.

Die Autorität Polens im Westen war demnach nicht so hoch wie man in Warschau glaubte. Es brauchte seine Zeit, bis die polnischen Außenpolitiker und Staatsmänner das begriffen. In dieser Situation hielten sich die Polen natürlich an die Franzosen. Was Großbritannien betraf, so hofften die Verantwortlichen in der Wierzbowa auf eine grundsätzliche Änderung, die aber in den nächsten zwanzig Jahren so nicht eintreffen sollte.

Die polnische Außenpolitik der Zwischenkriegszeit stand also gleich zu Beginn unter keinem guten Stern. In den ersten Jahren wich eine durch die Erringung der Unabhängigkeit bedingten Euphorie bald einer ernüchternden Bitterkeit. Hier den Beginn einer »glorreichen unabhängigen Außenpolitik« anzusetzen, wie das in der heutigen polnischen Geschichtsschreibung geschieht, steht daher mit dem historischen Geschehen in keinem Einklang. Bei solch unentschlossenen Bündnispartnern im Westen und den ungünstigen Chancen in Osteuropa mussten sich die Verantwortlichen in Warschau etwas einfallen lassen, denn angesichts der erst jüngst errungenen Unabhängigkeit galt es diese nicht zu verspielen. Die einzige Möglichkeit sah Warschau darin, das eigene Land zu stärken und es zu einer starken Regionalmacht zu entwickeln, die der Westen immer ins Kalkül ziehen musste. Warschau ahnte, dass Polen mit dem Sieg der russischen Weißen seine Sonderrolle in Osteuropa an Russland verlieren würde. Daher waren weitblickende polnische Politiker, darunter vor allem Piłsudski, zumindest vorerst am Sieg der Rechten in Russland nicht interessiert. Nur durch den Sieg der Sowjetmacht konnte die Rolle Polens aufgewertet werden. Es legitimierte außerdem die Bestrebungen Polens, sich im Osten an der Konkursmasse des Zarenreiches zu bedienen.

Polen wollte mächtig werden. Das bedeutete nach damaligem Verständnis die Existenz eines Staates mit größtmöglicher Ausdehnung. Hätte man das erreicht, glaubte man, notfalls auch allein - zumindest eine Zeit lang - mit eventuellen existenziellen Bedrohungen fertig zu werden. Prinzipiell war diese Überlegung nicht ganz von der Hand zu weisen und durchaus für die meisten Polen einleuchtend. Allerdings konnte diese Rechnung nur dann aufgehen, wenn Polen auch wirtschaftlich stark, entsprechend militärisch gerüstet und vor allem innenpolitisch stabil sein würde. Das alles zu schaffen, waren die polnische Führung und wohl die meisten Polen zu Beginn ihrer neuen Unabhängigkeit sich durchaus gewiss.

Anmerkungen

1 Vgl. Polska w latach 1918–1939. Wybór tekstów żródłowych do nauczania historii. Pod redakcją Wojciecha Wrzesińskiego. Wydanie pierwsze. Warszawa 1986. S. 22–25

2 Vgl. Ajnenkiel, Andrzej. Od rzadow ludowych do przewrotu majowego. Zarys dziejów politycznych Polski 1918–1926. Wydanie IV. Warszawa 1978. S.65

3 Vgl. Słownik historii Polski. Wydanie VI. Warszawa 1973. S.769

4 Vgl. Atlas historyczny Polski. Wydanie IV. Warszawa 1977. S. 27

5 Vgl. Ebenda. S. 30

6 Vgl. Słownik historii Polski. Wydanie VI.; a.a.O., S. 769

3.

Kampf um die neuen Grenzen mit den Deutschen

Seit Anbeginn seiner Staatlichkeit hatte Polen mit zwei Feinden zu kämpfen oder sich politisch auseinanderzusetzen. Die ersten und ältesten Gegner waren die deutschsprachigen Nachbarn in verschiedenen staatlichen Ausprägungen (deutsches König- und Kaiserreich, die Kreuzritter des Deutschen Ordens, Habsburger und Hohenzollern-Monarchien, die Weimarer Republik, Hitlerdeutschland). Mit ihnen stand das polnische Volk nahezu ununterbrochen in Auseinandersetzung um Territorien mit zumeist ethnisch-polnischer Bevölkerung. In diesem Kampf mit den Deutschen hatte Polen die meisten Verluste an Territorium und Menschen hinzunehmen. Es waren Deutschsprachige (Preußen und Österreicher), die sich bei den drei Teilungen Polens 1772–1795 der ethnisch-polnischen Gebiete bemächtigt hatten.

Bei diesem Grenzstreit handelte es sich nicht um das Territorium, das gegen Ende des Zweiten Weltkrieges von der deutschen Bevölkerung geräumt wurde und jahrzehntelang von der Bundesrepublik Deutschland in Frage gestellt und letztlich von ihr doch 1990 als polnischer Staatsbesitz anerkannt worden war. Die DDR tat dies schon 1950. Dennoch stehen diese Gebiete – Danzig (Gdansk), Südostpreußen, Schlesien (Slask) und Pommern (Pomorze) – mit den nach dem Ersten Weltkrieg umstrittenen Gebieten in einem engen Zusammenhang. Denn auch hierbei handelte es sich um von den Deutschen annektierte Gebiete, die allerdings erst vor einem historisch längeren Zeitraum, gegen Ende des 18. Jahrhunderts im Rahmen der drei polnischen Teilungen, zum Territorium des westlichen Nachbarn gekommen waren. Schlesien und Pommern hatte Polen schon viel früher verloren.

Polen hatte, wie schon erwähnt, die historisch längsten Konflikte mit Deutschland. Hinsichtlich der deutschen Ostexpansion gab es aber eine wesentliche Besonderheit gegenüber den anderen Teilnehmern des antipolnischen Expansionismus. Um Territorium ging es allen, doch gab es hinsichtlich der Behandlung der polnischen Bevölkerung einige nicht unwesentliche Unterschiede. Russland ging es vorrangig um Gebiete, in denen die Polen schwach vertreten waren. Bei der Bevölkerung waren dies – außer bei den Litauern – Nationalitäten, die als Ukrainer und Belorussen kulturell, religiös und nicht zuletzt auch sprachlich den Russen am nächsten standen. Eine kulturell unterlegte Russifizierung erübrigte sich weitgehend bzw. wurde der Zeit überlassen.

Die Österreicher, die selbst in ihrem Reich über eine Vielzahl von Nationalitäten verfügten, nahmen erst gar nicht das Risiko einer direkten Germanisierung auf sich und ließen gegenüber der polnischen Sprache und Kultur weitgehende Toleranz walten. Sie konnten sich hier auf das Bündnis mit den polnischen Großgrundbesitzern und, da sie ebenfalls Katholiken waren, der polnischen katholischen Kirche weitgehend verlassen. Eine Germanisierung, wenn man überhaupt davon sprechen kann, fand dennoch statt, jedoch auf eine unaufdringliche und sensible Weise. Darin unterschieden sie sich kaum von den Russen in den ehemaligen polnischen Ostgebieten: Wer etwas werden wollte, musste auch Deutsch bzw. Russisch können. Demnach gehörte es zum guten Ton, diese Sprachen zu erlernen. Eltern, die ihren Kindern das Beste wünschten, sorgten frühzeitig dafür, dass sie eben jene Sprachen schnell und gut beherrschen. Erst nach dem verlorenen Januaraufstand 1864 begannen die Russen letztlich ihre Russifizierungskampagnen zu forcieren. Politisch blieben sie damit letztlich erfolglos.

Die Deutschen hingegen beschritten andere Wege. Dafür hatten sie im Gegensatz zu den Habsburgern und Russen ganz eigene Gründe. Für Russland und Österreich bedeutete die Gewinnung von polnisch-ethnischen Gebieten eine zusätzliche Abrundung ihres ohnehin schon umfangreichen Besitzes. Zudem waren die erworbenen polnischen Gebiete über hunderte von Kilometern von den ethnischen Kernlanden der Russen und Österreicher entfernt. Einen Verlust dieser Gebiete hätte man zwar nicht hingenommen, doch es hätte auf die staatliche Existenz des Zarenreiches oder der Habsburger Monarchie keinen wesentlichen Einfluss gehabt. Für die Deutschen, in diesem Falle für die Brandenburger, später die preußischen Hohenzollern, lagen hingegen die Dinge gänzlich anders. Brandenburg war ursprünglich kein Kernland, sondern deutsches Grenzgebiet zu den Polen. Eine Mark, die zudem schlecht regiert und verwaltet wurde. Im 15. Jahrhundert bekam ein süddeutscher Hohenzollernfürst dieses Gebiet als kaiserliches Lehen, um diesem Zustand abzuhelfen. Binnen weniger Jahrhunderte wurde aus diesem renitenten und unwirtlichen Gebiet an der polnischen Grenze das am besten organisierte und wirtschaftlich effizienteste deutsche Staatswesen mit einer sprichwörtlichen Disziplin. Mit der Bereinigung der Verhältnisse in der Mark Brandenburg und der im Mittelalter üblichen langsamen Lösung vom kaiserlichen Lehnsherren beschritten die Hohenzollern den Weg der territorialen Expansion. Ihr Gebiet auf Kosten deutscher Fürsten abzurunden, war bis ins 18. Jahrhundert so gut wie aussichtslos. Zumeist durch Erbfolge und Heirat gelang es den Hohenzollern, einige territoriale Flecken in Westdeutschland zu erwerben. Erst im 19. Jahrhundert gelang den Hohenzollern im Westen der Durchbruch, der ihnen die führende Stellung im deutschen Einheitsprozess sichern sollte.

Gen Osten wurden die Brandenburger schon recht früh aktiv. Hierbei konnten sie an den Traditionen und Erfahrungen ihrer Vorgänger anknüpfen. Schnell hatten die ersten Brandenburger die Schwäche der Polen erkannt und diese, die schon vor 1000 Jahren bis fast an das heutige Berlin herangekommen waren, bis hinter die Oder zurückgeworfen. Dem folgte eine systematische Ostexpansion, bei der alle Register damaliger Eroberungspolitik gezogen wurden. Hierbei nutzte man geschickt vor allem die 200 Jahre andauernde feudale Zersplitterung Polens. Ein polnischer Territorialherrscher nach dem anderen wurde durch Verpfändung seines Landes und durch andere finanzielle Abhängigkeiten,

Bestechung, günstige Erbverträge usw. zur Überlassung seines Landbesitzes gebracht. Die meisten Erwerbungen erfolgten auf gewaltfreie und friedliche Weise, die örtlichen polnischen Herren beugten sich – gegen den Willen Krakóws bzw. später Warschaus – dem politischen und finanziellen Druck der Brandenburger.

Erst im 18. Jahrhundert griffen die Berliner Machthaber zu militärischen Mitteln. Mit Krieg nahmen sie den Österreichern Schlesien ab. Bevor Polen geteilt wurde, verfügten die Brandenburger über Schlesien, Pommern und den östlich der Oder gelegenen Teil der nunmehrigen Provinz Brandenburg und Ostpreußen. Ostpreußen lag weit im Osten und hatte keine territoriale Verbindung zu Brandenburg. Inzwischen – seit Beginn des 18. Jahrhunderts – nannten sich die Brandenburger »Preußen« und wurden damit in Deutschland und Europa berüchtigt und in der Welt berühmt. Doch wie kam es dazu?

Was hinsichtlich feudalistischer Expansionsbestrebungen für die Brandenburger galt, traf auch auf die Polen zu. Seit Anbeginn des polnischen Staatswesens war man bemüht, die um die Weichselmündung und vor allem östlich davon gelegenen Gebiete unter polnische Herrschaft zu bringen. Doch die dort lebenden Pruzzen (Preußen), ein kämpferischer baltischer Stamm, ließen das nicht zu und liefertem den Polen verlustreiche Kämpfe. Als zur Zeit der feudalen Zersplitterung der polnische Territorialfürst von Masowien (Gebiet um Warschau) sich anschickte, sein Gebiet nach Norden auszudehnen, bildeten die Pruzzen wieder eine scheinbar unüberwindliche Barriere. Da kam Konrad von Masowien auf eine Idee. Sie sollte den Polen jahrhundertelang Probleme bereiten und zeitweise gar die Existenz des polnischen Staates bedrohen. Im 13. Jahrhundert rief er die nach den Niederlagen im »Heiligen Land« untätigen Ritter des Deutschen Ordens (Kreuzritter) mit kaiserlicher und päpstlicher Billigung nach Polen, um die Pruzzen zu unterwerfen. Konrad wollte ihr Land, während den Kreuzrittern ein kleines Gebiet zugestanden werden sollte. Doch es kam ganz anders. Nachdem die Kreuzritter die Pruzzen fast völlig ausgerottet hatten, richteten sie sich im Norden Polens fest ein. Im 14. Jahrhundert eroberten sie zudem polnisches Küstengebiet und schnitten Polen von der Ostsee ab.

Das Land wurde nun mit deutschen Bauern und Bürgern besiedelt, die hier eine bessere Zukunft als in Deutschland suchten.

Im 14. Jahrhundert wurde der Kreuzritterstaat für das immer noch in feudaler Zersplitterung befindliche Polen zu einer existenziellen Gefahr. Gegen die Kreuzritter schien kein Kraut gewachsen. Sie verfügten nicht nur über die zu jener Zeit am besten ausgerüstete, höchst disziplinierte und taktisch unbesiegbare Armee Europas, sondern durch den religiösen Ordenscharakter auch über ein straff organisiertes Staatswesen. Da die herrschenden Militärmönche frauen- und kinderlos blieben, kam es zu keiner Teilung des Landes oder zu für den Feudalismus typischen Machtkämpfen. Während der Ordensstaat nach den neuesten Wirtschaftsmethoden prosperierte, fiel Polen wirtschaftlich weit zurück. Für die Kreuzritter schien Polen kein Gegner mehrzu sein, und so wandten sie sich Litauen zu, um dieses Ostseeland zu erobern und eine Verbindung zu den Gebieten des im heutigen Lettland und Estland angesiedelten Schwertordens herzustellen. Polen reagierte darauf, indem es sich wieder vereinigte und ein Bündnis mit Litauen gegen den Orden schloss. Diese polnischen Bemühungen waren schließlich von Erfolg gekrönt. Im Sommer 1410 wurde den Kreuzrittern durch ein aus Polen, Litauern, Tataren und Russen bestehendes und unter polnischem Oberbefehl stehendes Heer bei Grunwald (Tannenberg) eine entscheidende Niederlage beigebracht. Der Orden gab jedoch nicht auf und musste erst durch mehrere Krieg und viele Kämpfe zur Anerkennung polnischer Oberhoheit und zu erheblichen Gebietsabtretungen gezwungen werden. Diese Kämpfe dauerten nach Grunwald über einhundert Jahre. Sie endeten damit, dass der Kreuzritterhochmeister 1525 den Lehnseid auf den polnischen König leistete.

Dieser historische Kniefall wurde in einem berühmten Gemälde des polnischen Nationalmalers Jan Matejko verewigt und liefert auch heute noch Grund für eine stolze Geschichtserinnerung in Polen. Der 1900 vom Nationalschriftsteller (und späteren Nobelpreisträger) Henryk Sienkiewicz veröffentlichte Roman »Die Kreuzritter« beschreibt eindrucksvoll jene Auseinandersetzungen und trug zur Stärkung der antideutschen Komponente des polnischen Nationalbewusstseins bei.

Seine in Volkspolen 1960 erfolgte Verfilmung wurde zu einem der bis dahin größten Erfolge polnischer Kinematografie und ist auch heute noch historisch höchst interessant und emotional beeindruckend.

Anschließend verhielten sich die Kreuzritter zumeist loyal zum polnischen Staat, der sich nun ganz einer eigenen Ostexpansion verschrieben hatte. Mit der Reformation wurde der Ordensstaat weltlich und nannte sich fortan Preußen. Die Macht übernahm der letzte Hochmeister aus der Dynastie der Hohenzollern. Nach dem Aussterben dieser Hohenzollern-Linie sollte das Gebiet (das spätere Ostpreußen) an die polnische Krone fallen. Mit dem Niedergang des großen Polens konnten sich die dortigen Hohenzollern jedoch im 17. Jahrhundert von den mit Polen abgeschlossenen Verpflichtungen befreien. So wurde jenes Gebiet Teil des Brandenburger Staates. In ihm ließ sich der auf Reputation sehr erpichte brandenburgische Kurfürst zum König krönen. Er hieß fortan König *in* Preußen, da die westliche Hälfte Preußens (Westpreußen) seit 1466 unter polnischer Herrschaft stand.

So wurde aus Brandenburg Preußen. König *von* Preußen zu werden bedeutete einen annexionistischen Anspruch auf das zwischen Ostpreußen und Pommern gelegene polnische Westpreußen mit der größten Stadt Danzig (Gdansk) zu erheben. Fast einhundert Jahre später konnte sich Friedrich II., mit den im Rahmen der Ersten Teilung Polens besetzten Gebiete – auch Westpreußens – nun König *von* Preußen nennen. Brandenburg-Preußen hatte dadurch einen Gebietszuwachs bekommen, den es seit langem angestrebt hatte. Da die Übernahme schrittweise erfolgte, war es relativ leicht, die Bevölkerung zu germanisieren. Dieser Umstand wurde durch eine massenhafte Besiedlung dieser Gebiete durch Deutsche stark begünstigt.

Hinter der Oder war die Bevölkerungsdichte ohnehin gering, was deutsche Massenansiedlungen geradezu herausforderte. Mit der Zeit kam es hier zu einem Übergewicht deutscher Einwohner, bei denen sich – besonders in Ostpreußen – ein unverwechselbarer Dialekt herausbildete.

Mit dem polnischen Nationalbewusstsein war es im Hochmittelalter, unter den Bedingungen der feudalen Zersplitterung und der Abseitslage jener Gebiete, ohnehin nicht weit her. Die Integration erfolgte über die Klassen- bzw. Ständezugehörigkeit. Ohne größere Schwierigkeiten konnte daher der einheimische Adel und somit die ihm anhängige Bauernschaft integriert werden. Hierbei erwies sich auch die gegenüber Polen straffere Staatsorganisation der Preußen als außerordentlich effektiv. In diesen Gebieten gab es auch daher keinerlei Aufstände gegen die westlichen Eroberer. Die Germanisierung vollzog sich eher lautlos. Da nationalistische Vorurteile noch nicht die Beziehungen zwischen den Menschen vergifteten, konnte man untereinander heiraten und auskömmlich miteinander leben. Viel später, mit der Aufhebung der Leibeigenschaft und der Industrialisierung in Deutschland, kamen diese ehemals polnischen Bevölkerungsteile in die nunmehr westlichen preußischen Kerngebiete. (Daher trifft man heute in Deutschland eine Vielzahl Familiennamen, die direkter oder abgewandelter polnischer Herkunft sind.)

Mit den letzten Teilungen bekamen die Preußen 1795 aber nun auch Gebiete, in denen es fast nur Polen gab, die zudem über ein schon weitgehend ausgeprägtes Nationalbewusstsein verfügten. Preußen hatte nun polnisches Territorium, das westlich der Obra (Nebenfluss der Warthe) bis an die Memel und in litauisches und belorussisches Land reichte. Aus der polnischen Hauptstadt Warschau wurde eine Stadt in der preußischen Provinz Neu-Ostpreußen.

Mit diesen territorialen Veränderungen lag über die Hälfte des preußischen Staatsbesitzes auf einem Gebiet, das heute vor allem zu Polen, aber auch zu Russland, Litauen und Belarus gehört. Zu jener Zeit war die Hälfte der preußischen Einwohner Polen. Die ausschließlich oder fast nur von Polen bewohnten Gebiete zu germanisieren, hätte selbst Preußen überfordert. Doch glücklicherweise entband die weitere Geschichte Preußen von diesem unkalkulierbaren Risiko. Zwanzig Jahre später verlor Preußen die weiter östlich der Warthe gelegenen Gebiete an Russland, das sich nunmehr selbst mit dem Zentrum des nationalen Widerstands auseinanderzusetzen hatte. Preußen behielt etwa die Hälfte aller seit den Teilungen erworbenen Gebiete. Dennoch machte ihm eben jene Hälfte politisch zu schaffen. Hier fand zwar nur ein Aufstand (1848) statt, doch war der Widerstand der Polen nicht wesentlich geringer als in Russisch-Polen. Wie in der Vergangenheit die polnischen Einheimischen langsam an deutsche Verhältnisse heranzuführen und sie zu integrieren, war in der durch die Industrialisierung schnelllebiger werdenden Zeiten nicht möglich. Zudem war die polnische Besiedlungsdichte hier viel höher als in den früheren Erwerbungen. In diesem Zusammenhang erwiesen sich die polnische Sprache, die katholische Religion und polnischer Landbesitz für die politische und kulturelle Integration jener Gebiete als eine schwer zu überwindende Barriere. Aus heutiger Sicht scheinen die Zielstrebigkeit und die Verbissenheit der preußisch-deutschen Germanisierungsbestrebungen des 19. Jahrhunderts, vor allem in seiner zweiten Hälfte, unverständlich und geradezu widersinnig. Von einigen polnischen Historikern wurde das auch so dargestellt, wobei den Preußen eine permanente antipolnische Boshaftigkeit angelastet wurde. Mit Sicherheit hatte das auch damit zu tun. Doch das scheint für eine plausible Erklärung nicht ausreichend zu sein.

Während für Russland und die Habsburger ihre ethisch-polnischen Territorien weit vom Zentrum ihres Kernlandes, an der Peripherie ihres Imperiums, lagen, bildete für den preußischen Staatsorganismus jede noch so kleine oder größere Erwerbung eine Erweiterung ihres im Vergleich zu den Russen und Österreichern kleinen Kernlandes. Preußen-Brandenburg bestand nicht aus dem Kernland und seinen Außenbesitzungen, sondern nur aus Kernlanden. Immerhin verdankte der preußische König seinen Titel einem Gebiet, das um die 1000 km von Berlin entfernt lag. Zwischen der Mark Brandenburg und den östlichen Zipfeln des zusammenhängenden preußischen Besitzes lebten noch immer mehr Deutsche als Polen. Deshalb war die Integration jener polnischen Bevölkerung für die märkischen Machthaber eine Existenzfrage. Da das Land hochgradig militarisiert und die Verwaltung bestens organisiert war, war das für sie auch eine Frage der politischen Unterordnung, bei der die Preußen kein Pardon kannten.

Westpreußen, das westliche Teilstück des ehemaligen Kreuzritterlandes einschließlich Danzig, bereitete nach dem Anschluss an Preußen

1772 keine größeren Probleme. Dort zahlte sich aus, dass der Orden massenhaft deutsche Bauern ansiedeln ließ und sich ein Bürgertum herausgebildet hatte, das sich mehr der Hanse und norddeutschen Traditionen verpflichtet fühlte als den seit 1466 hier regierenden polnischen Königen. 1910 bekannten sich hier dennoch 35 bis 50 Prozent der Bevölkerung zum Polentum.[1] Die eigenständige Entwicklung jener nordpolnischen Gebiete führte auch schnell zur Annahme des Protestantismus, der im katholischen Polen einen schweren Stand hatte. Auch dadurch war die Verbindung zum ebenfalls evangelischen Ostpreußen und Brandenburg überhaupt sehr stark. Eben so stark, dass sich die preußischen Könige als Verteidiger jenes Glaubens in einem immer intoleranteren katholischen Polen aufschwingen konnten.

Die Region um Poznan, die nunmehr preußische Provinz Posen, verfügte aber über andere Traditionen und Strukturen. Auf Polnisch heißt sie bis heute Wielkopolska (Großpolen) und war die Wiege des polnischen Staates vor etwa 1000 Jahren. Auf diesem Territorium wurden die ersten deutschen Heere geschlagen, nahm die Verbreitung des Christentums in Polen ihren Anfang und wurde 1025 der erste polnische König gekrönt. Hier war also ein tiefer Patriotismus vorhanden, der sich durch Sprache und katholischen Glauben von den Deutschen abhob. Die Preußen konnten dieses Gebiet erst im Laufe der Zweiten Teilung Polens 1793 einnehmen. Nachdem auf dem Wiener Kongress 1815 die bis zum Ersten Weltkrieg im Wesentlichen verbindlichen Grenzen zwischen den Teilerstaaten neu festgelegt worden waren (Vierte Teilung Polens), begann Preußen diese Provinz in sein Reich zu integrieren.

Für die Polen bedeutete es die Germanisierung. Sie erfolgte schrittweise ab 1820 und nahm ab 1831 schärfere Formen an. In den 1880er Jahren, nach der deutschen Reichseinheit, nachdem die katholische Kirche unter massiven Druck geraten war, begannen die Vertreibungen polnischer Bauern von ihrem Land und das schrittweise Verbot der polnischen Sprache im öffentlichen und sogar im kirchlichen Leben. Der Widerstand gegen die Germanisierung reichte bis ins 20. Jahrhundert, als es in Wreschen (Września) zu einem Schulstreik kam. In eben jener Zeit schrieb Sienkiewicz seine »Kreuzritter«, um den

Kampfgeist der polnischen Patrioten zu stärken. Es bekannten sich 1910 zwei Drittel der Einwohner zur polnischen Nationalität.[2]

Der patriotische Widerstand der Polen nahm dort andere Formen an als in den übrigen Teilungsgebieten. Zum offenen Widerstand kam es kaum, doch fand man nicht minder effektive Formen, sich den Preußen zu widersetzen. Mit Hilfe der Kirche wurde das preußische Rechtssystem und dessen Lücken genutzt, um polnischen Besitz, den Gebrauch der eigenen Sprache und die nationale Ehre zu verteidigen. Unter den Augen der nahezu allmächtigen preußischen Verwaltung wurde unter hohem persönlichen Einsatz von katholischen Priestern, Intellektuellen und Bauern der Staatsmacht so manches Schnippchen geschlagen.

Vor allem in Großpolen, aber auch in Westpreußen befand sich die Hauptanhängerschaft der Nationaldemokraten, die sich vor der Jahrhundertwende in allen Teilungsgebieten als Partei formierten. Dort verfügte die katholische Kirche über den dominierenden Einfluss bis in weite Teile der Arbeiterklasse hinein. Vor allem der niedere katholische Klerus hatte der polnischen Bevölkerung durch verschiedene Initiativen geholfen, sich den Germanisierungsbestrebungen erfolgreich zu widersetzen. Viele Vereine, Hilfsorganisationen, auch die meisten Gewerkschaften standen unter dem Einfluss der Kirche, die – als »Kulturkampf« bezeichnet – den Deutschen besonders propagandistisch Paroli bot. Der antideutsche Widerstand war dort besonders verinnerlicht, da die Preußen – im Gegensatz zu den Russen und Österreichern – den Polen Sprache und Konfession – die wichtigsten Attribute ihrer Nationalität – zu nehmen und sie dadurch zu Deutschen zu machen versuchten.

Obwohl Großpolen zu den preußisch-deutschen Randgebieten gehörte, hatte sich hier die Wirtschaft wesentlich besser entwickelt als in den anderen Teilungsgebieten Polens. Trotz nationaler Unterdrückung konnten die Polen ihren Besitzstand wahren, erweitern und ihrem Leben eine stabile wirtschaftliche Grundlage geben. Der Lebensstandard der Mehrzahl der Polen war höher als anderswo im 1918 entstandenen neuen Polen.

Politisch dominierten dort die polnischen Rechten (Nationaldemokraten und Konservative), die mit Hilfe des katholischen Klerus die vor allem ländliche und relativ wohlhabende Bevölkerungsmehrheit fest im Griff hatten. Die polnischen Sozialisten verfügten kaum über Einfluss. Nur unter den Deutschen hatte die – allerdings deutsche – Sozialdemokratie einigen Zulauf. 1918 war von den einflussreichen polnischen Zentren kein Aufstand geplant und insgesamt noch nicht einmal in Erwägung gezogen worden. Das hatte mehrere Gründe.

Zum einen befürchteten sie in den allgemeinen Revolutionswirren Deutschlands einen Aufstand, der über das Nationale hinaus grundlegende soziale Veränderungen anstrebte. Zum anderen lehnten die hier dominierenden Rechten die in Warschau entstandene Regierung als zu links ab, sie fühlten sich dem KPN in Paris verpflichtet – und das orientierte nicht auf bewaffnete Aktionen, sondern auf Verhandlungen und Absprachen mit den Siegermächten. Zudem fürchteten sie das militärische Übergewicht der Deutschen.

Vorläufig schwebte den Polen mit dem von ihnen im November 1918 geschaffenen Obersten Volksrat vor, den Deutschen stückweise die Macht aus der Hand zu nehmen. Diese Rechnung schien bis Ende 1918 sogar aufzugehen. Doch gerade in Großpolen, wo der antideutsche patriotische Widerstand bestens organisiert war, jedoch jahrzehntelang weitgehend gewaltlos blieb, griffen die Polen nach Erringung der Unabhängigkeit 1918 als erstes zu den Waffen, um die neuen Grenzen zu sichern. Das geschah, bevor sich die Vertreter Polens bei den Verhandlungen in Paris für eben jene neuen Grenzen einsetzen konnten.

Als am 26. Dezember 1918 der aus den USA heimkehrende Ignacy Paderewski auf seiner Reise nach Warschau in Poznań Station machte, kam es am nächsten Tag unerwartet zu einer Großdemonstration, die in einen bewaffneten Aufstand überging. In wenigen Tagen wurde Poznań und bis Mitte Januar 1919 fast ganz Großpolen von der deutschen Herrschaft befreit. Als die Deutschen schließlich überlegene Gegenkräfte zum Einsatz bringen wollten, wurden sie auf Bitte des Obersten Volksrates und des Pariser KNP durch die Alliierten am 16. Februar 1919 zu einem Waffenstillstand gezwungen. Faktisch hatten die Polen gesiegt, doch damit war das Grenzproblem mit den Deutschen noch lange nicht erledigt, sondern öffentlich, offiziell und internationalisiert geworden.

Nun sollten sich die Siegermächte der polnischen Staatsgrenzen annehmen. Hierzu wurde auf der Pariser Friedenskonferenz eine Kommission unter Leitung des Franzosen Jules Carbon gebildet. Am 28. Februar 1919 richtete KNP-Chef Dmowski an die Carbon-Kommission eine Note mit den polnischen Gebietsforderungen gegenüber den Deutschen. Diese Forderungen – später auch Dmowski-Linie genannt – sahen folgenden Grenzverlauf vor: Westlich von Racibórz, östlich von Głubszyce, Prudnik, Niemodlin, Brzeg, Oleśnica und Milicz in Schlesien, in Großpolen entsprechend und entlang der Grenzlinie von 1772, in Westpreußen westlich von Złotów und Człuchów, östlich von Słupsk bis zur Ostsee. Darüber hinaus forderte Dmowski die völlige Abtrennung Ostpreußens von Deutschland. Danzig (Gdansk) und das Ermland mit Allenstein (Olsztyn) sollten wie 1772 zu Polen gehören. Das südliche Ostpreußen – Masurien – sollte ebenfalls, obwohl es noch nie zu Polen gehört hatte, dem neuen Staat angeschlossen werden. Nordostpreußen sollte, nachdem es seinen östlichen Teil an Litauen abgegeben hatte, deutsch bleiben, aber unter der Aufsicht des Völkerbundes – praktisch Polens –, und natürlich von Deutschland getrennt sein.[3]

Aus heutiger Sicht mögen einige Forderungen Dmowskis völlig unrealistisch erscheinen. Besonders fragwürdig war der Anspruch auf Gebiete, die vor 1772 nicht oder niemals zu Polen gehört hatten. Dabei muss man aber in Betracht ziehen, dass die Zeit nach dem Ersten Weltkrieg für die bisher unter fremder Herrschaft stehenden Völker eine Aufbruchszeit gewesen ist, in der Illusionen und Euphorie realistisches Denken überlagerten. Das war auch bei den Polen der Fall. Zudem wollten die polnischen Vertreter die Gunst der Stunde nutzen, dem geschlagenen und militärisch kaum handlungsfähigen deutschen Feind so viel Land wie möglich abzunehmen. Die polnischen Verantwortlichen hatten richtig erkannt, dass gerade jetzt dafür die einzige Möglichkeit bestand und dies auszunutzen war. Das war in Polen mehrheitsfähig, denn auf ein großes Polen waren Bildung und Erziehung durch das Unabhängigkeitslager mit ihrem aktiven und passiven Flügel systematisch über ein Jahrhundert lang ausgerichtet. Zudem hatte der durchaus legitime Nationalismus einer unterdrückten Nation als Kern nationalrevolutionärer Bestrebungen seinen Höhepunkt erreicht. Man darf gerade in diesem Zusammenhang auch nicht vergessen, dass die moderne Staatsbildung in Polen im Gegensatz zu den meisten europäischen Nationalstaaten verspätet eintrat und innerhalb der Bevölkerung geistige Impulse freisetzte, die sich vielfach in eigener Überschätzung und nationalistischem Gedankengut manifestierten. Den Deutschen gegenüber konnten die Polen, von der Welle des alliierten Sieges getragen, Forderungen geltend machen. Diese Gelegenheit wurde nun maximal genutzt und die eigenen Möglichkeiten bis an die Grenzen des Machbaren ausgelotet und angewendet.

Für den Außenstehenden ist hierbei schwer auszumachen, inwieweit es sich dabei um gerechtfertigte Forderungen auf der Grundlage exakter ethnischer Besiedlungen oder um weitergehende – nicht zuletzt aus wirtschaftlichen Gründen formulierte – Ansprüche handelte. Die polnische Verhandlungsseite kalkulierte hinsichtlich ihrer westlichen Partner fundamentale Unkenntnis der örtlichen ethnischen und geographischen Verhältnisse ein, die ihnen ermöglichen sollte, problemlos ihre territorialen Forderungen durchzubringen.

Die Dmowski-Forderungen, die auf einer vermeintlichen Überzahl der polnischen Bevölkerung fußten, waren weitgehender Unkenntnis über die Dislozierung der polnischen Bevölkerung geschuldet. Dmowski hätte bemerken müssen, dass der Großpolnische Aufstand weder das gesamte Territorium erfasst, noch in den anderen beanspruchten Gebieten zu verstärkten pro-polnischen Aktivitäten geführt hatte. Umso gegenstandsloser waren die Ansprüche auf Gebiete, die für Polen schon seit Jahrhunderten verloren und germanisiert worden waren. Zwar kalkulierte Dmowski hierdurch die Übernahme einer relativ starken deutschen Minderheit ein, doch die sollte in Zukunft polonisiert werden. Die Perspektive einer Polonisierung war allerdings zu jener Zeit illusorisch. Dazu hätte Polen den ansässigen Deutschen bessere Lebensbedingungen als Deutschland bieten müssen. Das war auf absehbare Zeit nicht machbar.

Dmowski übersah auch, dass die Deutschen sich dann an der Grenze zu Deutschland konzentriert hätten. Da die deutsche Seite den Verlust dieser Gebiete nicht zu akzeptieren bereit war, barg die Konzentration der deutschen Minderheit an der deutschen Grenze unübersehbare Probleme und Konflikte. Zudem würden dadurch die Forderungen nach Grenzrevisionen ständig Nahrung erhalten.

Das passte allerdings in die Konzeption der Franzosen, denn derartige Spannungen erschwerten ein gutnachbarliches deutsch-polnisches Verhältnis und reduzierten die Gefahr, dass Polen als antideutscher Bündnispartner ausfallen könnte. Die Dmowski-Note wurde daher am 12. März 1919 von der Cambon-Kommission gebilligt. Einzig für Südostpreußen (Masurien) wurde ein Volksentscheid gefordert.

Die Briten lehnten jedoch am 19. März ab. Lloyd George sah in der Erfüllung der polnischen Forderungen einen Grund für einen neuen Krieg in Osteuropa. Neben dieser durchaus weitsichtigen Begründung sprach er Polen jegliche staatliche Stabilität ab und beleidigte damit das polnische Volk.

Letztlich wurde bei geringem Widerstand der Franzosen von den Briten und Amerikanern festgelegt, dass vor allem in den Gebieten, die vor 1772 nicht zu Polen gehört hatten, Volksentscheide durchgeführt werden sollten. Das betraf Oberschlesien, einige Kreise in Ostpommern und Niederschlesien sowie Südostpreußen und die östlich der Weichsel gelegenen Gebiete. Kleinere Gebiete in Schlesien sollte Polen ohne Abstimmungen erhalten. Danzig sollte hingegen eine Freie Stadt unter der Aufsicht des Völkerbundes werden. Vor allem sollte Polen einen direkten Zugang zur Ostsee erhalten.

Letztlich wurde das im Versailler Vertrag am 28. Juni 1919 von Deutschen und Alliierten angenommen. Darüber hinaus wurde den USA, Großbritannien, Frankreich, Italien und Japan das Recht zuerkannt, über die weitere Festlegung der polnischen Grenzen zu entscheiden. Damit waren die Grenzen zwar abgesteckt, jedoch noch nicht konkret festgelegt.

Die Ergebnisse dieser Grenzverhandlungen wurden in Polen kontrovers diskutiert. Insgesamt war man damit unzufrieden. Man hatte geglaubt, mehr herausholen zu können. Diese Haltung sollte sich prinzipiell auch auf alle anderen territorialen Verträge in der Zwischenkriegszeit erstrecken. Die Denkweise, die durch die Medien und öffentlichen Einrichtungen kolportiert worden war, versperrte den Blick für die faktischen Errungenschaften des Versailler Vertrages für Polen.

Zunächst einmal, und das war ausschlaggebend, war die letzte der drei Teilermächte aus polnischen Gebieten hinausgedrängt worden. Deutschland war die gefährlichste und die nationale Identität des neuen Polen am meisten bedrohende Macht. Dadurch waren die Polnischen Teilungen, die Polen an der Entwicklung eines Nationalstaates gehindert hatten, beseitigt. Deutschland war gezwungen, die polnische Unabhängigkeit anzuerkennen. Polen verfügte nun, wenngleich nicht endgültig, aber durch internationale Verträge abgesichert, über eine Grenze, die über ein Drittel des bisherigen neuen Staatsgebietes ausmachte. Die Grenzen im Westen, Norden und Süden waren nun mehr oder weniger geregelt oder sahen einer endgültigen Regelung entgegen. Die sicheren Grenzen waren bedeutende existenzielle Errungenschaften für den neuen Staat.

Ernüchternd war die Tatsache, dass Danzig nicht zu Polen kam, sondern eine Freie Stadt wurde. Viel konnten die Polen hierbei nicht machen. Das einzige Argument, das sie einwarfen, war wiederum das historische. Mit einem Volksentscheid oder gar einem Aufstand hätten sie ihren Willen nicht durchsetzen können. Nach der Statistik von 1910 machten die Polnischsprachigen in der Stadt selbst nur sieben Prozent, im Landkreis aber 44 Prozent aus.[5] Die Deutschsprachigen hatten das absolute Übergewicht. In den zwanziger Jahren hatte die Freie Stadt fast eine halbe Million Einwohner. Davon war aber nur jeder Zehnte ein Pole.[6]

Danzig wurde dem Völkerbund unterstellt, der über die Einhaltung des Versailler Vertrages wachen sollte. Er wurde durch einen Hohen Kommissar vertreten. Die Macht in der Stadt hatte ein durch Wahlen hervorgegangener Senat. Das Territorium Danzigs wurde unter polnische Zollhoheit gestellt. Polen verfügte über die Kontrolle der Bahn- und Wasserwege. Dazu gehörte ein eigener Hafenabschnitt (Westerplatte), auf dem man eine symbolische Militäreinheit stationierte. In der Stadt existierten eine eigene polnische Post und die dazu gehörenden Briefkästen. Polen erlangte dadurch Zugang zur Ostsee sowie die Obhut über Danziger polnischer Nationalität.[7]

Insgesamt sorgten die komplizierten Bestimmungen einschließlich der Rechte Polens in der Zukunft für Spannungen zwischen Danzig, dessen Interessen zu vertreten das Deutsche Reich sich anmaßte, und Polen, das über die Einhaltung seiner Rechte peinlich genau wachte. Das Verhältnis zu Danzig wurde mit der Zeit zum Seismographen der polnisch-deutschen Beziehungen.

Die Entscheidung über Danzig war in jeder Weise unklug und lieferte Anlass künftiger Konflikte, und sogar, wie sich später herausstellte, eines neuen Weltkrieges. Daran trug Großbritannien die Hauptschuld. Es spricht für die Vertragstreue der Polen, dass sie 1923 nicht dem Beispiel Litauens folgten, welches Klaipėda (Memel) durch eine Militäraktion in Besitz nahm, und Danzig besetzten.

Ungünstig für die polnische Seite waren die bevorstehenden Abstimmungen in den Polen zugedachten Gebieten. Das betraf etwa ein Viertel des voraussichtlichen polnischen Gebietsgewinns. Dass man in Warschau mit dieser Form des Anschlusses unzufrieden war, liegt auf der Hand. Denn die Deutschen, die bis auf einen Teil des Poznaner Landes jegliche Gebietsabtretungen an Polen ablehnten, waren insgesamt in einer besseren Lage. Sie konnten sich auf ihre noch herrschenden Machtstrukturen verlassen. Dem hatten die Polen zumeist nichts Gleichwertiges entgegenzusetzen. Deren Strukturen waren zu schwach oder wurden einfach nicht zugelassen.

Laut einer Statistik aus dem Jahre 1910 war die sich zur polnischen Sprache bekennende Bevölkerung in den deutschen Teilungsgebieten in der Unterzahl. Nur im Poznaner Land (Großpolen) bildeten die Polen mit über sechzig Prozent eine Mehrheit.[8] In Westpreußen war es aber nur die Hälfte. In den zur Abstimmung vorgesehenen Gebieten war es weit darunter. In Danzig waren es knapp fünf Prozent.[9] Hier abstimmen zu lassen und ein eindeutiges Votum der Zugehörigkeit zu erlangen, war durchaus legitim und konnte den Briten kaum als antipolnische Geste vorgeworfen werden.

Vor allem die Nationaldemokraten unter Dmowski waren damit unzufrieden. Sie waren mit ihren territorialen Forderungen nur in einem bestimmten Maße durchgekommen. Die Schuld dafür lastete diese antisemitische Partei dem jüdischen Einfluss in Westeuropa an. Überhaupt hatte Dmowski mit seinen antisemitischen Ausfällen in Paris einen schlechten Eindruck hinterlassen, die Westmächte dahingehend sensibilisiert und dadurch die Frage des Schutzes nationaler Minderheiten auf die Tagesordnung gebracht.

Polen musste daher in Verbindung mit dem Versailler Vertrag auch ein Abkommen über den Schutz der nationalen Minderheiten unterschreiben. Darin verpflichtete sich Polen, die Rechte der nationalen und religiösen Minderheiten zu wahren. Hierfür sollte der Völkerbundrat garantieren. Praktisch konnte sich jeder Angehörige einer Minderheit mit seiner Beschwerde an den Völkerbund wenden.[10]

Das sogenannte Minderheitenabkommen wurde und wird bis heute in der polnischen Geschichtsschreibung – selbst unter sozialistischer Herrschaft – als Diskriminierung Polens gewertet. Daher sind an dieser Stelle einige Ausführungen hierzu angebracht, zumal die Problematik der nationalen Minderheiten eine der wesentlichen Brenn- und Konfliktpunkte der Innen- wie auch Außenpolitik Zwischenkriegspolens bildete.

Erst einmal wurden auch die Tschechoslowakei, Griechenland, Jugoslawien und Rumänien wie Polen zur Annahme dieses Abkommens verpflichtet. Die polnische Delegation und auch die spätere Geschichtsschreibung argumentierten, dass Deutschland, Ungarn und Österreich ein derartiges Abkommen nicht unterzeichnen mussten. Das stimmte aber nur hinsichtlich Deutschlands. Bei den anderen Kriegsverlierern (Österreich, Bulgarien, Türkei und Ungarn) gab es spezielle Abschnitte in den Friedensverträgen, die dieses Problem verbindlich regelten. Dass Gewinner und Verlierer nicht die gleichen Verträge bekamen, ist allerdings logisch. Tatsächlich gab es keinen Minderheiten-Passus im Friedensvertrag mit dem Deutschen Reich. Die Westmächte gingen davon aus, dass sich mit den schon ausgewiesenen Deutschen und durch Volksabstimmungen abzusehenden Gebietsabtretungen dieses Problem ohnehin erledigen würde. Das betraf die Abtretung von Elsass-Lothringen, Eupen/Malmedy und Nordschleswig.

Das betraf auch Polen. Zudem konnten die Polen zum Zeitpunkt der Vertragsunterzeichnung auch nicht abschätzen, wie viele ihrer Landsleute letztlich zu ihnen kommen oder im Reich verbleiben würden.

Die polnische Bevölkerung konzentrierte sich in den von Polen geforderten Gebieten. Die anderen im Reich verbliebenen Polen hatten die deutsche Staatsangehörigkeit. Ihnen stand frei, für Polen zu optieren und nach Polen zurückzukehren oder deutsche Staatsbürger zu bleiben. In der Regel war letzteres der Fall. Insgesamt betrug ihre Zahl etwa 1,3 Millionen.[11] Sie waren u.a. im Ruhrgebiet konzentriert, wohin ihre Vorfahren im 19. Jahrhundert auf der Suche nach Arbeit ausgewandert waren.

Premier Paderewski wie auch viele andere Politiker und Historiker nach ihm wiesen in diesem Zusammenhang darauf hin, dass gerade die überwundene Teilung Polens damals durch Intervention fremder Staaten wegen der religiösen Minderheiten eingeleitet worden sei und derartige Regelungen zu fremden Einmischungen geführt hätten. Historisch gesehen stimmte das zwar, doch war jene Lage 1772–1795 nicht mit der von 1919 zu vergleichen.

Für die damaligen Nachbarn und Feinde Polens war das ein Vorwand zum Landraub und zur Zerschlagung Polens. 150 Jahre zuvor ging es nicht um nationale, sondern um religiöse Minderheiten. Jene gab es zwar jetzt auch, doch war ihre Lage keineswegs so brisant wie damals. Obwohl sich die katholische Kirche im neuen Polen in einer privilegierten Stellung befand, war die Staatsmacht doch versucht, auch eingedenk der historischen Erfahrungen, konfessionelle Freiheiten nicht zu beeinträchtigen. Weder die deutsche noch die sowjetische Seite beschuldigte Polen in den nächsten zwanzig Jahren, die Rechte der Protestanten oder Orthodoxen verletzt zu haben. Dieses Argument war also ebenfalls sachlich nicht stichhaltig.

Die für die Einhaltung des Minderheitenabkommens verantwortlichen Westmächte waren keine Feinde Polens, sondern potenzielle und faktische Bündnispartner oder gegenüber den Polen trotz allem doch wohlwollend eingestellt. Vor allem waren sie keine Nachbarn, die sich gegebenenfalls am polnischen Territorium bedienen konnten. Russland, jetzt Sowjetrussland, war kein Teilnehmer der Pariser Gespräche und bekam daher auch keine diesbezüglichen Rechte. Dennoch entbrannte im polnischen Parlament eine lebhafte Diskussion über das Minderheitenabkommen, das letztlich doch von der Mehrheit angenommen wurde, weil sonst die für Polen wichtigen Verträge nicht zu haben gewesen wären.

Mit der Inbesitznahme der ehemaligen deutschen Gebiete wurde Polen auch verpflichtet, für die Vorkriegsschulden jener Territorien aufzukommen. Sie betrugen insgesamt 2,5 Milliarden Mark.[12]

Diese allgemeine Aufregung in der polnischen Öffentlichkeit, die durch Politiker und Medien geschürt worden war, rief im Ausland einen ungünstigen Eindruck hinsichtlich der künftigen polnischen Innen- und Außenpolitik hervor. Viele Europäer, die seit Jahrzehnten dem nationalen Befreiungskampf der Polen Sympathie entgegengebracht hatten, stellten sich die Frage, warum wohl die Polen beim Schutz nationaler Minderheiten plötzlich weniger großzügig waren. Das umso mehr, da gerade die Polen in der Vergangenheit das antipolnische Vorgehen der russischen und der deutschen Behörden international besonders angeprangert hatten.

Im Westen begann die Front der Polen-Sympathisanten zu bröckeln. Das positive Polen-Bild, das sich im 19. Jahrhundert unter den progressiven Klassen und Schichten bis einschließlich der Arbeiterbewegung und ihren geistigen Repräsentanten Karl Marx und Friedrich Engels herausgebildet hatte – ein Pole galt als Synonym für einen Freiheitskämpfer –, begann zu verblassen. Um es vorwegzunehmen: Infolge der weiteren Entwicklung Zwischenkriegspolens verschwand jenes Bild nahezu völlig. Polen wurde nicht einmal von lebensbedrohten Antifaschisten als Emigrationsland in Erwägung gezogen.

Erst in den fünfziger Jahren kam es zu einer Renaissance eines positiven Polen-Bildes im Westen, allerdings unter völlig anderen Vorzeichen. Nun war der Pole für alle Rechten und die ihnen nahestehende Intelligenz der Prototyp des Kämpfers gegen den Sozialismus.

Die Gründe für die Empörung über das Minderheitenabkommen sind leicht auszumachen. Tatsächlich waren besonders die Polen nach dem Abschütteln der über einhundert Jahre dauernden Fremdherrschaft gegenüber der äußeren Einmischung besonders empfindlich. Andererseits – und das war das Ausschlaggebende – stellte der vertragliche Schutz der Minderheiten eine ernstzunehmende Barriere für jegliche Polonisierungsversuche dar. Schon zu jener Zeit, als die Polen das Vertragswerk unterzeichneten, war klar, dass infolge der Grenzverschiebungen im Westen und Norden sich viele Deutsche auf dem nunmehr polnischen Staatsgebiet befinden würden. Die Chancen für ihre Polonisierung standen zu jener Zeit denkbar schlecht. Hier waren also Probleme vorprogrammiert. Das Minderheitenabkommen war aber auch den Antisemiten, vor allem aus der Partei von Dmowski, ein Dorn im Auge. Der Diskriminierung von bis zu drei Millionen Juden war ein völkerrechtlicher Riegel vorgeschoben worden. Genauso sollten nun die Rechte der Ukrainer, Belorussen und Litauer geschützt werden, die nach maßgeblicher Meinung der polnischen Führung sich bald im polnischen Staatsverband oder anderer Abhängigkeiten von Polen befinden sollten.

Insgesamt symbolisierte die Aufregung über dieses doch legitime Dokument den Prozess des Übergangs vom Nationalismus einer unterdrückten zu dem einer unterdrückenden Nation.

Nichtsdestotrotz war der Kampf der Polen um ihre neuen Grenzen im Westen und Norden legitim. Hier ging es darum, dass die polnische Bevölkerung zu Polen kommen sollte. Daher waren in den ersten Nachkriegsjahren die polnisch-deutschen Beziehungen mit den Durchführungen der Volksabstimmungen problematisiert.

Zunächst einmal ging es um Südostpreußen und die rechts der Weichsel gelegenen Gebiete. Die Abstimmung fand am 11. November 1920 statt und endete für Polen mit einer empfindlichen Niederlage. In den zwei Wahlkreisen optierten für Polen nur 1,7 Prozent der Gemeinden, d.h. von einer knapp halben Million Befragter entschieden sich nur 2,2 Prozent für Polen.[13] Damit war das gesamte nördliche und über die Hälfte des gesamten Abstimmungsterritoriums für Polen verloren. Für diese politische Katastrophe mussten nun Schuldige gefunden werden. Die hiesigen Abstimmungskommissionen wurden von Briten geleitet, die der polnischen Sache – so alle polnischen Autoren – nicht zugeneigt waren. Seither wird den Briten auch vorgehalten, sich auf die deutschen Behörden gestützt zu haben. Das war zwar richtig, doch angesichts dessen, dass jene Gebiete noch zum deutschen Staatsverband gehört hatten, trotz allen Einwänden normal. Jede andere Vertretung hätte bei gleicher Unkenntnis des Territoriums so gehandelt. Polnische Strukturen, auf die sich die Ausländer stützen konnten, gab es kaum.

Letztlich machte man in Warschau die Wähler verantwortlich. Sie hätten sich durch die Frage verwirren lassen, sich nicht zwischen Deutschland und Polen zu entscheiden, sondern zwischen ihrer Heimat Ostpreußen und Polen zu stimmen. Letztlich machte das aber keinen wesentlichen Unterschied: Es war in jedem Falle ein Votum gegen Polen.

Ferner wird noch angeführt, dass die Wähler keinen Anschluss an das durch den Kriegsverlauf zerstörte Polen anstrebten und in ihrer ostpreußischen, von den Kriegswirren unbeschadeten Idylle verharren wollten. Auch das stimmt nicht. Ostpreußen, einschließlich des späteren Abstimmungsgebietes, wurde im Sommer 1914 fast vollständig von russischen Truppen besetzt. Dort fanden auch zwei große Schlachten statt. Ostpreußen erlebte also auch Zerstörungen und andere Kriegseinwirkungen.

Treffend hingegen wurde festgestellt, dass das Plebiszit zu einem Zeitpunkt der infolge des polnisch-sowjetischen Krieges schwersten Stunde des neuen Polens stattfand, was sich negativ auf die Wähler ausgewirkt hätte. Hierbei muss man aber anmerken, dass gerade zu jener Zeit der neue Staat seine Vitalität durch einen bedeutenden militärischen Sieg unter Beweis gestellt hatte.

Dennoch sind diese Gründe nicht von der Hand zu weisen, denn die nahegelegenen polnischen Gebiete boten ein Bild der Zerstörung. Letztlich aber konnte auch das nicht ausschlaggebend dafür gewesen zu sein, dass sich so gut wie kaum einer für Polen entschieden hatte. Immerhin hatte im südlichen Abstimmungsgebiet in Oberschlesien zur gleichen

Zeit ein erfolgreicher polnischer Aufstand stattgefunden, woraufhin über vierzig Prozent für Polen votierten.[14]

Wie man es in der polnischen Geschichtsschreibung auch zu erklären versuchte, hinreichend überzeugende Erklärungen für dieses katastrophale Ergebnis fand man nicht. Dennoch gibt es eine Erklärung dafür, dass ein Gebiet, in dem 1910 laut offizieller Statistik zur Hälfte Polnisch gesprochen wurde, so ein schlechtes Ergebnis erreicht wurde.[15] Ansätze dafür wurden in Polen schon vereinzelt formuliert. So z.B., dass die Bevölkerung durch die deutschen Bildungs- und Erziehungseinrichtungen sowie eine deutschfreundliche Kirche der polnischen Sache entfremdet worden sei.

Einer einleuchtenden Erklärung kommt man näher, wenn man auf die Priorität des Nationalen – wie es in der polnischen Geschichtsschreibung zumeist üblich ist – zugunsten des Sozialen verzichtet. Tatsächlich bietet eine Betrachtung unter vorwiegend sozialökonomischen Aspekten die einzig mögliche Erklärung.

Zunächst einmal: Nur ein kleiner Teil des Abstimmungsgebietes gehörte vor 1772 zu Polen. Die anderen 1772 von Preußen geraubten polnischen Gebiete in Nordostpreußen waren für eine Abstimmung nicht vorgesehen.

Wenn die polnische Seite aber das gesamte südostpreußische Gebiet beanspruchte, musste sie gewichtige Gründe dafür haben und auch von ihrem Abstimmungserfolg überzeugt gewesen sein. Dem war auch so. Grundlage ihres Anspruchs waren die statistischen Angaben von 1910 und die entsprechenden Veröffentlichung in polnischer Sprache 1915. Demnach sprachen 49 Prozent der Einwohner polnisch und 50 Prozent deutsch.[16] Eine Abstimmung allein nach dem Sprachenkriterium anzusetzen, ist schon riskant. Es gibt verschiedene Gründe, eine Sprache zu sprechen. Eine persönliche Identifizierung mit dem jeweiligen Staat ergibt sich daraus nicht zwangsläufig. Dieser Schwachpunkt war also schon gegeben. Für die andere – deutschsprechende – Hälfte traf das natürlich auch zu, nur mit einem Unterschied: Deutsch war Amts- und Staatssprache. Ihre Anwendung war nicht nur durch das Gesetz und die Institutionen vorgegeben, sondern wurde auch in der täglichen

Praxis und Gewohnheit vertieft. Unter den Polnischsprechenden, die Deutsch ohnehin können mussten, waren Sympathien für Deutschland nicht ausgeschlossen. Unter den Deutschsprechenden waren kaum welche für Polen vorhanden. Das allein hätte man in Paris bedenken müssen.

Interessant ist auch die politische Stimmungslage in Ostpreußen. Hier gab es im Sommer und Frühherbst 1920 mehrere gegen Polen gerichtete Aktionen der prosowjetischen »Hände weg von Sowjetrussland«-Bewegung zur Unterbrechung wichtiger Kriegstransporte. Diese nur in Südostpreußen fast direkt an der polnischen Grenze stattfindenden Aktionen waren nicht unbedingt nur das Werk deutscher Kommunisten, die in Ostpreußen bei Reichstagswahlen bis 1932 knapp 14 Prozent erringen konnten. Auch andere, sogar nationalistische Kräfte nahmen daran teil, da es gegen Polen ging. Die Bevölkerung Ostpreußens war zumeist konservativ eingestellt. Nur bei den ersten Wahlen zur Nationalversammlung am 19. Januar 1919 erhielten – wie zumeist in Deutschland – die Sozialdemokraten eine relative Mehrheit. Dann wurde nur noch extrem rechts gewählt: 1928 gewannen die Deutschnationalen und 1930 die Nazis hier erstmals in einem großen Flächenwahlkreis eine relative Mehrheit. 1933 war Ostpreußen der größte Wahlkreis mit einer absoluten Mehrheit für die deutsche Faschistenpartei.

Die Bevölkerung jenes Abstimmungsgebietes war in den letzten Jahrzehnten der Fremdherrschaft auch nicht – wie andernorts im deutschen Teilungsgebiet – durch polnisch-patriotische Aktivitäten oder andere Formen antideutschen Widerstandes besonders in Erscheinung getreten. Allerdings gab es hier auch keine antipolnischen Landvertreibungen wie in Westpreußen und im Gebiet um Posen.

In den anderen deutschen Teilungsgebieten war die katholische Kirche die Basis der polnischen Nationalbewegung. In Südostpreußen waren jedoch nur 28 Prozent der Bevölkerung katholisch und 70 Prozent evangelisch. Die katholische Hierarchie war – wenngleich nicht so sehr wie die evangelische Landeskirche – staatstreu. Die Vertreter der katholischen Kirche Polens erklärten wegen der hohen Zahl der Protestanten ihr offizielles Desinteresse an Südostpreußen. Andererseits hatten die polnisch-ostpreußischen Protestanten auch in diesem Zusammenhang die mächtige katholische Kirche im Auge, die sich im neuen Polen anschickte, eine dominierende politisch-ideologische Rolle im Staat einzunehmen. Von einer Mehrheitskirche zu einer diskriminierten konfessionellen Minderheit zu werden, mochte viele von einer Wahl zugunsten Polens abgehalten haben.

Diese pro-deutsche Staatstreue auch der polnischsprachigen Wähler Südostpreußens resultierte zumeist aus den Gesamtverhältnissen. Die Infrastruktur war hier gegenüber den russischen und österreichischen Teilungsgebieten wesentlich besser entwickelt. Das Kommunikationssystem war dichter, das allgemeine Bildungsniveau weitaus höher. Analphabeten gab es hier nicht. Auch war die Kindersterblichkeit weitaus geringer, und man lebte – statistisch gesehen – länger als in Polen. Die Landwirtschaft war weitgehend mechanisiert, die Hektarerträge lagen wesentlich höher als bei den Polen. Die Bauern bekamen früher als im benachbarten Russisch-Polen Land, und es entwickelten sich im Vergleich zu ihm reiche Bauernwirtschaften. Viele Bauern hatten sich in den letzten Jahrzehnten ein Bild von den Verhältnissen der südlich von ihnen gelegenen Gebiete machen können. Dort gab es nichts, was sie reizte, auf ihre deutsche Staatsangehörigkeit zu verzichten.

Obwohl die ehrgeizigen Ziele Dmowskis nicht erfüllt wurden, teilweise also noch nicht einmal die Gebiete von vor 1772 den Deutschen entrissen werden konnten, hätten hinsichtlich Westpreußens, das zu Polen kam und wo nur 35 bis 50 Prozent Polen lebten, die Abstimmungsergebnisse ebenso ungünstig wie in Südostpreußen ausfallen können. Angesichts dessen hatte Polen also eigentlich keine wirkliche Veranlassung, mit der Grenzziehung im Norden, Nordwesten und Westen unzufrieden zu sein.

Bei der zweiten Abstimmung ging es um Oberschlesien. In Paris wurde demzufolge für Polen mehr als der deutsche Regierungsbezirk Oppeln (Opole), faktisch ganz Ober- und Mittelschlesien, gefordert. Hierbei handelte es sich um ein Territorium, das gänzlich vor den Polnischen Teilungen nicht zu Polen gehörte. Einen formalen Anspruch konnte Polen, das sich im 14. Jahrhundert von diesen Gebieten losgesagt hatte, nicht anmelden. Zudem hatten die Deutschen – in diesem Falle die Preußen – jene Gebiete auch nicht den Polen geraubt, sondern den Österreichern.

Die Polen hatten nur das Argument der polnischen Bevölkerung. Jener Regierungsbezirk wies 65 Prozent polnischer Bevölkerung aus.[17] Alles in allem war es um die polnische Sache hier wesentlich besser als in Südostpreußen bestellt. Erst einmal war die Fläche des Abstimmungsgebietes fast um die Hälfte kleiner und die Konzentration der Polen höher als in Südostpreußen. Hier ging es um zwei Millionen Menschen auf einer Fläche von knapp tausend Quadratkilometern, es gab dort starke polnische Organisationen, die anders als in anderen polnischen Gebieten einheitlich handelten.[18] Die Klassenverhältnisse waren hier ebenfalls eindeutiger. Die werktätigen Klassen und Schichten waren vor allem Polen, die Eigentümer und Verwaltungen vor allem von Deutschen gestellt. Dieser Klassenantagonismus beförderte die polnische Sache, die von der Warschauer Regierung offiziell betrieben wurde.

Oberschlesien war eines der industriellen Zentren Deutschlands, für Polen sollte es das einzige und größte werden. Daher wurde der Kampf um dieses Gebiet besonders heftig und blutig geführt.

Ursprünglich wollten die polnischen Organisationen hinsichtlich des bevorstehenden Volksentscheides keinerlei bewaffnete Aktionen, die einerseits die Westmächte verärgern und andererseits soziale Veränderungen mit sich bringen konnten. Dennoch brach der Erste Schlesische Aufstand aus, und zwar völlig unverhofft und schlecht vorbereitet. Die Verhaftung der Führer der polnischen Militärorganisation POW durch deutsche Sicherheitsorgane hatte in der Nacht vom 16. auf den 17. August 1919 den Aufstand ausgelöst, der bis zum 24. August andauerte und mit einer Niederlage endete. Den bewaffneten Kräften der Deutschen waren die Aufständischen bald erlegen. Trotz der Niederlage hatten die Polen den Westmächten die Existenz und Lebenskraft ihres Patriotismus und damit die Dringlichkeit einer gerechten territorialen Lösung vor Augen geführt. Die im gleichen Jahr stattfindenden

Gemeindewahlen galten Polen wie Deutschen als Generalprobe für den Volksentscheid. Über sechzig Prozent der neuen Gemeinderatsmitglieder waren Polen.[19]

Im Januar 1920 nahm die internationale Kommission unter Leitung des französischen Generals Henri Le Rond in Oppeln ihre Arbeit auf. Oberschlesien hingegen wurde von Truppen der Westmächte – vor allem von Franzosen – besetzt.

Nun bereiteten sich beide Seiten noch energischer und umfangreicher auf die kommenden Auseinandersetzungen vor. Neben der Schaffung weiterer Militäreinheiten (Freikorps), Selbstschutz und der Aufforderung an alle in Oberschlesien geborenen Deutschen, zur Abstimmung in die alte Heimat zu reisen, war vor allem die katholische Kirche rührig. Der in Breslau (Wrocław) residierende deutsche Erzbischof Kardinal Adolf Bertram mobilisierte die zu drei Vierteln aus Deutschen bestehende oberschlesische Geistlichkeit, für Deutschland zu votieren. Die polnische Regierung versuchte über den in Warschau akkreditierten Nuntius Archille Ratti (später Papst Pius XI.) den extremen antipolnischen Ausfällen des Kardinals entgegenzuwirken. Doch der mehr an polnischem Landgewinn im Osten statt im Westen interessierte Ratti erfüllte die in ihn gesetzten Erwartungen nicht.

Da zu jener Zeit die sowjetischen Truppen vor Warschau standen und das neue Polen seine schwerste Stunde erlebte, wurde der Bevölkerung von deutscher Seite suggeriert, dass die Perspektive Polens höchst unsicher wäre und ein Anschluss nur Tote und Zerstörungen in Oberschlesien brächte. Das erzielte bei vielen Menschen im von Kriegsschäden verschont gebliebenen Oberschlesien Wirkung. Die deutsche Beeinflussung ging sogar soweit, dass die unter der Arbeiterschaft weit verbreitete Sympathie gegenüber Sowjetrussland – hier fanden auch bedeutende Aktionen der Bewegung »Hände weg von Sowjetrussland« statt – zur antipolnischen Propaganda genutzt wurde. Polen wurde als ein tief reaktionäres und arbeiterfeindliches Land charakterisiert, das mit der Sowjetmacht in endlosen Auseinandersetzungen liegen würde. Deutschland hingegen sei von Sozialdemokraten regiert und habe durch die Novemberrevolution 1918 Errungenschaften erkämpft, die Polen abschaffen würde. Ebenso – und das war ein schlagkräftiges Argument – würde bei Anschluss Oberschlesiens sich der Lebensstandard dramatisch verschlechtern, da das agrarisch geprägte Polen diesen wirtschaftlichen Zuwachs ins Endlose ausbeuten würde.

In dieser angespannten Atmosphäre kam es zwischen dem 19. und 25. August 1920 zum Zweiten Schlesischen Aufstand. Er war wesentlich besser vorbereitet und erfasste auch eine größere Fläche. Es gelang den polnischen Kräften, in vielen Ortschaften die deutsche Verwaltung und Polizei auszuschalten und die Macht zu übernehmen. Auf Drängen der Alliierten kam es nach der Beendigung zu einem Kompromiss: Mit der Schaffung der deutsch-polnischen Abstimmungspolizei wurden die Möglichkeiten der Deutschen zu antipolnischen Repressionen weitgehend ausgeschlossen. Im März 1921 fand schließlich die Abstimmung statt: 46 Prozent entschieden sich für Polen. Die 682 Gemeinden, die sich für Polen entschieden hatten, lagen im Westen, die am meisten industrialisierten Zentren, die Deutschland zugefallen wären, im Osten.[20] Dort ließ sich kaum ein territorialer Anschluss an Polen vollziehen. Eine völlige ethnische Trennung Deutscher von Polen wäre ohnehin nicht möglich gewesen.

Nun geriet die Angelegenheit in eine Sackgasse, aus der jede Seite nur einen Ausweg zu erblicken glaubte. Deutschland forderte, da sich immerhin nur eine Minderheit für Polen entschieden hatten, die Beibehaltung des Status quo.

Die Polen hatten aber hier den besten Vorschlag aufzuweisen. Ihr Führer, der Christdemokrat Wojciech Korfanty, hatte die komplizierte Lage der zumeist zweisprachigen Oberschlesier erkannt. Zudem war ihm klar geworden, dass bei dieser Größe des Abstimmungsgebietes und den bereits geschilderten Umständen die Polen keine Mehrheit erlangen konnten. Nun ging es darum, sich insgesamt mit weniger des Vorgestellten zu begnügen, um ein Mehr an Möglichem zu erlangen. Korfanty schlug eine Teilung des ursprünglichen Abstimmungsgebietes vor. Nur noch östlich der Oder und südlich Oppeln sollte abgestimmt werden. Damit hätte sich das Abstimmungsgebiet zwar um etwa die Hälfte verringert, doch auf ihm lagen fast achtzig Prozent der schon mehrheitlich für Polen optierten Gemeinden.[21] Die Franzosen akzeptierten im Wesentlichen diesen Vorschlag.

Das wäre eine angemessene Lösung gewesen, doch sie implizierte auch, dass eine Vielzahl von Deutschen vor allem im Industriezentrum verblieben wäre. Die Briten hingegen – unterstützt von den Italienern – wollten den industrialisierten Teil Oberschlesiens bei Deutschland belassen, um dadurch die deutschen Reparationszahlungen absichern zu können. Beide Vorschläge richteten sich aber gegen die Polen, so dass die feindselige Stimmung der polnischen Oberschlesier sich nun auch gegen die Briten und Italiener wendete. Angesichts dessen, dass mit einer günstigeren Lösung durch die Westmächte kaum zu rechnen und die Stimmung unter den Polen äußerst gereizt war, entschloss sich Wojciech Korfanty, der aus der Region stammende polnische Vertreter in der alliierten Kommission, zum Aufstand.

Der Dritte Schlesische Aufstand begann in der Nacht vom 2. zum 3. Mai 1921. Er war der am besten vorbereitete und in seinem Ausmaß umfangreichste aller drei Erhebungen. Schon am dritten Tag erreichten die Aufständischen die sogenannte Korfanty-Linie. Die Heftigkeit der Kämpfe war so stark, dass es auch unter italienischen Soldaten zu Todesopfern kam. Das trug den Polen im Westen den Vorwurf der Schaffung von vollendeten Tatsachen ein. Die polnische Regierung wie auch die Westmächte drängten auf sofortigen Abbruch der Kämpfe. Inzwischen verschlechterte sich auch die Situation der Aufständischen, da aus dem Reich ständig Freiwillige die deutschen Freikorps unterstützten. Nun schoben sich alliierte Einheiten zwischen die Kämpfenden, so dass eine völlige Niederlage der Polen abgewendet werden konnte. Am 5. Juli wurde der Aufstand endgültig beendet. Obwohl er militärisch ein Misserfolg war, war er politisch ein großer Erfolg für die polnische Sache.

Denn nun hatten die Briten und auch die Franzosen den lange geforderten Beweis für ein »authentisches Polentum« in diesem Gebiet. Wollten sie nicht weiter mit ihren Truppen an diesem Brennpunkt präsent sein, ständig dieses Thema behandeln müssen und sich letztlich den Unmut der Polen zuziehen, musste nun eine für Polen verträgliche Lösung geschaffen werden.

Im Oktober 1921 fiel die endgültige Entscheidung. Polen erhielt 29 Prozent der Fläche des ursprünglichen Abstimmungsgebietes mit einer Bevölkerung von knapp einer Million Einwohnern. Das war etwa die Hälfte des von Korfanty vorgeschlagenen Territoriums. In diesem Gebiet lebten 74 Prozent Polen und 26 Prozent Deutsche.[22] In den anderen und nun wieder bei Deutschland gebliebenen Gebieten lebten über eine halbe Million Polen.[23] Eine ideale Lösung für Polen war das nicht.

Dennoch war es ein Sieg. Unter diesen Bedingungen waren alle anderen Möglichkeiten ausgereizt und dic polnischen Oberschlesier hatten diese Entscheidung maßgeblich mit ihrem Blut erkämpft. Das, was Polen erhalten hatte, konnte sich sehen lassen, und darüber sind sich alle polnischen Autoren einig: Polen hatte das beste Stück Oberschlesiens bekommen. Das waren 79 Prozent der Kohlegruben, zwei Drittel der Zink- und Bleiminen, der Stahlwerke und 60 Prozent der Hochöfen.[24]

Bevor Polen aber Oberschlesien in Besitz nehmen konnte, wurde auf Druck der Westmächte am 15. Juni 1922 die Oberschlesische Konvention in Genf abgeschlossen. Sie sollte für fünfzehn Jahre Bestand haben. Polen verpflichtete sich hierbei, die bestehenden deutschen Gesetze zu respektieren. Neue polnische Gesetze sollten nur Anwendung finden, wenn sie auch ganz Polen beträfen. Desweiteren sollten Vorschriften im Arbeitsrecht wie auch Fragen der Bodenreform den Regeln in Deutschland entsprechen. Die Rechte der Minderheiten sollten ebenfalls wie beim Minderheitenabkommen geschützt werden. Über die Einhaltung dieser Konvention sollten die Westmächte wachen.[25] Das war zwar eine Beeinträchtigung der polnischen staatlichen Rechtssouveränität, die immerhin bis zum Sommer 1937 galt, doch der Vorteil lag eindeutig auf Seiten Polens. Was Oberschlesien für das neue Polen bedeutete, zeigt eine Statistik von 1923. Demnach betrug der Anteil Oberschlesiens an der Gesamtproduktion Polens 73 Prozent bei Steinkohle, 79 Prozent bei Roheisen, 77 Prozent bei Rohstahl, 88 Prozent bei Zink und 99 Prozent bei Blei.[26] Die Konvention betraf aber auch den deutschen Teil Oberschlesiens, was für den Schutz der dort lebenden Polen durchaus wichtig war.

Dies war der einzige Teil Deutschlands, wo nationale Minderheiten unter internationalem Schutz standen.

Mit dem Einmarsch polnischer Truppen am 22. Juni 1922 wurde der Anschluss Ostoberschlesiens an Polen Tatsache und der Kampf um die neuen Grenzen im Westen und Norden abgeschlossen. Insgesamt hatte Polen im Westen und Norden weniger als gefordert erhalten. Polen hatte 56479 km² mit einer Bevölkerung von fast fünf Millionen Einwohnern gefordert. Ohne Volksentscheide bekam es achtzig Prozent an Land und sechzig Prozent an Bevölkerung. Mit den Abstimmungen in Oberschlesien kamen an Fläche noch sechs und an Bevölkerung noch zwanzig Prozent dazu.[27] Wenn man sich aber die teilweise überzogenen Forderungen und die für Polen ungünstigen Verhältnisse bei den Abstimmungen vor Augen führt, so war das sicher kein schlechter Erfolg.

Die Entwicklung hatte aber den Westeuropäern auch klargemacht, dass das Nationalbewusstsein der Polen keine Propagandaparolen polnischer Emigranten waren, sondern reale Verhältnisse widerspiegelte. So war damit zu rechnen, dass die Polen auch in Zukunft jene Grenzen hartnäckig verteidigen würden.

Anmerkungen

1 Vgl. Historia Polski w liczbach. Ludność.Terytorium. Warszawa 1993. S. 98
2 Vgl. Ebenda. S. 96
3 Vgl. Polska w latach 1918–1939. Wybór tekstów źródłowych do nauczania historii. Pod redakcją Wojciecha Wrzesińskiego. Wydanie pierwsze. Warszawa 1986. S. 56–61
4 Vgl. Polska niepodległa. Encyklopedia PWN. Warszawa 2008. S. 553–562
5 Vgl. Historia Polski w liczbach. Ludność.Terytorium. Warszawa 1993. S. 100
6 Vgl.Słownik historii Polski. Wydanie VI. Warszawa 1973.S. 550
7 Vgl. Polska w latach 1918–1939. Wybór tekstów źródłowych ..., a.a.O.S. 174–182
8 Vgl. Historia Polski w liczbach. Ludność.Terytorium. Warszawa 1993. S. 96
9 Vgl. Ebenda. S. 97
10 Vgl. Serczyk, Władysław A. Dzieje Polski 1918–1939. Wybór materiałów źródłowych. Kraków 1990.S. 63–70
11 Vgl. Eckert, Marian. Historia polityczna Polski lat 1918–39. Wydanie piąte. Warszawa 1990. S. 56
12 Vgl. Krasucki, Jerzy. Tragiczna niepodległość. Polityka zagraniczna Polski w latach 1919–1945. Poznań 2000. S. 165

13 Vgl. Kamiński, Marek K., Zacharias Michał J. Polityka zagraniczna II Rzeczypospolitej 1918–1939. Warszawa 1987. S.52
14 Vgl. Ebenda. S. 58
15 Vgl. Historia Polski w liczbach. Ludność.Terytorium. Warszawa 1993. S. 100
16 Vgl. Ebenda
17 Vgl.Dzieje Polski. Pod redakcją Jerzego Topolskiego. Warszawa 1977. S. 660
18 Vgl. Ebenda
19 Vgl. Eckert, Marian. Historia polityczna Polski lat 1918–39; a.a.O.S. 52
20 Vgl. Ajnenkiel, Andrzej. Od rzadow ludowych do przewrotu majowego. Zarys dziejów politycznych Polski 1918–1926. Wydanie IV. Warszawa 1978. S. 192
21 Vgl. Ebenda S. 192
22 Vgl. Ebenda. S. 200/201
23 Vgl. Ebenda S. 201
24 Vgl. Ebenda.
25 Vgl. Ebenda. S. 201/202
26 Vgl. Ebenda. S. 201
27 Vgl. Kamiński, Marek K., Zacharias Michał J. Polityka zagraniczna II Rzeczypospolitej 1918–1939; a.a.O., S. 23

4.

Konflikt mit Litauen und Sowjetbelorussland

Der Konflikt mit Litauen gehört eigentlich zum Kampf um die Ostgrenze. Doch hierbei handelte es sich um eine besondere Situation und um ein Land, mit dem nach den Vorstellungen von Józef Piłsudski und vielen Polen ein enges Bündnis eingegangen werden sollte. Es sollte für die föderativen Pläne des Piłsudski-Lagers als leuchtendes Beispiel dienen. Der Versuch scheiterte nicht nur, sondern kehrte sich in pure Feindschaft um. Litauen führte am deutlichsten und nachhaltig das Fiasko der föderativen Konzeption vor Augen.

Doch im Gegensatz zu den Kämpfen gegen die ukrainischen Nationalisten, die überraschend die Polen im Südosten angriffen, und den großpolnischen Aufständischen, die unverhofft die Deutschen zurückdrängten, waren die polnischen Aktivitäten gegenüber Litauen seit vielen Jahren geplant und scheinbar gut durchdacht. Hier setzte Piłsudski als erstes an, um seine weitreichenden Pläne zu verwirklichen. Dieser Konflikt drehte sich vor allem um das Wilna-Gebiet, auf das Litauer und Polen gleichermaßen Anspruch erhoben. Für Piłsudski war es auch seine Heimat im engeren Sinne. Hier traf er allerdings auf die Litauer, die sich für ihn überraschenderweise weder den Polen unterordnen noch das Wilna-Gebiet ihnen überlassen wollten.

Durch den Einfluss und die Folgen der Oktoberrevolution kamen in diesem Gebiet noch die Kommunisten als Protagonisten hinzu, mit deren Erscheinen die Polen noch vor zwei Jahren keineswegs gerechnet hatten. Damit war der Kampf um das Wilna-Gebiet zugleich der Beginn des Krieges mit Sowjetrussland, der sich mit Unterbrechungen zwei Jahre hinziehen und letztlich auf die gesamte Ostgrenze ausweiten sollte.

Die Beziehungen des neuen Polen zu Litauen waren über den gesamten Zeitraum Zwischenkriegspolens schlecht. Das scheint um so unverständlicher, da Litauer und Polen über Jahrhunderte in realer und Personalunion miteinander gelebt hatten. Litauen – so schien es Piłsudski – hätte demnach für seine föderative Konzeption über die besten Traditionen, Voraussetzungen und Bedingungen verfügt. Beide Staaten schienen geradezu füreinander geschaffen zu sein. Doch es kam völlig anders.

Die Haltung der Litauer hatte ihre Ursache in der Geschichte, vor allem in den letzten einhundert Jahren: Ehemals war Litauen ein Staat, der über Jahrhunderte allein existierte und dann mit Polen eine osteuropäische Großmacht bildete. Das Bewusstsein vergangener Größe hatte bei den Litauern einen größeren Kampfgeist, höhere Opferbereitschaft und Ausdauer als bei den anderen Balten hinterlassen. Das wurde durch die katholische Kirche unterlegt, die Litauen und Polen als den östlichsten Vorposten des »christlichen Abendlandes« gegenüber der russischen Orthodoxie verstand. Das sowie der jahrhundertelange Einfluss der für ihren mangelnden Realitätssinn und unbeirrbaren Kampfwillen bekannten polnischen Adelsideologie auf große Teile der Bevölkerung begründete auch einen Hang zu voluntaristischen Handlungen.

Die Litauer, deren Hauptstadt weit im Landesinneren lag, richteten ihr Augenmerk auf die scheinbar endlose Landmasse im Osten. Statt der Ostsee waren die weiten Felder und Wälder des Ostens Gegenstand ihrer Expansion, aber auch strategische Rückzugmöglichkeiten und Kraftreserve. Über Jahrhunderte verstanden sich die Litauer erfolgreich gegen fremde Eroberer zu verteidigen. Diese beiden Gründe waren auch ausschlaggebend für eine frühzeitige und langanhaltende Staatsbildung. Einzig Russland gelang es später, ganz Litauen als letzte baltische Region gegen seinen Willen in sein Imperium einzuverleiben. Da das im

Zeitraum der Herausbildung der litauischen Nation geschah, hatte es bedeutende Auswirkungen auf das Nationalbewusstsein und den Widerstandswillen des ganzen Volkes.

Die Litauer wurden bereits vor dem Jahre 1000 in ruthenischen Quellen erwähnt. Im 10. und 11. Jahrhundert waren litauische Gebiete Ziel der benachbarten östlichen Ruthenen (Vorläufer der Belorussen, Ukrainer und Russen) sowie der von See aus angreifenden Dänen. Offensichtlich verstanden es die Litauer, sich zu wehren, denn keiner der Aggressoren konnte sie hier festsetzen. Im 12. Jahrhundert griffen nun die Litauer ihre östlichen Nachbarn – vor allem die reichen westrussischen Städte – an. Seit dem 12. Jahrhundert mussten sich die Litauer gegen die Ritter des Deutschen Ordens (Kreuzritter) wehren. Ihr Bruderorden, der Deutsche Schwertorden, konnte sich im gleichen Jahrhundert auf lettischem und estnischem Gebiet festsetzen und dort einen Staat errichten. Die Kreuzritter versuchten jahrhundertelang, durch eine Landverbindung zu ihren nördlichen Ordensbrüdern Litauen zu annektieren. Es ist ein historisches Verdienst der Litauer, sich mit Erfolg jenen damals modernsten Heerscharen Europas widersetzt zu haben. Den Kreuzrittern gelang es lediglich, im 13. Jahrhundert die litauische Hafenstadt Klaipėda (Memel) und den dazugehörigen Landstreifen südlich der Memel (litauisch: Nemunas) in Besitz zu nehmen. Damit verlor Litauen seinen einzigen Überseehafen und war zeitweise von der Ostsee abgeschnitten.

Die Angriffe der Kreuzritter zwangen die litauischen Stammesverbände, sich zu einem Staat zu vereinigen und die erste Monarchie zu begründen. Hauptstadt des Großherzogtums wurde Vilnius (polnisch Wilna, deutsch Wilna) und blieb es bis 1795. Von der Ostsee abgeschnitten, verlegte sich das Großherzogtum auf Eroberungen nach Osten und Süden. Im 15. Jahrhundert war Litauen eine regionale Großmacht und verfügte über eine Fläche, die im Osten bis kurz vor Moskau und im Süden bis ans Schwarze Meer heranreichte.

Die Kreuzritter, die für Polen zu einer existenziellen Bedrohung geworden waren, verstärkten im 14. Jahrhundert ihre Angriffe auf Litauen. Durch eine Heirat des litauischen Großfürsten Władysław Jagiełło mit der polnischen Königin Jadwiga (Hedwig) nahm Litauen das

Christentum an. Es wurde eine Union beider Staaten begründet, die mit unterschiedlicher Qualität und unter zeitweise erheblichen Belastungen immerhin 400 Jahre hielt. Es war die erste Union in Osteuropa, die aus einem Zusammenschluss großer Reiche mit mehr als den Nationalitäten ihrer Teilmächte entstanden war. Ihr größter historischer Erfolg war 1410 die Schlacht gegen die Kreuzritter bei Grunwald, als Polen, Litauer, Ruthenen und Tataren dem Orden das militärische Rückgrat brachen.

Diese Union hatte für die Litauer aber auch negative Auswirkungen. Den Polen war es gelungen, sich beträchtliche Territorien des Großfürstentums dem eigenen Königreich übereignen zu lassen. Zugleich war der Einfluss des polnischen Adels auf die litauischen Bojaren so stark, dass jene immer mehr deren Stil übernahmen. Über Jahrhunderte wurde daher nicht nur die litauische Oberschicht polonisiert. Auch andere, vor allem städtische Schichten zog es zum Polentum hin. Das betraf besonders das Gebiet um Vilnius (Wilna-Gebiet). Hier um die Hauptstadt gab es die Union in Kleinformat, lebten Polen, Litauer, Belorussen, Russen, Ukrainer, Juden und auch Deutsche. Mit der Zeit überwog hier das polnische Element, und es bildeten sich Strukturen, die vom nordwestlichen litauischen Stammgebiet abwichen.

Im 17. Jahrhundert schlug die litauisch-polnische Ostexpansion auf ihre Urheber zurück. Russland drängte nun nach Westen, die Ukrainer wollten die polnische Fremdherrschaft abschütteln, und Schweden nutzte das aus, um Litauen und weite Teile Polens zu besetzen. Obwohl die Schweden abziehen mussten, verlor die Union an Kraft. Ein Jahrhundert später konnten die preußischen, russischen und österreichischen Nachbarn kampflos Polen teilen. Das westliche Suwałki-Gebiet kam zu Preußen und blieb bis auf seinen Nordwesten für Litauen verloren. Heute gehört der größte Teil des Suwałki-Gebiets zu Polen.

Das Wilna-Gebiet und das litauische Kernland kamen bei der letzten Teilung Polens 1795 zu Russland. Das Zarenreich hatte sich nunmehr – die lettischen und estnischen Gebiete kamen schon früher zu Russland – einen breiten Zugang zur Ostsee und einen eisfreien Hafen verschafft.

Der Verlust der Unabhängigkeit brachte für die bäuerliche leibeigene Bevölkerungsmehrheit der Litauer keine einschneidenden Veränderungen. An ihren sozialökonomischen Verhältnissen änderte sich fast nichts, sie blieben weiterhin ihrem polonisierten Grundbesitzer unterstellt. Auch die Verwaltungsstrukturen änderten sich unter den Zaren nicht wesentlich. Dennoch gab es eine nationale Befreiungsbewegung, die aber vornehmlich von den polonisierten Litauern und Polen ausging. Zentrum des Widerstands wurde das Wilna-Gebiet, wohin auch der polnische Aufstand von 1830/31 drang. Da sich auch ein Teil der Litauer daran beteiligt hatte, wurde nach 1831 nicht nur die polnische, sondern auch die litauische Kultur unterdrückt. Hier glaubte der Zarismus, ein Exempel statuieren zu müssen und begann früher als in den ethnisch-polnischen Gebieten mit der Russifizierung.

Während des Januaraufstandes 1863/64 griffen die Polen erneut zu den Waffen. Jetzt griff die russische Staatsmacht wesentlich härter durch als in den polnischen Gebieten. Andererseits ließ der Zarismus dort die Leibeigenschaft aufheben, wobei Bauern Land kaufen konnten. Ein Teil der Litauer konnte so für die Russen gewonnen werden, da ihnen die Ländereien von verurteilten und gefallenen polnischen Aufständischen übereignet worden waren.

Auch nach der Aufhebung der Leibeigenschaft und der Niederschlagung des Januaraufstandes 1864 waren es zumeist polonisierte Litauer und Polen, die über den meisten Grund und Boden und auch sonst über einträgliche Positionen verfügten. Die vor allem durch die reiche Bauernschaft und das städtische Kleinbürgertum initiierte litauische Nationalbewegung, die sich um die Pflege der Sprache und Literatur verdient gemacht hatte, nutzte nun den sich herausbildenden sozialökonomischen Antagonismus zwischen den litauischen Bauern und der polnischen Oberschicht für den nationalen Befreiungskampf. Die polnische Oberschicht erstrebte im Falle der Unabhängigkeit die Verhältnisse der untergegangenen polnisch-litauischen Union. Das war für die aus der Bauernschaft stammende neue und selbstbewusste litauische Intelligenz und das Kleinbürgertum nicht annehmbar. Die Polen sollten nie wieder über Litauer herrschen. Hierzu wurden die entsprechenden Elemente der nicht immer glücklich verlaufenden Geschichte der verflossenen Union besonders hervorgehoben und propagiert.

In diese Kerbe schlug auch der litauische Klerus der katholischen Kirche. Das mag angesichts des auch in Polen dominierenden Katholizismus verwundern. Doch die litauische Kirche hatte dafür plausible Gründe. Sie musste, wollte sie ihren Einfluss angesichts anderer politisch-weltanschaulicher Strömungen nicht einbüßen, den Stimmungen ihrer Gläubigen nachgeben. Zudem gab es innerhalb des Klerus einen Konkurrenzkampf um Posten und Pfründe, bei dem die aus dem Adel kommenden polnischen Geistlichen zumeist die besseren Chancen hatten. Ferner war auch nicht sicher, ob Polen angesichts seiner gut organisierten Arbeiterklasse diese in ihrer Sicht frevelhaften Ideen nicht auch in Litauen durchsetzen würde. Immerhin war im Wilna-Gebiet 1893 unter maßgeblicher Mitwirkung des polonisierten Litauers Józef Piłsudski die Polnische Sozialistische Partei (PPS) entstanden, die eine Föderation Polens mit Litauen anstrebte.

Das 29 000 km² umfassende Wilna-Gebiet (»polnisches Litauen«), ein Drittel Litauens und seiner Bevölkerung, besaß außerdem für die Polen eine größere Bedeutung als für die Litauer selbst. Hier überwogen die Polen in Stadt und Land. In Wilna selbst lebten in den ersten Jahren des 20. Jahrhunderts 56 Prozent Polen und 1,4 Prozent Belorussen. 36 Prozent der Bewohner wurden als Juden geführt. Und nur knapp drei Prozent galten als Litauer.[1] Unter den Katholiken des Gebietes machten die Litauer nur zwölf Prozent aus. Diesem Landstrich entstammten bekannte Polen: Józef Piłsudski, die bedeutendste politische Persönlichkeit des 20. Jahrhunderts, Gabriel Narutowicz als erster Präsident Polens, die Nationalhelden Tadeusz Kosciuszko und Romuald Traugutt, Adam Mickiewicz (»der polnische Goethe«) und der berühmte Maler Jan Matejko, der Historiker Joachim Lelewel, der Schöpfer »Mittellitauens« General Lucjan Żeligowski, Ministerpräsident Aleksander Prystor und der Sozialistenführer Mieczysław Niedziałkowski.

Auch für die polnischen Juden besaß Wilna große Bedeutung und war neben Warschau das wichtigste wissenschaftliche und religiöse Zentrum des polnischen Judentums. 1897 stellten Juden 42 Prozent der Einwohner der Stadt, weshalb es vielen als das »polnische Jerusalem« galt.[2] Ihr entstammten u.a. Abba Kowner, ein berühmter Poet hebräischer Sprache, und Meir Vilner, Führer der Kommunisten Israels. Wilna war aber auch ein politisches Zentrum polnischer bzw. der Ostjuden. 1897 wurde hier der Jüdische Arbeiterbund (BUND), die größte jüdische nichtzionistische sozialdemokratische Partei für Polen und Russland, gegründet. Ebenfalls in Wilna wurde 1902 die zionistisch-religiöse Bewegung (Misrachi) ins Leben gerufen, die bis heute unter verschiedenen Bezeichnungen in Israel weiter existiert, wo sie mehrfach Regierungspartei war.

Die Existenz von zwei nicht-litauischen einflussreichen nationalen und politischen Zentren auf litauischem Gebiet war für die litauische Nationalbewegung eine Herausforderung, zumal jene Zentren hinsichtlich der Perspektive Litauens zumeist andere Vorstellungen hegten als die Litauer.

Die litauische Nationalbewegung, die sich in der zweiten Hälfte des 19. Jahrhunderts herausgebildet hatte, setzte sich in den 1890er Jahren aus der liberal-demokratischen, der katholischen, der nationalklerikalen und der sozialdemokratischen Strömung zusammen. Auffällig ist das Fehlen der nationalistischen Strömung, die heute behauptet, von Anfang an dabeigewesen zu sein. Zu jener Zeit wurden nationalistische Forderungen (gegen Polen und Juden) vor allem von den Nationalklerikalen vertreten. Die Nationalisten schufen erst recht spät – 1905 – ihre eigene Partei (Nationaldemokraten).

Das Wilna-Gebiet war aber auch ein Zentrum der polnischen, litauischen und jüdischen sozialistischen Bewegung. Die älteste Partei Litauens war die 1896 gegründete Litauische Sozialdemokratische Partei (LSDP). Sie war seit Anbeginn eine rechtssozialistisch-reformistische Partei mit nationalistischen Tendenzen. Daher spaltete sich ein linker Flügel ab und formierte sich 1900 unter Feliks Dzierżyński (auch aus dem Wilna-Gebiet) als polnisch-litauische Sozialdemokratie (SDKPiL) neu. Sie verstand sich, anders als die sieben Jahre zuvor im Schweizer Exil gegründete »Sozialdemokratie des Königreichs Polen«, als eine revolutionäre marxistische Partei. Ein Jahr später begann noch die litauische Sektion der Russischen Sozialdemokraten (SDAPR) in Litauen zu wirken.

Mit der Polnischen Sozialistischen Partei (PPS) und dem jüdischen BUND wirkten nun fünf sozialistische Parteien in Litauen mit jeweils etwa gleichem Einfluss. Es trifft also nicht zu, wie heute behauptet, dass die russischen Bolschewiki (Kommunisten) als Erste sozialistisches Gedankengut verbreitet hätten.

Nach der russischen Revolution von 1905 veränderten sich die Vorstellungen über die Zukunft des Landes. Die Klerikalen und Nationalisten waren von den Aktivitäten der Werktätigen während der Revolution erschreckt worden. Stillschweigend akzeptierten sie deren Niederschlagung durch die Russen. Programmatisch blieben sie bei der Autonomie, die ihnen im Falle revolutionärer Aktionen der Litauer effektive russische Hilfe zusicherte.

Einen wesentlichen Schritt weiter gingen die Linken. Die Linksliberalen formulierten 1906 die völlige Unabhängigkeit als den Idealfall. Bei den Sozialdemokraten entbrannte ein Kampf um zwei Konzeptionen. Ein Teil von ihnen war für staatliche Unabhängigkeit in einer Föderation mit Polen, Belorussland und Lettland (schon 1902 formuliert), andere weiterhin für eine Autonomie in einem demokratischen russischen Staat. Letztere konnten sich 1907 durchsetzen. Dennoch waren es die Sozialdemokraten und nicht die Nationalisten und Klerikalen, die als Erste die Schaffung einer demokratischen Republik Litauen gefordert hatten.

Der jüdische sozialdemokratische BUND hingegen plädierte für ein Bündnis gleichberechtigter Nationalitäten in einem sozialistischen Russland mit weitgehender Autonomie für Juden. Die Linkssozialdemokraten aus der SDKPiL waren gegen jegliche staatliche Unabhängigkeit, sondern für eine Union sozialistischer Völker. Die litauischen Bolschewiki aus der SDAPR hatten ähnliche Vorstellungen. Ihnen schwebte eine Gemeinschaft gleichberechtigter sozialistischer Staaten aus den Völkern des russischen Imperiums vor. Ein Großteil der litauischen, jüdischen und belorussischen Arbeiter war von dieser Perspektive durchaus angetan. Diese Tatsachen weisen darauf hin, dass schon fast zwanzig Jahre vor der Gründung der Sowjetunion ein solcher Staatstyp in Litauen im Gespräch war und auf breites Interesse stieß. Die Idee von einer UdSSR mit einem litauischen Teilstaat war also nicht allein die Schöpfung russischer Kommunisten.

Die Haltung der polnischen Rechtssozialisten aus der PPS (vor allem Piłsudski) unterschied sich mehrfach von denen der anderen Linken. Alle nichtrussischen Nationalitäten sollten sich von Russland lösen und eigene Staaten schaffen. In Osteuropa sollten sich die Litauer, Letten, Esten, Belorussen und Ukrainer unter Führung des polnischen Staates zu einer Föderation verbinden. Russland sollte von Europa abgeschnitten werden. Die PPS verfügte aber im Wilna-Gebiet kaum über Einfluss unter Arbeitern, obwohl sie hier gegründet worden war. Hier war sie mehr die Partei linksgerichteter polnischer Intellektueller.

Mit der russischen Februarrevolution 1917 änderte sich die Lage, da Russland nun allen die nationale Selbstbestimmung zubilligte.

Die veränderte Situation in Russland motivierte die das Land inzwischen besetzenden Deutschen jetzt zum Handeln, nachdem sich vor allem der Nationalist Antanas Smetona bei den Okkupanten monatelang um eine nationale Vertretung bemüht hatte. Im Juni gab es eine Verständigung zwischen den Deutschen, dem Bischof Karewicz und den Nationalisten Jonas Basanavičius und Smetona zur Schaffung einer litauischen Vertretung.

Vom 18. bis 23. September 1917 tagten 214 nicht gewählte, sondern nur eingeladene Delegierte in Vilnius. Die Zusammensetzung sprach für sich: 66 Geistliche, 65 reiche Bauern, 75 Angehörige der Intelligenz und zwei Arbeiter. Sie wählten einen aus zwanzig Personen bestehenden Litauischen Rat, kurz Taryba (litauisch Rat) genannt, unter dem Vorsitz von Smetona. Die Mehrheit gehörte den Rechten. Zwei Vertreter kamen von den rechten Sozialdemokraten.[3]

Mit Hilfe der Deutschen hatten nun die Rechten die Führung der Nationalbewegung an sich gerissen, ohne dafür die geringste Legitimation zu besitzen. Die Polen, Juden und Belorussen lehnten jedoch den Führungsanspruch der Taryba wegen ihrer nationalistischen Auffassungen ab.

Nach Gesprächen in Berlin am 13. November gab zwei Wochen später Reichskanzler Graf Hertling im deutschen Reichstag eine allgemeine

Unabhängigkeitserklärung für Litauen ab. Am 11. Dezember 1917 wurde dann von der Taryba die erste litauische Unabhängigkeitserklärung verlesen. In ihr war von »ewigen, starken Bundesbeziehungen des litauischen Staates zum Deutschen Kaiserreich« die Rede. Damit hatten Nationalisten und Klerikale ihre Autonomie-Konzeption verlassen und sich für ein vages Unabhängigkeitsversprechen in eine neue Abhängigkeit begeben. Weil die Deutschen wegen ihrer restriktiven Okkupationspolitik von den meisten Litauern abgelehnt wurden, rief diese Erklärung Unzufriedenheit und Proteste hervor.

Da in dieser Erklärung Vilnius zur Hauptstadt bestimmt wurde, lehnten die Polen sie ab. Diese Erklärung endete nicht nur in einer Ablehnung durch einen Großteil der Litauer und die meisten Polen, sondern auch noch in einer politischen Blamage: Deutschland erkannte plötzlich die für es vorteilhafte Unabhängigkeitserklärung nicht an. Offensichtlich wollte die deutsche Seite erst die Verhandlungen mit Sowjetrussland in Brest-Litowsk abwarten. Diese Tatsache schadete dem Ansehen der Taryba, doch angesichts der deutschen Besetzung und des Fehlens einer politischen Alternative hatte das vorläufig keine ernsthaften Konsequenzen. Die Taryba fing jetzt an, über die in ihr vertretenen Klerikalen über die katholischen Kirchengemeinden Unterstützung für sie zu organisieren. Dadurch und durch die aktive Beteiligung von Großbauern bekam sie vor allem in den Dörfern Einfluss.

Die Taryba befand sich dennoch weiterhin in einer unhaltbaren Situation. Am 16. Februar 1918, noch vor Abschluss der Verhandlungen der Deutschen mit den Sowjets, bei der diese auf Litauen verzichteten, verabschiedete die Taryba eine neue Unabhängigkeitserklärung. Dieses Mal verzichteten sie auf Treuebekundungen gegenüber Deutschland, um gegenüber den eigenen Landsleuten Souveränität zu demonstrieren. Doch dieses Mal verärgerten sie die Deutschen, mit denen diese Maßnahme nicht abgesprochen war. Nun forderten sie die Wiederholung der früheren Treuebekundungen. Am 21. Februar machte Reichskanzler Hertling der Taryba in einem Schreiben klar, dass Deutschland die litauische Unabhängigkeit nur unter den im Dezember formulierten Treue- und Bündnisbekundungen anerkennen würde. Am 23. März versicherten dies die Taryba-Vertreter in Berlin feierlich. Daraufhin erklärte sich Kaiser Wilhelm II. bereit, die Unabhängigkeit anzuerkennen. Smetona bedankte sich daraufhin in einem Telegramm an die Deutschen dafür, dass sie den Litauern die Freiheit gebracht hätten.

Staats- und völkerrechtlich war jene Unabhängigkeit nichts wert. Sie basierte allein auf dem Einverständnis der Okkupationsmacht. Sowjetrussland hatte zwar im Frieden von Brest-Litowsk auf Litauen verzichtet, doch den Krieg hatten die Deutschen insgesamt noch nicht gewonnen. Eine Friedensregelung, an der auch Russland teilhaben könnte, hätte das wieder in Frage gestellt. In Russland tobte inzwischen ein Bürgerkrieg, bei dem die Rechten gute Siegeschancen hatten. Jene hätten die Absprache mit den Deutschen ohnehin annulliert.

So sahen das auch einige Taryba-Mitglieder. Daher traten im Sommer die zwei Vertreter der Linken (S. Kairys, M. Biržiška) sowie der Pole Narutowicz aus der Taryba aus. Ihre Stellen nahmen Vertreter der Nationalisten ein, die nun die Mehrheit besaßen.

Zudem war die Unabhängigkeit praktisch gesehen eine Fiktion: Herr im Land blieb der deutsche Oberbefehlshaber, die Macht wurde nach wie vor durch deutsche Militärdienststellen ausgeübt. Ziel der deutschen Reichsleitung war es nun, die »zivile« Abhängigkeit Litauens von Deutschland zu zementieren. Hier spielte der deutsche Zentrumsabgeordnete und Staatssekretär Matthias Erzberger eine bedeutende Rolle. Seit 1917 waren die litauischen Angelegenheiten sein Metier. Im Juni 1918 setzte er bei Verhandlungen mit den Litauern durch, dass ein deutscher Fürst König Litauens werden sollte. Die Taryba versuchte nun, sich als Staatsrat zu etablieren, doch Berlin billigte ihr nur die Stellung einer litauischen Vertretung zu. Schließlich willigten die Deutschen doch noch ein, die Taryba zum gesetzgebenden Organ zu erklären, obwohl sie dafür weder durch Wahlen noch anderweitig legitimiert war. Ende Oktober, angesichts der deutschen Niederlage, gestatteten die Deutschen den Litauern endlich, ihre inneren Verhältnisse zu bestimmen und gestanden ihnen einen finanziellen Kredit zu.

Am 3. November 1918 wurde der Nationalist Augustinas Voldemaras zum ersten litauischen Ministerpräsidenten ernannt. Als das Kabinett am 11. November bestätigt wurde, war das deutsche Kaiserreich allerdings zusammengebrochen. Das deutsche Heer blieb aber noch in Litauen.

Mit der deutschen Niederlage 1918 waren auch die territorialen Absprachen von Brest-Litowsk zwischen den Deutschen und den Sowjets hinfällig. Damit war auch die Grundlage der wie auch immer zu betrachtenden »Unabhängigkeit« von »deutschen Gnaden« nicht mehr gegeben. Russland hatte nun wieder ein Recht auf jene Gebiete. Lediglich auf Polen verzichtete die Sowjetmacht offiziell, auf Litauen und die anderen baltischen Länder, die Ukraine und Belorussland hingegen nicht.

Für die Taryba und die »polnischen Litauer« tat sich eine größere Gefahr auf. Seit dem Frieden von Brest-Litowsk kehrten viele Litauer aus dem revolutionären Russland zurück. Unter ihnen waren viele Revolutionäre und andere, die von den Veränderungen in Sowjetrussland begeistert waren. Sie förderten die Unzufriedenheit weiter Teile der Bevölkerung, die sich zu einer revolutionären Situation entwickelte. Besonders im Wilna-Gebiet gab es Streiks und anderswo schon kleinere Partisanenabteilungen gegen die deutschen Besatzer. Auch die linke Bewegung radikalisierte sich. Die litauische Sozialdemokratie des Wilna-Gebietes verabschiedete sich von nationalistischen Tendenzen und erfuhr einen Linksruck.

In Absprache mit den litauischen Bolschewiki unter Vincas Mickevičius-Kapsukas und Zigmas Aleksandravičius wurden im September 1918 die Grundlagen für die Bildung einer kommunistischen Partei geschaffen. Anfang Oktober 1918 fand in Vilnius der Gründungsparteitag der Kommunistischen Partei Litauens und Belorusslands statt. Sie gehörte demnach zu den ältesten marxistisch-leninistischen Parteien der Welt. In und um die KP scharten sich nun die entschiedenen Linken aller bestehenden sozialistischen Parteien, die ebenfalls insgesamt weiter nach links rückten. Innerhalb von Wochen wurde die KP zur stärksten politischen Partei. Sie beschloss die Bildung einer provisorischen Arbeiter- und Bauernregierung.

Die ebenfalls in Vilnius etablierte Taryba konnte dem gegenüber nicht viel ausrichten. Nicht über eigene Machtorgane verfügend, war sie auf den Schutz der Deutschen angewiesen. Auf Unterstützung durch die Bevölkerung konnte sie nicht rechnen. Die Anhänger der Nationalisten und Klerikalen hielten sich gleichfalls zurück. Die Situation der Taryba verschlechterte sich zusätzlich durch die deutsche Kriegsniederlage. Diese wurde am 10. November 1918 mit großer Begeisterung von den Litauern gefeiert. Die Stimmung gegen die herrschenden Kollaborateure verschlechterte sich dramatisch, doch sie konnten aufgrund der Anwesenheit deutscher Truppen nicht gestürzt werden.

Für die Kommunisten war nun der Zeitpunkt gekommen, selbst nach der Macht zu greifen und eine reale Gegenmacht zu errichten.

Am 15. Dezember 1918 wurde die Sowjetmacht von den 202 Delegierten des gewählten Rates der Wilnaer Arbeiterdelegierten ausgerufen. In diesem Rat verfügten die Kommunisten über 48 Prozent, der jüdische BUND 30 Prozent, die Sozialdemokraten 18 Prozent.[4] Vorsitzender der Räteregierung wurde der Kommunist Vincas Mickevičius-Kapsukas. Die Räteregierung proklamierte die Litauische Sozialistische Sowjetrepublik. In den nächsten Tagen erfolgten in allen größeren Städten Litauens Sympathiekundgebungen und die Errichtung von Räten.

Zunächst verfügte die Rätemacht über keine militärischen Kräfte. Die wenigen Waffen konnten nur an Freiwillige ausgegeben werden, eine Mobilmachung war nicht möglich. Die litauischen Sowjets konnten also weder gegen die noch anwesenden Deutschen noch gegen die Taryba vorgehen. Sie baten Sowjetrussland, das Sowjetlitauen am 22. Dezember 1918 anerkannt hatte, um Waffenhilfe.

Zu Jahresbeginn 1919 flohen die Vertreter der bürgerlichen litauischen Vertretung Taryba nach dem Abzug der Deutschen aus Wilna und ließen sich in Kaunas nieder, wo es noch deutsche Truppen gab. Zugleich nutzten die hiesigen Polen die Gelegenheit zur Machtübernahme in Wilna, um das Gebiet an Polen anzuschließen. Doch sie wurden durch die eintreffenden Abteilungen der Roten Armee vertrieben. Innerhalb eines Monats übernahm die Rätemacht die Territorien, aus denen sich die deutschen Truppen zurückgezogen hatten. Taryba blieben nur Kaunas, ein Teil des Suwałki-Gebietes und kleine Teile Westlitauens – insgesamt etwa ein Fünftel Litauens. Dort verharrte die Rote Armee, denn sie rechnete damit, dass sich die letzten deutschen Truppen bald nach Deutschland zurückziehen würden. Danach wollte sie diesen Rest Litauens einnehmen.

Bis Februar 1919 hatte die Sowjetmacht bis auf dieses kleine Gebiet in ganz Litauen gesiegt. Die Kommunisten beschlossen nun, sich mit der belorussischen Sowjetrepublik zu vereinigen. Nach Einzelabstimmungen in den Sowjets beider Länder wurde am 27. Februar 1919 in Wilna die Sowjetische Sozialistische Republik Litauen und Belorussland (*Litbel*) ins Leben gerufen. Dort lebten 7,5 Millionen Menschen auf einer Fläche von 207000 Quadratkilometern.[5] Im März vereinigten sich auch die beiden kommunistischen Parteien zur KP Litauens und Belorusslands.

Jetzt begann Piłsudski mit der Realisierung seiner weitreichenden Pläne.

Die Ausrufung der litauisch-belorussischen Sowjetmacht mit sowjetrussischer Militärhilfe bot sich als besonders günstiger Anlass, das Wilna-Gebiet zu nehmen und die Litauer zu einer Föderation mit Polen zu überreden. Polen, so seine Überlegung, würde sich als Garant gegen den Bolschewismus empfehlen und damit auf wohlwollende Unterstützung des Westens rechnen können. Zudem wollte er vollendete Tatsachen schaffen, bevor die russischen Weißgardisten, mit deren Sieg er rechnete, die Sowjetmacht zerschlugen und Gebietsansprüche an Polen stellten. Damit sollten auch die Westmächte überrumpelt werden, die auf die russischen Konterrevolutionäre setzten und denen sie nach ihrem Sieg in Bezug auf Polen weit entgegenkommen wollten.

Das bedeutete zunächst einmal, dass das neue Polen die Sowjetmacht offiziell nicht anzuerkennen gedachte. Die sowjetische Seite war schließlich auch nicht über die Entstehung des neuen polnischen Staates offiziell in Kenntnis gesetzt worden. Andererseits gab es auch keine offiziellen Beziehungen zu den russischen Weißgardisten. Die Verbindungen liefen über die Westmächte und deren Militärmissionen.

Die sowjetrussische Regierung ließ sich jedoch nicht entmutigen und schickte am 28. November 1918 eine offizielle Note mit der Bitte um Aufnahme diplomatischer Beziehungen sowie der Einrichtung einer ständigen Telefonverbindung zwischen Moskau und Warschau. Die Antwort der polnischen Regierung vom 4. Dezember war nichtssagend, der sowjetische Abgesandte wurde nicht empfangen.

Diese Tatsachen wurden jahrzehntelang von linken polnischen und sowjetischen Historikern als besondere Feindseligkeit herausgestellt und verurteilt. Man sollte allerdings bedenken, dass kein europäischer Staat – Deutschland ausgenommen – die Sowjetregierung zu jener Zeit anerkannte. Warschau tauschte erst 1921 mit Moskau diplomatische Vertretungen aus und war damit noch immer schneller als die Westmächte und die anderen osteuropäischen Staaten.

Doch das war es nicht allein. Charakteristisch für die polnisch-sowjetischen Beziehungen war weniger die diplomatische Anerkennung selbst, sondern der von Beginn an feindselige Umgang mit sowjetischen Gesandten. Zu jener Zeit gab es nämlich schon einen sowjetischen Gesandten in Polen. Den Deutschen war es gelungen, im Juni 1918 Sowjetrussland zur Anerkennung des von ihnen eingesetzten polnischen Regentschaftsrates zu bewegen. Davon war die sowjetische Seite nicht erbaut und verzögerte die Entsendung. Am 28. Oktober, schon im Prozess des Zerfalls des Teilungssystems, erschien in Warschau im Auftrage der Sowjets der polnische Kommunist Julian Marchlewski. Lenin hatte in kluger Voraussicht nicht nur den bedeutendsten ältesten polnischen Linkssozialisten, sondern auch den wohl erfahrensten und in der polnischen Arbeiterbewegung sehr bekannten Parteifunktionär nach Polen geschickt. Er war Mitglied der ersten sozialistischen Parteien und Mitbegründer der linken Sozialdemokratie Polens und Teilnehmer der Revolution von 1905. Nach seiner Übersiedlung nach Deutschland gehörte Marchlewski zu den Mitbegründern des Spartakusbundes, der Keimzelle der Kommunistischen Partei Deutschlands (KPD). Während des Ersten Weltkrieges wurde der promovierte Ökonom in Deutschland interniert und 1918 nach Sowjetrussland ausgeliefert.

Dennoch war seine Warschauer Mission erfolglos. Die Sowjets schickten daraufhin eine Delegation des Sowjetischen Roten Kreuzes unter Leitung eines der ehemaligen Führer der linken Sozialdemokraten, Bronisław Wesołowski, nach Warschau. Als diese am 20. Dezember dort eintraf, wurde sie sofort verhaftet. Tage später organisierte die erst jüngst gegründete Kommunistische Partei Polens eine Massendemonstration für die Freilassung der Missionsmitglieder. Daraufhin wurde die Delegation ausgewiesen. Unter Bewachung wurde sie an die Grenze gebracht. Etwa auf halber Strecke, in der Umgebung von Wysokie Mazowieckie, wurden am 2. Januar 1919 vier der fünf Missionsmitglieder, darunter ihr Leiter, von Gendarmen erschossen. Einer konnte sich verwundet retten und von dieser Hinrichtung berichten.

Die linke wie rechte polnische Geschichtsschreibung äußerte sich hierzu nicht oder äußerst unklar. Übereinstimmend wird allerdings behauptet, dass der Mord auf eigene Initiative des Begleitpersonals geschah. Wenn dem so wäre, stellt sich die Frage: Warum erfolgte keine Untersuchung des Verbrechens und gegebenenfalls eine Bestrafung der Schützen? Der Vorfall – egal ob nun ein individuelles oder von oben angeordnetes Verbrechen – offenbarte einmal mehr, wie tief der Hass auf die Russen nach 123 Jahren Fremdherrschaft saß.

Die Aufnahme diplomatischer Beziehungen war vorerst also kein Thema mehr, zumal die Kommunikation zwischen Warschau und Moskau augenscheinlich auf andere Weise funktionierte. Schon gegen Jahresende 1918 meldete Polen seine Ansprüche im Osten an. So protestierte Warschau am 22. und 30. Dezember über inoffizielle Kanäle bei der Sowjetregierung gegen die Unterstützung der litauisch-belorussischen Sowjetrepublik (*Litbel*) durch Einheiten der Roten Armee. Das stand Polen nicht zu, denn diese Gebiete lagen außerhalb des bisherigen polnischen Staatsgebietes. International verbrieftes Recht auf diese Territorien besaß Polen nicht.

Die bürgerlichen wie auch die sozialistischen Regierungen Russlands hatten 1917 Polen allerdings Unabhängigkeit nur in seinen ethnischen Gebieten zugestanden. Die Sowjetregierung wiederholte das im Dezember gegenüber Polen noch einmal. Zugleich verstand sie als polnische Ostgrenze die zwischen ehemals Russisch-Polen und den ehemaligen östlichen russischen Gouvernements. Doch genau diese Grenze wollte Piłsudski nun so weit wie möglich nach Osten verschieben.

Da hier noch deutsche Truppen stationiert waren, wurde am 5. Februar 1919 mit ihnen ausgemacht, diese Gebiete zu räumen und den Polen zu überlassen. Daraufhin stießen etwa 10000 polnische Soldaten in das von den Deutschen verlassene Gebiet vor und besetzten es.

Im Februar 1919 griffen polnische Truppen die Litbel an und eröffneten damit den polnisch-sowjetischen Krieg. Sowjetrussland, selbst von mehreren Seiten bedroht, konnte jetzt kaum Hilfe leisten. Nachdem die Polen Westbelorussland besetzt hatten, griffen sie im April die Litbel in Richtung Wilna an. Nach drei Tagen blutiger Kämpfe wurde Wilna am 19. April von polnischen Truppen erobert und die Rote Armee aus dem gesamten Gebiet vertrieben. Die Litbel-Regierung zog sich nach Minsk zurück. Damit war das Rückgrat der Rätemacht in Litauen gebrochen und die Litbel in zwei Teile gespalten. Das verschaffte der Taryba die Möglichkeit, die abgetrennten Teile der Roten Armee anzugreifen, zurückzudrängen und die eigene Macht neuerlich zu installieren.

Von den Westmächten erhielten die Deutschen jetzt die Erlaubnis, solange im Land zu bleiben, bis die Rätemacht beseitigt wäre.

Und die litauische Regierung erhielt von Deutschland bis zum Sommer 1919 Waffen, Ausrüstungen und Militärhilfe. Mit dieser politischen und militärischen Unterstützung wurde die Rote Armee aus Litauen hinausgedrängt. Am 25. August verließ die Rote Litbel-Armee ihre letzte Bastion, die nordlitauische Stadt Zarasai.

Damit war die litauische Rätemacht nach neun Monaten Geschichte.

Nüchtern betrachtet hatten die rechten Litauer vor allem durch ausländische Hilfe (Deutsche und Polen) die Macht im ganzen Land wieder an sich reißen können. Diesen Kampf und den Sieg betrachteten sie als legitim und bezeichneten ihn als Unabhängigkeitskrieg. Das war er jedoch nicht, denn die Unabhängigkeit und die territoriale Integrität von Litbel wurden nur von den rechten Litauern und nicht von den Sowjetrussen infrage gestellt. Die litauischen Rechten hatten in einem *Bürgerkrieg*, den sie bis heute verschweigen, die politische Macht erobert.

Gemeinsam mit den Polen liquidierten sie den litauischen Teil von Litbel. Die polnische Armee besetzte das übriggebliebene Sowjetbelorussland bis August zur Hälfte.

Damit war Litbel, der konföderale Staat von Litauen und Belarus, von den Polen zerschlagen.

Polen aber hielt das Wilna-Gebiet besetzt. Am 22. April 1919 gab Piłsudski seinen bekannten Aufruf an die Einwohner des Großfürstentums Litauen heraus. Er glaubte, dass die Litauer die Befreier vom Bolschewismus mit einer wie auch immer gearteten Zugehörigkeit zu Polen – daher die historische Gebietsbezeichnung – honorieren würden. Das Angebot von Józef Piłsudski, dieses Problem im Rahmen einer gemeinsamen Föderation zu lösen, lehnte Kaunas, in das die litauische Regierung vor den Bolschewiki geflohen war, ab. Zudem nahmen die Polen im August auch einen Teil des Suwałki-Gebietes ein. Ein Versuch, durch polnische Freiwillige die litauische Regierung in Kaunas zu stürzen und dafür eine pro-polnische zu etablieren, misslang.

Damit hatten die Polen die Litauer nun endgültig gegen sich aufgebracht.

Das alles führte dazu, dass aus den Partnern der alten Union eine Feindschaft erwuchs, die fast zum Kriege führte. Daraufhin wurde von der Entente im Juli 1919 die sogenannte Foch-Linie festgelegt, eine temporäre Demarkationslinie, die Polen und Litauer voneinander trennte.

Von Anfang an forderten die Litauer das Wilna-Gebiet von Polen zurück. Mehr als das historische Argument, das faktisch durch die Entwicklung überholt worden war, besaßen die Litauer allerdings nicht. Tatsächlich muss man die Verhältnisse in Wilna und dessen Gebiet in Betracht ziehen. Die Polen hatten die realen ethnischen Verhältnisse auf ihrer Seite: 1931 lebten in den Städten jener Region 55,4 Prozent Polen, 38,3 Prozent Juden und nur 0,2 Prozent Litauer. Auf den Dörfern stellten die Polen 58,8 Prozent der Bevölkerung.[6]

Das allerdings beeindruckte die Litauer nicht. Schon am 24. März 1919 hatten sie in einer Note an die Pariser Friedenskonferenz weitere polnische und belorussische Gebiete und Städte wie Białystok, Brest-Litowsk, Grodno, Lida und das polnische Suwałki-Gebiet gefordert. Dass dort kaum Litauer wohnten, schien Kaunas nicht zu interessieren. Die litauischen Gebietsansprüche waren im Wesen genauso realitätsfern wie die polnischen Forderungen im Osten.

Der neue litauische Staat umfasste 52 822 km² mit zwei Millionen Einwohnern. Die meisten von ihnen (84 Prozent) waren Litauer. Sechzehn

Prozent gehörten zu nationalen Minderheiten: Polen, Juden, Russen, Deutsche und Letten. Litauen hatte sich international verpflichtet, sie zu schützen.[7]

In der am 10. Juni 1920 verabschiedeten Verfassung wurde Litauen als eine demokratische Republik bezeichnet. Sie führte eine gelb-grün-rote Staatsflagge und einen weißen Ritter als Staatswappen. Als historische Hauptstadt galt Wilna, Kaunas – hundert Kilometer in nordwestlicher Richtung gelegen – war die provisorische Hauptstadt. Doch zu ihrer Hauptstadt Wilna hatten die Litauer zu jener Zeit keinen Zutritt, denn seit Frühling 1919 war die alte Hauptstadt polnisch besetzt.

Das änderte sich erst mit der sowjetischen Sommeroffensive 1920. Die sowjetrussischen Truppen vertrieben die polnischen Einheiten aus dem Wilna-Gebiet und drangen auf polnisches Territorium vor. Die Westmächte nutzten das Vorrücken der Roten Armee, um dieses brennende Problem vom Tisch zu bekommen. Im belgischen Spa, als die Polen um Hilfe gegen die Sowjets nachsuchten, trotzten am 10. Juli die Westmächte Polen einen Verzicht auf dieses Territorium ab.

In der gleichen Zeit und unabhängig davon übergab die Rote Armee den Litauern das Wilna-Gebiet. Moskau war es gelungen, nach Niederschlagung aller baltischen Räterepubliken im Februar 1920 mit den Esten und Letten Friedensverträge zu schließen. Sowjetrussland verzichtete auf Ansprüche aus der Zarenzeit, anerkannte die Souveränität Lettlands und Estlands und leistete Reparationszahlungen in Millionenhöhe. Dafür verpflichteten sich die beiden baltischen Staaten zu militärischer Zurückhaltung gegenüber Sowjetrussland, was einschloss, dass sie auch keinen anderen Mächten erlauben würden, von ihren Territorien aus gegen Sowjetrussland zu operieren. Damit hatten die Sowjets eine gefährliche Bedrohung an ihrer Nordwestflanke abgewendet.

Litauen hatte aufgrund der polnischen Besetzung des Wilna-Gebietes keine gemeinsame Grenze mit Sowjetrussland. Nachdem Moskau im April 1920 Litauen de facto anerkannt hatte, schlossen am 12. Juli beide Staaten auch einen Friedensvertrag. Darin unterstützte Moskau den litauischen Anspruch auf Wilna. Dieser Grundsatz wurde im Prinzip bis zur Übergabe des Wilna-Gebietes an Litauen im Oktober 1939 beibehalten.

Diese Haltung fand in Litauen Anerkennung und trug dazu bei, den staatlich verordneten Antisowjetismus beträchtlich zu entschärfen. Das sollte sich zwanzig Jahre später auszahlen.

Schon wenige Tage nach dem Friedensschluss konnten sich die Litauer von der Ernsthaftigkeit Moskaus überzeugen: Als sowjetische Truppen im Rahmen einer Gegenoffensive auf den polnischen Angriff im April 1920 reagierten und das Wilna-Gebiet besetzten, gaben die Russen das Gebiet an die Litauer. Diese übernahmen es Ende Juli und griffen sogleich das polnische Suwałki-Gebiet an. De facto waren die Litauer dadurch für kurze Zeit auch Bündnispartner der Sowjets.

Als sich das Blatt wendete und die Rote Armee sich aus Polen zurückziehen musste, drangen im Oktober 1920 wieder polnische Truppen unter General Lucjan Zeligowski in das Wilna-Gebiet vor, um Einheiten der Roten Armee zu verfolgen.

Da Litauen sich mit Polen nicht vereinigen wollte und zudem Anspruch auf seine historische Hauptstadt Wilna erhob – wofür es die Unterstützung der Westmächte und Sowjetrusslands besaß –, ließ sich der inzwischen zum Marschall ernannte Piłsudski einen besonderen Coup einfallen. Als die polnische Regierung ihre eigenen Truppen aufforderte, das Gebiet wieder zu verlassen, »meuterten« die polnischen Soldaten am 9. Oktober und riefen das sogenannte »Mittel-Litauen« unter ihrer Herrschaft aus. Die Operation war mit Piłsudski abgesprochen.

Litauen, Sowjetrussland und die Westmächte protestierten gegen diesen Akt, doch keine Partei war willens oder in der Lage, die polnischen Truppen zu vertreiben. Die Sache kam vor den Völkerbund, der eine Waffenruhe am 29. November durchsetzte und den belgischen Völkerbundgesandten Paul Hymans als Schlichter einsetzte.

Alle Versuche, eine beide Seiten zufriedenstellende Lösung zu finden, scheiterten. Die Litauer lehnten eine Volksabstimmung ab wie auch einen Vorschlag, der eine Art Konföderation mit Polen vorsah und zudem ein Gebiet innerhalb Litauens als autonom erklärte. Im September 1921 gab der Völkerbund auf und zog sich aus dem Schlichtungsverfahren zurück. Das ermöglichte den Polen im Januar 1922 Wahlen durchzuführen, um den Anschluss zu legitimieren. Zwei Jahre später, am 3. Februar 1923, bestätigte der Völkerbund die bestehende polnisch-litauische Grenze. Der Westen gab nach und akzeptierte die von Polen geschaffenen Tatsachen.

Dessen Sinneswandel kam nicht von ungefähr.

Erstens hatte die Sowjetmacht nicht nur über die einheimischen Konterrevolutionäre gesiegt, sondern zudem alle fremden Interventen aus dem Land getrieben. Die Sowjetherrschaft hatte sich konsolidiert und ihrem Staat mit der Gründung der Sowjetunion im Dezember 1922 eine neue Grundlage gegeben.

Zweitens hatte es im Sommer 1922 in Rapallo eine deutsch-sowjetische Annäherung gegeben, die alle antikommunistischen Überlegungen westlicher Diplomatie von einer Isolierung Moskaus über den Haufen warfen. In diesem internationalen Kontext wuchs die Bedeutung Polens in der Frontstellung des Westens zu Sowjetrussland.

Drittens hatte sich Litauen in diesem Konflikt als unflexibel und wenig konstruktiv erwiesen. Nicht Polen war nun der Störenfried im Osten, sondern Litauen, das zudem im Januar 1923 das unter Völkerbundverwaltung stehende Klaipėda an sich gerissen und inkorporiert hatte.

Mit der Entscheidung am 3. Februar 1923 wurden auch alle anderen östlichen Grenzen Polens von den Westmächten bestätigt. Damit verstießen sie gegen die von ihnen selbst formulierten Grundsätze und gut durchdachten Vorschläge. War es vielleicht vernünftig, Polen das von einer polnischen Mehrheit bewohnte Wilna-Gebiet zu überlassen, so war es unlogisch und unvernünftig, westukrainische und westbelorussische Territorien zu übereignen, in denen die Polen eine Minderheit darstellten. Die Entscheidung widersprach den Prinzipien der Selbstbestimmung von Nationen und Nationalitäten.

Litauen und die Sowjetunion nahmen das nicht hin und protestierten. Ohne Folgen.

Die Übernahme des Wilna-Gebiets durch Polen verschärfte die Spannungen zwischen Litauen und Polen, diese beherrschten die gesamte Zeit zwischen den Kriegen.

Die Politik des neuen Polens, namentlich Piłsudskis, gegenüber Litauen war abenteuerlich. Sie belastete zudem die polnisch-litauischen

Beziehungen mit einer schweren Hypothek und sorgte für Unmut bei den Westmächten, die die polnische Eigenwilligkeit verärgerte. Dennoch war sie ein Erfolg – der einzige übrigens, den Piłsudski hinsichtlich einer vollständigen Gebietsübernahme verbuchen konnte. Das war aber kein politischer oder militärischer Erfolg, sondern allein der Tatsache geschuldet, dass die meisten Bewohner des besetzten Gebietes polnischer Herkunft waren oder mit Polen sympathisierten.

Piłsudskis neu geschaffene polnische Armee hatte das Staatenbündnis Litbel zerschlagen. Das aber betrachtete der Marschall nur als einen Schritt zur Durchsetzung seiner föderalistischen Konzeption.

Piłsudski zerschlug mit seiner Armee immerhin eine Sowjetrepublik. Das gelang zwar auch den Letten und Esten mit ausländischer Unterstützung – im Inland. Doch Polen operierte als ausländische Macht auf fremdem Territorium ohne auswärtige Hilfe. Diese Tatsache und deren propagandistische Bedeutung begriffen offenkundig weder Piłsudski noch seine Parteigänger bis heute. Anderenfalls würden sie damit offensiv hantieren.

Mit der Zerschlagung des Litbel konnte im Sommer 1919 in Minsk eine rechtsgerichtete belorussische Regierung etabliert werden, die über eine Föderation mit Polen im Sinne Piłsudskis verhandelte. Doch die belorussischen Rechten waren nicht in der Lage, die andere, kleinere Hälfte Belorusslands den Bolschewiki zu entreißen. Den belorussischen Bolschewiki gelang es zudem, wirkungsvollen Widerstand zu organisieren, gegen den die rechte Regierung machtlos war. Selbst die belorussischen Gutsbesitzer waren nun der Meinung, dass ein Anschluss an Polen für sie sicherer wäre als eine schwache und konzeptionell zerstrittene Regierung für nur eine Hälfte des Landes. Damit war auch in Belorussland das ehrgeizige Projekt des polnischen Staatsführers gescheitert, denn das Land war zerfallen und gespalten.

Das verbliebene sowjetische (Ost-)Belarus konstituierte sich im August 1920 als Belorussische Sozialistische Sowjetrepublik (BSSR).

Anmerkungen

1 Vgl. Wisner, Henryk. Litwa. Dzieje Państwa in Narodu. Warszawa 1999. S. 139, 184
2 Vgl. Cała, Alina, Węgrzynek, Hanna, Zalewska, Gabriela. Historia i kultura Żydów polskich. Słownik. Warszawa 2000. S. 367
3 Vgl. Ochmański, Jerzy. Historia Litwy. Wydanie trzecie poprawione i uzupełnione. Wrocław, Warszawa, Kraków 1990. S. 267
4 Vgl. Istorija litowskoj SSR. Institut istorii akademii nauk litowskoj SSR. S drewniejschich wremien do naschych dniej. Wilnius 1978. S. 315
5 Vgl. Istorija litowskoj SSR ...; a.a.O., S. 321
6 Vgl. Rocznik statystyczny 1939. Rok X. Warszawa 1939. S. 23
7 Vgl. Ochmański, Jerzy. Historia Litwy; a.a.O., S. 303

5.

Die brennende Grenze im Osten

Der Kampf um die östlichen Grenzen hat im Geschichtsbewusstsein der Polen eine tiefe Spur hinterlassen und ist bis heute Gegenstand lebhafter und leidenschaftlicher Diskussionen sowie von Legendenbildungen. Die Ergebnisse dieses Kampfes führten zu keiner Beruhigung in den Beziehungen, sondern waren der Ausgangspunkt einer Entwicklung, die erst in den Jahren nach dem Zweiten Weltkrieg, möglicherweise sogar erst zum Ende des 20. Jahrhundert eine wirkliche Akzeptanz durch die Mehrzahl der Polen fand.

In der Tat sind die Geschehnisse sehr kompliziert, komplex und ohne genaue Faktenkenntnis nicht zu verstehen oder nachzuvollziehen. Den Polen bereitet es heute erhebliche Schwierigkeiten, sich von den damaligen Verhältnissen ein annähernd umfassendes Bild zu machen. Für Nichtpolen, vor allem für Westeuropäer und Deutsche, sind diese Vorgänge nahezu unverständlich. Die Darstellung dessen ist daher auch für einen Historiker eine publizistische Herausforderung, zumal man hierfür weit in die Geschichte zurückgehen muss.

Betrachten wir zunächst das Verhältnis Polens zu seinem jahrhundertealten Feind, zu Russland.

Die direkten Auseinandersetzungen mit Russen begannen historisch viel später als mit den Deutschen, zumal der russische Staat erst zwischen dem 15. und 16. Jahrhundert entstand. Doch seit dem 10. Jahrhundert griffen die polnischen Feudalherren nach Gebieten im Osten.

Dort existierten schwache ostslawische Staatswesen, die aus der zerfallenen Kiewer Rus entstanden waren und aus denen sich später die Ukraine und Belorussland entwickeln sollten.

Nachdem die polnische Feudalexpansion im Westen durch die vorrückenden Deutschen gestoppt worden war, wandte sich Polen nun endgültig nach Osten. Dabei nahm Polen nach der Vereinigung mit Litauen im 14./15. Jahrhundert deren Ostexpansion auf, in deren Folge schon früher ostslawisches Land annektiert worden war. Nachdem im Westen gegenüber den Deutschen die Grenzen relativ stabil waren, lag nun das Hauptgewicht der polnischen Expansion im scheinbar endlosen und schwachen Osten. Polen hatte dadurch im 17. Jahrhundert eine territoriale Ausdehnung erreicht, die von der Ostsee bis zum Schwarzen Meer reichte. Dass es sich hierbei vielfach nur um eine indirekte, auf Tributzahlungen und Lehnsabhängigkeiten beruhende Herrschaft handelte, hindert bis auf den heutigen Tag große Teile des polnischen Volks nicht daran, der jagiellonischer Herrschaft »von Meer zu Meer«, dem »goldenen Zeitalter« im 15./16. Jahrhundert nachzutrauern.

Doch damals begannen sich die von den Polen unterdrückten ostslawischen Völker zur Wehr zu setzen. Es waren nicht nur der sich entwickelnde und ständig stärker werdende neue Zaren-Staat, sondern die unterdrückten ostslawischen Völker, vor allem die Ukrainer, die die polnische Feudalherrschaft seit dem 17. Jahrhundert in mächtigen Volksaufständen zurückdrängten.

Polen versuchte im gleichen Jahrhundert mit mehreren Kriegen den Aufstieg des russischen Staates zu verhindern und somit den Kristallisationspunkt der antipolnischen Volksbewegungen in den von ihnen besetzten riesigen Ostgebieten auszuschalten. Der Moskauer Staat wurde auf seinem Territorium angegriffen. Dabei konnten die Polen 1610/11 sogar Moskau besetzen. Polen führte also einen Aggressionskrieg gegen das russische Volk, das sich erhob und die polnischen Interventen vertrieb. Der russische Staat entstand faktisch aus einer frühnationalen Befreiungsbewegung gegen die Schweden im Norden, die Mongolen/Tataren im Osten und die Polen im Westen. Da sich die Ukrainer nach einem siegreichen Aufstand gegen Polen mit Russland verbunden hatten, standen sich fortan beide Länder direkt gegenüber.

Die polnische herrschende Klasse hatte die Zeichen der Zeit und die sich daraus ergebenden Konsequenzen nicht erkannt und wollte es nicht wahrhaben, dass sie gegen die Masse der Ostslawen letztlich – trotz angeblich höherer (katholischer) Zivilisation – nicht ankommen konnten. Dem Bestreben Russlands, die ostslawischen Völker unter seinem Zepter zusammenzuschließen, hatte Polen immer weniger entgegenzusetzen, zumal dic Auseinandersetzungen den polnischen Staat mit der Zeit immer mehr schwächten.

Diese Schwäche wurde von Schweden, dem aufsteigenden Brandenburg-Preußen und den Habsburgern genutzt. Und binnen eines Jahrhunderts, nachdem die polnischen Aggressoren aus Moskau durch einen Volksaufstand vertrieben worden waren, stieg Russland zur territorialen Großmacht im Osten Europas auf. Es hatte einen Großteil der ukrainischen und belorussischen Territorien Polens annektiert. Und mit den drei Teilungen Polens 1772/1793/1795 verschwand der polnische Staat von der Landkarte. Das polnisch-ethnische Gebiet okkupierten Preußen und das Habsburger Reich, die alte Hauptstadt Krakau wurde österreichisch, die neue – Warschau – preußisch. Russland hingegen hatte sich die Gebiete mit ostslawischer Bevölkerung und Litauen genommen, die Polen bildeten dort eine nationale Minderheit und blieben es auch. Ein Teil der Westukraine kam zu Österreich. Von diesem Gebiet abgesehen, wurde 1795 nun zwischen dem ethnisch-polnischen und dem ostslawischen Gebiet in etwa die Linie gezogen, die nach dem Zweiten Weltkrieg zwischen der UdSSR und Volkspolen und heute zwischen Polen einerseits und der Ukraine und Belarus andererseits die Staatsgrenze bildete.

Um diese Grenzlinie wurde seit Mitte des 18. Jahrhunderts, also zweihundert Jahre lang, permanent gerungen und auch militärisch gekämpft. Der Streit begründete oder vertiefte die Feindschaft zu Russland, die unvermindert andauert. In Laufe der Jahre wuchs die Zahl der Beteiligten an diesem Konflikt. Neben den Polen und Russen kamen noch die Litauer, Belorussen und Ukrainer hinzu. In diesen Dauerkonflikt wurden später auch die Nachbarstaaten Tschechoslowakei, Ungarn, Rumänien, Litauen, Estland, Lettland hineingezogen. Und im Kontext der Internationalisierung des Konflikts waren auch Deutschland, Österreich, Frankreich, Großbritannien und die USA direkt oder indirekt involviert.

Um diese Linie wurde im Ersten Weltkrieg gekämpft und in Brest-Litowsk verhandelt, danach wurde sie im polnisch-sowjetischen Krieg 1919/20 überschritten. Sie war auch Gegenstand der geheimen deutsch-sowjetischen Absprachen im August/September 1939, später der Konferenzen der Großen Drei in Teheran, Jalta und Potsdam, nach dem Sieg der Antihitlerkoalition. Die polnische Ostgrenze war während des Krieges auch das Hauptkonfliktthema in den Beziehungen zwischen der UdSSR und den polnischen Linken einerseits und der Londoner Exilregierung Polens und ihrem politischen Lager im okkupierten Polen andererseits. Der Abbruch der diplomatischen Beziehungen zur Exilregierung in London durch die Sowjetunion 1943 hatte im Wesentlichen mit diesem Konflikt zu tun.

Die Auseinandersetzung um die polnischen Ostgebiete scheint angesichts dessen, dass diese überwiegend nicht von Polen bewohnt waren, aus heutiger Sicht unverständlich. Das Thema hat aber für die Polen einen sehr hohen emotional-propagandistischen Wert, der wirtschaftlichen und politischen Interessen geschuldet war und ist. Das polnische Interesse an diesen Gebieten allein mit dem polnischen Landanspruch zu erklären, trifft zwar eine der wesentlichen Motivationen, erklärt aber nicht, warum Millionen von Polen, die weder dort lebten noch über Besitz in der Region verfügten, jahrhundertelang den Anspruch Polens darauf vehement bekundeten.

Dazu sind Erklärungen nötig.

Wie erwähnt, hatten sich die Russen während der polnischen Teilung nur jene Gebiete angeeignet, die vorwiegend von Ostslawen und Litauern, nicht aber von Polen besiedelt waren. Durch die jahrhundertelange polnische Ostexpansion hatte sich die Fläche des polnischen Staatsgebietes um mehrere hundert Kilometer nach Osten verschoben. Die dann von den Russen annektierten polnischen Territorien machten

62 Prozent des polnischen Staatsgebietes aus.[1] Nach dem Wiener Kongress 1815 kamen noch weitere ethnisch-polnische Gebiete zu Russland, so dass der russische Besitz am ehemaligen polnischen Staatsterritorium auf 79 Prozent anwuchs.[2] Diese Verhältnisse hielten bis zum Ersten Weltkrieg an. Russland hatte also rein formal fast das ganze Polen des Jahres 1772 annektiert. Diese Tatsache verursachte tiefen Unmut in der polnischen Gesellschaft.

Die Annexion der ostslawischen Gebiete Polens durch Russland schien begründet. Dort machten die Polen nur fünf Prozent (1909) der Bevölkerung aus.[3] Mit der Annexion weiterer westlicher Gebiete mit nahezu der Hälfte der ethnisch-polnischen Territoriums und seiner Bevölkerung begingen die Russen jedoch einen erheblichen strategischen Fehler. Solange die Übernahme sich nur auf ethnisch-ostslawische Gebiete beschränkte, wären diese Territorien von den ethnisch-polnischen Gebieten getrennt gewesen und hätten eine ethnische Grenze begründen können. Spätere polnische Restitutionsbestrebungen hätten sich wesentlich schwerer – wenn überhaupt – durchsetzen lassen. Russland wäre zwar ein Feind – jedoch keiner mit unmittelbarer Präsenz gewesen. Die Auseinandersetzung mit der polnischen nationalen Befreiungsbewegung wäre allein den Deutschen und Österreichern zugefallen. So aber standen die Russen nun auf ethnisch-polnischem Gebiet, in dem sich die polnische Bevölkerung konzentrierte. Es war auch das Zentrum des nationalen Widerstandes. Dieser richtete sich jetzt gegen das Zarenreich, die Besatzungsmacht, die den größten Teil des einstigen Staates Polen besetzt hatte.

Das hatte man in St. Petersburg durchaus erkannt und räumte den Polen weitgehende Autonomie ein, bezeichnete ihr ethnisch-polnisches Gebiet als »Königreich Polen« (in Personalunion vom Zaren regiert), mit polnischen Verwaltungen und Organen einschließlich einer eigenen Armee. Die ehemaligen polnischen Ostgebiete gehörten wohlweislich nicht dazu, sondern wurden als Gouvernements in das Zarenreich integriert.

Obwohl sich die Lebenslage der Polen nicht wesentlich verschlechterte und die existierenden Eigentumsverhältnisse beibehalten wurden, brannte die Szlachta, der polnische Adel, auf eine schnelle Wiederherstellung der Unabhängigkeit. Dafür gab es im Wesentlichen zwei Gründe.

Erstens hatte der Hoch- sowie der Land- und der Stadtadel, der im untergegangenen Polen im Parlament Sitz und Stimme besaß, seine politischen Privilegien verloren. Mit seinem Besitz allein konnte er sich nicht über Wasser halten. Vielen Adligen blieb zumeist nur der Übergang in die sich herausbildende Intellektuellenschicht, was von nicht wenigen als gesellschaftlicher Abstieg begriffen wurde.

Zweitens war es für diese ehemals herrschende Schicht nicht hinnehmbar, dass gerade Russland, welches man vor zweihundert Jahren mit der Besetzung Moskaus gedemütigt und auf das man immer hochmütig herabgesehen hatte, nun über Polen herrschte. Gegenüber den Russen und den anderen Ostvölkern fühlte sich die mit der katholischen Kirche verbundene und von ihr in ihrem Denken bestärkte Szlachta in einer arroganten Weise zivilisatorisch so überlegen, dass ihr dadurch jeglicher politischer Realismus abhanden gekommen war.

Obwohl das polnische Unabhängigkeitsstreben legitim war und die politisch-moralische Unterstützung breiter Kreise der europäischen Öffentlichkeit bis hin zur sich herausbildenden Arbeiterbewegung besaß, waren die konkreten Ziele politisch zwiespältig. Hinsichtlich der nationalen Befreiung (nationalrevolutionär) war es progressiv. In Bezug auf die soziale Befreiung bzw. Verbesserung der Lebensverhältnisse (sozialrevolutionär) war es reaktionär, da die Protagonisten für die bäuerliche Bevölkerungsmehrheit keine Verbesserung anstrebten, sondern feudalistische Verhältnisse konservieren wollten. Mit der angestrebten Vertreibung der Russen aus Zentralpolen war auch die Wiedererrichtung der Verhältnisse vor den polnischen Teilungen verknüpft. Das widersprach den Interessen der sich langsam herausbildenden nationalen Befreiungsbewegungen der Litauer, Belorussen und Ukrainer. Um diese Fragen wurde in der konspirativ handelnden polnischen Befreiungsbewegung bis zur Wiedererrichtung der polnischen Staatlichkeit 1918 hart gerungen. Die Meinung eines Teils der Unabhängigkeitslinken, den Ostvölkern volle Souveränität zuzugestehen, fand keine Mehrheit. Beides, die konservative Konzeption in der Eigentumsfrage wie auch die nationalistisch-expansionistische Ausrichtung, war nicht nur reaktionär, sondern hatte auch handfeste praktische Folgen. Bei den bedeutendsten nationalen Aufständen im 19. Jahrhundert, dem Novemberaufstand 1830 und dem Januaraufstand 1864, versagten die Bauern der Szlachta die Gefolgschaft, auch die Unterstützung durch Ukrainer und Belorussen blieb aus. All diese Aufstände wurden niedergeschlagen und die nicht unbedeutenden Attribute der polnischen Autonomie verspielt.

Im Gefolge der Niederlage des Januaraufstandes 1863/64 setzten die Russen nun auf die völlige Unterwerfung der Polen und auf Russifizierung. Das potenzierte den Hass der Polen auf Russland. Daran konnte die von den Russen dekretierte Aufhebung der Leibeigenschaft, die hier gegenüber den anderen Teilungsgebieten am spätesten einsetzte, auch nichts ändern. Nun war der polnische Bauer persönlich frei, was ihn nicht zuletzt dazu bewegte, sich mehr oder überhaupt der Politik zuzuwenden. Dadurch wurde schrittweise die größte Bevölkerungsgruppe an den Unabhängigkeitskampf herangeführt, für den sie vorher wegen der fehlenden Vorteile für sie kaum Interesse gezeigt hatte.

Die Russifizierung der Polen war politisch aussichtslos und konnte nur das Gegenteil bewirken. In Russisch-Polen (Zentralpolen) war der Anteil der Polnischsprachigen (Polen, Juden) gegenüber dem in den deutschen und österreichischen Teilungsgebieten wesentlich höher. Zudem war dieses Gebiet von den russischen Kerngebieten selbst an seiner nächsten Stelle über 500 Kilometer entfernt. Dazwischen lagen wie ein Keil die Ukraine und Belarus. Unter diesen Bedingungen war eine Russifizierung unrealistisch.

Die Österreicher, die ähnlich wie Russland eine Vielzahl von Nationalitäten zu verwalten hatten, entschlossen sich auch eingedenk russischer Misserfolge, den Polen weitgehende Autonomie zu gewähren und im Osten Polen und Ukrainer gegeneinander auszuspielen. Ihre Okkupation war die erträglichste von allen. Für die Deutschen (Preußen) zogen sich die annektierten polnischen Gebiete entlang ihrer gesamten östlichen Staatsgrenze und bildeten gewissermaßen eine Abrundung ihrer östlichen Provinzen. Dieser Streifen betrug an seiner breitesten Stelle noch nicht einmal zweihundert Kilometer. Er war also relativ leicht mit politisch-administrativen Maßnahmen zu durchdringen. Zudem gab es hier eine starke deutsche Minderheit und Siedlungsmaßnahmen. Das erleichterte die Germanisierungsbestrebungen, die von offizieller Seite ab der zweiten Hälfte des 19. Jahrhunderts systematisch und planmäßig betrieben worden waren. Aber auch hier waren die Erfolge trotz günstiger Bedingungen bescheiden, da es einen gut organisierten polnischen Widerstand gab. Umso mehr war die Russifizierungskampagne fast wirkungslos und brachte neue Formen des nationalen Widerstandes unter allen Klassen und Schichten der Polen hervor.

Nach den verlorenen Aufständen setzte im Unabhängigkeitslager eine Neuorientierungen ein, die sich auch auf das Verhältnis zu den Ostvölkern auswirkte. Am Vorabend des Ersten Weltkrieges, in dessen Gefolge Polen wieder frei wurde, gab es im Wesentlichen zwei Konzeptionen.

Beiden war eigen, dass sie sich von den völlig unrealistischen Vorstellungen der Ostgrenze von 1772 gelöst hatten.

Die polnischen Rechten (Nationaldemokraten) wollten einen Teil dieses Gebietes an Polen anschließen (inkorporieren) und die darin lebenden nationalen Minderheiten polonisieren. Angesichts der eigenen Erfahrungen mit der Russifizierung verhieß das wenig Aussicht auf Erfolg. Ukrainern und Belorussen sprach man das Recht auf einen eigenen Staat oder Autonomie ab. Da eine derartige Konzeption nur mit russischer Billigung durchzusetzen wäre, waren die Nationaldemokraten an guten Beziehungen zu Russland interessiert. Die Nationaldemokraten, die die nationale Befreiungsbewegung der Ukrainer und Belorussen ignorierten, gingen davon aus, dass sich beide Völkerschaften von der polnischen Kultur angezogen fühlten und durch eine selbst gewollte Polonisierung ihre soziale und gesellschaftliche Stellung verbessern wollten.

Ganz von der Hand zu weisen waren derartige Überlegungen nicht, war doch der litauische Adel im Verlauf von etwa 400 Jahren fast völlig polonisiert worden. Auch hatte sich ein Teil der zahlreichen jüdischen Minderheit zum Polentum bekannt. Das jedoch von der Mehrheit jener Bevölkerung zu erwarten, war unrealistisch oder zumindest höchst riskant für eine politische Konzeption.

Die andere Konzeption hatte Józef Piłsudski ausgearbeitet. Sie sah eine Föderation der Litauer, Belorussen und Ukrainer unter polnischer Führung vor, wobei jene über eigene Staaten verfügen sollten. Diese föderative Konzeption schloss einen Aufstand gegen und Krieg mit Russland ein. Diese Konzeption war schon zum Zeitpunkt ihrer Entstehung unrealistisch und zum Scheitern verurteilt, denn keins dieser Völker wollte sich – in welcher Form auch immer – früheren polnischen Herren beugen.

Die russischen Revolutionen des Jahres 1917 erklärten das Selbstbestimmungsrecht der Polen einschließlich der Bildung eines eigenen Staates. Mit drei offiziellen Erklärungen verzichtete das revolutionäre Russland auf jegliche Rechte, die sich der gestürzte Zarismus gegenüber Polen angemaßt hatte. Dadurch war mit einem Mal der Hauptfeind der polnischen Unabhängigkeit verschwunden. Dieser Umstand und die Auswirkungen der sozialistischen Oktoberrevolution, denen Polen letztlich auch seine 1918 wiedererrungene Unabhängigkeit zu verdanken hatte, leiteten aber keine Wende in den polnisch-russischen Beziehungen ein. Davon ließen sich auch Piłsudski und seine Anhänger nicht beirren. Im Gegenteil. Die Entwicklung im Osten verlieh den Vertretern der föderativen Konzeption sogar noch Auftrieb.

Russlands Erklärungen zur polnischen Frage zielten jedoch nur auf die ethnisch-polnischen Gebiete. Piłsudski, der erste Staatsführer des neuen Polen, hingegen interpretierte den Verzicht des revolutionären Russlands auf Polen dahingehend, dass nun die Gebiete von 1772 wieder zur Disposition stehen würden und begann, seine föderative Konzeption durchzusetzen.

Hierbei konnte er sich auf die Zustimmung breiter Teile des polnischen Volkes stützen. Nach Jahren der Fremdherrschaft war man durchaus der Meinung, dass man die Grenzen von 1772 wiederherstellen sollte. Man empfand das nicht nur als einen Akt historischer Gerechtigkeit. Die ehemaligen polnischen Ostgebiete hatten im gesellschaftlichen Bewusstsein der Polen inzwischen einen festen Platz eingenommen. Sie repräsentierten nicht nur einstige historische Größe, die man stolz der erniedrigenden Behauptung von der Unfähigkeit der Polen zur Staatsbildung entgegensetzen konnte. Ein inzwischen breit ausgebautes illegales und halblegales nationales Schulwesen hatte diese Vorstellung nicht nur im Rahmen einer »polnischen Bildung und Erziehung« in alle Klassen und Schichten getragen, sondern auch die kulturhistorische Bedeutung jener Territorien hervorgehoben.

Hier gab es nicht nur die bedeutenden Kulturzentren wie Wilna (Vilnius) und Lemberg (Lwów), sondern auch viele andere Ortschaften, die berühmte polnische Kunst- und Kulturschaffende hervorgebracht hatten. Eine besondere Rolle spielte auch, dass ungewöhnlich viele bedeutende Politiker (darunter auch Piłsudski) aus diesen Gebieten kamen und großen Einfluss auf das Denken der Polen genommen hatten. Diese nationale Edukation wurde maßgeblich von der aus der Szlachta hervorgegangenen Intelligenz getragen, die nicht nur die Verhältnisse vor den polnischen Teilungen, sondern auch ihre eigene Herkunft und sich selbst – den polnischen adligen Landbesitzer – verbreitete, idealisierte und glorifizierte. Der polnische Gutsbesitzer auf seinem von Eichen, Birken und Kiefern umgebenen romantisch gelegenen Hof mit seiner vielköpfigen Familie, den Sitten und Gebräuchen, durch die polnische patriotische Literatur besungen, schien das polnische Ideal schlechthin zu sein. Dieses Idol war aber vor allem in den Ostgebieten (polnisch: kresy) zu Hause, woher auch ein Großteil der idealisierenden Literatur kam. Dass ukrainische, belorussische und litauische Bauern und Landarbeiter dieses idyllische Landleben bewirkten, wurde als historisch gewachsene und somit berechtigte Tradition betrachtet und moralisch kaum hinterfragt.

Dieser adlige Landbesitzer konnte seinen ersten Platz in der Wertehierarchie nicht nur in Zwischenkriegspolen, sondern teilweise sogar noch weit bis in die Zeit Volkspolens behaupten. Für Millionen Polen galt Landbesitz als besonders erstrebenswert. Selbst bis in die zahlenmäßig und strukturell schwache Arbeiterklasse hinein schien dies verlockend. Land lockte vor allem im Osten, da in Zentralpolen alles bereits verteilt und ohne Bodenreform nichts mehr zu vergeben war. Für die bäuerliche Bevölkerungsmehrheit, die in dem Gutsbesitzer ihren natürlichen Feind sah, bedeutete das keinen Widerspruch, der sie von diesem Bestreben abhalten konnte. Für sie bedeutete Landbesitz ohnehin die nahezu einzige Form respektablen Eigentums und daraus folgenden gesellschaftlichen Ansehens.

Hinzu kamen noch weitere materielle Motive. Es waren nicht nur die Großgrundbesitzer, die besonders hier im Osten über die größten Latifundien verfügten und ihren Besitz mit Klauen und Zähnen verteidigten. Auch die katholische Kirche war an den Ostgebieten stark interessiert. Über zwei Drittel ihres an die Teilermächte verlorenen Grundbesitzes lagen im Osten.[4] Diese 2,5 Millionen Hektar galt es wiederzuerlangen. Da hier die Katholiken in der Minderheit waren, bot sich ein weites Feld von Missionsmöglichkeiten, um der orthodoxen Kirche die Gläubigen abspenstig zu machen. Es versteht sich, dass der Klerus am energischsten eine Ostexpansion befürwortete, wobei er die Kirchenkanzeln nutzte, um diesen Drang mit historischen Traditionen, kulturpolitischen Notwendigkeiten und allerhand mystischem Beiwerk zu begründen. Gegen den Einfluss der Großgrundbesitzer, die zahlenmäßig stärkste Schicht der polnischen Kapitalistenklasse, und die Kirche konnte keine bürgerliche polnische Regierung etwas ausrichten. Im Gegenteil: Die Interessen der Großgrundbesitzer und der Kirche wurden ständig ins Kalkül gezogen. Für die Nationaldemokraten waren sie die nächsten Verbündeten und Interessenvertreter, für Piłsudski, der die Unterstützung jener Mächtigen benötigte, waren sie Elemente, die sich im Osten für die Integration des Polentums stark machen sollten.

Aber auch für die nicht besitzenden Klassen und Schichten verhieß die Perspektive einer Osterweiterung vermeintliche und wirkliche Vorzüge, und dies nicht nur in der materiellen Sphäre. Für die im illegalen polnischen Schulwesen gebildete Intelligenz, für die schulische und akademische Jugend bedeuteten die Ostgebiete nicht nur Adelsromantik. Dort konnten sie gegenüber den Ukrainern, Belorussen und auch Juden ihr Polentum als Zugehörigkeit zu einer Herrschaftsschicht demonstrieren, was im ethnisch-polnischen Gebieten kaum möglich war. In den Gebieten, in denen andere Völkerschaften lebten, war eine permanente Polonisierung geplant. Das hatte keinen Erfolg, solange nicht auch eine bestimmte Zahl polnischer Siedler sich dort niederließ. Die ausgebildete Intelligenz, aber auch andere Geistesarbeiter erwarteten in den Ostgebieten jede Menge Funktionen und andere Posten, die es in der Heimat nicht gab oder die schon besetzt waren. Das waren weniger Posten im privatwirtschaftlichen Bereich, sondern vor allem im Staatsdienst. Auch wenn diese Funktionen im Vergleich zu den polnischen Kerngebieten schlechter bezahlt wurden, ermöglichten sie doch ein bescheidenes Auskommen und die stolze Zugehörigkeit zur herrschenden Oberschicht.

Die besonders gegen die junge Sowjetmacht betriebenen Aktivitäten und Waffengänge waren also keine fixe Idee von Piłsudski. Sie wurden durchaus von einer Mehrheit des polnischen Volkes getragen.

Der erste bewaffnete Angriff richtete sich gegen die Ukraine.

Die Vertreter des in den Plänen Piłsudskis größten Volkes, das sich in staatliche Abhängigkeit zum neuen Polen begeben sollte, griffen als erste zu den Waffen und polnische Positionen an. Das war das erste sichere Signal dafür, dass weder seine noch die Ost-Konzeptionen der Nationaldemokraten aufgehen konnten.

Zunächst handelte es sich um Gebiete östlich Kleinpolens (Małapolska), die sich die Polen im 14. Jahrhundert angeeignet hatten. Bei den polnischen Teilungen fiel das Territorium mit Kleinpolen Österreich zu, das es Galizien nannte. Galizien reichte westlich von Krakau bis zum ukrainischen Fluss Sbrutsch und zählte 1911 acht Millionen Einwohner.[5] Die Bevölkerung setzte sich im Wesentlichen aus drei Nationalitäten zusammen: Polen, Ukrainer und Juden.

Juden – und das gilt für jene Zeit und für die nach der Erringung der Unabhängigkeit Polens – wurden nicht wie in Westeuropa nur als Glaubensgemeinschaft, sondern vor allem als Angehörige eines Volkes betrachtet. Das entsprach nicht nur den zionistischen Postulaten, sondern auch der ethnischen Realität. Untereinander sprachen sie zumeist Jiddisch, mit den Polen Polnisch, mit den Ukrainern Ukrainisch oder

Russisch und mit den Österreichern deutsch. Bei der statistischen Erfassung von 1910 gaben 93 Prozent von ihnen Polnisch als ihre Muttersprache an.[6] Sie fühlten sich aus verschiedenen Gründen zu Polen hingezogen. In ganz Galizien bildeten Juden etwa 10 Prozent der Gesamtbevölkerung.[7]

Piłsudski sah in den Juden ein pro-polnisches Element, das hinsichtlich der Ukraine eine Brückenfunktion bilden sollte. Für die antisemitischen Nationaldemokraten waren sie hingegen ein Ärgernis, eine Konkurrenz auf vielen, vor allem wirtschaftlichen Gebieten, die immer verdächtigt wurde, mit den Kommunisten oder anderen angeblich polenfeindlichen Kräften zusammenzuarbeiten.

Hinsichtlich der Muttersprache gab es in Galizien nur die Trennung in die polnische und »ruthenische« (ruski) Sprache.

Dieser Terminus war eine Diskriminierung der ukrainischen Sprache und des ukrainischen Volkes, denn die Polen – mit Ausnahme der Kommunisten und Sozialisten sowie in gewisser Weise auch der Piłsudski-Anhänger – billigten den Ukrainern keine eigene Nationalität zu. Seit Jahrhunderten hatte Polen versucht, die Ukrainer den Russen zu entfremden. Für sie gründete man sogar eine eigene Kirche, als die Polen vor Jahrhunderten in diese Gebiete vordrangen. Um der russisch-orthodoxen Kirche, die östlich der Flüsse Bug und San eine Monopolstellung besaß, die Gläubigen abspenstig zu machen, wurde aus Abtrünnigen der Ostkirche in der sogenannten Brester Union von 1596 die unierte oder griechisch-katholische Kirche gebildet. Sie unterstand dem Papst, behielt aber die östliche Liturgie und andere orthodoxe Elemente bei.

Insgesamt stellte sich das jedoch als ein wenig erfolgreiches Unternehmen heraus, denn die Mehrzahl der Orthodoxen hielt an ihrem althergebrachten Glauben fest und verteidigte ihre Konfession gegenüber der katholischen Kirche.

Als die Russen immer weiter nach Westen vordrangen und auch westukrainische Gebiete in Besitz nahmen, wurde der Einfluss der unierten Kirche geringer. So waren im westukrainischen Wolhynien von den Gläubigen 70 Prozent orthodox.

Einzig in Galizien, das von den katholischen Österreichern beherrscht wurde, konnte sich die unitische Konfession nahezu ungehindert entwickeln. Dort bekannten sich 42 Prozent (1910) zu dieser Kirche. Die polnischen Katholiken, die in der römisch-katholischen Kirche vereint waren, kamen auf knapp 47 Prozent.[8]

Noch ausgeprägter waren diese Verhältnisse in Ostgalizien, das Gebiet zwischen den Flüssen San im Westen und dem Sbrutsch im Osten mit dem Zentrum Lemberg und den größeren Städten Stanislau (polnisch Stanisławów, heute Iwano-Frankiwsk) und Tarnopol (Ternopil). 1910 lebten auf einer Fläche von 55340 Quadratkilometern 5,3 Millionen Menschen.[9] 60 Prozent bekannten sich zur ukrainischen Sprache, 40 zur polnischen, wobei fast alle Juden für Polnisch votierten. Zieht man die zwölf Prozent ab, die sich zum Judentum bekannten, so reduzierte sich der rein polnische Anteil auf etwa 28 Prozent.[10]

Auch hinsichtlich der Religionszugehörigkeit waren die Werte angenähert. Für die römisch-katholische Kirche der Polen votierten 25 Prozent, für die jüdische 12 Prozent und für die unierte Kirche 62 Prozent (1910).[11] Die Ukrainer bildeten also eine Mehrheit.

Viele polnische Historiker, vor allem aber Politiker in den ersten dreißig Jahren des 20. Jahrhunderts bezeichneten diese Zahlen als unsolide, manipuliert, unzuverlässig, unglaubwürdig usw. Es besteht aber kaum ein Zweifel an deren Glaubwürdigkeit. Zehn Jahre vor Beginn der offenen Konflikte gab es keinen politischen Grund, diese Erhebungen zu verfälschen. Zu jener Zeit glaubten nur sehr wenige Polen an die schnelle Restitution des polnischen Staates mit den ihn begleitenden Minderheitenproblemen. Zudem hatten Polen wie Österreicher, die diese Statistik erstellt hatten, kaum ein Interesse daran, die Dominanz der Ukrainer besonders zu betonen. Allerdings traten in den folgenden Jahren Umstände ein, die sich auf die Zusammensetzung der Bevölkerung auswirkten. Immerhin wechselte Ostgalizien während des Ersten Weltkrieges und in der Nachkriegszeit wiederholt den Besitzer: zaristische Russen, ukrainische Nationalisten, Polen und Sowjets. Es gab Fluchten und Tote durch Kriegshandlungen und Terror (z.B. Judenpogrome). Dennoch verzeichnete die offizielle polnische Statistik (1931) weiterhin eine Mehrheit der ukrainischen Bevölkerung: 56 Prozent waren griechisch-katholisch, in der Wojewodschaft Stanisławów (Stanislau) sogar 73 Prozent. Die römisch-katholische Kirche zählte dort nur 33 Prozent Gläubige.[12]

Gravierende Veränderungen gab es bei der Angabe der Muttersprache. Dabei muss aber beachtet werden, dass Polnisch seit zehn Jahren offizielle und einzige Amtssprache war. Ukrainisch war zwar nicht verboten, doch in der Öffentlichkeit zurückgedrängt worden. Auch der staatliche Druck gegen die ukrainische Nationalbewegung hinterließ Spuren. Für viele ukrainische Familien – vor allem in den Städten – war es aus verschiedenen Gründen nützlich, Polnisch zu sprechen. Die Ergebnisse für die polnische Sprache lagen um 10 Prozent höher als das Bekenntnis für die katholische Kirche.[13] Dieser »Zuwachs« resultierte daraus, dass jeder dritte Jude und auch ein Teil der Ukrainer sich für Polnisch entschieden hatten. Ukrainisch kam demnach nur noch auf 30 Prozent.[14]

In diesem Zusammenhang darf auch nicht übersehen werden, dass in jener Zeit die polnisch-ukrainischen Auseinandersetzungen sich wieder verschärften. Das offizielle Polen hatte ein vitales Interesse, die ukrainische Präsenz herunterzuspielen.

Die galizischen Ukrainer waren in der zweiten Hälfte des 19. Jahrhunderts politisch besonders aktiv. Dafür gab es – anders als in der russischen Ukraine – begünstigende Bedingungen. Dazu gehört die veränderte Rolle der unitischen Kirche unter den Ukrainern. Sie hatte, wie schon erwähnt, unter den Westukrainern Galiziens eine Monopolstellung erlangen können und die orthodoxe Kirche zurückgedrängt. Doch die ihr ursprünglich von den Polen zugedachte politisch-ideologische Rolle zur Gewinnung der Ukrainer für Polen war nach der Teilung Polens und unter der Herrschaft der Österreicher gegenstandslos geworden. Nun trat fast das Gegenteil ein. Jene Kirche unter der Führung des Lemberger Metropoliten Andzej Szeptycki (1865–1944) verbündete sich mit der ukrainischen Nationalbewegung.

Die ukrainische Nationalbewegung in Ostgalizien verfügte über eine Reihe von Besonderheiten gegenüber jener in Russland, deren Folgen bis in die Gegenwart reichen. Die Westukraine gilt auch heute als der besonders pro-westlich, nationalistisch und antirussisch eingestellte Teil der Ukraine. In Ostgalizien standen die Ukrainer in unmittelbarem Kontakt mit den benachbarten Tschechen, Slowaken und Rumänen. Auf deren Territorien lebten ebenfalls Ukrainer. Schon dadurch erweiterte sich der Horizont der Galizier gegenüber ihren Landsleuten in Russland erheblich. Als Bürger Österreich-Ungarns waren sie zudem auch politisch-kulturell mit Mitteleuropa verbunden. Dieses Sentiment zum alten Österreich schwingt daher auch heute unter den Westukrainern mit.

Sie glaubten, etwas Besonderes zu sein. Die unitische Kirche bestärkte sie in dieser Annahme. Durch ihre Verbindung zum Heiligen Stuhl in Rom und zu den zahlreichen unitisch-ukrainischen Emigranten in den USA und Kanada besaß die Kirche so etwas wie Weltgeltung. Das war schon eine beachtliche Leistung für eine Religionsgemeinschaft, die faktisch nur die Konfession eines kleinen Prozentsatzes eines großen Volkes (etwa zehn Prozent) darstellte und territorial eng begrenzt war. In Ostgalizien lebten fast alle Gläubigen dieser Konfession (3,3 Millionen).[15]

Seit dem sogenannten Ausgleich in Österreich-Ungarn 1867 verbesserten sich auch die innenpolitischen Bedingungen für die ukrainische Nationalbewegung. Die Autonomie, die in erster Linie den Polen zugute kam, wirkte sich aber auch positiv auf das ukrainische politische Leben aus. Von den Verhältnissen, die sich im kulturellen, wirtschaftlichen und letztlich auch politischen Bereich für die Westukrainer aufgetan hatten, konnten ihre Landsleute unter russischer Herrschaft nur träumen.

Diese fungierten aber auch als Ventil für die insgesamt miserablen wirtschaftlichen Zustände. Ostgalizien galt als Armenhaus der Donaumonarchie. 95 Prozent der Westukrainer lebten von der Landwirtschaft.[16] Um die war es denkbar schlecht bestellt, so dass viele Westukrainer zur Saisonarbeit nach Russland zu gehen gezwungen waren.

Ukrainer lebten mehrheitlich auf dem Land, in den Städten bildeten Polen und Juden die Mehrheit. Die ukrainischen Städter konnten mit den Polen kaum konkurrieren. Die Polen hatten die bestbezahlten und wichtigsten Stellungen inne, verfügten über den größten materiellen

Besitz und somit auch über den größten politischen Einfluss. Die schwache ukrainische Intelligenz war zumeist auf schlecht bezahlte Posten vor allem in ukrainischen Organisationen angewiesen. Besonders auf dem Land war der polnisch-ukrainische Gegensatz am deutlichsten sichtbar. In der Regel war ein Pole der Gutsbesitzer und die Ukrainer stellten Bauern und Landarbeiter. Der polnisch-ukrainische Antagonismus war also auch klassenmäßig begründet.

Zwischen ihnen standen die Juden, die in den Augen der meisten Ukrainer – also der Landbevölkerung – die Geschäfte der Polen wahrnahmen. In den Städten hatten in vielen Bereichen die Angehörigen der zahlenmäßig schwachen und nicht so hoch gebildeten ukrainischen Intelligenz gegenüber den Juden das Nachsehen. Insgesamt lebten aber die Juden dort schlecht. Wer konnte, versuchte sein Glück im Westen, in Österreich oder in Deutschland. Der beklagenswerte äußere Zustand der galizischen jüdischen Emigranten diente als Aufhänger für die faschistische Propaganda. Doch diese angeblich »schmuddeligen Ostjuden« gelangten später in Westeuropa und den USA oft zu großem wissenschaftlichen, künstlerischen und politischen Ruhm – man denke nur an Joseph Roth, Billy Wilder oder Simon Wiesenthal.

1910 lebten fast eine Million Juden in Galizien.[17] Mit der juristischen Gleichstellung von 1867 erfolgte zwar eine Emanzipation der Juden, doch zugleich wuchs auch der Antisemitismus bei den Ukrainern. Ihr Antisemitismus war wirtschaftlich bedingt und speiste sich aus der Armut der Landbevölkerung. Juden arbeiteten als Buchhalter und Verwalter der verhassten polnischen Gutsbesitzer, waren Schuldeneintreiber, Aufkäufer ihrer Produkte, Inhaber kleiner für die Landbevölkerung lebenswichtiger Geschäfte, Geldverleiher, Schankwirte usw. Das alles waren Funktionen, die vor allem das schwer verdiente Geld ein- und das Erwirtschaftete abnahmen.

Der ukrainische Antisemitismus gehört daher zu den berüchtigten, besonders langlebigen Formen des Antisemitismus, der bis in die Gegenwart reicht. Der ukrainische Nationalismus basierte auf einem Antisemitismus, der sich in seiner Kompromisslosigkeit, Härte und Grausamkeit nur mit dem der deutschen Faschisten vergleichen lässt.

Während des Ersten Weltkrieges, als Galizien Frontgebiet war, floh fast die Hälfte der Juden nach Böhmen, Mähren, Ungarn und Wien, da sich auch zaristische Truppen an antisemitischen Pogromen beteiligten.

Die ukrainische Nationalbewegung war zersplittert. Die 1890 gegründete Radikale Partei war eine kleinbürgerlich-demokratische Bauernpartei, die auch mit der polnischen Bauernbewegung zusammenarbeitete und ursprünglich als links galt. 1896/97 entstand aus ihren Reihen die ukrainische Sozialdemokratie, eine von Anfang an reformistische Partei, die aber mit der polnischen Sozialdemokratie zusammenarbeitete. 1899 trennten sich die Nationalisten von den Radikalen und formten die Nationaldemokratische Partei.

1897 zogen die ersten Ukrainer ins österreichische Parlament ein, 1907 dann fünf Vertreter der mit Russland sympathisierenden Ukrainer – drei Radikale und zwei Sozialdemokraten. Bei den Kommunalwahlen ein Jahr später gewannen die Ukrainer fast 59 Prozent der Mandate, davon zwei Drittel die Nationaldemokraten und Radikalen.[18]

Mit den beiden russischen Revolutionen im Februar und im Oktober 1917 stand nicht mehr eine wie auch immer geartete ukrainische Autonomie auf der Tagesordnung, sondern die Bildung eines ukrainischen Staates. Unter deutscher Vormundschaft wurde er im Januar 1918 von der Zentralrada in Kiew als »Ukrainische Volksrepublik« proklamiert.

Ostgalizien jedoch verblieb weiterhin bei Österreich. Als die k.u.k. Monarchie endete und Österreich am 31. Oktober 1918 sich aus allen polnischen Gebieten zurückzuziehen begann, besetzten demobilisierte ukrainische Soldaten der Habsburger Armee Lemberg. Ein halbes Jahr wurde um Lemberg gekämpft.

Am 13. November 1918 riefen Westukrainer die bürgerliche »Westukrainische Volksrepublik« aus.

Die Streitkräfte der Ukrainer zeigten sich den polnischen Kräften auf Dauer nicht gewachsen. Zudem brachen Bauernaufstände aus, und im Erdölzentrum Drohobycz versuchten linke Ukrainer und Polen, die Sowjetmacht zu etablieren. Sie wurden von den westukrainischen Truppen niedergeschlagen.

Obwohl im Januar 1919 die »Westukrainische Volksrepublik« den Anschluss an die von Symon Petljura geführte nationalistische »Ukrainische Volksrepublik« anstrebte, konnte jene militärisch nicht helfen, da sie selbst von der Roten Armee und den »weißen« Truppen Denikins bedrängt wurde. In dieser Situation schlug eine britisch-französische Kommission beiden Seiten eine Waffenstillstandslinie vor, die den Ukrainern den größten Teil Ostgaliziens zusprach und den Polen Lemberg und Porislau (Borysław). Beide Seiten lehnten ab.

Polen beabsichtigte mit seiner Offensive, die Grenze zu Rumänien zu erreichen und Rumänien als Bündnispartner gegen den Osten zu gewinnen. Nach der polnischen Offensive im April erlaubten die Westmächte Polen, Ostgalizien bis zum Sbrutsch zu besetzen, um damit eine Barriere gegen die vorrückende Rote Armee zu bilden. Das war ursprünglich so nicht vorgesehen. Die Westmächte planten – in Erwartung eines Sieges der Weißen –, Russland Gebiete zu übertragen, die vor dem Ersten Weltkrieg zu Österreich gehört hatten. Darunter auch Ostgalizien. Der Vormarsch der Roten Armee erledigte jedoch diese Option und ermöglichte es nunmehr Polen, diese Gebiete mit westlicher Billigung zu besetzen.

Da der Kampf um Russland noch nicht zu Ende war, wurde sicherheitshalber im November 1919 in Paris festgelegt, dass Polen Ostgalizien als Völkerbundmandat 25 Jahre verwaltet und dann über die weitere Zugehörigkeit mittels Volksentscheid abgestimmt werden sollte. Polen und Franzosen gelang es jedoch bereits einen Monat später, ein Referendum auszuschließen und die Sache neu zu verhandeln.

Wie immer das auch zu bewerten ist, so hatten die Ukrainer immerhin ihre nationale Existenz politisch demonstriert. Der Westen hatte sich zu einem Landschacher hinreißen lassen, bei dem bewusst die ostgalizischen Ukrainer seinen wirtschaftlichen (Franzosen besaßen Eigentumsrechte an den Erdölfeldern jener Gebiete) und politischen Interessen (Antisowjetismus) geopfert wurden. Die moralische Tragweite war den Westmächten durchaus bewusst, denn kurze Zeit später versuchten sie dieses Votum – allerdings erfolglos – zu korrigieren.

Aus diesem Verhalten zogen später ukrainische Nationalisten den Schluss, dass man den Westmächten nicht mehr vertrauen solle. Fortan, und das bis zum Zweiten Weltkrieg und auch danach, orientierte man sich in den nationalistischen Kreisen in erster Linie an Deutschland.

Mit der neuen Demarkationslinie im Osten hatte sich zwar die polnische Position verbessert, doch den von der polnischen Führung angestrebten Zielen war man bis zum Sommer 1919 keinesfalls näher gekommen. Der polnische Gebietsgewinn war zu jener Zeit in keiner Weise abgesichert und hatte zudem die Westmächte gegen Polen aufgebracht. Einzig die Franzosen hielten noch zu Polen, doch Paris fügte sich immer mehr Großbritannien, der führenden Macht Westeuropas.

Große Teile des polnischen Volkes begrüßten den Landgewinn im Osten, welcher unter relativ geringen Verlusten erzielt worden war, doch gleichermaßen hoffte man, dass der Krieg, den das neue Polen führte, bald zu einem Ende käme. Große Hoffnungen setzte man auf Staatsführer Piłsudski. Aber eben jener war mit den bisherigen Ergebnissen höchst unzufrieden, da die Realisierung seiner föderalistischen Konzeption sich bisher als undurchführbar erwiesen hatte. 1919 war es seinen Truppen zwar gelungen, die Westukraine und Westbelorussland sowie das Wilna-Gebiet zu erobern, doch das schuf Probleme, die seine Ziele enorm gefährdeten. Nicht die Sowjets gefährdeten den bisherigen Landerwerb, sondern die russischen Weißen, hinter denen der Westen stand.

Im russischen Bürger- und Interventionskrieg drängten die Weißen auf die endgültige Vernichtung der seit einem Jahr um ihr Überleben kämpfenden Sowjetmacht. Eine in Sibirien gebildete konterrevolutionäre Regierung unter Admiral Koltschak begann eine groß angelegte Offensive vom Osten, General Judenitsch bedrohte – mit Unterstützung der britischen Flotte – von Estland aus die sowjetische Metropole Petrograd, die Truppen von General Denikin rückten nach einigen Niederlagen auf Moskau vor. Die ukrainischen Nationalisten unter Petljura hatten Kiew besetzt und bedrohten von dort Moskau.

Die polnischen Streitkräfte standen Gewehr bei Fuß und marschierten nicht mit den konterrevolutionären russischen und den auswärtigen Interventionstruppen. Ihre Mitwirkung hätte die existentielle Gefahr für die Sowjetmacht dramatisch erhöht. Weil Marschall Piłsudski sich zurückhielt, verschaffte er der Sowjetmacht eine wichtige strategische Entlastung, wenn nicht gar die Voraussetzung, sich der weißen Bedrohung zu entledigen. Das trug Piłsudski bei nicht wenigen westlichen Politikern und Publizisten jener Zeit den Vorwurf pro-bolschewistischer oder gar bolschewistischer Sympathien ein.[19]

Das war natürlich Unsinn. Ausschlaggebend für die Haltung des Marschalls war die feindselige Einstellung der russischen Weißen und ihrer westlichen Unterstützer. Die weißen Russen kämpften für die Wiederherstellung Russlands von 1914. Sie waren allenfalls bereit, nach ihrem Sieg das ehemalige Russisch-Polen bis zum Bug an Warschau abzutreten, wobei sie das Chełmer Land und Ostgalizien für sich einforderten. Gebiete also, die nie russisch gewesen waren.

Die Haltung des Westens war für die Polen nicht eindeutig, sie meinten, dass dessen Gunst eher zu den Russen tendierte. Das war um so bedeutender, da den Westmächten laut Versailler Vertrag auch ein Gestaltungsrecht hinsichtlich der polnischen Ostgrenzen zustand. In diesem Sinne war Polen 1919 die zeitweilige Besetzung Ostgaliziens überlassen und zwischen Polen und Litauen eine Demarkationslinie festgelegt worden. Die Westmächte wollten Russland, ihren wichtigsten Verbündeten im Osten, erkennbar nicht verprellen. Schon gar nicht wegen polnischer Gebietsforderungen.

Nach langem Hin und Her legte der Westen am 9. Dezember 1919 eine Linie fest, die als die sogenannte Curzon-Linie in die Geschichte der Diplomatie eingehen sollte. Sie trennte im Wesentlichen die Polen von den Belorussen und Litauern, betraf aber nicht Ostgalizien.[20] Diese vorläufig unverbindliche Linie sollte als Verhandlungsgrundlage für die Zukunft gelten. In der Tat entsprach diese Linie den ethnischen Gegebenheiten und wäre durchaus geeignet gewesen, in dieser Region zu einer gerechten Lösung zu gelangen. Ein Vierteljahrhundert später wurde sie tatsächlich die Staatsgrenze zwischen Volkspolen und der UdSSR.

Jene Linie wäre auch für die russischen Weißen mehr oder weniger annehmbar gewesen. Dafür war sie ursprünglich auch gedacht. Piłsudski, die Nationaldemokraten und ein Großteil des polnischen Volkes lehnten diesen Vorschlag jedoch ab. Eine Annahme hätte die föderalistischen wie auch die inkorporativen Konzeptionen Warschaus gegenstandslos gemacht. Daher herrschte nun unter den führenden Politikern und Staatsmännern Warschaus eine seltene Einigkeit. Der Marschall wollte unter diesen Bedingungen die bisherigen Eroberungen absichern, denn seine Truppen hatten inzwischen Dwina und Beresina erreicht. Damit war eine direkte Verbindung zu den antisowjetischen Letten hergestellt.

Zugleich verfolgte er seine föderativen Pläne weiter. Daher ließ er 1919 Geheimverhandlungen mit den Sowjets führen. Grundlage dieser konspirativen Gespräche war die Versicherung des Marschalls, sich nicht in die Front der Weißen einzureihen und Sowjetrussland anzugreifen. Damit traf Piłsudski eine weitreichende und bis heute kaum gewürdigte Entscheidung. Im Gegensatz zu den Westmächten und dem gesamten bürgerlichen Europa setzte der polnische Staatschef nämlich auf den Sieg der Bolschewiki über die Weißen, denn würden diese obsiegen, wären die Verhandlungsergebnisse mit den Roten obsolet.

Früher als der Westen hatte der Marschall erkannt, dass die weißen Generäle nicht in der Lage sein würden, das von ihnen erstrebte und von Piłsudski unerwünschte alte Russland wieder zu errichten. Die Sowjetmacht hatte sich trotz feindlicher Übermacht nicht nur fast zwei Jahre halten können – die Rote Armee war an bestimmten Abschnitten sogar in die Offensive gegangen und verhinderte selbst in den von den Weißen zurückeroberten Gebieten eine Stabilisierung der alten Verhältnisse.

Die Informationen, die er aus den weißen Armeen erhielt, bestätigten seine Prognosen. Das weiße Offizierskorps musste in Ermangelung von ausgebildeten und willigen Soldaten zu einem großen Teil die Hauptlast der militärischen Aktivitäten tragen. Oft kämpften Offiziere als einfache Infanteristen. Die Truppen waren demoralisiert und durch die Kämpfe dezimiert.

Der weiße Terror, der nach der Besetzung der von der Roten Armee geräumten Gebiete mit großer Grausamkeit tobte, war kontraproduktiv. Die Bolschewiki erhielten ständig Zulauf. Der Terror festigte überdies Disziplinierung und Entschlossenheit der Roten Armee, was sich trotz aller Verluste positiv auf ihre Kampfkraft auswirkte. Über kurz oder lang würde sie also siegen, davon war der polnische Marschall überzeugt und stellte sich darauf ein.

Nach einem Sieg der Bolschewiki, d.h. dem Untergang des bürgerlichen Russlands, würde auch die strategische und außenpolitische Bedeutung Polens als direkter Bündnispartner des Westens wachsen. Die mit Polen in einer Föderation verbündeten Staaten bildeten perspektivisch einen Riegel des bürgerlichen Europas gegen den immer mehr an Einfluss gewinnenden russischen Sozialismus. Daraus würde sich eine Vielzahl von Unterstützungsmöglichkeiten durch den Westen ergeben, welche auch wirtschaftlich erheblich zu Buche schlügen.

Piłsudski zog auch ins Kalkül, dass die sowjetrussische Seite bei dem von ihm erwarteten Sieg von diesem Verteidigungskrieg ökonomisch, militärisch und politisch geschwächt sein würde. Dieses Moment hoffte er bei den Verhandlungen ausnutzen zu können.

In Białowieża und Mikaschewitschy kamen in der zweiten Jahreshälfte 1919 die Vertreter beider Seiten zusammen. Die Polen erklärten eingangs, keine offiziellen diplomatischen Beziehungen aufnehmen zu wollen. Ferner ließen sie ihre Absicht erkennen, dass sie den Landgewinn in Belorussland mit einer Waffenstillstandslinie absichern wollten. Dieser Vorstoß wurde abgelehnt wie die Forderung, dass Moskau das Regime der ukrainischen Nationalisten unter Petljura anerkennen solle. Die sowjetrussische Seite machte deutlich, dass sie auf Gebiete in Belarus und der Ukraine nicht verzichten werde.

Zur Jahreswende 1920 änderte sich die Konstellation: Moskau musste nicht mehr aus einer Position der Schwäche verhandeln. Der Monarchist und zaristische Admiral Alexander W. Koltschak, zunächst Minister einer »Sibirischen Regierung« in Omsk, der sich im November 1918 als Oberster Regent Russlands hatte ausrufen lassen, war militärisch besiegt und am 7. Februar 1920 standrechtlich erschossen worden.

Durch den Sieg über die Koltschak-Truppen konnte in der Folge auch die Konterrevolution in Mittelasien von der Roten Armee geschlagen und die Briten aus Turkmenien vertrieben werden. Im europäischen Teil Russlands wurden die Armeen Denikins geschlagen und deren Reste auf die Krim abgedrängt.

Lettland und Estland, die ebenfalls gegen Sowjetrussland gekämpft hatten, gingen angesichts der veränderten Lage auf das Friedensangebot der Sowjetregierung ein. Beide Regimes fürchteten, nachdem sie nur mit ausländischer Hilfe in den letzten zwei Jahren überlebt hatten, dass vielleicht mit Hilfe Moskaus die schon einmal in ihren Ländern existierende Sowjetmacht wieder hergestellt werden könnte. Das wollten sie mit Hilfe von Verträgen verhindern. Und: Die zerstrittenen russischen Weißen, die vor den Bolschewiki nach Lettland und Estland geflohen waren, benahmen sich wie in einem von ihnen eroberten Land. Letten und Esten wollten diese loswerden wie auch die mit Billigung der Westmächte auf ihren Territorien stationierten deutschen Truppen. Ein Frieden mit den Sowjetrussen entzöge diesen Truppenteilen die Notwendigkeit, weiter im Baltikum zu verbleiben.

Nachdem im Januar 1920 die Polen den Letten geholfen hatten, die strategisch wichtige Stadt Dynaburg (lettisch Daugavpils) in Besitz zu nehmen, schien für die Esten und Letten der Zeitpunkt für Gespräche mit Moskau gekommen. Im Februar schlossen Estland, im August Lettland und im Juli Litauen Frieden mit Sowjetrussland. Die Balten schieden damit – für zwei Jahrzehnte – aus der antisowjetischen Front aus.

Für Piłsudski, der diese Staaten in die von ihm beabsichtigte antisowjetische Föderation einzubinden gehofft hatte, bedeutete dies einen strategischen Rückschlag. Er musste umdisponieren.

Nicht zu vergessen, dass der gesellschaftliche Umbruch in Russland und das Ende des Weltkrieges auch in Westeuropa große Veränderungen hervorgerufen hatten. Die meisten Monarchien und deren Regime waren durch Revolutionen beendet worden, überall entstanden – als Konsequenz aus dem Versagen der sozialdemokratischen Parteien 1914 – kommunistische Parteien, die dem russischen Beispiel folgten. Die da und dort ausgerufenen Räterepubliken waren nicht von langer Dauer, sie wurden von reaktionären Kräften meist in blutigen Auseinandersetzungen niedergeworfen. Allerdings führten diese nationalen Konflikte auch dazu, dass die Unterstützung für die Interventionstruppen und die Weißen in Russland nachließ. Die Siege der Roten Armee waren also nicht allein ihrer Stärke zuzuschreiben, sondern auch den revolutionären Kräften in der internationalen Arbeiterbewegung. Bis auf die konterrevolutionären Truppen unter General Pjotr N. Wrangel auf der Krim, die von Frankreich unterstützt wurden, weil das Kapital der Grande Nation seine Investitionen in Russland sichern wollte, gab es weiter keine aktiven militärischen Gegner in Sowjetrussland. Aber Paris hatte begriffen, dass auch Wrangel bald Geschichte sein würde. Allerdings fürchtete man die Ausbreitung des russischen Bazillus. Der französische Außenminister Stéphen Pichon hatte schon 1919 die Idee eines *Cordon sanitaire* ins Gespräch gebracht. Mit einem politischen Sicherheitsgürtel sollte Westeuropa vor dem Bolschewismus geschützt werden. Das Vereinigte Königreich hob im Januar 1920 seine Wirtschaftsblockade gegenüber Sowjetrussland auf, vornehmlich um die Arbeitslosigkeit im Lande zu bekämpfen. Im März 1921 schloss Großbritannien, das die Sowjets de jure weiterhin nicht anerkannte, als erstes westliches Land ein Handelsabkommen mit den Russen.

Neben den wirtschaftlichen Interessen verfolgten sowohl Großbritannien wie auch Frankreich auch weiterhin politische Interessen, die auf die Schwächung und á la longue auf die Überwindung des Sowjetregimes zielten. Sie forcierten die Abtrennung sogenannter Randgebiete des Russischen Reiches und deren Etablierung als selbstständige Staaten, um dort ihren Einfluss geltend zu machen. Dabei ging es auch um die Sicherung wichtiger Rohstoffe wie etwa Erdöl. Neben den baltischen Staaten und Finnland galt das Augenmerk dem südkaukasischen Gebiet sowie Turkmenistan, Kasachstan, Usbekistan, Kirgistan, Tadschikistan. Wenn man das revolutionäre Russland schon nicht niederwerfen konnte, so sollte es eingeschlossen und isoliert werden. Bis 1921 hatte jedoch die Rote Armee alle südkaukasischen Gebiete zurückerobert und die Briten aus Turkmenistan vertrieben.

Im Kontext von diesen unterschiedlichen Machtinteressen glaubte Piłsudski, seine nationalen Pläne verwirklichen zu können. Im April 1920, gemeinhin als Höhepunkt des seit dem Februar des Vorjahres tobenden Polnisch-Sowjetischen Krieges bezeichnet, eroberten polnische Einheiten Kiew, was sich aber als Pyrrhussieg erwies. Dass es sich um eine Aggression handelte, war unstreitig: Die Westmächte, allen voran Frankreich, verweigerten Polen die Unterstützung. Hätte sein Feldzug zur Bildung eines nationalistischen ukrainischen Staates geführt, so hätte jener nach einiger Zeit Gebietsforderungen an Polen geltend gemacht und Ostgalizien gefordert. Das war der Vorwurf, der im Ausland und insbesondere im Inland von Piłsudskis Kritikern erhoben wurde. Dabei hätten die Ukrainer auf deutsche Unterstützung bauen können. Hinsichtlich der Deutschen, die später tatsächlich die ukrainischen Nationalisten gegen Polen unterstützen sollten, war diese Annahme zu jener Zeit gegenstandslos. Das besiegte Deutschland war in keiner Weise fähig und bereit, den Ukrainern unter die Arme zu greifen.

Die Niederlage Piłsudskis in Kiew verschaffte ihm dennoch Vorteile.

Symon Petljura, Präsident der Ukrainischen Volksrepublik, hatte sich mit seinen Truppen vor der Roten Armee nach Polen gerettet. Wollte er jemals wieder die Macht in Kiew erringen, war er auf Gedeih und Verderb auf Polen angewiesen. Am 21. April 1920, vier Tage vor dem geplanten Feldzug, hatten Piłsudski und Petljura ein Bündnisabkommen geschlossen. Jener Vertrag war die Blaupause für vergleichbare Bündnisse, die der Marschall mit anderen Staaten zu schließen hoffte. Der Vertrag war das Diktat eines Starken gegenüber einem schwächeren Partner. Petljura anerkannte zunächst einmal die polnische Grenze am Zbrucz/Sbrutsch und verzichtete dadurch auf einen erheblichen Teil der Westukraine. Ebenso überließ er den Polen den ebenfalls mehrheitlich von Ukrainern besiedelten westlichen Teil Wolhyniens.[21] Damit blieb das bedeutendste Zentrum des ukrainischen Nationalismus außerhalb der vorgesehenen ukrainischen Westgrenze. Insgesamt schien dem ukrainischen Nationalistenführer die Macht über eine große Ukraine wichtiger als die Interessen seiner Landsleute und der Mehrheit seiner Anhänger, die bei Realisierung des Vertrages innerhalb der polnischen Grenzen verblieben wären.

Die außenpolitischen Bedingungen schienen dem Marschall geradezu ideal. In diesem Zusammenhang kontaktierte er Vertreter eines für ihn »Dritten Russlands«, also nicht bolschewistisch und nicht weißgardistisch-großrussisch. In Boris Sawinkow, dem Emigrationsführer der rechten bäuerlichen Sozialrevolutionäre, sah Polens Staatschef

Piłsudski einen entsprechenden Partner. Sawinkow hatte sich mit der Abspaltung der Ukraine und Belorusslands einverstanden erklärt. In Warschau hatte er im Frühjahr unter polnischer Ägide ein Russisches Politisches Komitee ins Leben gerufen und bewaffnete Abteilungen aufgestellt. Für ein weiteres Vordringen nach Belarus, das der Marschall nach erfolgreicher Eroberung der Ukraine ins Kalkül zog, wurden weiße belorussische Abteilungen unter der Führung von Stanisław Bułak-Bałachowicz reaktiviert.

Die Zusammenarbeit mit den Sawinkow-Russen ist aus heutiger Sicht völlig unverständlich und steht scheinbar in Widerspruch zu den Handlungen des Marschalls wenige Monate zuvor. Das war sie aber nicht. Die Niederlagen der Weißen gaben dem Marschall neuen Antrieb: Nun war er mit seinen Streitkräften die einzige und dazu gut organisierte Militärkraft, die mit einem Hinterland und seiner strategischen Tiefe nicht nur die Ukraine untertan machen, sondern zugleich auch wesentlichen Einfluss auf die weitere Entwicklung Russlands nehmen könnte. In der Ukraine wollte er die Rote Armee nach Möglichkeit vernichtend schlagen. In dem von Bürger- und Interventionskriegen geschwächten Sowjetrussland hätte eine so eklatante Niederlage seiner Streitkräfte eine neue Welle innerer konterrevolutionärer Aktionen hervorgerufen, denen – so glaubte der Marschall – das Sowjetsystem nicht mehr gewachsen sein würde. Damit wären die Sowjets als außenpolitische Kraft im Osten für lange Zeit ausgefallen.

Vor den weißen und geschlagenen Großrussen hatte Piłsudski offenbar nun keine Furcht mehr. Sie hatten sich im Bürgerkrieg als Verlierer erwiesen und das Vertrauen ihrer unmittelbaren Klientel verloren.

Piłsudski setzte nun auf die bis an die Grenze ihrer Belastbarkeit erschöpften Bauern, vor allem auf die von den Bolschewiki immer mehr zur Kasse gebetenen Großbauern (Kulaken). Sie hätten sich unter der Führung von Sawinkow in der Tat zu einer gewaltigen Kraft vereinigen können. Im Falle ihres Sieges wären die mit ihm verbündeten oder zumindest befreundeten Russen Sawinkows keine Gefahr für die polnischen Osteroberungen gewesen, zumal Sawinkow auf Ukraine und Belorussland verzichtet hatte.

An ethnisch-russischen Gebieten wollte sich der Marschall ohnehin nicht vergreifen. Er kannte die Geschichte zu gut und die Russen ebenfalls: Vor dreihundert Jahren hatte die Eroberung Moskaus eine Reaktion in Gang gesetzt, mit deren Folgen er nun zu kämpfen hatte. Auf russischem Boden wollte er nicht kämpfen, selbst wenn die Situation hierzu scheinbar günstig wäre.

Alles in allem fühlte sich der Marschall jetzt auf dem Höhepunkt seiner politischen und militärischen Macht.

Andererseits befand er sich gegenüber dem eigenen Hinterland in Zugzwang. Im Frühjahr 1920 war die Stimmung wegen des schon ein ganzes Jahr andauernden unerklärten polnisch-sowjetischen Krieges unter der Bevölkerung schlecht, zumal keine entscheidenden Siege erfochten wurden und auch kein Ende abzusehen war. Den Kommunisten gelang es sogar, machtvolle Antikriegsdemonstrationen zu organisieren. Zudem belastete dieser Krieg die Wirtschaft und verzögerte den Wiederaufbau des zerstörten Landes. Piłsudski hingegen, der sich wenig um Wirtschaftsfragen kümmerte, sah das anders. Für ihn bedeutete dieser Krieg eine Belebung der Wirtschaft und den Abbau der grassierenden Arbeitslosigkeit. So verfügte das Polnische Heer 1920 über einen Bestand von etwa einer Million Soldaten.[22] Zudem versprach er sich bei Durchsetzung der föderalistischen Konzeption eine wirtschaftliche Expansion nach Osten. In diesem Sinne hatte schon Petljura Polen gegenüber erhebliche Zugeständnisse machen müssen. Piłsudski und seine Anhänger wollten also den Krieg.

Das war aber auch den Sowjets nicht entgangen. Was der Marschall über die innenpolitische Situation in Sowjetrussland mehr vermutete als wusste, spürten sie hautnah. Ein polnischer Kriegserfolg und der Verlust der Ukraine hätte auch nach Meinung der sowjetischen Führung eine neue existenzielle Krise zur Folge gehabt. Die Reste der Weißen auf der Krim bildeten eine potenzielle Bedrohung des Sowjetlandes. Eine neue antisowjetische Front hätte sich bilden und unabsehbare Folgen zeitigen können.

Die Sowjets versuchten daher, den erwarteten polnischen Schlag zu verhindern, ihm auszuweichen oder notfalls dessen Wucht zu nehmen.

Über die kommunistischen Parteien und andere pro-sowjetische Kräfte in Europa versuchten sie, der neuerlichen Invasion durch Massenbewegungen entgegenzutreten. In erster Linie sollten die Polen von diesem Waffengang abgehalten werden. Am 22. Dezember 1919 richtete die Sowjetregierung eine offizielle Anfrage an die polnische Seite, in Verhandlungen über einen bilateralen Friedensvertrag einzutreten. Als darauf keine Reaktion folgte, richtete sie am 28. Januar 1920 eine erneute Note an Warschau und einen Aufruf an das polnische Volk. Darin ging die sowjetische Seite – neben der bedingungslosen Anerkennung der polnischen Unabhängigkeit und Souveränität – sogar soweit, auf der Grundlage der bestehenden Waffenstillstandslinie über territoriale Zugeständnisse zu verhandeln. Die vorgeschlagene Grenzlinie, die den größten Teil Belorusslands abtrennte, wäre Monate vorher undenkbar gewesen. Nun sah es so aus, und darüber sind sich die Historiker einig, dass die Sowjets zur Vermeidung einer neuen Intervention bereit waren, weitere Gebiete Belorusslands an Polen abzutreten.[23] Das war durchaus ernst gemeint und erinnerte stark an die Verhältnisse, die zum Abschluss des Friedensvertrages von Brest-Litowsk im Frühjahr 1918 geführt hatten. Mit einem Wort: Sowjetrussland brauchte Frieden um jeden Preis, auch den der Preisgabe von Territorien. Polen würde durch einen Friedensvertrag also wesentlich mehr gewinnen, als es nach Beendigung eines Krieges möglicherweise würde erreichen können.

Piłsudski interpretierte das Angebot als Schwäche der Sowjets, weshalb er meinte, nun erst recht losschlagen zu müssen. Die Nationaldemokraten hingegen rieten dazu, den sowjetischen Vorschlag anzunehmen.

Gemeinsam mit den Sozialisten brachte der Marschall jedoch eine Resolution im Parlament durch, in der der Rückzug der Roten Armee hinter die Grenzen von 1772 gefordert wurde. Damals, bei der Ersten Teilung Polens, waren die Soldaten des Zaren – nachdem sich Polen und Russland 1663 im Frieden von Andruchowo auf die Teilung der Ukraine entlang des Dnepr geeinigt hatten – auf die andere Seite des Ufers gewechselt, um vorgeblich die orthodoxen Glaubensbrüder gegen die Verfolgung durch die römisch-katholische Kirche zu schützen. Bei der Gelegenheit okkupierte Russland den Rest der Ukraine und Belorussland.

In der polnischen Resolution wurde der Verzicht auf die Ukraine gefordert. Doch um eben das zu verhindern, waren die Sowjets den Polen gegenüber so kompromissbereit. Diese Forderungen waren für die sowjetische Seite also nicht annehmbar. Selbst die polnischen Nationaldemokraten lehnten das ab, denn das würde eventuell den Aufbau einer nationalistischen Ukraine zur Folge haben, und die wiederum könnte früher oder später polnische Territorien mit ukrainischer Bevölkerungsmehrheit verlangen.

Am 27. März lenkte Warschau ein und erklärte sich zu Verhandlungen bereit, die in Borysów (Barissau) stattfinden sollten. Dazu sollte lediglich ein lokaler Waffenstillstand verkündet werden, d.h. woanders konnte weiter gekämpft werden. Auf eine derart unsolide Sache ließ sich die russische Seite nicht ein. Stattdessen schlug sie vor, die Verhandlungen nicht in Frontnähe, sondern besser auf neutralem Boden – in Estland, London oder Paris – abzuhalten. Aber natürlich sei auch Moskau oder Warschau möglich. Der Waffenstillstand sollte aber für die gesamte Front gelten.

Piłsudski wollte aber nur an der belorussischen Front, wo sowjetische Truppen konzentriert waren, einen Waffenstillstand – und nicht an der ukrainischen Front, wo er durchzubrechen gedachte. Insgesamt rechnete der Marschall damit, dass die Rote Armee, über deren Kräfte er Bescheid wusste, den belorussischen Abschnitt halten würde und nicht nach Süden abgezogen werden könnte, wenn er die Ukraine angriffe.

Die sowjetischen Verhandlungsbemühungen liefen ins Leere.

Am 25. April 1920 begann Polens Angriffskrieg gegen die Sowjetukraine. Der in die polnische Geschichte als »Kiewer Feldzug« eingegangene Krieg war zunächst für die Polen erfolgreich. Der geballten Kraft des polnischen Heeres hatte die Rote Armee in der Ukraine nichts entgegenzusetzen. Geschickt zog sie sich aber zurück und vermied Feindberührungen. Am 7. Mai zogen die polnischen Truppen fast widerstandslos in Kiew ein. Als der Marschall am 18. Mai nach Warschau zurückkehrte, wurde er als größter Feldherr in der polnischen Geschichte gefeiert. Die Durchsetzung seiner föderalistischen Konzeption schien nun – zumindest für die Ukraine – greifbar nahe.

Doch das Bild trog. Seine Armee hatte keinen echten Sieg errungen, da sie fast immer ins Leere stieß. Die Ukrainer, die seit Jahrhunderten von den Polen nichts Gutes gewohnt waren, unterstützten deren Truppen nicht. Für sie waren das Besatzer, die ihnen Grund und Boden wegnehmen wollten, der ihnen von den Bolschewiki übergeben oder versprochen worden war. Darum hatte sich auch der Zustrom zu den Petljura-Leuten in Grenzen gehalten.

Nun aber geschah etwas, womit Piłsudski, seine Landsleute und vor allem der Westen nicht gerechnet hatten: Der Sowjetmacht gelang es innerhalb kürzester Zeit, Kräfte für einen Gegenschlag zu mobilisieren und an die Front zu bringen. Am 14. Mai begann die Rote Armee in Belorussland mit einer Offensive, die von den Polen offensichtlich anfangs unterschätzt wurde. Auch in der Ukraine begann am 26. Mai eine Offensive. Dort zog die inzwischen berühmte Reiterarmee unter Semjon Budjonny gegen die Polen. Im Juni kam die sowjetische Offensive in Schwung. Am 10. Juni 1920 mussten die polnischen Truppen Kiew räumen. Eine Woche später standen sie dort, wo sie vor zwei Monaten angetreten waren. Die Rote Armee zog aber weiter, befreite fast die gesamte Westukraine und drang weit auf polnisch-ethnisches Gebiet vor. Im Norden wurde ganz Belorussland befreit, das Wilna-Gebiet besetzt und an Litauen übergeben. Danach marschierte man bis kurz vor Warschau und erreichte die Weichsel. Im Juli 1920 hatten sowjetische Truppen fast die Hälfte Polens besetzt.

Das war die bedeutendste Niederlage für den jungen Staat.

Inzwischen gaben viele hohe Militärs diesen Krieg für verloren. Nicht so der Marschall. Piłsudski war der Meinung, dass bei entsprechender Mobilisierung des polnischen Volkes die Russen zurückgedrängt werden könnten. Dazu war aber westliche Hilfe nötig. Die polnische Regierung wurde daher am 10. Juli bei einer Konferenz der Westmächte im belgischen Spa vorstellig. Die versprachen den Polen Vermittlung für einen Frieden mit den Sowjets. Sollten die Russen ablehnen, wollten sie materielle Militärhilfe leisten, allerdings stellten sie dafür einige Bedingungen. Polen sollte endgültig auf das Wilna-Gebiet zugunsten Litauens und das Teschener Land verzichten sowie die Curzon-Linie als künftige polnisch-sowjetische Grenzlinie und den Status von Danzig akzeptieren.[24]

Die polnische Regierung nahm die Bedingungen an.

Die Ergebnisse von Spa wurden von Warschau als eine schwerwiegende außenpolitische Niederlage begriffen. Die damalige negative Beurteilung der Vereinbarung entspricht allerdings nicht den heutigen Erkenntnissen. Den Polen wären erhebliche innenpolitische Konflikte und tragische Ereignisse erspart geblieben, so sie denn den Vorgaben der Westmächte gefolgt wären. Die Akzeptanz der vorgeschlagenen Grenze hätte die Möglichkeit gutnachbarlicher polnisch-sowjetischer Beziehungen eröffnet.

Am 11. Juli wandte sich nach Absprache mit der polnischen Delegation der britische Außenminister Lord Curzon an die Sowjetregierung mit dem Vorschlag, sich auf die Linie zwischen dem ethnischen Polen und dem Osten – die nach ihm benannte Linie – zurückzuziehen. Die Sowjets antworteten am 17. Juli. Sie lehnten eine ausländische Vermittlung ab und forderten direkte Verhandlungen mit Polen, dem ein günstigerer Grenzverlauf als der von Curzon in Aussicht gestellt wurde. Am 22. Juli wandte sich die polnische Regierung darum direkt an die Sowjets, um Waffenstillstand und Frieden auszuhandeln. Am 14. August reiste eine polnische Verhandlungsdelegation nach Minsk, das nun wieder in sowjetischer Hand war. Die Polen wollten allerdings nur einen Waffenstillstand, um den sowjetischen Vormarsch auf Warschau zu stoppen. Die sowjetische Seite hingegen war an einem Friedensvertrag interessiert, was ihr den Bestand der wieder- und neueroberten Gebiete gesichert hätte.

Die Verhandlungen wurden ohne Ergebnis abgebrochen. Sie hätten eine echte Alternative für jene Zeit und vor allem für die künftige Entwicklung einleiten können.

Inzwischen hatte sich die Lage so entwickelt, dass keine Seite die Waffen strecken mochte. Piłsudski wollte einen Sieg um jeden Preis, daher war er nur an einem Waffenstillstand, nicht aber an einem Friedensschluss interessiert. Die sowjetische Seite hatte allerdings mehrere schwerwiegende Fehler begangen, die nun Piłsudski eine moralische Rechtfertigung seiner Politik und deren Unterstützung durch große Kreise der polnischen Gesellschaft sicherten. Die Rote Armee hätte an der Curzon-Linie stoppen und zur Verteidigung übergehen sollen. Dadurch hätte ein neuerliches polnisches Anrennen gegen den Osten keine Zustimmung in Polen gefunden, ein solcher Krieg war unpopulär. Man hätte auch die Friedensangebote der Sowjets ernstgenommen. Nach blutigen Stellungskriegen wäre es irgendwann zu Friedensverhandlungen gekommen. Das allein wäre ein großer militärischer und auch moralischer Sieg der Sowjetmacht gewesen.

Stattdessen meinte die Rote Armee, ihren aktuellen Angriffsschwung zur Beseitigung des bürgerlichen Polens nutzen zu müssen. Dazu hatte Lenin Mitte Juli in Moskau polnische Kommunisten konsultiert. Die polnischen Genossen ließen nichts unversucht, den Sowjetführer davon zu überzeugen, dass die Rote Armee weitermarschieren müsse, um nach dem Sieg eine polnische Sowjetrepublik errichten zu können. Anhand auch anderer Informationen erteilte die Sowjetregierung der Führung der Roten Armee am 17. Juli die Direktive, alle verfügbaren Kräfte und Mittel zu konzentrieren, um Polen militärisch niederzuwerfen. Offensichtlich hatten hier revolutionärer Optimismus und kommunistischer Elan über ernstzunehmende historische Erfahrungen gesiegt. Das erwies sich als schwerwiegender und weitreichender Fehler.

Die Rote Armee verfolgte die polnischen Truppen, ohne sie zu einer Entscheidungsschlacht stellen und vernichten zu können. Sie beging nun die gleichen militärischen und politischen Fehler wie drei Monate zuvor Marschall Piłsudski in der Ukraine. Mit der Installation einer prosowjetischen Provisorischen Polnischen Revolutionsregierung im polnischen Białystok säten sie bei den Polen Misstrauen und begründeten Argwohn. Diese waren nicht bereit, knapp zwei Jahre nach Erlangung ihrer nationalen Unabhängigkeit sich erneut unter eine – wie auch immer verschleierte – auswärtige Herrschaft zu begeben. Dass die »Białystoker Regierung« im Wesentlichen aus sowjetischen Bolschewiki polnischer Nationalität bestand, verstärkte die Ablehnung. Gerade jene polnischen Kommunisten hätten wissen müssen, dass in Polen keine revolutionäre Stimmung existierte und sie darum als Erfüllungsgehilfen neuerlicher russischer Unterdrückung gelten würden.

Die überwiegende Ablehnung durch die polnische Bevölkerung brachte auch ohne militärische Gegenwehr die Rotarmisten in gefährliche Bedrängnis. In dem besetzten Teil Polens befanden sich große zusammenhängende Wälder, wo der bewaffnete Widerstand effektiv geführt werden konnte. Vor allem die polnische Kavallerie zeigte sich erfolgreich bei schnellen, wirksamen Gegenschlägen auf dem ihr bekannten Terrain.

Durch das Vordringen der Roten Armee und die Etablierung der »Białystoker« wirkten die Friedensbekundungen der Sowjets wenig überzeugend.

Marschall Piłsudski hingegen konnte nun erfolgreich zum nationalen Verteidigungskampf rufen. Um das polnische Volk, vor allem seine werktätige Mehrzahl, zu mobilisieren, wurde Ende Juli eine »Regierung der nationalen Verteidigung« unter Führung des rechten Bauernpolitikers Wincenty Witos und des Rechtssozialisten Ignacy Ewaryst Daszyński gebildet. Das war eine Koalitionsregierung, die Politiker von den nichtrevolutionären Linken bis zur Rechten vereinte.

Neben der Konzentration auf die Verteidigung wurde den Bauern eine Bodenreform in Aussicht gestellt. Gerade dies brachte viele Bauern dazu, sich in die Reihen der Freiwilligen zu begeben und tapfer bis zum Ende zu kämpfen.

Mitte August begann unter Oberbefehl des Marschalls eine Gegenoffensive, die später als das »Wunder an der Weichsel« in die Geschichte eingegangen ist. Jene Operation leitete den Rückzug der sowjetischen Truppen ein. Den polnischen Truppen gelang es zwar nicht, die Rote Armee auf die gesamte polnische Ausgangslinie vom April zurückzuwerfen, aber sie stand wieder tief in der Westukraine und in Westbelorussland.

Das »Wunder an der Weichsel«, das die Wende im polnisch-sowjetischen Krieg bedeutete, feiern die Polen bis heute als grandiosen historischen Sieg über den Bolschewismus, der angeblich Europa vor der »roten Gefahr« gerettete habe. Für alle rechtsorientierten Polen lieferte er den Grund für eine arrogante Haltung gegenüber den Russen und nährte die Überzeugung, künftig nicht nur mit sowjetischen, sondern auch mit anderen fremden Truppen fertig zu werden. Aus diesem Sieg resultierten in hohem Maße ein nationaler Chauvinismus und eine unwahrscheinliche Selbstüberschätzung mit Hass und Überheblichkeit im Gefolge. Nicht nur gegenüber den Russen, sondern gegenüber allen europäischen Nachbarn.

Die Bilanz dieser Militäroperation fiel hingegen recht nüchtern aus. Ja, das polnische Heer hatte einen in der Geschichte einmaligen Sieg über die Rote Armee errungen. Aber es hatte die Rote Armee nicht vernichten können. Wie vor Monaten die Polen entzogen sich nun die Rotarmisten dem polnischen Zugriff – dabei wichen sie zum Teil auch auf deutsches Gebiet zurück – und ließen große Mengen schweren Materials und viele Kameraden zurück. Etwa 25000 Sowjetsoldaten waren gefallen und mindestens 66000 gerieten in Gefangenschaft. Sie wurden in Konzentrationslagern durch Hunger, Seuchen und Kälte vorsätzlich vernichtet.

Die Polen beklagten mit 48694 fast zwei Mal so viele Tote.[25] Die Vertreibung der Roten Armee war sehr teuer erkauft worden.

Die Friedensverhandlungen begannen am 21. September 1920 in der lettischen Hauptstadt Riga. Dort waren die Vertreter der föderalistischen Konzeption in der Minderheit. Als es um die Zugehörigkeit der nun wieder von den Polen besetzten belorussischen Hauptstadt Minsk ging, kam es zwischen den polnischen Delegierten zum Streit. Der maßgebliche Vertreter der Nationaldemokraten, Stanisław Grabski, ließ – zur Überraschung der Sowjets – auf Minsk verzichten. Diese Entscheidung war direkt gegen den Marschall gerichtet. Mit dem Besitz der belorussischen Hauptstadt hätte Piłsudski einen Teil seiner föderalistischen Pläne realisieren können, was die Nationaldemokraten um jeden Preis verhindern wollten und jetzt auch taten.

Am 12. Oktober wurde ein Vorfrieden, später am 18. März 1921 in Riga dann der formale Friedensvertrag unterzeichnet.[26] Polen, vor allem die Rechten und die Großgrundbesitzer, die wieder in ihre östlichen Besitzungen einziehen konnten, bejubelten den erneuten Sieg über die Sowjets.

Für den Marschall stellte sich die Sache hingegen anders dar. Durch diesen Sieg hatte er sein Ansehen nicht nur wieder herstellen, sondern vergrößern können. Bei den Antikommunisten in aller Welt galt er nun als »Bezwinger des Bolschewismus« in Europa. Kein anderer der gegen Sowjetrussland angetretenen Interventen – immerhin dreizehn – hatte dies aufzuweisen. Sein strategisches Ziel, die Abtrennung der Ukraine und Belorusslands von Sowjetrussland und deren Umwandlung in ein polnisches Protektorat bzw. die annähernden Grenzen von 1772, hatte er allerdings nicht erreichen können.

Am Ende des stürmischen Jahres 1920 hatte Polen faktisch nicht viel gewonnen. Darüber hinaus musste Polen im Frieden zu Riga im März 1921 die Existenz der belorussischen, ukrainischen und russischen Sowjetrepublik vertraglich anerkennen. Damit war die föderalistische Konzeption Piłsudskis nach fünfzehn Jahren endgültig gescheitert. Die Westukraine und Westbelorussland wurden an Polen angeschlossen, also keine Föderation. Damit hatte Piłsudski die inkorporative Konzeption seiner größten politischen Gegner, der Nationaldemokraten, ungewollt realisiert.

Piłsudski hatte zwar den militärischen Kampf gewonnen, doch den politischen verloren. Trotz aller nun zur Schau gestellten antisowjetischen Arroganz hatten die Bolschewiki den herrschenden Kreisen in Warschau einen gehörigen und unvergesslichen Schreck eingejagt. Es spricht für den Marschall, dass er die potenzielle Stärke beider Seiten wesentlich realistischer einschätzte als die Mehrzahl seiner Landsleute. Insofern fragte er nach Sinn, Aufwand und Nutzen dieses wie auch weiterer Kriege. Jene Grenze, die Polen dann infolge des Waffenstillstandes 1920 und des Rigaer Friedensvertrags 1921 bekam, entsprach der von Moskau 1919 vorgeschlagenen. Der polnisch-sowjetische Krieg hatte etwa eine Viertelmillion Polen das Leben gekostet, fast so viele Menschen wie während des gesamten Weltkrieges.[27] Allein bei den Kriegshandlungen seit dem »Kiewer Feldzug« waren 78 Prozent aller polnischen Gefallenen registriert worden.[28] Schon deshalb war der »Kiewer Feldzug« unsinnig gewesen.

Das Scheitern der föderalistischen Konzeption – einen Gürtel von mit Polen verbundenen Staaten vor der sowjetrussischen Grenze zu etablieren – hatte zudem die Gefahr für Polen aus Warschauer Sicht erhöht. Die ukrainische und belorussische Sowjetrepublik mit ihren kulturellen und politischen Zentren Minsk und Kiew/Charkow wirkten in die polnischen, ukrainischen und belorussischen Ostgebiete hinein. Auch griffen dort nicht die von den Nationaldemokraten konzipierten Polonisierungsversuche. So wurden die Ostgebiete à la longue zu einem erheblichen Sicherheitsrisiko für die polnische Innenpolitik und den östlichen Teil Polens.

Die Ostpolitik der ersten Jahre des neuen Polen verärgerte auch die mit Polen befreundeten bzw. verbündeten Westmächte. Diese Art, wie sie vor vollendete Tatsachen gestellt worden waren, ließ sie in vielen Fragen auf Distanz gehen. Für westliche Politiker galten die Polen zunehmend als unberechenbar. Besonders die Briten nahmen das starrköpfige Verhalten der polnischen Führungen übel. Ihre Abkehr von ihrem Verbündeten in Warschau ging bis zum Verrat.

Die östlichen Eroberungen wurden von den Westmächten lange nicht akzeptiert, bis ihnen in Ermangelung eines bedeutenden antisowjetischen Zentrums nichts anderes übrig blieb, als Polens neue Ostgrenzen 1923 zu bestätigen.

Alle polnischen Autoren geben diesem Krieg mehr oder weniger die Schuld für den ungünstigen Ausgang der nachfolgenden Volksabstimmungen in Oberschlesien und Westpreußen/Ostpreußen. International hatte Polen dadurch auch verloren. Der Überfall auf Sowjetrussland brachte Polen um die Sympathien zahlreicher linker und anderer pro-polnischer Kräfte, die sich jahrzehntelang für ein unabhängiges Polen ausgesprochen hatten.

In Westeuropa entstand als Reflex eine breite pro-sowjetische Bewegung unter der Losung »Hände weg von Sowjetrussland!«. In vielen Ländern wurden Züge mit Kriegsmaterial für Polen angehalten, entladen oder an der Weiterfahrt gehindert. Viele Schiffe mit Waffen für

Polen wurden – wie in Danzig – einfach nicht gelöscht, polnisches und alliiertes Begleitpersonal wurde bedrängt usw.

Für viele fortschrittliche Menschen war Polen nun ein reaktionärer bürgerlich-gutsherrlicher Staat. Für viele Kommunisten und Linksliberale wurde Polen schlechthin zu einem der reaktionärsten Staaten Osteuropas. Der Begriff vom »Polen der weißen Pans« (= Herren) bestimmte das Urteil über das Land für die nächsten zwanzig Jahre .

Anmerkungen

1 Vgl. Historia Polski w liczbach. Ludność. Terytorium. Warszawa 1993. S. 68
2 Vgl. Ebenda.
3 Vgl. Ebenda. S. 92
4 Vgl. Kłoczowski, J., Müllerowa, L., Skarbek, Jan, Zarys z dziejów Kościoła katolickiego w Polsce. Kraków 986. S. 321, vgl. Wisłocki, J., Uposazenie Kościoła i duchowieństwa katolickiej w Polsce 1919–1939. Poznań 1981. S. 75
5 Vgl. Historia Polski w liczbach. Ludność. Terytorium. Warszawa 1993. S. 69
6 Vgl. Ebenda. S. 93
7 Vgl. Ebenda
8 Vgl. Ebenda.
9 Vgl. Ebenda. S. 76
10 Vgl. Ebenda. S. 94
11 Vgl. Ebenda
12 Vgl. Ebenda. S. 161/162
13 Vgl. Ebenda. S. 160
14 Vgl. Ebenda
15 Vgl. Ebenda. S. 164
16 Vgl. Serczyk, Władysław A. Historia Ukrainy. III. Wydanie. Wrocław, Warszawa, Kraków 2001. S. 241
17 Vgl. Historia Polski w liczbach. Ludność.Terytorium; a.a.O., S. 76/93
18 Vgl. Serczyk, Władysław A. Historia Ukrainy; a.a.O., S. 244
19 Vgl. Beck, Józef. Ostatni raport. Warszawa 1987. S. 91
20 Vgl. Serczyk, Władysław A. Dzieje Polski 1918–1939. Wybór materiałów źródłowych. Kraków 1990. S. 78/79
21 Vgl. Ebenda. S. 84–86
22 Vgl. Słownik historii Polski. Wydanie VI. Warszawa 1973. S. 769
23 Vgl. Serczyk, Władysław A. Dzieje Polski 1918–1939. Wybór materiałów źródłowych; a.a.O., S. 80/81
24 Vgl. Polska w latach 1918–1939. Wybór tekstów żródłowych do nauczania historii. Pod redakcją Wojciecha Wrzesińskiego. Wydanie pierwsze. Warszawa 1986. S. 93/94

25 Vgl. Kamiński, Marek K., Zacharias Michał J. Polityka zagraniczna II Rzeczypospolitej 1918–1939. Warszawa 1987. S. 54, Vgl. Ajnenkiel, Andrzej. Od rzadow ludowych do przewrotu majowego. Zarys dziejów politycznych Polski 1918–1926. Wydanie IV. Warszawa 1978. S. 159

26 Vgl. Polska w latach 1918–1939. Wybór tekstów żródłowych do nauczania historii ...; a. a. O., S. 101/102

27 Vgl. Ajnenkiel, Andrzej. Od rzadow ludowych do przewrotu majowego. Zarys dziejów politycznych Polski 1918–1926. Wydanie IV. Warszawa 1978. S. 159

28 Vgl. Ebenda, vgl. Historia Polski w liczbach; a. a. O., S. 119

6.

Konflikte mit der Tschechoslowakei

Wenn man an die polnischen Außenbeziehungen denkt, so stehen die Konflikte mit den Deutschen und Ostvölkern im Vordergrund. Nichtsdestotrotz waren die Probleme mit den Tschechoslowaken nicht unerheblich. Die Tschechen und Polen hatten seit Jahrhunderten nicht die besten Beziehungen zueinander, obwohl sie als Westslawen mit ähnlicher Sprache offensichtlich über mehr Gemeinsamkeiten verfügten als mit anderen Nachbarvölkern und geradezu für eine Freundschaft oder zumindest für ein gemeinsames Bündnis prädestiniert waren.

Zumeist sind die Beziehungen zu den unmittelbaren Nachbarn bei vielen Völkern und Staaten nicht die besten. Fast immer ging und geht es hierbei um gegenseitige Herrschaftsansprüche oder territoriale Streitigkeiten. Betrachtet man die im Vergleich zu den Deutschen oder den östlichen Nachbarn sehr kleinen territorialen Streitobjekte nach 1918 zwischen den Tschechoslowaken und Polen, so erscheinen die angespannten Beziehungen über nahezu den gesamten Berichtszeitraum eher unverständlich.

Die beiderseitigen Konflikte lagen aber wesentlich tiefer, in langer Vorzeit begründet. Dort ging es um weit mehr als nur um ein paar Quadratkilometer Landgewinn. Kurz nach Beginn der polnischen Staatlichkeit vor etwa tausend Jahren wurde die ursprünglich gedeihliche Zusammenarbeit mit den Tschechen, denen die Polen immerhin ihre Christianisierung verdankten, durch Kriege beendet. Die Polen erhoben

Anspruch auf den tschechischen Thron und auf Schlesien. Die Tschechen verzichteten jedoch nicht darauf und versuchten mit militärischen Mitteln, die wirtschaftlich entwickelte Region zurückzuholen. So wechselte Schlesien oft seine Besitzer. Im 14. Jahrhundert gelang es den Tschechen, die einzelnen schlesisch-polnischen Fürsten zur Abkehr von Polen und zur freiwilligen Unterwerfung unter die tschechische Oberhoheit zu bewegen.

Die Tschechen erhoben aber nicht nur Anspruch auf Schlesien, sondern auch auf Kleinpolen, die Gegend um Kraków, die ihnen die Polen schon zum Zeitpunkt ihrer Staatsgründung genommen hatten. Polnische und tschechische Truppen drangen jeweils tief auf das Territorium des anderen vor. Im 13. Jahrhundert verbündeten sich die Tschechen zeitweise mit den Brandenburgern und den Kreuzrittern gegen Polen. Die Kämpfe endeten 1348 mit dem offiziellen Verzicht der polnischen Krone auf dieses Territorium. Damit ging Schlesien für Jahrhunderte den Polen verloren.

Mit der Herrschaft der Luxemburger Dynastie in Böhmen und Mähren 1310, die zugleich auch deutsche Kaiser stellte, fiel Schlesien indirekt an das deutsche Kaiserreich. Einhundert Jahre später gingen die tschechischen Gebiete wiederum an die Österreicher (Habsburger), womit es auch weiterhin Teil des Heiligen Römischen Reiches blieb. 1620 verlor das tschechische Volk endgültig seine nationale Selbstständigkeit an die Österreicher.

Bis ins 14. Jahrhundert erfolgte eine von den polnischen Fürsten nicht nur gebilligte, sondern auch geförderte deutsche Ostkolonisation, die in der Masse nach Schlesien, aber auch in andere polnische Gebiete führte. Die Einwohner der polnischen Hauptstadt Kraków waren etwa zur Hälfte Deutsche. Der größte Teil der Bevölkerung Niederschlesiens bestand später aus Deutschen, die ganze Landstriche in Besitz nahmen und die Mehrheit des Bürgertums stellten.

Mitte des 18. Jahrhundert griff Preußen nach Schlesien und nahm den Österreichern bis 1763 den größten Teil des Landstrichs in mehreren blutigen Kriegen ab. Schlesien wurde fortan zu einer preußischen Provinz. Damit beginnt die eigentliche Geschichte des deutschen Schlesiens. Nur auf diese Zeit können sich die verschiedenen Vertriebenenverbände berufen. Die Jahrhunderte zuvor teilten sich die Deutschen jenes Gebiet mit den Polen und auch Tschechen, von einer direkten deutschen Staatszugehörigkeit seiner Bewohner konnte kaum die Rede sein. Und seit 1945 ist die Region wieder polnisch.

Sie gehörte also vor den Polnischen Teilungen zu Preußen. Der wesentlich kleinere südöstliche Zipfel Schlesiens blieb bei Österreich und nannte sich Österreichisch-Schlesien bzw. Mährisch-Schlesien. Auch dieses Territorium war kein polnisches Staatsgebiet. Tschechen und Polen lebten dort gemeinsam unter fremder Herrschaft, die Südpolen hatten mit den Tschechen einen gemeinsamen fremden Herrn in Wien. Dennoch gab es zwischen beiden unterdrückten Völkern bedeutende Unterschiede, die später die Politik beider Länder beeinflussen sollten.

Die Tschechen fanden sich weitaus länger – 300 Jahre – unter fremder Herrschaft als die Polen. Und die Besiedlung durch die Deutschen hatte die ethnischen Strukturen völlig verändert. Die deutschsprachige Minderheit schloss die tschechischen Gebiete an den Grenzen zu Deutschland und Österreich mit ein. Aber auch innerhalb von Böhmen und Mähren – vor allem in den Städten – waren die Deutschen stark präsent. Sie stellten knapp ein Viertel der Bevölkerung und waren die größte nationale Minderheit. Die Tschechen machten fünfzig und die Slowaken fünfzehn Prozent aus. Über zehn Prozent entfielen auf Ungarn, Ukrainer, Juden und Polen. Bei Gründung der Ersten Tschechoslowakischen Republik (Československá republika) 1918 dominierten die Titularnationalitäten mit 65 Prozent.[1]

Die tschechischen Gebiete hatten sich schon im Mittelalter zu einem bedeutenden Produktionszentrum entwickelt, von dessen Reichtum seine prächtige Hauptstadt Prag bis heute kündet. Böhmen und Mähren wurden zum industriellen Zentrum des Habsburger Reiches. Dort befanden sich 1918 durchschnittlich 60 bis 70 Prozent des Vorkriegspotenzials der k.u.k. Monarchie.[2] So konnten sich Strukturen herausbilden, die denen in hochentwickelten westeuropäischen Ländern glichen oder nahekamen. Die Tschechoslowakei war ein Industrieland mit starker Arbeiterschaft, wie es sie in keinem zweiten osteuropäischen Land, Russland eingeschlossen, gab. In der Tschechoslowakei lag folglich auch der Lebensstandard höher als anderswo im Osten.

Es existierte zwar auch eine starke Schicht von Großgrundbesitzern, doch sie dominierten nicht wie in Polen die Politik, sie mussten sich die politische Macht mit einer starken ethnisch-tschechischen Bourgeoisie teilen. Stark war auch eine kapitalistisch produzierende Schicht von Großbauern. Die katholische Kirche war unbedeutender als in Polen, der Hussitenaufstand – jene revolutionäre Erhebung im 15. Jahrhundert gegen Klerus und König – war in der Erinnerung des tschechischen Volkes lebendig. Der Kleinadel, in Polen Träger des Unabhängigkeitsgedankens, war bei den Tschechen schon seit Jahrhunderten nicht nur seiner wirtschaftlichen, sondern auch seiner politischen Bedeutung beraubt worden. Eine Rolle wie in Polen konnte er nicht spielen. Im tschechischen Volk bildete sich eine politisch-ideologische Führungsschicht heraus, in der die Bourgeoisie und das Bildungsbürgertum mit der Zeit eine dominierende Rolle einnahm. Sie wurde durch ein zahlenmäßig ungewöhnlich starkes städtisches und ländliches Kleinbürgertum sekundiert.

Die unterschiedlichen Strukturen – vor allem im Führungs- und Bereich der Multiplikatoren nationalrevolutionärer Ideen – und nicht zuletzt die überaus lange Zeitspanne seit Verlust der nationalen Unabhängigkeit bewirkten eine völlig andere Art des Denkens und Herangehens an aktuelle und perspektivische politische Probleme als in Polen.

Sämtliche Grenzen des tschechoslowakischen Staates waren bis 1920 in Versailles, Saint Germain und Trianon durch die Friedensverträge mit Deutschland, Österreich und Ungarn bestätigt worden. Eben jene Staaten, vor allem Deutschland und Ungarn, unternahmen jedoch alles, um die Herausbildung der tschechoslowakischen Staatlichkeit zu verhindern. Deutschland sah in der Tschechoslowakei den verlängerten Arm seines »Erbfeindes« Frankreich und ein Provisorium, das es zu vernichten galt. Daher unterstützte Deutschland alle separatistischen Bewegungen in der ČSR und versuchten Abspaltungen, die vor allem durch die starke deutsche Minderheit betrieben wurden.

Neben Deutschland forderte Ungarn propagandistisch seine verlorenen Gebiete ein. Das betraf vor allem die Slowakei, die über Jahrhunderte unter ungarischer Herrschaft gestanden hatte. Besonders in diese Richtung war Prag sensibilisiert. Daher strebte die Tschechoslowakei nach einem festen Bündnis mit Frankreich gegen Deutschland sowie mit Jugoslawien und Rumänien – im Rahmen der Kleinen Entente – gegen Ungarn.

In Polen waren einzig die Nationaldemokraten in Bezug auf deutsche Ambitionen sensibilisiert, das Unabhängigkeitslager hingegen war antirussisch eingestellt. Die polnischen Pläne zur Schaffung pro-polnischer Staaten in der Ukraine und Belorussland, um Russland von Europa – und somit auch von der Tschechoslowakei – zu trennen, avancierten zum Hauptgegensatz bei den außenpolitischen Interessen der Tschechoslowaken und Polen. Tschechen und Slowaken nämlich waren seit Jahrhunderten pro-russisch orientiert, die panslawistische Bewegung hatte hier viele Anhänger. Beide Völker erstrebten eine Anlehnung an Russland auch durch eine territoriale Verbindung, um sich gemeinsam des deutschen und des ungarischen Drucks zu erwehren.

Die Polen hingegen, deren Führung von den Tschechen als prodeutsch eingeschätzt wurde, hassten die Russen – egal, wer dort herrschte oder regierte. Diese tiefwurzelnde, fast pathologische Ablehnung, die sich in der Außenpolitik niederschlug, machte Warschau aus Prager Sicht eher zum Gegner denn zum Verbündeten.

Trotzdem setzte die bürgerliche Führung in Prag ebenfalls auf einen Sieg der russischen Konterrevolution. Die Rechten hatten sogar während des Bürgerkrieges eine tschechoslowakische Legion aufgestellt, die an der Seite der Weißen gegen die Bolschewiki kämpfte. Der wohl berühmteste Legionär hieß Ludvik Svoboda, der während des Zweiten Weltkrieges an der Spitze der Tschechoslowakischen Volksarmee stehen sollte, die in der UdSSR aufgestellt worden war, später wurde Svoboda Verteidigungsminister und Staatspräsident der ČSSR. Auf der Seite der Bolschewiki hingegen kämpften rund 20000 Tschechen und Slowaken, von denen etwa 5000 fielen.[4] Hier kämpfte auch der Kommunist und Politkommissar Jaroslav Hašek (1883–1923), der als Autor der »Abenteuer des braven Soldaten Schwejk« später literarischen Weltruhm erlangte.

Die Tschechoslowakei war eine bürgerlich-parlamentarische Republik. Die Arbeiterbewegung war weitaus stärker als die in Polen, es gab – im Verhältnis zur Bevölkerung – die stärkste kommunistische Partei Europas (350 000 Mitglieder). Zeitweise war sie die zweitstärkste Partei im Lande und mit 13 Prozent im Parlament vertreten.[5] Von solchen Verhältnissen konnten die polnischen Kommunisten, die seit ihrer Parteigründung in tiefster Illegalität lebten, nur träumen. Diese für Osteuropa ungewöhnliche Stärke der Kommunisten wurde in Polen wie auch in Deutschland zum Vorwand genommen, die Tschechoslowakei als pro-bolschewistisch zu denunzieren und international zu diskreditieren.

Die offizielle Politik dieses Landes war aber – trotz der pro-russischen Haltung – alles andere als sowjetfreundlich. Immerhin stellte die Tschechoslowakische Legion mit ihren 50 000 Soldaten eine Zeit lang die Speerspitze der russischen Konterrevolution dar. Tschechoslowakische Truppen kämpften 1919 auch gegen die Ungarische Räterepublik.[6] Die Kleine Entente, in der die Tschechoslowakei seit 1920 die bedeutendste Rolle spielte, richtete sich gegen die Sowjetmacht. Erst 1934 anerkannte die Tschechoslowakei die UdSSR diplomatisch. Frankreich und Großbritannien hatten das schon zehn Jahre zuvor getan, Polen bereits 1921.

Die Tschechoslowakei war – wie Polen – mit Frankreich verbunden, doch Paris hatte eine eigene Agenda. Bei Streitigkeiten zwischen Warschau und Prag ergriffen die Franzosen in der Regel Partei für Prag. Die polnische Geschichtsschreibung weist darum den Franzosen auch die Schuld zu, dass ungünstige Entscheidungen bei polnischen Gebietsansprüchen zustande kamen. Die Gründe für dieses Verhalten Frankreichs werden gewöhnlich nicht benannt. Die Beziehungen Frankreichs zur Tschechoslowakei hatten tatsächlich von Anfang einen höheren Stellenwert im Vergleich zu den französisch-polnischen Beziehungen. Die Tschechen und Slowaken schienen verlässlicher zu sein als die Polen. Das polnische Nationalkomitee (Komitet Narodowy Polski, KNP) saß zwar auch – wie die tschechische Politemigration – in Paris, doch die Macht in Polen hatten aus der Sicht der Franzosen pro-deutsche Elemente. Die pro-deutsche und pro-österreichische Orientierung eines Großteils der politischen Kräfte Polens war den Westmächten nicht entgangen. Man vergaß auch nicht, dass Piłsudski erst durch machtvolle Demonstrationen unter roten Fahnen die polnische Staatsführung übertragen bekommen hatte. Bei den Tschechen und Slowaken hingegen waren die verhandlungsführende Emigration und die Herrschaft in Prag fest in bürgerlichen und pro-westlichen Händen. Die Vertreter der Tschechen in Paris und Prag waren altbekannte bürgerliche Politiker, die schon seit langem eine Anlehnung an Frankreich und Großbritannien gesucht hatten. Der Schulterschluss war da. Die tschechoslowakische Armee wurde nicht nur nach französischem Vorbild aufgebaut, sondern bis 1925 auch von einem französischen Oberkommandierenden und Generalstabschef befehligt.

Bei den Polen hingegen gab es das nicht. Zwar orientierte man sich auch beim Militär an Frankreich, doch die polnische Militärtradition war viel umfangreicher als die tschechische, so dass trotz Anwesenheit der französischen Militärmission und Schulungen durch französische Offiziere hier von Anfang an viel Eigenständiges eingebracht wurde. Ihre militärische Führung gaben die Polen nicht her.

Die militärstrategische Lage der Tschechoslowakei war in den Augen der Pariser Politiker, Diplomaten und Militärs bei einem Krieg gegen Deutschland besser als die Polens. Die Entfernung vom westlichsten Punkt der tschechischen Grenze bis zum östlichsten Frankreichs betrug etwa 300 Kilometer. Die Distanz zu Polen betrug das Zweifache, und überdies befand sich Polen – auf der Karte für jedermann sichtbar – wie in einer riesigen deutschen Zange: Schlesien, Pommern und Ostpreußen schlossen Polen gleichsam ein.

Die Tschechen lagen auch geografisch weitaus näher zu den wirtschaftlichen Zentren in Deutschland. Einzig Berlin war vom westlichsten Punkt Polens 170 Kilometer entfernt, doch dazwischen lag mit der Oder ein aus der Bewegung schwer zu nehmendes Hindernis, was die polnischen Truppen aufhalten würde. In der Zwischenzeit hätten deutsche Truppen die Polen mit einer Zangenbewegung in diesem schmalen Vorstoßkorridor abschneiden, einkreisen und vernichten können. Für einen von den Westalliierten unterstützten Vorstoß aus der Tschechoslowakei hingegen gab es kaum natürliche Hindernisse. Hinterm Kamm des Erzgebirges, das die Grenze zu Mitteldeutschland bildete, lagen die sächsischen Industriezentren, und im Westen hätten Frankfurt (Main), Nürnberg, Regensburg und München erreicht werden können.

Die Tschechoslowakei hatte aber gegenüber Polen für Frankreich noch viel mehr zu bieten als nur geostrategische Vorteile. Sie verfügte über eine sehr gut bewaffnete, umfassend ausgerüstete und mechanisierte Armee, die zu den modernsten in Europa gehörte, sowie über eine gut ausgebaute Rüstungsindustrie. Die ČSR war der größte Waffenproduzent in Osteuropa. Dieses Land bildete den Hauptpfeiler der Kleinen Entente, die auf Initiative der Tschechoslowaken im Juni 1920 mit Rumänien und Jugoslawien gegen Ungarn geschlossen worden war. Ein 1921 mit Bukarest abgeschlossenes Einzelbündnis stärkte Prags Position.

Diese war auch wirtschaftlich untersetzt. Die Tschechoslowakei galt zu Recht als der ökonomisch am weitesten entwickelte Staat Osteuropas, der in andere Staaten dieser Region, auch nach Polen, expandierte. Darum bestanden für das französische und das britische Kapital wesentlich bessere Ansatzpunkte als in Polen. Die industrielle Infrastruktur versprach bei entsprechender Beteiligung hohe Gewinne. Die Franzosen kontrollierten einen Teil der Automobil-Werke, des Maschinenbaus und der Rüstungsindustrie. Die Briten kontrollierten über die Hälfte der Glasindustrie, große Teile der Zuckerindustrie sowie des Hüttenwesens.

Polen hingegen war ein Agrarland. Das ausländische Kapital wollte sich an der eher marginalen Industrialisierung kaum beteiligen, es war mehr an der Ausbeutung von Rohstoffen und anderen sicheren Einnahmequellen interessiert. Frankreich war engagiert im polnischen Bankwesen, im Bergbau und in der Hüttenindustrie sowie in der Textilindustrie und investierte am meisten in polnische Unternehmen. Dennoch: Fast 60 Prozent des in Polen angelegten ausländischen Kapitals kam von Deutschen, Amerikanern und Briten.[7]

Frankreich schätzte an den Tschechoslowaken insbesondere ihre Berechenbarkeit und Solidität im Verhältnis zu Russland. Sollten die Weißen dort gewinnen, so hätte das für die Tschechoslowakei keine territorialen und somit konfliktreichen Folgen. Ein bürgerliches Russland wäre dann im Verbund mit den Tschechen ein besonders wirksames Gegengewicht zu Deutschland. Polen hingegen war bei diesen strategischen Überlegungen ein unsicherer Kantonist. Daher setzte Paris lieber auf Prag.

Hinsichtlich der neuen Grenzen der Tschechoslowakei wussten die Franzosen aber auch um ihre Sensibilität. Die Grenzen im Norden und Westen Böhmens waren mit der alten Grenzlinie Österreich-Ungarns gegenüber Deutschland identisch, sie war eine der ältesten Grenzen auf dem Kontinent überhaupt.

Die Grenze nach Österreich im Süden folgte jahrhundertealten Demarkationslinien des Erzherzogtum Österreichs. Sie war weder natürlich noch sprachlich, denn hier lebte in zusammenhängenden Gebieten eine große deutsche Minderheit. Die slowakischen Grenzen waren – durch Abtretung von Ungarn als Teil der Donaumonarchie – im Friedensvertrag von Trianon 1919 festgelegt worden.

Paris hatte am 18. September 1918 – also noch vor Beendigung des Weltkrieges und dem Zerfall der Donaumonarchie – heimlich mit der tschechischen Emigration über die Herstellung ihrer »historischen Grenzen« gesprochen und Unterstützung zugesichert. Diese Tatsache war bedeutsam, da sonst die Westmächte historische Fakten gemeinhin nicht gelten ließen. Diese Ausnahme weist auf das starke Interesse Frankreichs an der Tschechoslowakei hin.

Problematischer waren die Grenzen des neuen Polen. Über Jahrhunderte gab es keinerlei staatsrechtliche Grenzen zwischen den tschechischen, slowakischen und polnischen Gebieten. Neue Grenzen nach sprachlichen Kriterien oder Zugehörigkeit zur jeweiligen Nationalität festzulegen, war ebenfalls nicht einfach. Man hatte sich durch Heirat, Arbeits- und Wohnortwechsel im Territorium miteinander vermischt und war großenteils zweisprachig. Davon war auch die Zugehörigkeit zu den Nationalitäten geprägt. Bei nicht wenigen Polen, die mit Tschechen oder Slowaken verheiratet waren, entschied das Verhältnis zur nahen Verwandtschaft über ein Bekenntnis zum jeweiligen Staat. Bei vielen Tschechen und Slowaken war das nicht anders.

Bei den Auseinandersetzungen ging es um zwei Gebiete.

Das bedeutendste war das Teschener Schlesien, nach dem Fluss Olsa auch Olsagebiet genannt. Es umfasste etwa 2000 km^2 mit einer Bevölkerung von knapp einer halben Million Menschen, 55 Prozent polnischer und 27 Prozent tschechischer Nationalität.[8] Was diese Region aber für beide Seiten so wichtig machte, war weniger die ethnische als die wirtschaftliche Komponente. Sie galt mit einem gut ausgebauten Kohlebergbau als bedeutendes Industriezentrum. Durch dieses Gebiet führte auch die für den Warentransport wichtige Nord-Süd-Bahnstrecke mit dem wichtigen Verkehrsknotenpunkt Bohumín.

Die Tschechoslowakei war in ihrem Selbstverständnis ein Vielvölkerstaat, während andere osteuropäische Staaten trotz Vorhandensein einiger nationaler Minderheiten sich nicht so verstanden. Zudem ging Prag von der berechtigten Annahme aus, dass alle Nationalitäten der Tschechoslowakei sich in einem modernen Staat mit höherem Lebensstandard zu einer Gemeinschaft zusammenfinden würden. Prag wusste, dass die Polen in Paris und in Warschau die alte Staatsgrenze von 1772 als ihre Westgrenze anstrebten. Damit schien das Teschener Schlesien, immerhin als tschechisches Fürstentum früher an die Österreicher gefallen, außerhalb polnischer Territorialforderungen zu liegen. Doch es kam anders. Der Konflikt sollte sich ganze vierzig Jahre hinziehen. In der polnischen Geschichtsschreibung wird den Tschechen die Hauptschuld oder überhaupt die Schuld an den nun folgenden Ereignissen zugewiesen. Die Tschechen wiederum machen die Polen dafür verantwortlich.

Zu Beginn wurde von der Bevölkerung im Olsagebiet – im gegenseitigen Einvernehmen – am 5. November 1918 die Region in einen tschechischen und einen polnischen Teil geschieden. Polen erhielt den größeren Teil, darunter auch die Bahnlinie. Damit schienen alle einverstanden zu sein, obwohl der Vertrag zwischen den Volksgruppen eine endgültige Grenzregelung noch offen ließ und deren Festlegung den jeweiligen Regierungen überlassen wurde. Das wird in der polnischen Geschichtsschreibung kritisiert. Zu Unrecht, denn Grenzen werden grundsätzlich durch zwischenstaatliche Vereinbarungen und/oder internationale Festlegungen sowie innerstaatliche Bestimmungen fixiert. Prinzipielle Grenzfragen sind in jedem Falle Regierungsangelegenheit und nicht Sache territorialer Körperschaften.

In Spisz und Orava – dem zweiten Gebiet: eine Enklavc auf slowakischem Gebiet und ebenfalls vor den polnischen Teilungen zu Österreich gekommen – stimmte die polnische Vertretung für den Anschluss an Polen, das zu jenem Zeitpunkt (5. November 1918) allerdings noch nicht als unabhängiger Staat existierte.

Prag indes akzeptierte das nicht. Mit den Franzosen hatte die tschechische Führung – wie schon erwähnt – vereinbart, dass Paris den neuen Staat in seinen historischen Grenzen unterstützen werde. Die von den Polen oft ins Feld gebrachte These, dass sich die Franzosen in den komplizierten ethnischen Verhältnissen bei den künftigen polnischen Grenzen nicht auskennen und demzufolge die Gegenseite bevorzugen, mag sicher nicht falsch sein. Doch ausschlaggebend war das nicht.

Am 10. Januar 1919 bestätigte der polnische Staatsführer die polnischen Verwaltungen in diesen beiden Gebieten. Damit waren sie Teil des polnischen Staates, und seine Truppen marschierten ein. Dadurch wurde Prag ohne Verhandlungen vor vollendete Tatsachen gestellt. Die tschechoslowakische Regierung forderte, bis zum Abschluss polnisch-tschechischer Gespräche die Truppen abzuziehen.

Am 13. Januar zogen sich die polnischen Abteilungen und Verwaltungen auf französischen Druck aus Spisz und Orava auf die bisherige Grenze zurück. Immerhin gehörte die Slowakei noch zu Ungarn, und Gebietsabsprachen waren noch nicht getroffen worden. Das sollte erst im Friedensschluss zu Trianon am 4. Juni 1920 erfolgen. Vorläufig konnten die Polen hier demnach keine Rechte durchzusetzen.

Im Olsagebiet hingegen verschärfte sich die Lage. Die Tschechen forderten den Rückzug der Truppen. Die polnischen Formationen unter Oberst Franciszek Latinik weigerten sich jedoch abzuziehen. Daraufhin griffen die Tschechen mit französischer Unterstützung am 23. Januar 1919 den polnischen Teil des Olsagebietes an. Innerhalb weniger Tage konnten die tschechischen Streitkräfte die Polen bis an die Weichsel drängen. Nach sieben Tagen wurde ein Waffenstillstand geschlossen.

Die Sache wurde nun vor den Obersten Rat der Entente gebracht.

Am 3. Februar 1919 unterzeichneten in Paris die Staatsmänner Frankreichs, Großbritanniens, Italiens und der USA sowie Vertreter Polens (Dmowski) und der Tschechoslowakei (Beneš) ein Abkommen, das Frieden in die Region bringen sollte. Die neue Grenzlinie sollte nun entlang der bekannten Bahnlinie verlaufen, wobei die Tschechen den Verkehrsknotenpunkt Bohumín und wichtige Kohlegruben erhalten sollten. Die polnischen Verwaltungen hingegen sollten auch im tschechisch besetzten Gebiet weiter fungieren können.

In dieses Gebiet wurde nun eine internationale Kommission geschickt, um die konkreten Verhältnisse vor Ort kennenzulernen. Die Tschechen griffen dennoch in der Nacht vom 23. auf den 24. Februar noch einmal, jedoch erfolglos, an. Einen Tag später kam es zu einer Militärkonvention, die aber nur die Absprachen vom 3. Februar präzisierte.

Polen hingegen gab nicht auf und vertraute den Bemühungen der Kommission. In Prag und Kraków kam es zu tschechisch-polnischen Gesprächen auf höchster Ebene. Ein Plebiszit über die territoriale Zugehörigkeit, das die polnische Seite vorgeschlagen hatte, lehnte die tschechische indes ab. Allerdings verlangten die Siegermächte in Paris im September 1919 einen Volksentscheid nicht nur im Olsagebiet, sondern auch in Spisz und Orava, da das Problem offensichtlich nicht anders gelöst werden könnte. Die dafür vorgesehen Frist von drei Monaten verstrich jedoch ungenutzt. Als eine Wahlkommission unter französischer Führung eintraf, war die Frist bereits verstrichen. Wie das Plebiszit ausgegangen wäre, ist ungewiss. Auf jeden Fall taten die Tschechen alles, um es zu verhindern.

Damit war das Problem – vor allem für die Polen – aber noch lange nicht vom Tisch. Warschau forderte nach wie vor den größten Teil des

Olsa-Landes, einschließlich der Kohlegruben, der Bahnlinie und des Verkehrsknotenpunktes Bohumín.

Die Westmächte zeigten für diesen Konflikt wenig Verständnis, zumal Polen auch andere Grenzkonflikte militärisch austrug und zunehmend Anlass zur Sorge gab. Überall in Europa begann nach dem blutigen Weltkrieg Ruhe einzukehren, nur Polen ließ seine Waffen nicht verstummen. Im Sommer 1920, als sich die sowjetischen Truppen Warschau näherten, wollten die Westmächte wenigstens an der polnisch-tschechoslowakischen Demarkationslinie klare Verhältnisse schaffen. Die Polen sollten Westeuropa zwar vor den Bolschewiken retten, aber keine Händel mit Verbündeten der Westmächte austragen.

Als im Juli 1920 die Rote Armee unaufhaltsam auf die polnische Hauptstadt vordrang, bat der polnische Regierungschef Władyslaw Grabski im Westen um Hilfe. Das gab Paris und London die Gelegenheit, auf Warschau wegen der Grenzkonflikte einzuwirken. Polen sollte endgültig nicht nur auf seine Gebietsforderungen im Olsagebiet, sondern darüber hinaus auch auf den auf der westlichen Uferseite gelegenen Teil von Teschen und einige andere Gebiete – darunter den größten Teil von Spisz und Orava – verzichten. Damit erhielt die Tschechoslowakei den größten Teil des Olsa-Landes zugesprochen, einschließlich dessen, was Polen am meisten begehrte. Das wurde niedergelegt in der Entscheidung der Botschafterkonferenz am 28. Juli 1920 im belgischen Spa.[9]

Spa war also auch in dieser Frage für die Polen schlimmer als ein Gang nach Canossa und hinterließ in der polnischen Historiographie eine entsprechende Wertung. Allerdings sorgte diese Grenzziehung nicht für die Beendigung der Auseinandersetzung zwischen Warschau und Prag, sie konservierte diese allenfalls. Und Prag nutzte jede Gelegenheit, um zu demonstrieren, dass es so war.

Noch im gleichen Sommer informierte der tschechoslowakische Außenminister den polnischen Botschafter, dass die Tschechoslowakei keine Transporte von Kriegsmaterial, wenn es gegen die Rote Armee eingesetzt werden sollte, und von Soldaten über ihr Territorium erlauben werde. Damit war der Durchmarsch von 30000 ungarischen Kavalleristen, die an der Seite Polens kämpfen sollten, untersagt.[10]

Die präzise Fixierung der Grenze im Hochgebirgsbereich verursachte bis März 1924 Probleme zwischen beiden Ländern. Erst ein Machtwort des Völkerbundes beendete diesen Streit und erkannte den Tschechoslowaken strittige Gebiete zu.

Die Wurzeln der gegenseitigen Ablehnung waren allerdings nicht allein in der Geschichte, sondern auch in den aktuellen Überzeugungen zu finden. Polen, der seit 1922 größte Staat Osteuropas, hielt die Tschechoslowakei für nicht lebensfähig: zu klein, zu unbedeutend, ein »Saisonstaat«, der irgendwann von Deutschen und Ungarn zerschlagen werden würde. Dieser nationale Chauvinismus speiste sich auch aus der Haltung, dass man – im Unterschied zu dem Vielvölkerstaat ČSR – ethnisch nahezu rein sei. Die polnischen Juden – immerhin über zehn Prozent der Bevölkerung – waren eine unbeachtliche Größe, sie verlangten keinen eigenen Staat und wenn, dann reisten sie nach Palästina aus.[11] Die für Polen gefährlichste Minderheit – die Deutschen – machte nur knapp vier Prozent aus.[12]

In Prag dachte man ähnlich borniert. Man glaubte nicht an eine Zukunft Polens.

Die Konflikte mit Sowjetrussland betrachtete die tschechoslowakische Führung als Verrat an der slawischen Gemeinschaft, daher stellte sie auch den polnischen Besitz Ostpolens in Frage und erkannte den Rigaer Friedensvertrag zwischen Polen und der Sowjetunion von 1921 nie an. Polen, so die Überzeugung an der Moldau, werde sich als bürgerlich-parlamentarische Demokratie nicht behaupten, das Land wirtschaftlich immer arm bleiben. Polen werde daher anfällig für soziale Umsturzversuche sein, ganz anders als man selbst. Die polnischen Grenzen im Westen und im Osten hielt Prag für temporär. Nicht wenige Tschechoslowaken glaubten oder wünschten es, dass Sowjetrussland sich seine Territorien wieder zurückholte. Polen hatte sich seit seiner Staatsbildung in militärische Konflikte mit seinen großen Nachbarn Deutschland und Sowjetrussland verstrickt, über kurz oder lang könnte Polen zwischen diesen Nachbarn zerrieben werden. Deshalb hielt sich Prag von Warschau fern, um nicht selbst – der eigenen Instabilität bewusst – dabei in Mitleidenschaft gezogen zu werden. Es gab darum keine bedeutende politische Kraft in der Tschechoslowakei, die für eine Annäherung an Polen plädiert hätte.

Prag fürchtete das Übergewicht Polens und in die unsicheren Grenzverhältnisse im Osten Polens involviert zu werden. Gemeinsames Handeln gegen die Russen – egal, wer dort regierte – kam für Prag nicht in Frage. Und in der Kleinen Entente sah man ein Instrument zur Abwehr ungarischer Grenzforderungen. Polen hingegen hatte traditionell zu den Ungarn das beste Verhältnis, seine Annäherung an die Kleine Entente verfolgte Prag daher mit Misstrauen.

Polen unternahm einen Versuch, die Verhältnisse zur Tschechoslowakei zu verbessern. Dazu war es am 1. Oktober 1920 von Frankreich aufgefordert worden. In Polen selbst drängten einflussreiche politische Kräfte auf eine Verständigung mit der Tschechoslowakei. Insbesondere die Nationaldemokraten sahen in Tschechen und Slowaken potentielle Verbündete gegen die deutsche Bedrohung. Nicht so Piłsudski.[13] Der den Nationaldemokraten nahestehende Außenminister Konstanty Skirmunt ernannte den bedeutenden Slawophilen Erazm Piltz zum Botschafter in Prag. Beide Politiker schafften es, dass am 6. November 1921 ein polnisch-tschechoslowakisches Neutralitätsabkommen in Prag unterzeichnet wurde. Der Sejm jedoch lehnte die Ratifizierung wegen angeblicher Begünstigung der Tschechoslowakei ab. Die Verweigerung erfolgte unter dem Eindruck des Sieges über die Rote Armee. Nicht wenige Polen glaubten nun, unbesiegbar zu sein und ein Bündnis oder Neutralitätsabkommen mit so einem kleinen Land ausschlagen zu können. Auch das Ende November 1920 in Prag abgeschlossene Abkommen über die Staatsbürgerschaften wurde nie ratifiziert.

Im Oktober 1938 sollte sich Polen an der Zerschlagung der Tschechoslowakei beteiligen, indem es den von Warschau beanspruchten Teil des Olsagebietes annektierte. Damit erreichten die Beziehungen zwischen Prag und Warschau einen absoluten Tiefpunkt. Erst die Machtübernahme durch die Linken unter Führung der Kommunisten in beiden Ländern nach 1944 machte den Abschluss eines gegenseitigen Freundschafts- und Militärbündnisses im März 1947 möglich. Die Grenzprobleme hingegen wurden auf sowjetischen Druck 1958 beigelegt.

Schaut man sich auf der Karte die umstrittenen Gebiete an und vergleicht sie mit den Territorien, um die Polen damals mit Deutschland, Sowjetrussland und Litauen stritt, so ist man erstaunt, dass diese wenigen Quadratkilometer solch eine enorme Rolle in der europäischen Nachkriegspolitik spielten. Die Folgen, die dieser relativ kleine Konflikt nach sich zog, standen in keinem Verhältnis zur Größe der Territorien. Beide Länder verloren wechselseitig ihren einzigen realen politischen und militärischen Bündnispartner in dieser Region, was zur Folge hatte, dass sie Ende der dreißiger Jahre einzeln und nacheinander innerhalb von nur Monaten um ihre Unabhängigkeit gebracht werden konnten. Ein gemeinsames polnisch-tschechoslowakisches Handeln hätte sich auf die Entwicklung Osteuropas und vielleicht auch Europas günstig ausgewirkt, die gemeinsame militärische Stärke und eine abgestimmte Außenpolitik wären für den deutsche Faschismus zu einer ernsten Barriere geworden.

Vor allem wirtschaftlich hätten beide Länder enorm gewinnen können. Sie waren die am weitesten entwickelten Länder Osteuropas mit einer soliden Rohstoffbasis und - vor allem die Tschechoslowakei - einer verarbeitenden Industrie. Eine enge ökonomische Kooperation hätte - bei allen Unterschieden und Gegensätzen - zu wirtschaftlichen Verbesserungen vor allem in Polen führen können.

Diese Chancen wurden durch diesen Grenzkonflikt verspielt.

Anmerkungen

1 Vgl. Dau, Rudolf, Svatosch. Neuste Geschichte der Tschechoslowakei. Berlin 1985. S. 30

2 Vgl. Ebenda. S. 27

3 Vgl. Serczyk, Władysław A. Historia Ukrainy. III. Wydanie. Wrocław, Warszawa, Kraków 2001. S. 288

4 Vgl. Král,V.Historické mezniki ve vývoji Československa. Praha 1978. S. 28

5 Vgl. Partie kommunistyczne i robotnicze świata. Zaryz ecyklopedyczny.Warszawa 1978. S. 52, 61

6 Vgl. Dau, Rudolf, Svatosch. Neuste Geschichte der Tschechoslowakei; a.a.O., S. 18

7 Vgl. Landau, Zbigniew, Tomaszewski, Jerzy. Zarys historii gospodarczej Polski 1918–1939. Wydanie piąte. Warszawa 1986. S. 156

8 Vgl. Kronika dziejów Polski. Kraków 1995. S. 228/229, vgl. Eckert, Marian. Historia polityczna Polski lat 1918–39. Wydanie piąte. Warszawa 1990. S. 46

9 Vgl. Serczyk, Władysław A. Dzieje Polski 1918–1939. Wybór materiałów źródłowych. Kraków 1990. S. 110–115

10 Vgl. Kamiński, Marek K., Zacharias Michał J. Polityka zagraniczna II Rzeczypospolitej 1918–1939. Warszawa 1987. S. 53

11 Vgl. Michael, Holger. Zwischen Davidstern und roter Fahne. Juden in Polen im XX. Jahrhundert. Berlin 2007. S. 13

12 Vgl. Eckert, Marian. Historia polityczna Polski lat 1918–39; a.a.O., S. 56

13 Vgl. Beck, Józef. Ostatni raport. Warszawa 1987. S. 32

7.

Polen in den neuen Grenzen

Über das sogenannte Zwischenkriegspolen gingen und gehen die Meinungen der Polen und ihrer Historiker zum Teil weit auseinander. In den politischen Auseinandersetzungen der Nachkriegszeit, in der Volksrepublik Polen selbst und im Kalten Krieg zwischen den Blöcken wurde Zwischenkriegspolen und seine Rezeption propagandistisch gegen die Kommunisten und andere polnische Linke instrumentalisiert. Die Antikommunisten idealisierten es. Allein schon wegen seiner territorialen Ausdehnung – Zwischenkriegspolen war größer als das Polen nach 1945 – wurde es bewundert und glorifiziert.

Trotz kritischer Distanz erarbeiteten die Historiker der Volksrepublik Polen in zunehmendem Maße ein objektives und ausgewogenes Bild über jene Zeit. Es hat auch heute noch Bestand. Die Wissenschaftler ließen sich in ihrer Motivation von einem wohl verstandenen Patriotismus leiten und urteilten, dass Zwischenkriegspolen einen notwendigen und wertvollen Beitrag zur tausendjährigen Geschichte des polnischen Volkes geleistet hat. Dass die wissenschaftliche Auseinandersetzung kontrovers verlief, liegt in der Natur des Gegenstandes und beförderte letztlich ihr Anliegen. Tatsächlich war und ist die Bewertung Zwischenkriegspolens alles andere als einfach.

Für diejenigen, die ihre Kindheit und Jugend dort verbracht hatten, war es ein Staat, in dem man sich seines Polentums nicht fürchten musste – es war die Frucht einer mehr als hundertjährigen nationalen

Befreiungsbewegung. Auch für die meisten der sogenannten Unterprivilegierten und ihre politischen Vertreter war es ein Staatswesen, mit dem man sich zumeist identifizieren konnte und auf dessen Boden die Kämpfe für ein besseres Polen auszufechten waren. Trotz aller Schwierigkeiten, Antagonismen und verpassten Chancen war es die Heimat und das Vaterland von etwa 35 Millionen Menschen, das sie 1939 verteidigen sollten.

Das »neue Polen« umfasste 388000 km². Damit war es um etwa ein Fünftel größer als die nach dem Zweiten Weltkrieg gebildete Volksrepublik.[1] Polen befand sich hinsichtlich seiner Fläche und Bevölkerung in Europa an sechster Stelle.[2] Die West-Ost-Ausdehnung der Zweiten Republik betrug etwa 800 km. Sie reichte im Südwesten von dem Flüsschen Obra unweit der Grenze zu Schlesien bis an die Dwina im äußersten Nordosten. Während die Westgebiete in Mitteleuropa lagen, zählte Polen hinter der Weichsel bereits zu Osteuropa.

Dieses große Land verfügte über eine Grenze von etwa 5500 km. Die Landgrenze zu Deutschland (einschließlich der zur Freien Stadt Danzig) war die längste und betrug 2051 km, die zur Sowjetunion 1407 km, zur Tschechoslowakei 920 km, zu Litauen und Lettland 521 km und zu Rumänien 388 km. Bis auf die Südgrenze verfügte die polnische Staatsgrenze über keine natürlichen Hindernisse wie Gebirgszüge oder große Flüsse, was die Sicherung personell und finanziell aufwendig machte.

Die polnische Ostseeküste betrug nur 140 km.[3]

1921 zählte Polen eine Bevölkerung von 27,2 Millionen Menschen, von denen jeder Vierte in Städten wohnte. Zu den größten polnischen Orten gehörten die Hauptstadt Warschau, Kraków, Poznan, Wilna und Lwów. Warschau war die einzige Millionenstadt.[4]

Polen besaß reichlich Bodenschätze. In einem bis zu 200 Kilometer breiten Gürtel entlang der südlichen bis westlichen Grenze konzentrierten sich Stein- und Braunkohlevorkommen, man förderte Erdöl und Eisenerz, Blei, verschiedene Salzarten, Zink, Phosphorit, Schwefel, Erdgas.

In der Steinkohleförderung belegte Polen Platz 7 in der Welt. Bei der Erdölförderung betrug der Anteil an der Weltproduktion 1926 lediglich ein halbes Prozent. Die Erdgas- und Salzgewinnung hingegen war beträchtlich und überstieg das Vorkriegsniveau. Während die Eisenerzförderung in Zwischenkriegspolen wegen fallender Rentabilität zurückging, stieg die Zinkförderung auf einen der Weltspitzenplätze.[5]

Die Einnahmen aus diesen und anderen teilweise recht lukrativen Wirtschaftsbereichen flossen nicht dem polnischen Staat zu, sondern amerikanischen, deutschen, britischen und französischen Unternehmen. Auch italienische, schwedische, belgische und niederländische Konzerne profitieren von den polnischen Bodenschätzen. Die auswärtigen »Investoren« hatten sich die polnische Wirtschaft untereinander aufgeteilt. Die Schweden hatten die Telefongesellschaften übernommen, die Amerikaner erhebliche Teile der Rüstungsindustrie und des Bankkapitals, die Briten hatten sich vor allem auf die Energetik und die elektrotechnische Industrie sowie für dieses Land so wichtige Bereiche wie die Zuckerindustrie konzentriert, die Franzosen engagierten sich im Bankwesen, im Bergbau, Hüttenwesen, im erdölfördernden Bereich sowie in der weit verbreiteten Textilindustrie. Das französische Kapital besaß in den polnischen Unternehmen meist den größten Anteil. Das bescheidener auftretende italienische Kapital machte zwar im Landesmaßstab nicht viel aus und agierte mit britischen Unternehmen im elektrotechnischen Bereich, besaß aber die meisten polnischen Zementfabriken. Die Belgier waren auch nicht zahlreich vertreten, besaßen aber die für die Herstellung von Explosivstoffen wichtigen Betriebe.[6]

Das ausländische Kapital war 1929 nur in einem Drittel aller Wirtschaftsbereiche präsent und demzufolge auch nicht gleichmäßig verteilt. Dominant war es in der Energiegewinnung (75,8 Prozent), bei der Erdölförderung (76,5 Prozent), im Hüttenwesen (65,4 Prozent) sowie im Bergbau und in der chemischen Industrie (40 Prozent). Die seit 1926 forcierte Öffnung der polnischen Wirtschaft für fremdes Kapital sollte sich als verhängnisvoll erweisen. In einigen Bereichen war die Übermacht bald erdrückend: 86 Prozent in der Erdölindustrie, 83 Prozent in der Energieversorgung, im Hüttenwesen und der Elektroindustrie und über die Hälfte in der chemischen und holzverarbeitenden Industrie wurden vom Ausland beherrscht.[7] Von diesen Unternehmen, vor allem von den deutschen, wurde wenig investiert, wohl aber die Gewinne in die eigene Heimat transferiert. Dieses Kapital fehlte Polen, es hatte auf die Entwicklung der nationalen Wirtschaft keinen Einfluss. Eine Modernisierung der Betriebe und Schaffung neuer Arbeitsplätze lagen prinzipiell außerhalb der Interessen ausländischer Profiteure.

Westliche Firmen hatten vor allem Interesse an der Ausbeutung bestehender Betriebe und Rohstoffquellen. Größere Investitionen oder Kredite – etwa aus Frankreich – waren nur bei eigentlich unzumutbaren Zugeständnissen zu bekommen. Viele Investoren, die sich engagieren wollten, wurden durch die instabile innenpolitische Situation davon abgehalten.

Hinter Polen lagen sechs Jahre Krieg. Die Folgen waren noch lange nicht behoben. Schwerwiegend war die Trennung der polnischen Wirtschaft von den Volkswirtschaften der einstigen Teilermächte Deutschland, Österreich und Russland. Auf deren Märkte zu kommen oder frühere Marktanteile zurückzugewinnen schien angesichts der schlechten Beziehungen nahezu aussichtslos. Zudem gab es noch keinen einheitlichen polnischen Wirtschaftsraum, ebenso wenig einen staatlichen Plan zum Wiederaufbau wie etwa in der weitaus stärker zerstörten und rückständigen Sowjetunion.

In den ersten Jahren der Unabhängigkeit gab es auch noch kein einheitliches polnisches Recht. So griff man vorerst auf die Gesetze und Verfügungen der einstigen Besatzungsmächte zurück. Zudem bestanden zwischen den Regionen deutliche Disproportionen in der wirtschaftlichen Entwicklung. Die ehemaligen deutschen Gebiete waren am besten entwickelt, die Region zwischen Bug und der sowjetischen Grenze, also Ostpolen, am schlechtesten. Zentral- und Südpolen lagen dazwischen und weit unter dem Niveau der West- und Nordgebiete. Prinzipiell wurde das Land wirtschaftlich in die Zonen A und B eingeteilt. Die Zone A bzw. Polen A waren die Gebiete westlich der Weichsel und besser entwickelt, während Polen B östlich der Weichsel die ärmste Region war und es auch blieb.

Die Sozial- und Eigentumsstruktur Polens behinderte eine schnelle Entwicklung zu einem modernen europäischen Staat. Von den 27 Millionen Bürgern (1921) lebten 65 Prozent direkt oder indirekt von der Landwirtschaft. Polen war ein Agrarland. Über die Hälfte der Bevölkerung waren Bauern, die meisten von ihnen arm. Zwei Drittel von ihnen besaßen nicht mehr als fünf Hektar, während Großgrundbesitzer und Großbauern (ein Prozent der Bevölkerung) die Hälfte des Grund und Bodens besaßen.[8] Jene gesellschaftliche Gruppe war die reichste in Polen und übte den größten politischen Einfluss aus.

Polen belegte beim Getreideexport einen der vorderen Plätze in Europa. Hinsichtlich des Roggenexports nahm es hinter Deutschland den zweiten Platz in der Welt ein. Diese Ausfuhr wie auch andere Exporte kamen jedoch nicht aus dem polnischen Osten, sondern aus den westlichen und zentralen Gebieten des Landes.[9]

Insgesamt lässt sich zu den zwanzig Jahren Zwischenkriegszeit konstatieren, dass sich qualitativ an den Wirtschaftsstrukturen trotz Aufbauleistungen und begrenzter Industrialisierung nichts Wesentliches änderte. Polen blieb ein Agrarstaat, der fast nur Rohstoffe (Kohle, landwirtschaftliche Produkte usw.) vor allem nach Deutschland exportierte. Der Anteil der Industrieproduktion am Nationaleinkommen betrug weniger als 50 Prozent. Nach heutigen UNESCO-Kriterien war es ein Entwicklungsland. Insgesamt erreichte Polen in der gesamten Zwischenkriegszeit nicht das Produktionsvolumen von 1913.[10]

Von dieser Position war auch der polnische Außenhandel bestimmt. Während der Teilung waren die polnischen Gebiete integraler Bestandteil der drei Volkswirtschaften der Teilermächte. Für diese Staaten war Polen Randgebiet, weit von den Zentren dieser großen Reiche entfernt. Bedeutende Industriezentren gab es auf den ersten Blick kaum. Allerdings spielten die wenigen Industriestandorte regional eine bedeutende Rolle.

Eine Ausnahme hingegen machte das russische Teilungsgebiet, in welchem es für das Zarenreich bedeutende Industriezweige um Łódź, Warschau und Białystok gab. Die dort ansässige Industrie hatte einen riesigen Absatzmarkt in Russland bis zum Pazifischen Ozean.

Nach Erringung der Unabhängigkeit war für den polnischen Außenhandel eine völlig neue Lage entstanden. Der größte Teil der bisherigen

Absatzmärkte war weggebrochen, neue Märkte mussten erst gefunden werden. Offensichtlich wurden die sich durch die Neuordnung Europas ergebenden Chancen vom polnischen Außenhandel kaum genutzt. Feindselige Verhältnisse zu den Nachbarn und der Krieg mit Sowjetrussland behinderten enorm. Der Ausfall des russischen Absatzmarktes war der größte Verlust, ihn zurückzugewinnen erwies sich als unmöglich. Das war allerdings nicht unbedingt Schuld der Polen. Mit der Industrialisierung der Sowjetunion war man dort entweder in der Lage, die entsprechenden Artikel selbst zu produzieren, oder man brauchte sie nicht mehr in diesem Umfang. Für ein so aufstrebendes Industrieland konnte Polen kein interessanter Wirtschaftspartner sein. Die UdSSR nahm 1928, dem besten Jahr Zwischenkriegspolens, mit 1,3 Prozent des polnischen Außenhandels den zehnten Platz ein. Nach dem Tode von Piłsudski 1935 fiel der Anteil auf unter ein Prozent.[11]

Der Anteil des polnischen Außenhandels am Welthandel erreichte trotz aller Schwierigkeiten dennoch eine beachtliche Position. Am Ende der Zwischenkriegszeit betrug er ein Prozent, eben so viel wie etwa Norwegen. Vor Polen lagen Großbritannien, Deutschland, die USA, Frankreich, Kanada, Japan, Belgien, die Niederlande, Italien, Australien, Schweden, Argentinien, Südafrika, Dänemark, die Tschechoslowakei, die Schweiz, Brasilien und die UdSSR.[12]

Insgesamt war der polnische Außenhandel stark gesplittet. Polen handelte mit 48 Ländern bzw. kolonialen Wirtschaftsgebieten. Dadurch konnten die Anteile größerer Länder nicht besonders hoch sein. Dennoch brachte es 1928 Deutschland mit 39 Prozent des polnischen Ex- und Importes an die erste Stelle.[13] In den nächsten Jahren fiel auch dieser Anteil. Prinzipiell blieb trotz Veränderungen des einzelnen Anteils die Außenhandelsstruktur von 1928 erhalten.

An zweiter Stelle kam Großbritannien mit 18 Prozent. Dem folgten mit erheblichem Abstand die Tschechoslowakei (9 Prozent), die USA (8 Prozent), die Niederlande (7 Prozent), Belgien und Schweden (3 Prozent), Italien und Dänemark (2 Prozent), die Schweiz (1,8 Prozent), Rumänien (1,6 Prozent) und die UdSSR und Lettland (1,3 Prozent). Dann folgte die Mehrzahl mit unter einem Prozent. Darunter auch Frankreich. Es fällt auf, dass der Außenhandel mit den territorial verbundenen Nachbarländern – sieht man von Deutschland ab – gerade einmal 14 Prozent ausmachte.[14]

Im internationalen Vergleich mit den Ländern Osteuropas bzw. den Nachfolgestaaten des Russischen Reiches lag Polen wirtschaftlich allgemein hinter der Tschechoslowakei, dicht gefolgt von Ungarn. Bei einigen Positionen gab es eine andere Reihenfolge. In der Stahl- und Zementerzeugung befand sich Polen an dritter Stelle hinter Ungarn bzw. Jugoslawien, ebenso in der Energiegewinnung.[15]

Auch in der Landwirtschaft konnte Polen keine führende Position erreichen. Hier stand es mit Bulgarien hinsichtlich der Hektarerträge nach der Tschechoslowakei und Ungarn an dritter Stelle.[16]

Bei der Gesamtjahresproduktion pro Einwohner erreichte der polnische Bürger die Hälfte von dem, was ein Tscheche erreichte, und ein Drittel eines Franzosen.[17] Beim Export: 200 Złoty pro Einwohner, bei den Finnen waren es (in Złoty umgerechnet) 900 und bei den Tschechen 700.[18] Beim Nationaleinkommen pro Kopf rangierte Polen hinter Ungarn, den Balten und Spanien, doch vor Rumänien und den Balkanstaaten.[19]

Hinsichtlich der Infrastruktur war Polen nicht schlecht ausgestattet, doch das war zumeist nicht Resultat eigener Anstrengungen. Es verfügte über ein dichtes Eisenbahnnetz, das Deutschland einst angelegt hatte. Das russische Schienenerbe wurde in der Zwischenkriegszeit nur wenig erweitert. Zu den bedeutenden Aufbauleistungen gehörte die Anlage der sogenannten Kohle-Linie von Katowice bis nach Gdynia. Im Dreieck Warschau-Łódz-Toruń kam es zur Neuverlegung von Gleisen. Zwischen Kutno und Poznan wurden ebenfalls viele Kilometer Schienen verlegt, womit die Ost-West-Verbindung mit Anschlüssen nach Berlin, Paris und Moskau komplettiert wurde. Mit zehn Automobilen auf 10 000 Einwohner stand Polen an letzter Stelle der Mobilisierung in Osteuropa.[20]

Bei der Kommunikation sah es nicht viel besser aus. Mit sieben Telefonen auf 1000 Einwohner lag Polen hinter der Tschechoslowakei (15 Anschlüsse) und weit hinter Lettland (39).[21] Bei der Verbreitung von Rundfunkgeräten – im Westen waren 100 pro 1000 Einwohner inzwischen die Norm – lagen Lettland und Ungarn vor Polen, dahinter Litauen, Rumänien und Jugoslawien.[22] Hinsichtlich der Krankenhausbetten wurde Polen von Lettland, Finnland, der Tschechoslowakei und Ungarn überholt, die bis das Dreifache an Betten aufzuweisen hatten. Bulgarien, Griechenland, Jugoslawien und Litauen rangierten dahinter.[23]

Polen verzeichnete nach Bulgarien die höchste natürliche Zuwachsrate in Europa.[24] Innerhalb von achtzehn Jahren nahm die Bevölkerung um acht Millionen Bürger zu. Das brachte für das insgesamt schwach entwickelte Polen erhebliche Probleme mit sich. Besonders gravierend war die allgemeine Wohnungsnot. Da die meisten Menschen auf dem Lande lebten und unter Umständen zu Verwandten auswichen, nahm das Bevölkerungswachstum keine katastrophalen Züge an. Dennoch blieben trotz Aufbauleistungen die Wohnverhältnisse für die Mehrheit – vor allem für die Werktätigen – sehr bedrückend. Über die Hälfte aller Häuser waren aus Lehm oder Holz. Nur 13 Prozent aller Wohnungen waren an die Kanalisation angeschlossen, 16 Prozent hatten fließendes Wasser, 38 Prozent Elektrizität und 8 Prozent Gas.[25] Zudem wohnte man in Polen besonders eng. Statistisch gesehen belegten zwei Personen ein Zimmer, während es in anderen Ländern – einschließlich der Hauptstädte – nur eine Person war.[26]

Die Wohnverhältnisse auf dem Land waren besonders schlecht. Laut Statistik einer relativ gut entwickelten Region bestand fast die Hälfte aller Wohnräume aus nur einem Zimmer mit einem Küchenherd, nur in jeder vierten Wohnung waren die oder das Zimmer von der Küche getrennt. Lediglich siebzehn Prozent der ländlichen Wohnungen hatten einen Holzfußboden, bei allen anderen bestand der Fußboden aus gestampftem Lehm. Zehn Prozent der Wohnungen hatten Doppelfenster, und bei sechzig Prozent regnete es durch die Decke.[27]

Die Bauern und die besitzlose Landbevölkerung waren arm. Es fehlte selbst an Kleidung und Schuhwerk. In den besonders kalten Wintern östlich der Weichsel herrschte Mangel an Brennstoffen, Kohle konnte man sich nicht leisten. Sogar Streichhölzer waren Luxusartikel, oft holte man sich das Feuer für den Herd vom Nachbarn.

Die Löhne in Polen waren selbst im Vergleich mit anderen osteuropäischen Ländern besonders niedrig. Allein die Arbeiter in staatlichen Betrieben hatten ein bescheidenes Auskommen. Dadurch war auch die Kaufkraft gering, was sich auf die Umsätze der Händler und Handwerker negativ auswirkte. So lagen auch die Spareinlagen der Polen mit durchschnittlich 40 Złoty weit unter dem europäischen Durchschnitt. In Österreich waren es (umgerechnet) 200, in der Tschechoslowakei, Deutschland und Italien 300.[28]

Insgesamt hatte Polen als größtes osteuropäisches Land eine schwache Wirtschaft, was sich letztlich auch auf die auswärtigen Beziehungen niederschlagen sollte. Die starke Abhängigkeit von fremdem Kapital stand in Widerspruch zu dem demonstrierten Stolz auf die jüngst wiedererlangte staatliche Unabhängigkeit.

1923 war das schwierigste Krisenjahr in Polen. Das ganze Jahr über herrschte eine Hyperinflation. In jenem Jahr wurden 74 Prozent der Staatsausgaben durch die Notenpresse gedeckt.[29] 1924 erfolgte eine Währungsreform, bei der die *polnische Mark* den *polnischen Złoty* ablöste. Die neue Währung – der goldgedeckte Złoty – erwies sich als stabil. Der Złoty entsprach 1924 einem Schweizer Franken.[30] An der sozialökonomischen Situation änderte sich dadurch aber nicht viel. Die Auslastung der Betriebe war rückläufig und betrug 1924/25 nur 30 bis 70 Prozent.[31]

Im Juni 1925 eröffnete Deutschland aus politischen Gründen einen Zollkrieg, der sich bis 1934 hinzog. Berlin erließ ein Einfuhrverbot für polnische Kohle in der Hoffnung, das Warschau Zugeständnisse in Grenzfragen machte. Was nicht geschah. Polen belegte deutsche Waren mit hohen Importzöllen, um die heimischen Produkte zu schützen. 57 Prozent des Exportes nach Deutschland (27 Prozent des bisherigen gesamten polnischen Exportes) fielen aus. Für Deutschland bedeutete das nur drei Prozent seines Gesamtimportes und sechzehn Prozent des bisherigen Importes aus Polen.[32]

Die Arbeitslosigkeit stieg. Zum Jahresende 1925 gab es schon 360 000 registrierte Arbeitslose.[33] Das schien – gemessen an heutigen Erfahrungen – nicht dramatisch zu sein. Doch diese Zahl entsprach 60 Prozent der 1925 beschäftigten Arbeiter in der Mittel- und Großindustrie.[34] Zudem muss man bedenken, dass zumeist nur Männer und weit weniger Frauen berufstätig waren. Viele entzogen sich auch der Registrierung durch Saisonarbeit im oder durch ständige Ausreise ins Ausland. 1923/24 gingen über 200000 weg, vor allem nach Frankreich und Übersee. Pro Jahr emigrierten bis zu 100000 Personen.[35] Im April 1926 waren 272000 Menschen ohne Arbeit. Das waren 41 Prozent aller Arbeiter in größeren Betrieben.[36]

1926 stabilisierte sich die Wirtschaft, bis 1929 kam es sogar zu einer Konjunktur. Von 1926 bis 1930 gab es einen ausgeglichenen Staatshaushalt. Aufgrund der sich stabilisierenden innenpolitische Lage kamen umfangreiche Kredite ins Land. So konnten neue Industriezweige wie Maschinenbau und Elektroindustrie entstehen. Staatliche Investitionen flossen in Betriebsneubauten und den Ausbau von wichtigen Bahnverbindungen. Der Schwerpunkt lag auf dem Bau von Verwaltungsgebäuden und Wohnungen. Die Verbesserung der Verkehrsinfrastruktur, der Nutzung der Wasserkraft und eine begrenzte Elektrifizierung brachten Polen näher an den mitteleuropäischen Standard heran.

Auch die Lage der Werktätigen wurde besser. Das Jahr 1928 mit 80000 Arbeitssuchenden war das günstigste der gesamten Zwischenkriegszeit.[37] In den ersten zwei Sanacja-Jahren – so hieß die Zeit von 1926 bis 1939 (Sanacja kommt aus dem lateinischen *sanatio* und bedeutet Heilung) – wurden einige Gesetze verabschiedet, die die Arbeitsbedingungen und den Arbeitsschutz merklich verbesserten. Dennoch konnte auch bei zunehmender Zentralisation und Konzentration der Produktion in der Industrialisierung des Landes kein bedeutender Fortschritt erreicht werden. Fast alle Unternehmen (85 Prozent) zählten weniger als zwanzig Beschäftigte.[38] Der größte Betrieb war die Polnische Staatsbahn mit einer Viertelmillion Angestellten.[39] Zwei Drittel der Berufstätigen wohnten und arbeiteten in Kommunen unter 2000 Einwohnern. Dadurch gab es wenig Ausweichmöglichkeiten, so dass die Werktätigen zumeist an einen schlecht bezahlten Arbeitsplatz gebunden und ihrem Unternehmer auf Gedeih und Verderb ausgeliefert waren.

Die Mehrzahl (64 Prozent) war in der Landwirtschaft beschäftigt, in der sich die alten Strukturen verfestigten[40]. Eine besonders hohe natürliche Zuwachsrate schuf ein zusätzliches Übergewicht an Arbeitskräften, das die Stadt nicht abfangen konnte. Vielen Menschen erschien die Wirtschaftsemigration der einzige Ausweg. In den Jahren von 1926 bis 1930 verließen fast eine Million Menschen Polen.[41] Mehr als in den Jahren zuvor.

1929 endete bereits die kurze Zeit der relativen Stabilisierung, als die Weltwirtschaftskrise auch über Polen hereinbrach. Sie sollte dort länger als in Deutschland wüten und katastrophale Folgen zeitigen. Die Arbeitslosigkeit stieg bis 1935 auf eine Million an. 1933 waren fast 44 Prozent aller registrierten Werktätigen arbeitslos.[42] Da die Krise weltweit herrschte, lohnte sich auch keine Emigration. Von 1931 bis 1935 verließen nur noch 229000 Menschen das Land.[43] Die Arbeitslosigkeit erfasste auch die Intelligenz. Damit war auch diese gesellschaftliche Schicht von einer zunehmenden Verarmung betroffen, eine soziale Schicht, die bisher gefördert worden war und als besonders patriotisch und staatstreu galt. Damit war ein wichtiger systemtragender Pfeiler erheblich gefährdet.

Die tiefe Rezession in Polen wurde durch die Verhältnisse in der Landwirtschaft verschärft. Die meisten Bauern waren nicht in der Lage, selbst billigste Industrieprodukte zu kaufen, die Kaufkraft sank bei der Mehrzahl der Polen weiter rapide. Es kam zu einer erheblichen Verschlechterung der Lebensverhältnisse für die überwiegende Mehrheit der Bevölkerung. Zudem gab es einen hohen Grad an Preisabsprachen, so dass die Käufer kaum auf Alternativprodukte ausweichen konnten. Nun griff der Staat ein und nahm sich das Recht, Monopole aufzulösen, bankrotte Betriebe zu kaufen oder zu enteignen und mittels Verfügungen die Preise zu senken. Dadurch wurde ein immer stärker werdender staatlicher Sektor geschaffen, der in einigen Bereichen (Hüttenwesen, Textilindustrie) dominierte bzw. völlig in die Hand des Staates überging (Flugindustrie, Fahrzeugbau, Nachrichtenverbindungen). In diesem Zusammenhang entstanden auch Anfänge einer staatlichen Planung.

Innenpolitisch war Polen in den ersten Jahren seiner Existenz instabil. Offiziell eine bürgerlich-parlamentarische Republik, gelang es in dieser Zeit nie, stabile parlamentarische Mehrheiten für eine starke

Regierung zusammenzubringen. Allerdings bestand in Polen nie die Option einer sozialistischen Revolution. Zwar hatten die Massenaktivitäten der Werktätigen die besitzenden Klassen 1918/19 in große Furcht versetzt, doch letztlich erwiesen sich alle Befürchtungen als übertrieben.

Die Linke, zumeist auf Reformen bedacht, besaß keine Mehrheit. Der Einfluss der revolutionären Linken, etwa der 1918 entstandenen kommunistischen Partei, die sofort in die tiefste Illegalität gedrängt wurde, war überschaubar. Die staatliche Unabhängigkeit – insbesondere nach dem polnisch-sowjetischen Krieg – wurde von allen polnischen politischen Kräften als ein verbindendes und verteidigenswertes Gut gesehen. Alle Versuche, sich an eine Gesellschaftsordnung zu orientieren, die im neuen Russland zudem unter großen Schwierigkeiten aufgebaut wurde, fanden in Polen nach 123 Jahren russischer Fremdherrschaft kaum Anhänger. Nur langsam stellten sich die polnischen Kommunisten auf diese Realität ein, und es dauerte eigentlich viel länger als die Zwischenkriegszeit, bis sie für Polen adäquate gesellschaftspolitische Vorstellungen entwickeln konnten.

Nichtsdestotrotz konnte die polnische KP unter großen Schwierigkeiten und ständigen Verfolgungen einen zwar sehr bescheidenen, doch respektablen Platz in der polnischen Gesellschaft gewinnen. 1934 zählte die ethnisch-polnische kommunistische Bewegung immerhin 17000 Mitglieder. Die legale und wesentlich einflussreichere Sozialistische Partei kam in jenen Jahren auf etwa 50000 Mitglieder.[44]

Im polnischen Parlament bildete sich ein sogenanntes Drittel-Patt heraus, das auch den gesellschaftlichen Verhältnissen entsprach. Da war die nationalistische und antisemitische Rechte, eine relativ geschlossene Strömung. Die Nationaldemokraten stellten nach Mitgliederzahl und Einfluss die stärkste polnische Partei. Doch weder sie noch die ihnen nahestehenden Gruppierungen konnten allein regieren und ihre gesellschaftlichen Vorstellungen durchsetzen.

Potentieller Koalitionspartner waren die sogenannten Zentrumsparteien, die vor allem aus der rechten Bauernpartei *Piast* und pro-klerikalen kleinbürgerlichen Parteien bestanden. Auch sie kamen auf etwa ein

Drittel der Parlamentssitze. Offiziell waren sie weder links noch rechts zuzuordnen. Doch obwohl sie mehr rechtslastig waren, gab es auch für die Linke politische Schnittmengen.

Die Linken (Sozialisten, linke Bauernpartei, Kommunisten usw.) waren untereinander zerstritten, so dass eine gemeinsame Front oder Zweckbündnisse nie zustandekamen.

Das politische Kräfteverhältnis und die daraus resultierende Instabilität bescherten dem neuen Polen besonders in den ersten acht Jahren vierzehn Regierungen. Von 1926 bis zum Untergang der Zweiten Republik, also innerhalb von dreizehn Jahren, wurden sechzehn Regierungen verschlissen. Vor allem wegen der Auseinandersetzungen um die neuen Staatsgrenzen hatten sich die konfessionellen und ethnischen Verhältnisse durch die sozialökonomische und gesellschaftspolitische Realität zu einem nahezu unlösbaren Knoten geschürzt, der mit den zur Verfügung stehenden politischen Mitteln nicht zerteilt werden konnte.

Das moderne Polen war, ob sich das Warschau nun eingestand oder nicht, zu einem Vielvölkerstaat geworden. Die exakten Zahlen lassen sich heute nicht mehr feststellen. Zur Zeit der ersten Erfassung, 1921, blieben einige Gebiete unberücksichtigt, es gab auch Probleme mit der Feststellung der nationalen Identität, selbst in Familien wurde oft über die Zugehörigkeit gestritten. Manche hatten sich noch nie darüber Gedanken gemacht, zu welcher Nationalität sie eigentlich gehörten. Auch die Konfession oder der vorrangige Gebrauch einer Sprache als Muttersprache wurde nicht vollständig ermittelt, wie das in der zweiten Erfassung 1931 getan wurde. Zudem war die Regierung nicht an einer präzisen Erfassung der Nationalitäten – besonders der ostslawischen Minderheiten – interessiert. Die hierzu veröffentlichten Werte sind zwar weitgehend nach bestem Wissen und Gewissen erstellt worden, doch in der Darstellung nicht eindeutig zuzuordnen. Dennoch vermitteln diese Angaben eine gewisse Orientierung hinsichtlich der ethnischen Verhältnisse in Polen.

Nur 69 Prozent aller Einwohner waren 1921 – nach eben jener unvollständigen Erhebung – polnischer Nationalität. Vermutlich waren es weitaus weniger, da z. B. ein Großteil der Juden sich als Polen verstanden.

Vermutlich betrug der polnische Anteil an der Bevölkerung etwa zwei Drittel.[45]

Jeder dritte Staatsbürger war also kein Pole. Die zahlenmäßig stärkste Minderheit stellten die Ukrainer (14,3 Prozent), gefolgt von den Juden (7,8 Prozent), Belorussen (3,9 Prozent), Deutschen (3,9 Prozent), Litauern (0,3 Prozent).[46]

Als polnische Staatsbürger besaßen auch sie das Wahlrecht, das sie zum größten Teil auch zu nutzen wussten. Bei den Wahlen 1919 stellten die Vertreter der nationalen Minderheiten 3,9 Prozent der Gewählten, 1922 zwanzig Prozent, 1928 neunzehn Prozent und 1930 sieben Prozent.[47] Das waren der Block der Nationalen Minderheiten sowie einzelne Parteien. Juden, Deutsche, aber auch die Ukrainer waren jeweils in mehreren Parteien, die legal oder illegal zum Wahlkampf antraten, organisiert. Die Existenz dieser politischen Interessenvertreter zeugte davon, dass sich die Minderheiten prinzipiell von den polnischen Parteien nicht vertreten und insgesamt in ihren Rechten beeinträchtigt sahen. Das bedeutete nicht, dass es nicht auch punktuelle Übereinstimmungen gab. Diese Vertreter bildeten das Zünglein an der Waage, als es um die Wahl des Staatspräsidenten 1922 ging. Bei dessen Wahl gaben die Stimmen der Minderheiten den Ausschlag und verhinderten die Wahl eines Rechtskandidaten. (Gewählt wurde der Wasserbauingenieur Gabriel Narutowicz auf Vorschlag Piłsudskis mit den Stimmen der Linken, der Bauernpartei und der nationalen Minderheiten am 9. Dezember 1922 in der Nationalversammlung. Narutowicz wurde bereits nach fünf Tagen von einem polnischen Rechtsextremisten ermordet. Vermutlich hatte der Mord am deutschen Reichsaußenminister Walter Rathenau wenige Monate zuvor den Attentäter inspiriert. Eligiusz Niewiadomski, ein Maler, wurde zum Tode verurteilt und hingerichtet. Die Rechte feierte ihn als nationalen Märtyrer.)

Politisch konnten die Vertreter der Minderheiten ihr Gewicht jedoch kaum zur Geltung bringen, denn die Interessen der verschiedenen Gruppen waren sehr unterschiedlich, und innerhalb einer Nationalität gab es verschiedene Strömungen. Auch die Gewichtung innerhalb der Parlamentarier nationaler Minderheiten schuf spezifische Mechanismen. Die größte Vertretung stellten 1928 die Ukrainer (53 Prozent) und die Deutschen (23 Prozent). Sie verfolgten andere Interessen als die Juden (15 Prozent), die Russen (ein Prozent) und die Belorussen (neun Prozent).[48]

Auffällig ist, dass diese Zahlen nicht dem prozentualen Anteil dieser Minderheiten in der polnischen Gesellschaft entsprachen. Das hatte verschiedene Gründe. Eine Ursache war der zeitweilige oder ständige Wahlboykott einiger jüdischer und ostslawischer Parteien und Massenorganisationen. Einige Minderheiten sprachen nicht mit einer Stimme, so dass ihre Kandidaten in verschiedenen Parteien antraten, aber für einen Sitz im Parlament nicht die erforderliche Stimmenzahl aufbringen konnten. Die Staatsorgane waren auch engagiert, vor allem die Stimmen ostslawischer Linksparteien für ungültig erklären zu lassen. Andererseits gab es auch viele Angehörige der jüdischen und ostslawischen Minderheit, die entweder linke polnische Parteien oder – nach Aufhebung des kommunistischen Wahlboykotts 1922 – kommunistische Parteien wählten.

Die Juden waren die einzige Minderheit, die in den polnisch-ethnischen Gebieten über Jahrhunderte verwurzelt und trotz Verfolgungen und Benachteiligungen mehrheitlich patriotisch eingestellt war. Das betraf auch die überwiegende Mehrheit der an Einfluss gewinnenden Zionisten. Im Gegensatz zu anderen Minderheiten, die in Grenzregionen wohnten, lebten sie in allen Landesteilen und Regionen. Allerdings wussten sie keinen Staat hinter sich, der sich für ihre Rechte einsetzte, wie das bei den anderen Minderheiten – den Deutschen, den Litauern, den Russen, den Ukrainern – der Fall war. Dadurch waren die Juden als außenpolitischer Faktor für die polnische Regierung eher unbedeutend.

Die jüdische Minderheit, die bis 1939 auf etwa zehn Prozent anwachsen sollte, stellte kein innenpolitisches Problem dar. Dieses wurde von den Rechten herbeigeredet[49], obgleich die polnischen Juden sich gegenüber dem Staat loyal verhielten. Die polnischen Juden stellten als einzige nationale Minderheit die territoriale Gestalt Polens nicht in Frage. Sie verspürten nach den Polen selbst die größte Bindung an Polen, ein bedeutender Teil von ihnen wollte als polnisch gelten, identifizierte sich mit der polnischen Kultur und bereicherte sie auch. Darin unterschieden sie sich von allen anderen nationalen Minderheiten.

Diese wurden nicht nur zu einem innenpolitischen, sondern auch zu einem außenpolitischen Problem.

Die Existenz nationaler Minderheiten ist zunächst kein Problem. Sie werden jedoch zum Sicherheitsproblem, sobald sie national unterdrückt werden. Explosiv wird es, wenn sie noch territorial konzentriert und dazu noch an der Grenze eines Landes leben, in dem ihre Landsleute die Macht haben und es soziale Unterschiede gibt. Das war bei den polnischen Deutschen, Ukrainern, Belorussen und Litauern der Fall. Ohne die Juden waren das neunzehn Prozent der Gesamtbevölkerung, eigentlich eine verkraftbare Relation für einen stabilen Staat.[50] Das Problem lag aber darin, dass neben den schon genannten noch einige weitere Besonderheiten hinzukamen. Die Litauer, immerhin 100000 Menschen, lebten entlang der litauischen Grenze und im Wilna-Gebiet[51], das nach litauischer Lesart dem Staat Litauen geraubt worden war. Seine Rückgewinnung war Ziel der außenpolitischen und propagandistischen Bestrebungen des litauischen Staates. In diesem Sinne wirkte der litauische Staat auf seine in Polen lebenden Landsleute ein. Nicht ohne Wirkung, aber keineswegs wurden sie zum Sicherheitsrisiko. Anders bei den Deutschen und den Ostslawen.

Die Deutschen waren mit etwa einer Million als einzige Vertreter der ehemaligen Teilermächte gleichsam übrig geblieben.[52] Das allein hatte einige Konsequenzen, die sie von den anderen Minderheiten unterschieden. Von einer privilegierten und herrschenden Minderheit waren sie im neuen Polen zu einer geduldeten Minderheit degradiert worden. Für die meisten von ihnen war das nicht hinnehmbar.

Zunächst einmal empfanden sie die Inbesitznahme bisher deutschen Staatsgebietes durch Polen als ungerechtfertigt. Immerhin war hier eine Reihe von Generationen von Deutschen geboren worden, diese Gebiete waren ihre Heimat. Dem neuen Polen standen sie darum feindlich gegenüber. Das betraf vor allem diejenigen, die nach Deutschland ausreisen mussten oder sich dazu entschieden hatten, ihre angestammte Heimat zu verlassen. Von den ehemals 35 Prozent Deutschen, die sich vor allem in den Westgebieten konzentriert hatten, blieben 1921 nur noch zwanzig Prozent.[53] Gegangen waren in erster Linie die mit der deutschen Politik direkt Verbundenen: Verwaltungspersonal, Staats- und Sicherheitsorgane, Lehrerschaft, politische Vertreter usw. Sie waren vor allem Stadtbewohner. In Städten wie Poznan, Toruń und Bydgoszcz, wo der deutsche Anteil 50 bis 80 Prozent betragen hatte, bildeten sie nur noch eine Minderheit von durchschnittlich zehn Prozent.[54]

Eine gewaltsame Vertreibung der Deutschen – wie sie nach dem Zweiten Weltkrieg erfolgte – gab es nicht, dennoch wurde der Auszug ins Reich als Vertreibung empfunden. Es erfolgten weder Übergriffe noch andere Gewalttaten gegenüber den Deutschen, trotzdem hielten es viele für angebracht, lieber einer ungewissen Zukunft im Reich als in Polen entgegenzublicken. Die Machtübernahme durch die Polen bedeutete nicht nur den Verlust einer privilegierten ethnisch-politischen Stellung, sondern auch enorme Umstellungen wie den täglichen Gebrauch der polnischen Amtssprache, die von den meisten nicht beherrscht wurde. Mit der Polonisierung des Öffentlichen Dienstes war ein beträchtlicher Teil der Deutschen ohne berufliche Perspektive. Sich in das neue Staatswesen einzubringen, war für die meisten Deutschen unvorstellbar und unter ihrer Würde. Wer also konnte, musste oder wollte, ging.

Dennoch blieben etwa eine Million Deutsche in Polen. Sie konzentrierten sich vor allem in den ehemaligen deutschen Ostgebieten, doch – wenngleich weniger – auch anderswo. In früheren russischen Teilungsgebieten konzentrierten sich die Deutschen vor allem in den Wojewodschaften Łódz (5,9 Prozent) und Warschau (3,6 Prozent). Eine weitere Konzentration Deutscher – vor allem Bauern – gab es im westukrainischen Wolhynien (2,4 Prozent). Weitaus weniger Deutsche lebten in den größeren ostpolnischen Städten und machten bis ein Prozent aus.[55] Ihr Verhältnis zu den Polen bzw. Ukrainern war wesentlich besser als das ihrer in Westpolen lebenden Landsleute. Sie sprachen in der Regel auch Polnisch und waren loyale Staatsbürger. Obwohl sie konsequent an eigener Kultur und Tradition festhielten, waren sie gegenüber ihrer Umwelt und der polnischen Gesellschaft insgesamt aufgeschlossen und wurden von ihren Mitbürgern geachtet und akzeptiert. Diese Deutschen in Ost- und Zentralpolen, dazu rechneten auch die während der österreichischen Fremdherrschaft angesiedelten, hatten weit weniger das Gefühl, nunmehr einer politisch und sozial degradierten gesellschaftlichen Gruppe anzugehören. So gab es kaum oder keine Bestrebungen, die die Aufmerksamkeit des Staates hätten erregen können. Zumal es sich in der Regel um wohlhabende Bauern handelte, die in Einklang mit dem Staat leben wollten, der ihren Besitz schützte und ihre Arbeit schätzte.

Anders in den ehemaligen deutschen Teilungsgebieten, in unmittelbarer Nachbarschaft zu deutschen Kerngebieten gelegen. Dort fühlten sich die Deutschen wie entmachtete Herrscher. In diesen Gebieten waren sie nur mit durchschnittlich acht Prozent präsent.[56] In keinem Kreis – auch nicht in den grenznahen Gebieten – stellten sie die Mehrheit. Im Unterschied zu den Ukrainern und Belorussen in Ostpolen befanden sie sich überall in der Minderzahl. Mit den ostslawischen Minderheiten hatten sie allenfalls gemeinsam, dass sie zum größten Teil (siebzig Prozent) auf dem Land lebten.[57] Sie bewog Besitz oder berufliche Stellung zum Bleiben, wobei es territoriale Unterschiede gab. In Nord- und Westpolen handelte es sich vor allem um Angehörige der Oberschicht, um Gutsbesitzer und reiche Bauern. In Oberschlesien und in der Wojewodschaft Łódz gehörten sie vorwiegend der Industriebourgeoisie an, dem technischen Führungspersonal, den Gutsbesitzern und bessergestellten Arbeitern. Im Teschener Gebiet handelte es sich vor allem um Kaufleute und Handwerker.

Die Deutschen waren von allen Minderheiten die wohlhabendste. 1921 war jeder zehnte große Landbesitzer in Polen deutscher Nationalität. In der Poznaner Gegend waren es 41 Prozent und in Oberschlesien sogar 56 Prozent. Insgesamt bewirtschafteten die Deutschen rund 1,5 Millionen Hektar. Bis 1926 gelang es dem Staat aber, ihnen eine halbe Million Hektar zugunsten polnischer Bauern abzunehmen.[58] In der Industrie war ihr Besitz noch größer. Bis 1936, der Laufzeit des Abkommens über Oberschlesien, war die Hälfte des Industriekapitals in jener Region in ihren Händen.

Die Masse der Deutschen war nationalistisch und polenfeindlich eingestellt. Mit Hilfe ihrer Verbindungen zu Deutschland und einem sehr gut ausgebauten organisatorischen Netz versuchten sie ihre politische und wirtschaftliche Stellung zu verteidigen und auszubauen. Auf die Versuche des polnischen Staates, ihre wirtschaftliche Position anzutasten, reagierten sie oft mit Klagen vor dem Internationalen Gerichtshof. Deutschland selbst war an einem weiteren Zustrom seiner Landsleute nicht interessiert, da deren Weggang aus Polen eine Schwächung der deutschen Minderheit bedeutete und damit die Chancen auf eine Grenzrevision schmälerte. Das Thema »Deutsche in Polen« blieb Gegenstand rechter deutscher Propaganda und sicherte der Minderheit finanzielle und andere Unterstützung durch das Reich. Beide Seiten profitierten voneinander.

Die Deutschen in Polen waren politisch gut organisiert, nationalistische Parteien und Organisationen dominierten. Die 1921 geschaffene Jungdeutsche Partei wurde als faschistisch verboten. Der Deutschtumsbund wurde ebenfalls wegen illegaler Kontakte zu Deutschland 1923 aufgelöst. Am einflussreichsten war die Deutsche Partei, die einen extremen Nationalismus propagierte, jedoch nie verboten wurde. Der rechte Volksbund war zwar ebenfalls nationalistisch, jedoch antifaschistisch. Die ebenfalls rechte Deutsche Katholische Volkspartei hingegen bemühte sich um ein loyales Verhältnis zu Polen.

Weitaus geringere Bedeutung erlangten die deutschen Linken. Klassenbewusste Arbeiter in Oberschlesien wurden Mitglied der polnisch-deutschen kommunistischen Partei Oberschlesiens, die später in die polnische KP und in die sozialdemokratische Deutsche Sozialistische Partei der Arbeit einging. Die deutschen Sozialdemokraten bildeten einen starken Kontrast zur Mehrheit ihrer Landsleute und arbeiteten mit polnischen und jüdischen, kommunistischen und sozialistischen Organisationen zusammen. Die deutschen Sozialdemokraten errangen 1928 zwei Sitze im Parlament – die rechten deutschen Parteien allerdings neunzehn. Die Deutschen in Polen wählten zumeist deutsche Parteien und zu 91 Prozent davon rechte.[59]

Die deutsche Minderheit unterhielt ein eigenes Schulwesen, das personell und finanziell sehr gut ausgestattet war und das staatliche Polens übertraf. 1938 gab es 597 allgemeinbildende Schulen mit Deutsch als einziger Unterrichtssprache, nur wenige unterrichteten in Deutsch und Polnisch. Ferner existierten 28 weiterführende Schulen sowie eine Berufsschule.[60] Das deutsche Bildungssystem gehörte zu jener Zeit – ungeachtet der nationalistischen Lehrinhalte – zu den führenden in Europa.

Alles in allem verfügten die Deutschen über starke Positionen in der polnischen Gesellschaft. Sie waren in materieller Hinsicht privilegiert, aber gezwungen, sich im neuen polnischen Staatswesen ein- und unterzuordnen, was ihnen aufgrund ihrer verlorenen Stellung beachtliche Schwierigkeiten bereitete. Sie machten oft und meist auf spektakuläre Weise von sich reden und verschärften durch solch auffällige Auftritte das ohnehin angespannte deutsch-polnische Verhältnis. Dadurch war die polnische Außenpolitik gezwungen, diesen Problemen erhöhte Aufmerksamkeit zu schenken.

Aus heutiger Sicht muss man konstatieren, dass die meisten Deutschen sich dem neuen Polen gegenüber ablehnend verhielten und sich der polnischen Staatsbürgerschaft vielfach nicht würdig erwiesen. Allerdings – und das sollte an dieser Stelle betont werden – stellten die Deutschen in ihrer überwiegenden Mehrheit kein Sicherheitsrisiko für Polen dar. Sie fühlten sich politisch degradiert, trauerten dem gestürzten Kaiser mehr nach als dass sie dem faschistischen Führer folgten. Und selbst jene, die ihr Heil bei Hitler sahen, verhielten sich passiv. Von einer »Fünften Kolonne«, die 1939 den Nazis den Einmarsch erleichtert hätte, kann keine Rede sein. Dennoch nahmen viele sogenannte Volksdeutsche während der Besatzung am faschistischen Terror gegen die polnischen Mitbürger aktiv teil. Angesichts dieser Tatsache bestand während und nach dem Zweiten Weltkrieg in Polen nationaler Konsens, die Deutschen nicht nur aus den neu gewonnene und ehemaligen deutschen Ostgebieten, sondern auch aus den ethnisch-polnischen Gebieten auszusiedeln.

Ganz anders verhielt es sich mit den ostslawischen Minderheiten.

Hinter ihnen stand kein Staat, der ihre Interessen wahrnahm und der an ihnen politisch interessiert war, warum auch immer. Die angrenzenden Sowjetrepubliken und die seit Dezember 1922 bestehende Union der Sozialistischen Sowjetrepubliken (UdSSR) waren mit eigenen Problemen überfordert. Sowjetischer Einfluss auf Polen wurde allein den Kommunisten zugeschrieben, die aber streng verfolgt wurden. Die polnische Führung ignorierte die ostslawische Kultur, sprach den Minderheiten ein eigenes Nationalbewusstsein ab und »polonisierte«, d.h. unterwarf sie in allen Lebensbereichen polnischen Vorgaben und Regeln. Das war ein schwerer politischer Fehler mit katastrophalen Folgen.

Diese Minderheiten lebten über das ganze Land verstreut, anders als die in bestimmten Regionen konzentrierten Deutschen. Auf 48 Prozent des Staatsgebietes – 186228 Quadratkilometer – siedelten überwiegend ostslawische und andere nichtpolnische Völkerschaften, sie stellten 36 Prozent des Staatsvolkes in den relevanten Gebieten. Der Anteil der polnischen Bevölkerung dort betrug 1931 nur 32 Prozent. Ukrainer, Belorussen, Juden und Litauer machten 68 Prozent aus.[61]

Dieses Territorium, das auch sozialökonomisch das schwächste in Polen war, besaß eine hohe politische Brisanz wie kaum ein anderes Gebiet in Europa. Es gehörte zu den am schwächsten entwickelten Regionen in Polen (Polen B), dort konzentrierte sich die ärmste Bewohnerschaft. Da sich dort aber auch der größte polnische Grundbesitz konzentrierte, traten die sozialen Gegensätze schärfer als anderenorts im Lande zutage. Die polnischen Landherren, die nahezu absolutistisch auf ihren Besitzungen regierten, sahen keinen Grund, ihre jahrhundertealten Denk- und Verhaltensweisen gegenüber »ihren Leuten« und dem Gesinde aufzugeben. Es bestand dazu auch kein staatlicher Zwang. Das motivierte Ukrainer und Belorussen zu einem nationalen und sozialen Befreiungskampf gegen die Polen schlechthin.

Die Ostslawen (Westukrainer und Westbelorussen) hatten, wenngleich auch nur für sehr kurze Zeit, in einem anderen Staatswesen und einem anderen Gesellschaftssystem gelebt, das ihre nationalen und sozialen Bestrebungen berücksichtigt hatte. Die Zugehörigkeit zu Polen empfanden die meisten von ihnen nunmehr als Fremdherrschaft. Sie wurden national unterdrückt. Sowohl linke als auch rechte Ostslawen wünschten einen eigenen Staat. Im Gegensatz zu den Litauern, die sich immerhin auf eine gemeinsame Vergangenheit berufen konnten, hatten die ostslawischen Minderheiten keine gemeinsame Geschichte. Sie kannten die Polen nur als Eroberer und Großgrundbesitzer, die ihnen zudem noch ihren russisch-orthodoxen Glauben austreiben wollten. Daher unterstützten sie jede gegen Polen gerichtete politische Bewegung, die ethnisch-politisch und nationalrevolutionär (national und nationalistisch) oder sozialrevolutionär (linkssozialistisch und kommunistisch) war.

Die polnische Seite zeigte sich dagegen machtlos. Alle während der gesamten Zwischenkriegszeit unternommenen Versuche, vor allem mit den Ukrainern zu einem Einvernehmen zu gelangen, scheiterten an zwei grundsätzlichen Forderungen der Ukrainer. Erstens forderten sie einen unabhängigen Staat oder den Anschluss ihres Gebietes an eine Sowjetrepublik. Und zweitens verlangten sie grundlegende gesellschaftliche Änderungen, die die bürgerlichen Verhältnisse Polens gesprengt hätten. Keine dieser Forderungen war für die polnische Seite, unabhängig von der politischen Orientierung, annehmbar oder verhandelbar.

Selbst die Überlegung, den Ostslawen eine kulturelle Autonomie zu gewähren, war in der polnischen Führung umstritten. Die meisten sahen darin die Vorstufe einer Loslösung von Polen, die sie verhindern wollten. Als einzige Konzeption setzte sich die Polonisierung durch. Doch die war – falls ihr irgendein Erfolg beschieden sein sollte – eine Frage von sehr langer Dauer. Zudem konnte eine Polonisierung auch nur begrenzte Erfolge zeitigen, wenn die Arbeits- und Lebensbedingungen so blieben, wie sie waren. Der Konflikt mit den Ostslawen war unter diesen Verhältnissen nicht zu lösen, er wurde zu einem wachsenden Sicherheitsrisiko für den polnischen Staat. Schon zu Beginn der zwanziger Jahre hatten britische Politiker darauf hingewiesen, dass die Lösung dieses Konflikts letztlich in der Abtrennung dieser Gebiete von Polen läge. Dem widersetzten sich nahezu alle politischen Parteien mit Ausnahme der Kommunisten.

Die fortwährende Herabsetzung und Diskriminierung der bis zu fünf Millionen Ukrainer häufte sozialen und politischen Sprengstoff an. Das Wort »ukrainisch« durfte offiziell nicht verwandt werden, erlaubt war nur die archaische Bezeichnung »Ruthene«, die in der Habsburger Zeit für alle Ostslawen benutzt worden war. *Rutheni* war die latinisierte Form von *Rus*. Offiziell war die ukrainische Sprache zwar in einigen östlichen Wojewodschaften als Kommunikationsmittel gestattet, doch in der Praxis wurde diese Möglichkeit unterdrückt. Der polnische Staat versuchte durch administrative Maßnahmen eine Konzentration der Ostslawen zu verhindern, sie kleinzuhalten. Die an ethnisch-polnische Gebiete grenzenden ostslawische Regionen bekamen keine eigene Verwaltung zuerkannt, sondern wurden – sofern es möglich war – mit polnisch-ethnischen Regionen zu einer Wojewodschaft verbunden. Das war bei den Wojewodschaften Białystok und Lwów der Fall, in deren östlichen Regionen sich Ostslawen konzentrierten. So kamen die Belorussen in der Wojewodschaft Białystok nur auf 16 Prozent und Ukrainer in Lwów auf 34 Prozent.[62] Wären beide Wojewodschaften geteilt worden, hätten die jeweils östlichen Hälften eine ostslawische Mehrheit aufgewiesen. Trotzdem hatten die Ostslawen in Ostpolen das Übergewicht. Vor allem blieben die Ostslawen nicht auf die östlichen Wojewodschaften, d.h. auf die Gebiete hinter dem Bug, beschränkt. Selbst in der zentralpolnischen Wojewodschaft Lublin kamen die Ostslawen auf über 3,7 Prozent.[63]

In der von Litauen geforderten Wojewodschaft Wilna stellten die Ostslawen 26,6 Prozent.[64] Sie grenzte damals an Litauen, Lettland und Westbelorussland. In den Wojewodschaften Nowogródek und Polesie machten die Ostslawen 40 bzw. 75,4 Prozent aus, vor allem siedelten dort Belorussen. In den Wojewodschaften Wolhynien und Tarnopol waren es jeweils 69,8 Prozent und 45,5 Prozent.[65] In der Wojewodschaft Stanisławów, die eine Grenze zu Rumänien und zur Tschechoslowakei hatte, betrug ihr Anteil sogar 68,9 Prozent. Dort waren die Polen mit 22,4 Prozent eine nationale Minderheit.[66]

Polen hinter dem Bug gehörte zu den ärmsten Gebieten des neuen Staates, und es wurde kaum etwas getan, das zu verändern. Es wurde zu einem Notstandsgebiet, in den es keinen Polen auf Dauer zog. Viele Polen, die nach dem gewonnenen polnisch-sowjetischen Krieg dort ihr Glück, mindestens ein bescheidenes Auskommen suchten, wurden bitter enttäuscht. Die meisten polnischen Amtsträger, die in die Region abkommandiert worden waren, empfanden das als eine Strafversetzung.

Selbst für den katholischen Klerus war der Dienst am Herrn in diesen Weiten eine Zumutung, von der sich die Priester oft in Zentral- oder Westpolen erholen mussten. Nur die polnischen Großgrundbesitzer und dort geborene Polen, für die dies Heimat war, fühlten sich dort wohl.

Warschau, das sich als Kulturträger verstand, störte sich allenfalls an dem vorherrschenden Analphabetismus in jenen Regionen. Der Landesdurchschnitt lag 1931 bei 23 Prozent. Weniger als zehn Prozent davon waren in den ehemaligen deutschen Gebieten des Lesens und Schreibens unkundig. In Galizien (ohne die Grenzwojewodschaften zu Rumänien), in Zentralpolen, dem Wilnagebiet, Nowogródek und Tarnopol hingegen waren es bis zu dreißig Prozent. In Stanisławów, Polesien und Wolhynien war jeder Zweite ein Analphabet.[67]

Obwohl das polnische Schulwesen gerade in der Zwischenkriegszeit erhebliche Fortschritte machte, gelang es nicht, selbst in den zentralpolnischen Gebieten bis 1939 das Analphabetentum zu überwinden. Das kann man den Polen allerdings nur bedingt vorwerfen, handelte es sich doch um ein Erbe des zaristischen Russland. Selbst in der Sowjetunion, in der mit ganz anderer Vehemenz gesellschaftliche Veränderungen angegangen worden waren, dauerte die Alphabetisierungskampagne insgesamt vierzig Jahre, wobei man aber auch hier die Größe des Landes und die Einführung von Schriftsprachen für viele Völkerschaften überhaupt in Betracht ziehen muss.

Der polnische Staat benutzte sein Bildungswesen zur Polonisierung der Ostslawen. In der Praxis sah das so aus, dass immer mehr polnische Schulen eingerichtet wurden. Die Schulen der Ukrainer schlossen. Allein in Ostgalizien blieben von den im Jahr 1924 existierenden Einrichtungen 2151 bestehen, bis 1930 waren es nur noch 716. Zugleich wurden in diesem Zeitraum dort 1784 neue Schulen eröffnet, die neben Polnisch auch Ukrainisch oder Belorussisch als Lehrsprache führten.[68] Dass mit der Zeit das Ukrainische an Bedeutung verlor, liegt auf der Hand. Am Ende Zwischenkriegspolens, 1938, gab es im gesamten von Ukrainern bewohnte Gebiet 3064 zweisprachige Grundschulen und 461 ukrainische Schulen sowie 49 weiterführende Einrichtungen (Gymnasien und Lyzeen). Für ukrainische Pädagogen gab es nur eine Lehrerbildungseinrichtung ausschließlich ein Hochschulstudium, für die Polen hingegen 100 einschließlich des Hochschulstudiums.[69]

Bei den Belorussen nahm man noch weniger Rücksicht. Man glaubte in Warschau, die etwa eine Million Menschen schnell polonisieren zu können. Alle Schulen wurden sukzessive liquidiert, bis 1938 gab es nur noch zwei weiterführende Schulen. Die belorussischen Schüler wurden gezwungen, polnische Schulen zu besuchen.[70]

Hinsichtlich der strukturellen Zusammensetzung meinte Warschau, relativ leichtes Spiel mit den Ostslawen zu haben. Man ging hierbei von der eigenen Erfahrung aus, dass »die Intelligenz« die treibende Kraft der polnischen Unabhängigkeitsbewegung gewesen war. Die Belorussen waren zu über neunzig Prozent Bauern, zu zwei Prozent Arbeiter, und lediglich ein Prozent gehörte der Intelligenz an.[71] Das heißt: Von dort bestand keine Gefahr.

Bei den Ukrainern gab es andere Strukturen: Knapp neunzig Prozent von ihnen waren Bauern und Landarbeiter, 2,5 Prozent städtisches Kleinbürgertum, etwa sechs Prozent Industriearbeiter und ein Prozent Vertreter der Intelligenz, die allerdings im Öffentlichen Dienst in der Regel keine Anstellung fanden.[72] Das aber machte sie besonders polenfeindlich. Warschau unterschätzte die Lage, es existierte in allen Klassen und Schichten Widerstandspotenzial, und die besonders gebildeten und bewussten Ostslawen waren durchaus in der Lage, Führungspositionen zu übernehmen. Unterschätzt wurde auch die unitische (griechisch-katholische) Kirche, die von den polnischen Katholiken gegen die russisch-orthodoxe Kirche in Stellung gebracht worden war. Sie entwickelte sich unter dem Lemberger Metropoliten Szeptycki zu einem geistigen Zentrum des ukrainischen Nationalismus.

Seit Anbeginn der neupolnischen Staatlichkeit kämpften die Ostslawen um ihre nationale Unabhängigkeit. Dieser Kampf wurde nie beendet: Ostpolen und somit knapp die Hälfte des polnischen Staatsgebietes blieb während der gesamten Zwischenkriegszeit Kampfgebiet. Das wurde in seiner innen- und außenpolitischen Tragweite damals wie auch heute unterschätzt. Warschau ignorierte diesen Konflikt, der nicht immer offen geführt wurde. Diese Ignoranz bezahlte Polen vor allem während des Zweiten Weltkrieges.

Der nationale Befreiungskampf der Ostslawen wurde von unterschiedlichen Kräften geführt. In Westbelorussland gab es im Unterschied zur Westukraine eine größere Gruppe, die zu einer Zusammenarbeit mit dem neuen Polen bereit war. Dafür war aber die nationale Befreiungsbewegung geschlossener und politisch eindeutiger ausgerichtet als in der Westukraine. Dort dominierte der unter kommunistischem Einfluss stehende Bauernverband *Hromada*, mit seinen etwa 100000 Mitgliedern der größte Bauernverband Europas.[73] Unter den Mitgliedern war die Idee eines Anschlusses an die belorussische Sowjetrepublik weit verbreitet. Bei den Wahlen von 1922 stellte Hromada trotz enormer Verfolgung die Hälfte aller belorussischen Abgeordneten.[74] 1927 wurde die Hromada verboten. Die Führung des Kampfes ging auf die 1923 gegründete Kommunistische Partei Westbelorussland über, die zur polnischen KP gehörte.

Die kommunistische Bewegung war in Westbelorussland sehr stark. Mitte der dreißiger Jahre gehörten ihr 7800 Illegale an, für eine Bevölkerung von einer Million eine beachtliche Zahl.[75] Die Kommunistische Partei der Westukraine, im gleichen Jahr aus Teilen der verbotenen ukrainischen Sozialdemokratie und anderen Linken formiert, verfügte über fast 13000 Mitglieder. Ebenfalls eine beachtliche Zahl für eine Gesellschaft von etwa fünf Millionen Menschen, zumal wenn man bedenkt, dass die ethnisch-polnische kommunistische Bewegung in ihrer besten Zeit 17500 Mitglieder zählte – bei etwa zwanzig Millionen Polen.[76] Ostslawische Kommunisten gelangten trotz starker Behinderungen durch die Staatsmacht bei Wahlen ins Parlament. Sie bildeten mit den polnischen Kommunisten eine gemeinsame Fraktion, in der sie über die Hälfte der Sitze hatten.

Den ostslawischen Kommunisten gelang es, nach dem Friedensvertrag zu Riga eine linke Partisanenbewegung ins Leben zu rufen, die im gesamten Gebiet Ostpolens – mit Ausnahme Ostgaliziens – operierte. Sie wurde durch eingeschleuste Militärspezialisten aus der Sowjetunion unterstützt. Polen wurde mit Polizeiaktionen dieser Bewegung nicht Herr und schuf darum ein spezielles Grenzschutzkorps (KOP). Diesem sollten später bis zu 25000 Mann angehören.[77] Die Partisanen zogen sich 1924 zumeist geschickt zurück, teilweise überschritten sie auch die sowjetische Grenze. Die belorussischen und ukrainischen Kommunisten verlegten sich nun auf andere Tätigkeiten, um der Polonisierung und dem Druck der polnischen Herrschaft Widerstand zu bieten.

In der Westukraine bestand ein anderes Kräfteverhältnis und fanden darum andere Kampfmethoden Anwendung. Die ukrainischen Nationaldemokraten besaßen die größte Bedeutung, da die bürgerliche Partei legal war. Sie strebte eine bürgerliche Ukraine an. Ihr Verhältnis zur UdSSR war ambivalent. Einerseits lehnte sie den dort praktizierten Sozialismus ab, anderseits anerkannte sie die nationalen Errungenschaften der Sowjetukraine und propagierte diese. Ihr Verhältnis zum neuen Polen war zwar nicht konflikt-, aber doch gewaltfrei, weshalb die polnische Seite sie als Gegengewicht zu den Kommunisten, anderen Linken und den Nationalisten präferierte.

Die westukrainischen Kommunisten waren nicht so einflussreich wie ihre westbelorussischen Genossen, doch politisch sehr aktiv und auch im Parlament vertreten. Hinsichtlich der Zukunft ihres Gebietes gab es Auseinandersetzungen mit nationalistischen Auffassungen, die unter ihrer bäuerlichen Mitgliedermehrheit immer präsent waren. Es kam zu Spaltungen.

Von dieser allgemeinen Schwächung profitierten die Nationalisten, die in der Westukraine den Ton angaben. Die sogenannten Bandera-Leute hatten unter den Bauern Ostgaliziens ihre Basis und profitierten von den jahrzehntelangen Erfahrungen einer unter den Österreichern geduldeten ukrainischen Selbstverwaltung. Kompromisslos bekämpften sie jede Kooperation mit Polen. Sie waren aber auch extrem antisowjetisch, antikommunistisch und antisemitisch. Politische Gegner wurden physisch liquidiert. Ihr individueller Terror richtete sich auch gegen Vertreter der polnischen Staatsführung. 1931 ermordete die Organisation Ukrainischer Nationalisten (OUN) einen engen Mitarbeiter Piłsudskis und 1934 den Innenminister. Obwohl Warschau seit Anfang der dreißiger Jahre Militär einsetzte, gelang es nicht, die bewaffnete Bewegung der ukrainischen Nationalisten zu zerschlagen.

Die politische Ausrichtung der Ostslawen lässt sich heute nicht mehr genau bestimmen. Einige zuverlässige Rückschlüsse lassen sich ermitteln, wenn man die Wahlergebnisse untersucht. Die zumeist prosowjetische und pro-kommunistische Linke kam in Westbelorussland auf etwa fünfzig Prozent und in der Westukraine auf vierzig Prozent.[78] Damit war der Einfluss der revolutionären Linken wesentlich größer als in den polnischen Kerngebieten. Bedenkt man, dass die Linken wesentlich mehr Schwierigkeiten und Wahlbehinderungen als die Rechten erfuhren, dass beispielsweise ganze Wahllisten eingezogen und nicht anerkannt worden waren, so kann man vielleicht zehn Prozent dazurechnen. Damit hatten sie ein leichtes Übergewicht, was sich nach dem Anschluss dieser Gebiete an die UdSSR 1939 auszahlen sollte.

Weniger die Deutschen in Polen denn die Ostslawen wuchsen so zu einer Bedrohung heran, die das neue Polen und seine Grenzen in Bedrängnis bringen sollten. Darauf musste Warschaus Außenpolitik, sofern sie das Problem wahrnahm, entsprechend reagieren.

Anmerkungen

1 Vgl. Eckert, Marian. Historia polityczna Polski lat 1918–39. Wydanie piąte. Warszawa 1990. S. 56, vgl. Encyklopedia PWN. Fakty i liczby. Warszawa 2006. S. 271
2 Vgl. Ajnenkiel, Andrzej. Od rzadow ludowych do przewrotu majowego. Zarys dziejów politycznych Polski 1918–1926. Wydanie IV. Warszawa 1978. S. 203, 205
3 Vgl. Ajnenkiel, Andrzej. Od rzadow ludowych do przewrotu majowego; a.a.O., S. 203
4 Vgl. Ebenda. S. 205
5 Vgl. Ebenda. S. 212
6 Vgl. Landau, Zbigniew, Tomaszewski, Jerzy. Zarys historii gospodarczej Polski 1918–1939. Wydanie piąte. Warszawa 1986. S. 158
7 Vgl. Ebenda. S. 159
8 Vgl.Ajnenkiel, Andrzej. Od rzadow ludowych do przewrotu majowego; a.a.O., S. 207
9 Vgl. Ebenda. S.208
10 Vgl. Słownik historii Polski. Wydanie VI. Warszawa 1973. S. 689
11 Vgl. Mały rocznik statystyczny. Rok X. Warszawa 1939. S. 166/167
12 Vgl. Ebenda. S. 163
13 Vgl. Ebenda. S. 166/167
14 Vgl. Ebenda.
15 Vgl. Ebenda. S. 128, 148–151

16 Vgl. Kołomejczyk, Norbert. Rewolucje ludowe w Europie 1939–1949. Warszawa 1973. S. 52
17 Vgl. Ajnenkiel, Andrzej. Od rzadow ludowych do przewrotu majowego; a.a.O., S. 214.
18 Vgl. Ebenda.
19 Vgl. Mały rocznik statystyczny; a.a.O., S.67
20 Vgl. Ebenda. S. 200
21 Vgl. Ebenda, S. 208
22 Vgl. Ebenda. S. 250
23 Vgl. Ebenda. S. 296
24 Vgl. Ebenda. S. 45
25 Vgl. Ebenda. S. 57
26 Vgl. Ebenda. S. 61
27 Vgl. Landau, Zbigniew, Tomaszewski, Jerzy. Zarys historii gospodarczej Polski 1918–1939. Wydanie piąte. Warszawa 1986. S. 37
28 Vgl. Ajnenkiel, Andrzej. Od rzadow ludowych do przewrotu majowego; a.a.O., S. 21
29 Vgl. Ebenda. S. 99
30 Vgl. 100 lat polskiego ruchu robotniczego. Kronika wydarzeń. Warszawa 1978. S. 113
31 Vgl. Landau, Zbigniew, Tomaszewski, Jerzy. Zarys historii gospodarczej Polski 1918–1939; a.a.O., S. 119
32 Vgl. Ebenda. S. 133
33 Vgl. 100 lat polskiego ruchu robotniczego. Kronika wydarzeń. Warszawa 1978. S.119
34 Vgl. Ebenda. S. 125
35 Vgl. Mały rocznik statystyczny. a.a.O., S. 52/53
36 Vgl. Landau, Zbigniew, Tomaszewski, Jerzy. Zarys historii gospodarczej Polski 1918–1939; a.a.O., S. 140/141, vgl. 100 lat polskiego ruchu robotniczego. Kronika wydarzeń; a.a.O., S. 125
37 Vgl. 100 lat polskiego ruchu robotniczego. Kronika wydarzeń; a.a.O., S. 125
38 Vgl. Mały rocznik statystyczny; a.a.O., S. 299
39 Vgl. Mały rocznik statystyczny; a.a.O., S. 189
40 Vgl. 100 lat polskiego ruchu robotniczego. Kronika wydarzeń; a.a.O., S. 100
41 Vgl. Mały rocznik statystyczny; a.a.O., S. 52
42 Vgl. Landau, Zbigniew, Tomaszewski, Jerzy. Zarys historii gospodarczej Polski 1918–1939; a.a.O., S. 214/215
43 Vgl. Mały rocznik statystyczny; a.a.O., S. 52
44 Vgl. Cimek, Henryk, Kieszczyński, Lucjan. Komunistyczna Partia Polski 1918–1939. Warszawa 1984. S. 436, vgl. 100 lat polskiego ruchu robotniczego. Kronika wydarzeń. Warszawa 1978. S. 118
45 Vgl. Michael, Holger. Zwischen Davidstern und roter Fahne. Juden in Polen im XX. Jahrhundert. Berlin 2007. S. 13–15
46 Vgl. Ajnenkiel, Andrzej. Od rzadow ludowych do przewrotu majowego; a.a.O., S. 216
47 Vgl. Próchnik, Adam. Piewsze piętnastolecie Polski niepodległej. Zarys dziejów politycznych. Warszawa 1983. S. 229, 319

48 Vgl. Ebenda. S. 228
49 Vgl. Michael, Holger. Zwischen Davidstern und roter Fahne. Juden in Polen; a.a.O., S. 13–15
50 Vgl. Ajnenkiel, Andrzej. Od rzadow ludowych do przewrotu majowego; a.a.O., S. 216
51 Vgl. Ebenda. S. 227
52 Vgl. Ebenda. S. 231
53 Vgl. Ebenda
54 Vgl. Ebenda
55 Vgl. Mały rocznik statystyczny; a.a.O., S. 23
56 Vgl. Ebenda. S. 23
57 Vgl. Ajnenkiel, Andrzej. Od rzadow ludowych do przewrotu majowego; a.a.O., S. 225, 230
58 Vgl. Ebenda. S. 232
59 Vgl. Próchnik, Adam. Piewsze piętnastolecie Polski niepodległej; a.a.O., S. 228
60 Vgl. Mały rocznik statystyczny; a.a.O., S. 319
61 Vgl. Ebenda. S. 12–14, 22–25
62 Vgl. Ebenda. S. 23
63 Vgl. Ebenda
64 Vgl. Ebenda.
65 Vgl. Ebenda.
66 Vgl. Ebenda.
67 Vgl. Ebenda. S. 29
68 Vgl. Ajnenkiel, Andrzej. Od rzadow ludowych do przewrotu majowego; a.a.O., S.223
69 Vgl. Mały rocznik statystyczny; a.a.O., S. 319
70 Vgl. Ebenda
71 Vgl. Sienkiewicz, Witold. Mały słownik historii Polski. Warszawa 1991. S. 20
72 Vgl. Ebenda. S. 190
73 Vgl. Słownik historii Polski. Wydanie VI. Warszawa 1973. S. 137
74 Vgl. Próchnik, Adam. Piewsze piętnastolecie Polski niepodległej. Zarys dziejów politycznych. Warszawa 1983. S. 117
75 Vgl. Cimek, Henryk, Kieszczyński, Lucjan. Komunistyczna Partia Polski 1918–1939; a.a.O., S. 436
76 Vgl. Ebenda
77 Vgl. Polska niepodległa. Encyklopedia PWN. Warszawa 2008. S. 72
78 Errechnet aus Zahlen zu den Wahlen 1922 und 1928 in: Próchnik, Adam. Piewsze piętnas-tolecie Polski niepodległej. Zarys dziejów politycznych. S. 107–121, 218–236

8.

Das polnische Bündnis- und Sicherheitssystem

Die Außenpolitik des neuen Polen ist keineswegs geeignet, sie zu idealisieren oder zu glorifizieren, wie es die polnischen Rechten seit 1945 bis heute tun. Polen hatte sich durch die Auseinandersetzungen um seine Grenzen fast alle Nachbarn zu Feinden gemacht.

Deutschland hatte 1919 auf einen Teil seiner Ostgebiete aufgrund der Versailler Verträge verzichten müssen und fand sich damit nicht ab. Es gab keine politische Kraft in Deutschland, die diese Verträge akzeptierte. Die Revision der diktatorischen Bestimmungen über die deutsch-polnischen Grenzen wurde zum politischen Programm aller Regierungen der Weimarer Republik. Selbst militärische Konflikte gehörten zu den Optionen, um diese Bestimmungen zu revidieren. Die heute nicht nur von den Rechten in Deutschland als erste deutsche Demokratie glorifizierte Weimarer Republik war in dieser Hinsicht durchaus ein aggressiver Staat, der lediglich durch seine aktuelle wirtschaftliche und militärische Schwäche eingeschränkt war. Jede deutsche Regierung strebte danach, die politischen Fesseln abzustreifen und die vertraglichen Behinderungen zu überwinden.

In den Berliner Überlegungen spielte Danzig eine wichtige Rolle. Durch ein kompliziertes Vertragswerk mit Polen verbunden, war man dort bestrebt, durch besonders lautstarkes antipolnisches Verhalten die Stimmung in Deutschland zu beeinflussen. Danzig war aus Berliner Sicht ein Instrument, um die Öffentlichkeit – auch die internationale –

für eine Gesamtrevision der polnischen West- und Nordgrenzen zu gewinnen.

In der Sowjetunion gab es eine polnische Minderheit. 1926 lebten knapp 800000 Polen dort – nach den fast drei Millionen Juden die zweitgrößte Minderheit.[1] Sie lebten in größeren Gruppen zumeist in Belorussland, in der Ukraine und sonst über das gesamte Land verstreut. Die Einstellung zur Sowjetmacht war zumeist loyal und positiv, nicht wenige Polen waren politische Emigranten. Rund 8000 von ihnen hatten als Kommandeure, Politkommissare oder einfache Rotarmisten an der Seite der Bolschewiki gegen die in- und ausländische Konterrevolution gekämpft.[2]

Unter den sowjetischen Staats- und Parteifunktionären bis in die höchsten Ämter fanden sich zahlreiche Polen, polnische Juden und andere Bürger polnischer Herkunft, etwa Außenminister Maxim Litwinow, die Diplomaten und Funktionäre Karol Radek, Jakub Haniecki, Julian Marchlewski, die Chefs der Staatssicherheit Feliks Dzierzynski, Gienrich Jagoda und Wiaczysław Mienzynski, der Wirtschaftsführer Gleb Krzyzanowski. Stanisław Kosior wurde sogar Führer der ukrainischen Kommunisten und ZK-Mitglied in Moskau. Auch im sowjetischen Offizierskorps gab es zahlreiche Polen. Der wohl bekannteste unter ihnen war Michail Tuchaczewski, einer der ersten sowjetischen Marschälle, sowie auch Konstantin Rokossowski, der spätere Marschall der Sowjetunion und Polens. Andere bedeutende sowjetisch-polnische Militärs wie General Karol »Walter« Swierczewski, Strazewski und Popławski führten im Zweiten Weltkrieg die mit der UdSSR verbündeten polnischen Armeen und blieben noch für Jahre in Polen. Selbst unter den Weißen gab es eine Menge Russen polnischer Herkunft, wie General Anton Denikin, dessen Mutter Polin war und der in Polen geboren wurde.

Die Sowjetunion hatte wegen des Krieges, mehr noch durch den demütigenden Rigaer Friedensvertrag und den barbarischen Umgang mit den russischen Kriegsgefangenen in polnischen Lagern, zu seinem westlichen Nachbarn ein distanziertes Verhältnis. Es prägte Millionen Sowjetbürger für die nächsten Jahrzehnte nachhaltig. Das bekamen viele Polen zu spüren, was ungerecht und falsch war. Im Unterschied zu Deutschland verhielt sich die Sowjetunion gegenüber Polen nicht aggressiv; die antipolnische Haltung war nicht nationalistisch oder chauvinistisch unterlegt, sondern rein politischer Natur: Die UdSSR fühlte sich – zumindest bis in die dreißiger Jahre – von Polen bedroht. So wie vielen Polen mit der Erinnerung an die Rote Armee vor Warschau noch der Schreck in den Gliedern saß, konnte Moskau nicht vergessen, dass die Polen bis nach Kiew gekommen waren. Nun, da nach dem endgültigen Wegfall des bürgerlichen Russlands die Rolle Polens als größter osteuropäischer Bündnispartner des Westens aufgewertet wurde, rechnete Moskau damit, dass der Westen Polen aufrüsten und zur Niederschlagung der Sowjetmacht in Marsch setzen würde. Diese Befürchtungen gründeten auf Fakten. Das extrem antisowjetisch-antirussische Polen war der militärische Verbündete der am stärksten antisowjetisch auftretenden Großmacht Europas, nämlich Frankreich.

Um die Gefahr abzuwenden, sah Moskau zwei Möglichkeiten. Eine Option war die Machtübernahme der polnischen Linken unter Führung der Kommunisten in Warschau, mindestens aber eine von diesen Kräften herbeigeführte politische Kurskorrektur, die zur Herstellung gutnachbarlicher Verhältnisse führte. Angesichts der Schwäche der kommunistischen Bewegung im ethnisch-polnischen Kerngebiet eine Illusion. Dennoch war die sowjetische Seite optimistisch und setzte auf Zeit.

Die zweite Möglichkeit bestand darin, den antisowjetischen Block zu spalten, ihn aufzubrechen, indem man einzelne Staaten aus der Front gegen Moskau herauszulösen versuchte. Dadurch, so glaubte man, würde Warschau zu einer anderen Politik gezwungen. Das schien weniger unmöglich als ein Machtwechsel in Warschau, denn jeder Staat verfolgte eigene nationale Interessen, die Vorrang hatten vor kollektiven Interessen. Diese führten objektiv zu Widersprüchen zwischen den imperialistischen Staaten, welche es auszunutzen galt. So war es Moskau bereits bis 1920 gelungen, die baltischen Staaten durch sie begünstigende Friedensverträge aus der antisowjetischen Interventionsfront herauszulösen.

Die Revision des Rigaer Friedensvertrages, d.h. die Wiedergewinnung der Westukraine und Westbelorusslands, stand vorerst nicht auf der

Tagesordnung der Moskauer Außenpolitik. Erstens hatte man dafür keine Kraft, zumal der Ausgang ungewiss war. Zweitens war die Sowjetunion auf diese Territorien nicht angewiesen. Drittens brauchte die junge Sowjetmacht nichts Wichtigeres als Frieden und sichere Grenzen.

Dennoch unterstützte Moskau die politischen Bestrebungen innerhalb Ostpolens, in naher oder ferner Zukunft sich Belorussland und der Ukraine anzuschließen. In diesem Sinne handelten die kommunistischen Parteien Westbelorusslands und der Westukraine und die unter ihrem Einfluss stehenden linken Organisationen. Die sowjetische Seite ging dabei von der scheinbar paradoxen Überlegung aus, dass Ruhe an der polnischen Ostgrenze erst eintreten würde, wenn die Ostslawen über ihr Schicksal selbst entscheiden könnten. Nach Lage der Dinge würde das in einen Anschluss münden. Der musste nicht durch einen militärischen Konflikt erzwungen werden. Volksabstimmungen und andere Entscheidungen sollten dieses Problem friedlich lösen.

Das eben fürchtete Warschau am meisten und tat alles, um einem solchen Prozess entgegenzuwirken, was jedoch das Gegenteil bewirkte. Der Konflikt vertiefte sich. An der Stärkung des ukrainischen Nationalismus, der auch auf sowjetische Gebiete übergriff, war Moskau nicht gelegen. In dieser Hinsicht stand man polnischen Positionen nahe. Doch so offen wollte Moskau das nicht vermitteln, weil man im Kreml hoffte, das Klientel der Nationalisten doch auf die Seite der ostslawischen Linken zu bringen.

Die sowjetischen Aktivitäten waren aber relativ gering. Nach dem Abbruch der Partisanenbewegung 1924 hielt man das Thema nur noch politisch wach, um den slawischen Brüdern und Schwestern auf polnischer Seite unverändert Solidarität und Unterstützung zu bekunden. Man brauchte sie außerdem im Fall einer erneuten polnischen Aggression.

Für das offizielle Polen stellten sich die Verhältnisse einfacher dar. Moskau versuchte demnach mit Hilfe der kommunistischen Bewegung Polen zu destabilisieren und seinen östlichen Teil anschlussreif zu machen. Daher sollten die politischen, wirtschaftlichen und kulturellen Beziehungen mit dem großen östlichen Nachbarn nicht ausgebaut werden. Die strategische Bedeutung Polens als antibolschewistisches

Bollwerk sollte dadurch gefestigt und erhöht werden, was für Unterstützung aus dem Westen sorgen würde. Daher intensivierte man die antisowjetische Propaganda, was sich als kontraproduktiv erwies, denn sie führte im Westen zu der permanenten Befürchtung, Polen wolle einen neuen Krieg gegen den Bolschewismus vom Zaun brechen.

Feindselig, doch nicht aggressiv, waren Polens Beziehungen zur Tschechoslowakei und zu Litauen. Einzig zu Estland, mit dem Polen einige wenige Grenzkilometer teilte, waren die Beziehungen wesentlich besser, obwohl man sich auch hier um einige Quadratkilometer Land gestritten hatte. Am besten waren die Beziehungen zu Bukarest. Rumänien hatte 1918 mit Bessarabien sowjetisches Land okkupiert und in sein Staatsgebiet inkorporiert. Damit schien es in der gleichen Position wie Polen zu sein. Das war Bukarest aber nicht. Im Gegensatz zu Polen besaß Rumänien keinen Friedensvertrag mit Sowjetrussland. Moskau akzeptierte nicht die rumänische Übernahme seiner Territorien. Allein die Regierungen Großbritanniens, Frankreichs, Japans und Italiens hatten die Okkupation legitimiert. Rumänien musste also immer damit rechnen, dass die UdSSR jene Gebiete gewaltsam einforderte und zurückholte. Das brachte Bukarest politisch in die Nähe Warschaus.

Rumänien blieb Polens einziger militärischer Verbündeter in Osteuropa. Insgesamt aber war die außenpolitische Konstellation weit von dem entfernt, was sich die Anhänger von Piłsudski, aber auch die von Dmowski noch vor wenigen Jahren vorgestellt hatten.

Die Rechnung, Sowjetrussland den Weg nach Westen zu verbauen und seinen Einfluss zu reduzieren, war nur in den Augen romantisierender und unrealistischer rechter Politiker aufgegangen. Das »Wunder an der Weichsel« war ein Pyrrhussieg, dessen Wiederholung mit jedem Jahr unmöglicher wurde. Bei realistisch denkenden Kreisen in Warschau hatte man sich längst vom Siegestaumel des Jahres 1920 verabschiedet und die sich herausbildende Sowjetunion als die größte Bedrohung angenommen. Die Mehrzahl der Polen hatte Jahrzehnte mit oder unter Russen in Polen oder in Russland gelebt und darum gewisse Vorstellungen von der Russland innewohnenden Kraft. Nicht zuletzt die historischen Erfahrungen – 200 Jahre nach dem Einmarsch der Polen in Moskau hatten die Russen fast ganz Polen annektiert – veranlassten in dieser Frage die Verantwortlichen in Warschau zu größerer Umsicht. Mit der Gründung der Union der Sozialistischen Sowjetrepubliken im Dezember 1922 war ein Staat entstanden, dem man nicht mit alten nationalistischen Vorurteilen und aristokratischem Dünkel begegnen konnte. Polen war also gut beraten, sich auf keinen Krieg mit dem Osten einzulassen, zumal in der östlichen Hälfte des Landes prosowjetische Auffassungen weitaus präsenter waren als im polnischen Westen oder im Zentrum.

Auch der Wunsch, auf die westlichen Völker des ehemaligen Russischen Reiches einen dominierenden Einfluss auszuüben und sie in Opposition zu Moskau zu bringen, war unrealistisch. Das Gegenteil war eingetreten. Belorussen und Ukrainer verfügten nun über eigene Sowjetrepubliken, waren Teil der UdSSR und wirkten nach Ostpolen hinein.

Lettland und Estland – Litauen ausgenommen – hatten zwar gute Beziehungen zu Polen, doch militärische Bündnisse wollten sie nicht eingehen. Sie hatten – im Unterschied zu Polen – bereits, wenngleich nur für kurze Zeit, die Erfahrung eines sozialistischen Staatswesens gemacht und wollten das nicht noch einmal erleben. Zurückhaltung, Neutralität und gute Beziehungen zur UdSSR schien ihnen die beste Möglichkeit zu sein, vor Wiederholung geschützt zu sein.

Den neuen Staat der Russen aus Europa völlig herrauszuhalten war illusorisch, da die Kommunisten sich überall auf dem Kontinent zur Verteidigung und Unterstützung der Sowjetunion verpflichtet fühlten. In der Sowjetunion, so waren sie der Überzeugung, nahmen die Ideen von Marx und Engels, für deren Verwirklichung die internationale Arbeiterbewegung seit Geburt des Kommunistischen Manifestes kämpfte, sichtbar Gestalt an. Die Sowjetunion war in dieser Vorstellung zum Vaterland aller Werktätigen geworden. Gerade westlich und südlich Polens existierten die stärksten kommunistischen Parteien Europas. Von deren Kraft konnte sich Warschau während des Krieges gegen die Sowjetunion überzeugen. »Hände weg von Sowjetrussland!«, eine Solidaritätskampagne sondergleichen, stoppte in Deutschland und in der Tschechoslowakei die französischen Militärtransporte nach Polen.

Prag und Berlin betrieben zwar eine antikommunistische Innenpolitik, die Beziehungen zur UdSSR entwickelten sich aber wesentlich besser als die zu Warschau. Das konnte Polen nicht ignorieren. Für Warschau ging es nun nicht mehr darum, sein Staatsgebiet zu erweitern, sondern die erkämpften Positionen von 1921 zu sichern und insgesamt den Besitzstand zu wahren. Das erwies sich zunehmend schwieriger, da sich die politischen Verhältnisse in Europa weiterentwickelten und einige Staaten und bedeutende politische Kräfte auf die Veränderung des Status quo drängten.

Polens Ausgangspositionen bei seinen Bemühungen waren ungünstig: wirtschaftlich schwach, politisch instabil mit einem erheblichen Sicherheitsrisiko innerhalb des Staatsgebietes, konfrontiert mit Gebietsforderungen Deutschlands und mit einer öffentlich propagierten Feindschaft zum großen östlichen Nachbarn. Die starken potenziellen Verbündeten waren weit entfernt. Polen war politisch und geographisch im Osten faktisch isoliert. Unter all diesen Bedingungen die Existenz Polens außenpolitisch zu sichern, erforderte besonderes Geschick von den Hausherren des an der Wierzbowa gelegenen Außenministeriums.

Nach endgültiger Festlegung der Ostgrenzen 1923 bis zum Mai-Umsturz 1926 stellten sich drei Außenminister dieser Aufgabe:

Von Dezember 1922 bis Mai 1923 und von Juli 1924 bis November 1925 war dies **Graf Aleksander Skrzynski** (1882–1931). Er stammte aus einer südpolnischen Großgrundbesitzerfamilie mit Anteilen an einer Bank und Industriebetrieben, studierte Jura in Kraków und München und war mit den Konservativen verbunden. Skrzynski war der einzige in diesem Amt, der schon bei einer Teilermacht (Österreich) im diplomatischen Dienst gestanden hatte. Als der Weltkrieg ausbrach, war er Sekretär der Botschaft in Paris. Während des Krieges diente er in der österreichischen Armee und wechselte 1919 in die Wierzbowa. Bald wurde er als Gesandter in Bukarest eingesetzt, wo er bedeutenden Anteil am Zustandekommen des polnisch-rumänischen Bündnisses hatte. Erstmals Außenminister der Zweiten Republik wurde er 1922 für ein halbes, 1924 für ein reichliches Jahr. In der Zwischenzeit war er Polens Vertreter beim Völkerbund. Im Dezember 1925 wurde er Premier und übernahm zugleich das Außenamt. In seiner diplomatischen Tätigkeit versuchte er, die negativen Eindrücke der polnischen Ostpolitik auf die westliche öffentliche Meinung abzubauen. Sein größter Erfolg war die Anerkennung der polnischen Ostgrenzen durch die Westmächte 1923. Eine Annäherung an Großbritannien wie auch die Garantie für die polnische Westgrenze durch die Westmächte erreichte er hingegen nicht. Nach der erneuten Machtübernahme durch Piłsudski wurde er von der Politik ferngehalten. Er verunglückte tödlich bei einem Autounfall in Ostrów Wielkopolski.

Mit **Marian Seyda** (1879–1967) kam im Mai 1923 einer der bedeutendsten nationaldemokratischen Funktionäre ins Außenamt. In Poznan geboren, studierte Seyda Jura in Berlin und in Breslau sowie Kunstgeschichte in München, war aber vor allem als Parteijournalist in führender Position tätig. Seine diplomatischen Sporen verdiente er sich durch seine Arbeit für das KNP, für das er einige Auslandsmissionen erledigte. 1923 war er für ein halbes Jahr Außenminister, dann noch ein paar Monate Vizeminister. 1936 zog er sich aus der aktiven politischen Arbeit zurück, da er mit seinen liberalen Tendenzen für sich keinen Platz mehr in der inzwischen faschistoiden Nationaldemokratie sah. Nach dem Untergang Zwischenkriegspolens ging er nach Frankreich und England und war Mitglied der polnischen Exilregierung. 1942 verließ er die nationaldemokratische Partei wegen politischer Meinungsverschiedenheiten. Nach 1945 blieb er im Exil und widmete sich der Publizistik.

Seyda war ein Gegner Deutschlands und sah in ihm die Hauptgefahr für Polen, akzeptierte darum ein Bündnis der Volksrepublik Polen mit der UdSSR und forderte die internationale Anerkennung der Oder-Neiße-Grenze als polnische Westgrenze. Da er die Volksrepublik aber prinzipiell kritisierte, konnte er sich nicht zu einer Rückkehr in die Heimat entschließen. 1948 ging er nach Argentinien.

Graf Maurycy Klemens Zamoyski (1871–1939) wurde in Warschau als Spross einer bedeutenden Großgrundbesitzerfamilie geboren. Dmowski gewann ihn für die politische Arbeit bei den Nationaldemokraten. Nach 1915 ging er ins Ausland und blieb dort bis 1924. Hier war er im KNP der Stellvertreter Dmowskis und Schatzmeister und beglich die Kosten des Komitees auf eigene Rechnung. 1919 übernahm der Graf den Posten des ersten polnischen Botschafters in Frankreich. Er hatte wesentlichen Anteil am Zustandekommen des polnisch-französischen Bündnisvertrages. Auf Anraten Dmowskis stellte er sich im Dezember 1922 der Wahl zum ersten Staatspräsidenten und unterlag. 1924 wurde er für sieben Monate Außenminister. In den letzten Jahren war er Vorsitzender des Verbandes der polnischen Großgrundbesitzer.

Das polnischen Bündnis- und Sicherheitssystem basierte im Wesentlichen auf dem Versailler Vertrag und den daraus hervorgegangenen Grundlagen des Völkerbundes. Der Völkerbund war in der Geschichte der internationalen Beziehungen die erste internationale Organisation, in der sich Staaten zur Wahrung der allgemeinen völkerrechtlichen Prinzipien zusammengefunden hatten. Das Völkerbundstatut war Teil I des Versailler Vertrages vom 28. Juni 1919. Es diente der Kriegsverhinderung, der Schlichtung internationaler Streitfragen und der Durchsetzung des Völkerrechts. Der Völkerbund nahm 1920 in Genf die Arbeit auf. Er sollte für die Unantastbarkeit der Grenzen sorgen und jegliche Aggression auf eines der Mitgliedsländer verhindern. Gegen Aggressionen sollten Sanktionen einschließlich militärischer Interventionen eingesetzt werden.

Deutschland und die Sowjetunion gehörten nicht zu den 32 Gründungsmitgliedern, sie wurden aus unterschiedlichen Motiven von der Gemeinschaft der Völker ausgegrenzt. Und die Tätigkeit des Völkerbundes richtete sich vornehmlich auch gegen diese beiden Staaten: Deutschland war der angeblich Hauptschuldige am Weltkrieg, und Sowjetrussland hatte mit allen kapitalistischen Spielregeln gebrochen. (Es sollte erst 1934 hinzugebeten werden.)

Unter den gegebenen Umständen war der Völkerbund ein außenpolitisches Instrument Frankreichs und Großbritanniens, die ihren Einfluss auf diese Weise institutionalisiert hatten. Polen war von Anfang an dabei, seine Grenzen wurden faktisch durch den Völkerbund geschützt. Für Warschau war das jedoch keineswegs ausreichend. Völlig zutreffend hatte man dort erkannt, dass die neue Form internationaler Zusammenarbeit und Verbundenheit mit vielerlei Risiken behaftet und

Zweifel hinsichtlich der Funktionsfähigkeit begründet waren. Zudem – und das mag den Ausschlag gegeben haben – hatte man in den ersten Jahren und im Zusammenhang mit dem Kampf um die neuen Grenzen erkennen müssen, dass selbst die Hauptsiegermächte – also die Großmächte des Völkerbundes – allein schon in der polnischen Frage uneins waren. Aus polnischer Sicht wurden Deutschland, die Sowjetunion und die Tschechoslowakei mitunter begünstigt. Besorgte polnische Politiker stellten sich die Frage, wie unter diesen Bedingungen bei einer Bedrohung Polens einheitlich gehandelt werden würde. In Warschau vertraute man darum mehr auf traditionelle bi- und multilaterale Verträge über militärische Zusammenarbeit. Angesichts der nach dem Weltkrieg gegründeten neuen Staaten war eine neue Lage in Europa entstanden, die die Suche nach Verbündeten nicht einfach machte.

Mit den nordeuropäischen Staaten, die durch die Ostsee von Polen getrennt waren, verband Polen keine sonderlich freundschaftlichen Beziehungen. Mit Schweden hatten die Polen gar negative Erfahrungen gemacht: Im 17. Jahrhundert hatten die Schweden Krieg gegen Polen geführt, und dreimal hatte man in den sogenannten Nordischen Kriegen die Klingen miteinander gekreuzt.

Mit Dänemark und Norwegen unterhielt man keine herausragenden Beziehungen. Finnland war ein junger Staat, mit dem man zwar den Antikommunismus teilte, aber ansonsten wenig Gemeinsames hatte. Die Finnen mochten – wie Letten und Esten – die Beziehungen zum antisowjetisch deklarierten Polen aus verständlicher Nähe zur Sowjetunion nicht zu eng werden lassen.

Zu den Tschechoslowaken und Litauern waren die Beziehungen schlecht und blieben es auch. Mit den Bulgaren, die als ausgesprochen russlandfreundlich galten, kamen ebenfalls keine vernünftigen Beziehungen zustande. Die Griechen sahen die antisowjetischen Aktivitäten der Polen kritisch, galt doch Russland als traditionell griechenfreundlich und Gegner des Osmanischen Reiches.

Mit den Türken, der europäischen Randmacht, schloss Polen 1923 einen Freundschaftsvertrag, doch die guten Beziehungen konnten für die polnischen Interessen nicht instrumentalisiert werden.

Nicht unproblematisch waren die Beziehungen zu Jugoslawien. Offiziell galten sie als gut, doch zu einem engeren Verhältnis kam es trotz Freundschaftsvertrag von 1926 nicht. Das war nicht allein der Entfernung geschuldet. Die dort herrschenden Serben waren nicht nur traditionell prorussisch eingestellt, die Sowjetunion genoss in weiten Teilen der dortigen Arbeiterschaft hohes Ansehen, die Kommunistische Partei Jugoslawiens, die einzige gesamtjugoslawische Partei, war ein treuer Verbündeter Moskaus. Mit 65000 Mitgliedern war sie zu jener Zeit – nächst der tschechoslowakischen – die stärkste kommunistische Partei Osteuropas und mit 14 Prozent der Parlamentssitze die drittstärkste Jugoslawiens.[3]

Jugoslawien, nach dem Zerfall Österreich-Ungarns entstanden, hatte Probleme mit Italien, Ungarn und Österreich – mit eben jenen Ländern, zu denen Polen – wenn auch aus verschiedenen Gründen – solide Beziehungen unterhielt. In Italien gab es eine polnische Emigration, Polen hatten auf der Seite Garibaldis gekämpft. Sogar in der polnischen Nationalhymne gab es einen Hinweis auf Italien. Auch die Italiener brachten den Polen Sympathie entgegen. Zwischen beiden Staaten gab es keine Konfliktpunkte, obwohl Italien seit 1922 faschistisch war.

Zu Österreich, der ehemaligen Teilermacht Polens, hatten sich nach 1918 gute Beziehungen entwickelt. Das war auch den liberalen Verhältnissen geschuldet, die Wien in seinen polnischen Gebieten nach 1867 positiv von denen im russischen und im deutschen Teilungsgebiet unterschieden. Die Trennung von den Österreichern war – ebenfalls im Unterschied zu den anderen beiden Mächten – völlig unkompliziert erfolgt. Angesichts der Wirren der ersten Jahre des neuen Polens und der Kämpfe im polnischen Südosten breitete sich dort bereits eine gewisse Nostalgie in Bezug auf die beschaulichen österreichischen Verhältnisse aus. Zudem war Österreich der nun schwächste aller ehemaligen Teilerstaaten und territorial weit von Polen gelegen. Das schloss Konflikte nahezu aus.

Zu Ungarn unterhielt Polen über die Jahrhunderte die besten Beziehungen. Die Ungarn waren die einzigen Freunde, die Warschau in dieser Region hatte. Es gab viele Gemeinsamkeiten, die vor allem die herrschenden Klassen – besonders der Adel und die Aristokratie hatten einen bedeutenden politischen Einfluss – miteinander verbanden. Das war in erster Linie ein von der katholischen Kirche unterlegtes kulturelles Sendungsbewusstsein, das sich gegen die östlich und südlich zumeist der orthodoxen Kirche folgenden Rumänen, Serben, die slawischen Tschechen und Slowaken richtete. Polen wie Ungarn verstanden sich als Träger und Bollwerk der westlichen Zivilisation und der damit im Zusammenhang stehenden christlich-konservativen Werte.

Obwohl Ungarn keine Grenze zur Sowjetunion hatte, war dort (und in Polen) der Antisowjetismus und Antikommunismus am stärksten in Osteuropa ausgeprägt. Im Frühjahr 1919 war es den ungarischen Linken unter Führung der Kommunisten gelungen, für einige Monate einen sozialistischen Staat zu schaffen. Die Erfahrungen mit der Räterepublik veranlassten die ungarischen Rechten, 1919 ein spezifisches faschistisches System zu etablieren. Da Ungarn durch den Pariser Vorortvertrag von Trianon ein Drittel seines früheren Staatsgebietes verloren hatte, verfolgte es die Revision seiner Grenzen, darum wurde das Land zum Störenfried im Donauraum. Mit der Bildung der sogenannten Kleinen Entente aus Tschechoslowakei, Jugoslawien und Rumänien wollten die Westmächte, vor allem Frankreich, Ungarn an Aggressionen hindern und isolierten das Land.

Polen hatte hinsichtlich des Trianon-Vertrages seine Ablehnung bekundet und sich damit gegen die Länder der Kleinen Entente gestellt. Die Freundschaft mit Ungarn brachte Polen allerdings keinerlei außenpolitischen Gewinn, sie trübte sogar die Beziehungen zu Rumänien, seinem einzigen Verbündeten in Osteuropa.

Rumänien hatte das frühere ungarische Siebenbürgen, jetzt Nord-Transsilvanien, mit einer nicht nur starken ungarischen, sondern auch deutschen nationalen Minderheit erhalten. Auch die Rumänen verfügten über ein historisches Sendungsbewusstsein allein schon aus ihrer romanisch geprägten Kultur inmitten kulturell fremder Völker. Was Rumänen und Polen hingegen zusammenbrachte, waren nicht nur die geschichtlich guten Beziehungen, sondern das gemeinsame Interesse an der Verteidigung der Sowjetrussland abgenommenen Gebiete. Für Rumanien waren dies die Nordbukowina und Bessarabien. Die Nordbukowina war ein vor allem von Ukrainern besiedeltes Gebiet, das bis 1918 zu Österreich-Ungarn gehört hatte. Rechte auf dieses Gebiet hatte Russland bzw. die Sowjetukraine nicht, obwohl sich während der Oktoberrevolution dort ein Großteil der Bevölkerung für einen Anschluss an das revolutionäre Russland ausgesprochen hatte. Das einzige, aber letztlich ausschlaggebende Argument war das ethnische, das auf eine Vereinigung aller ukrainischen Gebiete unter sowjetischer Herrschaft hinauslief.

Bessarabien, ein Landstrich von hundert Kilometern Breite und 450 Kilometern Länge, der an das Schwarze Meer stieß, gehörte seit über hundert Jahren zu Russland und wurde 1918 von Rumänien okkupiert und später annektiert. In Gegensatz zu den polnischen Ostgebieten nahm die Sowjetunion diesen Verlust über die gesamte Zwischenkriegszeit nicht hin. Anders als Polen musste Rumänien damit rechnen, dass die UdSSR sich bei erster Gelegenheit zumindest das von Moldauern besiedelte Bessarabien zurückholen würde. Daran ließ die Sowjetunion keinen Zweifel, denn 1924 schuf sie aus dem ihr verbliebenen Rest die autonome Moldauische Sozialistische Sowjetrepublik. Dort wurden Strukturen geschaffen, die im Falle eines Anschlusses Bessarabiens dieses Territorium schnell und effektiv in die Sowjetunion integrieren konnten.

Die rumänische Führung war sich dieses Problems bewusst und suchte einen ähnlich bedrängten Bündnispartner. Im Rahmen der Kleinen Entente gab es schon ein Bündnis mit der Tschechoslowakei, mit der man auch eine gemeinsame Grenze hatte. Doch die ČSR war nicht für ein Bündnis gegen Russland zu gewinnen. Ihre Mitgliedschaft in der Kleinen Entente war – wie die Rumäniens – in erster Linie gegen Ungarn und Bulgarien gerichtet. Da dieses Bündnis 1920/21 von der Tschechoslowakei initiiert worden war, hielt sich Polen davon fern.

Aus polnischer Sicht hatte ein Bündnis mit Rumänien einiges für sich. Rumänien verfügte wie Polen über gute Beziehungen zu Frankreich. Im Juni 1926 schloss es einen Bündnisvertrag mit Paris.

Rumänien hatte während des Weltkrieges seit 1916 an der Seite der Entente gegen die Mittelmächte gekämpft, wurde allerdings von den

Mittelmächten besiegt. Später errangen rumänische Truppen den entscheidenden Sieg über die Rote Armee der Ungarischen Räterepublik und besiegelten deren Untergang.

Schon 1919 hatten rumänische Truppen polnischen Einheiten erhebliche Schützenhilfe im Kampf gegen die ukrainischen Nationalisten geleistet. Viel schneller als in Polen gingen in Rumänien die Massen auf die Straße, und schlug die Staatsmacht wesentlich härter zurück. Bezeichnenderweise verhielt sich Rumänien im sowjetisch-polnischen Krieg 1919/20 neutral, wohl einen sowjetischen Angriff auf Bessarabien fürchtend. Nichtsdestotrotz hielt Polen Rumänien als engen Bündnispartner für prädestiniert. Rumänien war nach Polen mit etwa zwanzig Millionen Menschen das größte Land Osteuropas, was in der Lage war, bis zu einer halben Million Soldaten zu mobilisieren. Von Bedeutung waren auch die Seeverbindungen übers Schwarze Meer zu den westlichen Alliierten, über die wichtiger Nachschub einschließlich Truppen herangeführt werden konnte.

Am 3. März 1921 wurde das polnisch-rumänische Bündnis geschlossen. Es beinhaltete die bedingungslose gegenseitige Hilfe bei einem sowjetischen Angriff. Hilfe im Falle eines polnisch-deutschen oder rumänisch-ungarischen Konfliktes blieb ausgeklammert. Die negativen Folgen des Abkommen waren nicht bedacht worden. Polen stand kurz vor dem Abschluss des Friedensvertrages mit der Sowjetunion. Für den Fall einer Verbesserung der Beziehungen zur Sowjetunion, was zu jener Zeit offenbar nicht in Erwägung gezogen wurde, konnte gerade dieses Bündnis zu einer gefährlichen Behinderung des polnischen wie auch des rumänischen Sicherheitssystems führen. Im Falle eines rumänisch-sowjetischen Konflikts hätte Polen mit seinem Eingreifen einen unnötigen Krieg mit vielen Opfern und den Verlust seiner immerhin vertraglich gesicherten Ostgebiete riskiert. Im umgekehrten Fall wäre Rumänien alle die von der UdSSR geforderten Gebiete losgeworden.

Die UdSSR versuchte in den folgenden zwei Jahrzehnten über Verhandlungen an dritten Orten zu einer Klärung der Gebiets- und Grenzfragen mit Rumänien zu kommen. Ohne Erfolg. Die rumänische Seite weigerte sich, die Bevölkerung darüber abstimmen zu lassen. Damit war klar, dass jene Gebiete entweder durch einen Krieg, infolge eines Krieges oder unter Androhung von Gewalt wieder in sowjetische Hände kommen würden. Es war nur eine Frage der Zeit.

Andererseits begrenzte dieser Vertrag vom März 1921 die außenpolitische Handlungsfähigkeit beider Länder erheblich. Für die Verbesserung der Beziehungen zur UdSSR hätte ein Nichtangriffsvertrag Grundbedingung sein müssen. Sollte dieser Vertrag aber nur mit einem der beiden Länder abgeschlossen werden, so wäre der Bündnisvertrag nicht mehr voll wirksam bzw. Misstrauen in den gegenseitigen Beziehungen aufgetreten. Das war 1932 der Fall, als Polen einen solchen Vertrag mit der Sowjetunion abschloss und dafür Kritik aus Bukarest einstecken musste. Kollektive Bündnisse mit der UdSSR waren nicht möglich, solange nicht beide Staaten davon erfasst worden wären.

Die zweite Richtung polnischer Bündnisbestrebungen ging nach Westen. Dabei kam nur Frankreich in Frage. Es waren nicht nur die jahrhundertelangen freundschaftlichen Beziehungen, die Warschau an die Seine blicken ließen. Frankreich war – obwohl stark geschwächt durch den Krieg – durch den Wegfall Deutschlands als Großmacht immer noch die größte Festlandmacht in Europa und hatte mit der Kleinen Entente den bedeutendsten Einfluss auf Osteuropa. Polen wie Frankreich hatten den Deutschen Territorien abgenommenen und sich darum deren Unwillen zugezogen. Es drohte ein Revanchekrieg, von dem Frankreich und Polen ihren Nachbarn abhalten wollten. Ein zuverlässiges Bündnis- und Sicherheitssystem, bei dem Deutschland vom Westen und von Osten in der Zange gehalten werden sollte, war daher erstrebenswert. Ursprünglich wollte Paris kein spezielles Bündnis mit Warschau, doch die Streitigkeiten zwischen Polen und der Tschechoslowakei verhinderten den Anschluss Polens an die Kleine Entente. Um diese Lücke im französischen Sicherheitssystem in Osteuropa zu schließen, musste ein Vertrag mit Polen geschlossen werden.

Ein solches Bündnis war in Frankreich nicht unumstritten. Marschall Foch und seine graue Eminenz, der Generalsekretär des französischen Außenministeriums Philippe Berthelot, hatten wenig Vertrauen zu

Polen. Berthelot war der Meinung, dass Polen niemals den Platz Russlands gegenüber den Deutschen einnehmen würde, ein Vertrag mit Warschau könnte die Beziehungen zwischen Frankreich und Russland belasten.

Nach der Niederlage Wrangels im November 1920 hatte Paris begriffen, dass auf unbestimmte Zeit ein Regimewechsel in Sowjetrussland nicht möglich sein werde und es darum isoliert werden müsste. Dafür wurde Piłsudskis Polen benötigt. Nach dessen Staatsbesuch Anfang Februar 1921 in Frankreich unterzeichneten Polens Außenminister Eustachy Sapieha am 21. Februar den Bündnisvertrag und Kriegsminister Kazimierz Sosnkowski die dazugehörige geheime Militärkonvention. Frankreich versprach darin Polen eine schnelle und effektive Hilfe im Falle einer deutschen Aggression. Im Falle eines Krieges mit Sowjetrussland wollte Frankreich die Sicherheit Polens gegenüber Deutschland gewährleisten. In beiden Fällen sollte nur materielle Hilfe geleistet werden. Diese beiden Verträge sollten jedoch erst nach Unterzeichnung eines gemeinsamen Handelsabkommens in Kraft treten. Das geschah ein Jahr später, am 27. Juni 1922.

Das Bündnis mit Frankreich war ein außenpolitischer Erfolg. Polen war nicht nur Mitglied eines westlich geführten Sicherheitssystems, sondern erfuhr eine gewisse Privilegierung durch ein direktes Bündnis. Für das polnische Selbstverständnis hatte das noch andere Folgen. Nunmehr glaubte man endlich einen festen Partner im Westen zu haben, mit dem man jahrhundertelang befreundet war und den man immer bewundert hatte. Für viele Polen symbolisierte allein dieses Bündnis die Zugehörigkeit Polens zur westlichen Zivilisation, damit wähnte man sich den Russen und anderen Ostslawen überlegen. Polen wurde von Frankreich abhängig, doch das war gewollt. Diese Abhängigkeit war für die meisten Polen erträglicher als die von Deutschland oder von der Sowjetunion.

Die Franzosen profitierten stärker von diesem Bündnis als Polen. Es eröffnete französischen Unternehmern und Militärs einen exklusiven Zugang zur polnischen Wirtschaft, zu Rohstoffen und dem Heer. Auch in militärstrategischer Hinsicht lagen die Vorteile auf der französischen

Seite. Von den Polen wurde erwartete, dass sie Deutschland angriffen, falls dieses gegen Frankreich zöge, umgekehrt galt das Gleiche. Allerdings: Auf Truppen konnten die Polen nicht rechnen. Selbst die Lieferung von Militärgütern war problematisch, wie schon die Bewegung »Hände weg von Sowjetrussland!« mit der Blockade von Zugtransporten gezeigt hatte. Lieferungen müssten einen weiten Umweg um Deutschland nehmen.

Polen war faktisch auf die Hilfe Rumäniens angewiesen. Da man aber in Warschau wie in Bukarest in erster Linie mit einem gleichzeitigen Angriff aus dem Osten rechnete, hätten keine rumänischen Truppen zur polnischen Verteidigung zur Verfügung gestanden – man wäre auf sich allein gestellt. Warschau war sich bewusst, dass dies auch im Falle einer deutschen Aggression so sein würde. Das schien aber der Warschauer Führung keine Sorge zu bereiten, denn im Gegensatz zu den Franzosen sahen sie in Deutschland die geringere Gefahr. Und als Paris von der polnischen Führung verlangte, im Kriegsfall direkt gegen Berlin zu marschieren, lehnte Warschau das mit dem Hinweis ab, dass man dann Ostpreußen angreifen werde. Dieser Angriff – und das war beiden Seiten klar – würde aber kaum die französisch-deutsche Front entlasten. Ostpreußen hätte man ohne größere Probleme einnehmen können, der Marsch auf die Reichshauptstadt hingegen würde vermutlich bereits an der Oder gestoppt werden.

Polens Heer war auf einen Krieg gegen die Rote Armee ausgerichtet, seine Struktur stammte aus dem letzten Krieg: leichte, bewegliche und relativ schnelle Verbände, vor allem Kavallerie, leichte und schnelle Panzerwagen mit leichter Bewaffnung – vor allem Maschinengewehre aller Art, statt schwerer leichte Feldartillerie, Jagdflugzeuge, wenige Bomber und dafür Panzerzüge. Im Osten, vor allem in den ausgedehnten Wäldern und Sümpfen, waren Pferde das zuverlässigste Transportmittel.

Diese seinerzeitige Ausstattung des polnischen Heeres steht in der Kritik vieler Historiker und Militärspezialisten. Sie sehen darin die Ursache für die militärische Niederlage von 1939. Das ist zwar nicht von der Hand zu weisen, doch man darf nicht ignorieren, dass die polnische Führung bis zum Überfall Hitlerdeutschlands an einen sowjetischen

Angriff geglaubt hatte. Für diesen Abwehrkampf war die Ausrüstung zu jener Zeit durchaus angemessen. Polen konnte etwa eine Million Soldaten mobilisieren, die Rote Armee hatte in jenen Jahren nur knapp 1,5 Millionen Soldaten unter Waffen. Zudem hatte die polnische Regierung mit dem Grenzschutzkorps KOP für die Ostgrenze eine politisch zuverlässige und schlagkräftige Truppe geschaffen.

Gerade die militärische Ausrichtung gegen die Sowjetunion wurde damals von westlichen und sowjetischen Politikern als Vorbereitung auf einen polnischen Angriffskrieg gegen den östlichen Nachbarn interpretiert. Auch Historiker kamen zu einem solchen Schluss. Die extrem antisowjetisch-antirussische und antikommunistische Propaganda legte jedenfalls einen solchen Verdacht nahe. Selbst ein bedeutender Teil der polnischen Bevölkerung war davon überzeugt, dass der nächste Krieg gegen die Sowjetunion ginge. Die meisten Polen unterschätzten die militärische Stärke der Roten Armee erheblich. Man träumte von der Wiederholung des »Wunders an der Weichsel«, der erfolgreichen Gründungsschlacht des neuen Staates. Man traute dem rückständigen Sowjetrussland, dem man sich kulturell überlegen fühlte, kaum eine Modernisierung zu und spekulierte auf dessen Zerfall.

Eine Aggression gegen die Sowjetunion allerdings wurde in Warschau nicht geplant, Polen war lediglich an der Sicherung seiner Besitzungen im Osten interessiert. Nichtsdestotrotz hielt man auch unter den Bedingungen der wirtschaftlich schwierigen Entwicklung in der Sowjetunion einen sowjetischen Angriff durchaus für möglich. Weit verbreitet war die Auffassung, dass gerade die katastrophale Wirtschaftslage in der UdSSR die Rote Armee zu einer Art Beutefeldzug nach mittelalterlicher Manier veranlassen könnte. Vor allem Angehörige der Intelligenz und des Mittelstandes, die um die Unabhängigkeit des neuen Polens und ihren eigenen Besitz fürchteten, verbanden die Erfahrungen russischer Fremdherrschaft mit neuen antibolschewistischen Vorurteilen und anderen unrealistischen Vorstellungen. Insgesamt wurde den Russen ein aggressiver Charakter und durch die Niederlage von 1920 eine gewisse Rachsucht unterstellt. Der Wunsch nach gutnachbarlichen Beziehungen zu den östlichen Nachbarn wurde nur von einer Minderheit vertreten.

Selbst bei realistisch denkenden Politikern überwogen in dieser Frage Misstrauen und Zweifel.

Nur wenige verantwortliche Staatsmänner und Politiker konnten sich vorstellen, dass sich im Osten das neue Russland nicht nur wieder zu einer regionalen, sondern auch zu einer europäischen Großmacht entwickeln könnte, deren Industriepotenzial die Schaffung einer modernen Armee ermöglichte. Doch auch ihr Denken war mehr von Furcht als von Verständnis geprägt.

Die wirtschaftliche Entwicklung Polens ließ keine wesentliche Qualitätsveränderung in seinen Streitkräften zu. Die meisten Waffen kamen aus dem westlichen Ausland, und der Mechanisierungsgrad erhöhte sich trotz Militärreformen nicht sonderlich. Die Sowjetunion hingegen schaffte es durch enorme Kraftanstrengungen, ihre Streitkräfte wesentlich umfangreicher zu technisieren und den veränderten Erfordernissen anzupassen.

Auch den deutschen Streitkräften glaubte Warschau sich überlegen. Die Truppenstärke war durch die Bestimmungen des Versailler Vertrages auf 100000 Mann beschränkt, schwere Waffen, Bombenflugzeuge, schwere Panzer waren verboten. In Polen hingegen standen um die 300000 Soldaten unter Waffen. Die illegale Wiederaufrüstung in der Weimarer Republik und die forcierte Rüstung unter Hitler kamen für Polen überraschend. Mit der Entwicklung der deutschen Wehrmacht zur modernsten Armee Europas nach 1933 konnte Polen wirtschaftlich nicht mithalten. Aber auch die sowjetischen Streitkräfte waren zu Kriegsausbruch 1939 den deutschen trotz Gleichheit und sogar Überlegenheit in Teilbereichen insgesamt nicht ebenbürtig.

Da ein sowjetischer Angriff befürchtet worden war, bereitete die Sicherung der polnischen Ostgrenzen (Litauen und UdSSR) der polnischen Führung trotz des Bündnisvertrages mit Rumänien erhebliche Probleme. Schwachpunkt war die Nordostflanke mit Litauen, Lettland und Estland. Litauen, das Polen wegen des Wilna-Gebietes diplomatisch nicht anerkannt hatte, war das mit knapp drei Millionen Einwohnern bevölkerungsreichste und flächenmäßig größte baltische Land. Es schloss auch als einzige Ostseerepublik mit der UdSSR – die Litauens

Ansprüche auf das Wilna-Gebiet unterstützte – 1926 einen Nichtangriffsvertrag.

Nicht die Stärke der 28000 Mann zählenden litauischen Armee bereitete Warschau Sorgen, sondern die Übereinstimmung der litauischen und sowjetischen Interessen. Beide hatten Land an Polen abgeben müssen, das sie wiederhaben wollten. Und es war die für Polen gefährliche geostrategische Lage, und das, obwohl die UdSSR und Litauen keine gemeinsame Grenze hatten. Über den Seeweg hätten unbegrenzt sowjetische Truppen herangeführt werden können. Und: Litauen grenzte nicht nur an die polnischen Ostgebiete, sondern auch direkt an das ethnisch-polnische Zentralgebiet – Warschau lag nur 300 km Luftlinie entfernt. Auf jeden Fall könnte man den nördlichen Teil Ostpolens – den belorussischen Teil und das Wilna-Gebiet – durch einen Keil von Zentralpolen abtrennen. Und dort hätten die polnischen Truppen in einer Region kämpfen müssen, deren Bevölkerung ihnen gegenüber zumeist feindlich eingestellt war.

Polen bemühte sich, Estland, Lettland und Finnland zu einem antisowjetischen Block unter seiner Führung zusammenzuschließen. Ziel war die Blockade der östlichen Ostsee, um sowjetische Schiffe an der Überfahrt nach Litauen zu hindern. Die baltischen Staaten, die sich nicht einmal der Kleinen Entente anschließen wollten und Solidarität mit Litauen entwickelten, verweigerten sich einem solchen Bündnissystem, das von Polen dominiert und vor allem dessen Interessen dienen würde. Zudem – und das mag den Ausschlag gegeben haben – wollten sie ihre mehr oder weniger gedeihlichen Beziehungen zur Sowjetunion, die auch eine gewisse Wirtschaftshilfe leistete, nicht gefährden. Der sogenannte Baltische Pakt, der am 17. März 1922 in Warschau geschlossen wurde, sicherte lediglich Zurückhaltung gegenüber Polen im Kriegsfalle. Das war weit weniger, als Warschau erhoffte. Doch dieser Pakt kam nicht zum Tragen, da Finnland die Ratifizierung verweigerte. Weitere Anläufe scheiterten. Das war ein erheblicher Misserfolg der polnische Außenpolitik.

In der polnischen Geschichtsschreibung nimmt auch darum der Abschluss des Konkordats zwischen Polen und dem Vatikan einen bedeutenden Platz ein. Da das für die polnische Regierung in den

Bereich der Außenbeziehungen fiel, wurde das Konkordat von 1925 der Geschichte der Außenpolitik zugeordnet. Tatsächlich wurde die außenpolitische Bedeutung von der innenpolitischen Tragweite übertroffen.

Im August 1921 waren auf Initiative der Kirche die Verhandlungen aufgenommen worden, im Juni 1924 bestätigte der Ministerrat das Vertragsprojekt, das am 10. Februar 1925 in Rom unterzeichnet wurde. Das Konkordat garantierte der katholischen Kirche völlige Unabhängigkeit vom Staat, die absolute und unkontrollierte Selbstverwaltung und Handlungsfreiheit im geistlichen Bereich, das Recht auf Grund und Boden, Steuererleichterungen, die Befreiung des Klerus vom Wehrdienst sowie vom Staat unkontrollierte Kontakte zum Vatikan. Bischöfe sollten nach vorheriger Absprache mit dem Staat nominiert werden. Im Falle der Ablehnung hätte sich der Staat lediglich auf Proteste beschränken können, deren Wirkungslosigkeit aber abzusehen war. Weitere Bestimmungen sicherten den kirchlichen Einfluss auf Bildung und Erziehung der Schuljugend. Die Besetzung einer Lehrerstelle für den Religionsunterricht unterlag der Entscheidung des zuständigen Bischofs.

Ferner erhielt die Kirche das Privileg einer eigenen Rechtsprechung, wonach der Klerus auch in Zivil- und Strafsachen allein geistlicher Jurisdiktion unterstellt war. Das kam einer Einschränkung der Rechtssouveränität des Staates gleich. Diese Bestimmung verstieß gegen die Märzverfassung, die alle Stände aufgehoben und die Gleichheit aller Bürger vor dem Gesetz fixiert hatte (Art. 113). Der Staat durfte sich nicht mehr in die Angelegenheiten der Kirche einmischen, sie aber finanziell unterstützen und kirchliche Anordnungen durchsetzen helfen. Hinsichtlich der Loyalität der Geistlichkeit gegenüber dem Staat enthielt das Konkordat keinerlei Verpflichtungen oder Garantien. So gab es keinen Treueschwur auf die Republik. Positive Bedeutung hatte das Investiturverbot für ausländische Bischöfe.

Die polnische Kirche konnte damit sehr zufrieden sein. Die Ratifizierungsdebatte verhieß Spannung, und in der Tat entbrannte im Mai 1925 ein erbittertes parlamentarisches Gefecht. Als schärfste Kritiker traten die Kommunisten, Sozialdemokraten und Vertreter der linken Bauernbewegung auf. Sie lehnten die Ratifizierung ab. Selbst unter den

Vertretern der rechten Bauernpartei »Piast«, auf die die Kirche setzte, gab es beunruhigende Reaktionen, so dass die Parteiführung ausnahmsweise den Fraktionszwang für diese Abstimmung durchsetzen musste.

Das Konkordat wurde am 27. Mai mit 181 gegen 110 Stimmen angenommen. An der Abstimmung beteiligten sich jedoch nur 65,5 Prozent der Abgeordneten. Davon stimmten 40,8 Prozent für und 24,8 Prozent gegen das Konkordat. 34,5 Prozent enthielten sich der Stimme. Mit der gleichen relativen Stimmenmehrheit wurde ein Antrag angenommen, der Kardinälen das Gehalt eines Ministerpräsidenten und einem Bischof das eines Wojewoden zubilligte. Diese Summen mussten aus dem Staatshaushalt beglichen werden. Damit war faktisch die Autorität des Kirchenoberhauptes dem Regierungschef gleichgesetzt. Das bedeutete für die Kirche einen enormen politischen Prestigegewinn. Nun konnte keiner mehr die politisch bedeutende Rolle der katholischen Kirche in Frage stellen.

Am 28. Oktober 1925 bestätigte die päpstliche Bulle VIXDUM POLONIAE UNITAS die Einheit und Geschlossenheit der polnischen römisch-katholischen Kirchenorganisation. Damit war formal der Prozess der Schaffung der nationalen Kirchenorganisation abgeschlossen. Fortan konnten etwa die Deutschen ihre katholische Hierarchie in den polnischen West- und Nordterritorien nicht mehr einsetzen und für ihre grenzrevisionistischen Anliegen instrumentalisieren.

Mit dem Konkordat verband die polnische Seite im Wesentlichen zwei Wünsche. Erstens sollte der polnische Klerus uneingeschränkt auf die polnische Staatsraison festgelegt und zur ideologischen Stütze des herrschenden bürgerlichen Systems werden. Dieses innenpolitische Ziel wurde mit der Ratifzierung durch den Sejm am 27. März 1925 erreicht. Außenpolitisch erwartete Warschau als zahlenmäßig größte und östlichste Bastion des Katholizismus größere Unterstützung vom Heiligen Stuhl: gegen das konfessionell zweigeteilte Deutschland und die orthodoxe Kirche des Ostens.

Prinzipiell stand der Vatikan nach wie vor auf Seiten Deutschlands und riet den Polen zum Ausgleich mit den westlichen Nachbarn etwa beim Konflikt um die Grenzen. Nur hinsichtlich der Sowjetunion konnte

Warschau immer auf Rom zählen. Mehr noch: Rom drängte Warschau zu einer noch restriktiveren Politik gegenüber der UdSSR und wachte mit Argusaugen darüber, dass die Beziehungen sich nicht verbesserten. Offiziell bestand Roms Vertretung in Warschau nur aus drei Diplomaten. Doch diesen standen der Apparat der polnischen Kirche mit zehntausenden Angestellten und die entsprechenden Einrichtungen zur Verfügung. Erster Apostolischer Nuntius in Warschau war seit 1919 der italienische Theologe Achille Ratti, der bereits im Frühjahr 1918 von Papst Benedikt XV. trotz fehlender diplomatischer Erfahrungen als Apostolischer Visitator im Regentschaftskönigreich Polen eingesetzt worden war. Ratti hielt die Stellung in Warschau, selbst als die Rote Armee vor den Toren stand. Und er wurde nach dem überraschenden Tod Benedikts im Februar 1922 als Papst Pius XI. gekrönt. Sein Pontifikat währte bis 1939. Rattis Nachfolger in Warschau, Giovanni Montini, wurde später ebenfalls Papst. Paul VI. amtierte von 1963 bis 1978. Ihm folgte dann Karol Józef Wojtyła, ein Pole aus Krakau.

Insgesamt billigte Rom die polnische Außenpolitik, so dass es zwischen Vatikan und Warschau keine bedeutenden Konflikte gab. Insgesamt brachte das Konkordat Polen jedoch keine messbare außenpolitische Hilfe. Der letzte und langjährige polnische Außenminister Józef Beck bezeichnete das Konkordat als einen schlechten Kompromiss zu Ungunsten des schwachen polnischen Staates. Das seit 1926 herrschende Sanacja-Regime vermied einen sogenannten Kulturkampf, jene Auseinandersetzung zwischen Kirche und Staat, wie sie im 19. Jahrhundert in Preußen stattgefunden hatte, es fand auch keine offene Diskussion mit der Kirche statt. Zu einer gedeihlichen Zusammenarbeit zwischen Staat und Kirche kam es laut Beck nicht.[17]

Das Bündnis- und Sicherheitssystem Polens war also nach allen Seiten nicht unbedingt stabil. Polen, wenngleich keineswegs isoliert, war im Ernstfall auf sich allein gestellt.

Anmerkungen

1 Vgl. Die Völker der UdSSR. Zahlen und Fakten 1922–1982. Statistische Zentralverwaltung der UdSSR. Moskau 1982. S. 18

2 Vgl. Kozłowski, Czesław. Zarys dziejów polskiego ruchu robotniczego do 1948 roku. Warszawa 1980. S. 220

3 Vgl. Partie komunistyczne i robotnicze świata. Zarys encyklopedyczny. Warszawa 1978. S. 65, 73

4 Vgl. Beck, Józef. Ostatni raport. Warszawa 1987. S. 64

5 Vgl. Mały rocznik statystyczny. Rok X. Warszawa 1939. S. 16

6 Vgl. Polska w latach 1918–1939. Wybór tekstów źródłowych do nauczania historii. Pod redakcją Wojciecha Wrzesińskiego. Wydanie pierwsze. Warszawa 1986. S. 166–168

7 Vgl. Ebenda. S. 168/169

8 Vgl. Encyklopedia II wojny światowej. Warszawa 1975.S. 776

9 Vgl. Ebenda S. 720

10 Vgl. Ebenda. S. 271

11 Vgl. Michael, Holger. Der schwarze Mythos. Die katholische Kirche Polens im 20. Jahrhundert. Ein politischer Überblick. Berlin 2009. S. 29–45.

12 Vgl. Konkordat z dnia 10 lutego 1925. Zawarty pomiędzy Stolicą Apostolską a Rzeczypospolitą Polską. In: Wybór tekstów źródlowych z historii ustroju Polski 1916–1939. 2. erw. Aufl., Wroclaw 1977. S.120–127

13 Vgl. Markiewicz, Stanisław., Państwo i Kościół. Warszawa 1984. S. 10

14 Vgl. Próchnik, Adam. Pierwsze piętnastulecie Polski niepodległej. Zarys dziejów politycznych. Warszawa 1983; a.a.O., S. 166

15 Vgl. Historia Polski. Bd. IV. 1918–1939. Teil 2 1921–1926. Warszawa 1978. S. 297

16 Vgl. Pałyga, Edward J. Polsko - watykańskie stosunki dyplomatyczne. Od zarania II Rzeczypospolitej do pontyfikatu papieża-Polaka. Warszawa 1988. S. 13–156

17 Vgl. Beck, Józef. Ostatni raport; a.a.O.

9.

Zwischen Rapallo und Locarno

Im Frühjahr 1922 setzten sich die Ereignisse fort, mit denen die russischen Kommunisten den Westen seit 1917 schockierten. Am 16. April 1922 schlossen Sowjetrussland und Deutschland in Rapallo bei Genua ein historisches Abkommen.[1] Es trug trotz der vor allem wirtschaftlichen Bestimmungen einen deutlichen politischen Charakter. Darin akzeptierte Deutschland die nach der Oktoberrevolution erfolgte Nationalisierung deutschen Eigentums auf russischem Territorium und verzichtete auf finanzielle Ansprüche, solange andere Staaten ebenfalls nichts gezahlt bekämen. Damit nahm erstmals ein großes kapitalistisches Land die gesellschaftlichen Veränderungen in der Sowjetunion als gegeben hin und beendete die globale Blockade, die der Westen eben deshalb verhängt hatte. Mit der Herstellung gutnachbarlicher Beziehungen zwischen Deutschland und Sowjetrussland beendeten sie die außenpolitische Ächtung, die beide Staaten seit Versailles erfuhren.

Die neuen Wirtschafts- und politischen Beziehungen waren von beiderseitigem Vorteil. Die UdSSR bekam Zugang zu wichtigen technischen Gütern und Deutschland zu dringend benötigten Rohstoffen. Der Rapallo-Vertrag war kein politisches Bündnis, hatte aber wesentliche Folgen für die Politik beider Länder. Die »Russland-Aufträge« sicherten in Deutschland eine große Anzahl Arbeitsplätze, in der Sowjetunion kam die Industrialisierung voran. Die politisch-ideologischen Gegensätze zwischen dem ersten sozialistischen Land der Welt und dem kapitalistischen Deutschland blieben weiterhin bestehen, doch waren die Beziehungen von Respekt und gegenseitiger Anerkennung geprägt. Das hatte auch zur Folge, dass das neue Russland selbst in bürgerlichen Kreisen erheblich an Achtung gewann. Es kam sogar zu einer militärischen Zusammenarbeit. Offiziere beider Länder besuchten deutsche und sowjetische Militärschulen, und auf sowjetischem Territorium wurden neue deutsche Waffen getestet, die nach den Versailler Bestimmungen verboten waren.

Die sowjetische Seite rechnete damit, dass ein militärisch und wirtschaftlich starkes Deutschland aufgrund der Verträge keine Bedrohung darstelle. Dies wurde von den Westmächten durchaus wahrgenommen, weshalb sie ihre Haltung zu Deutschland korrigierten: Sie wollten es nicht weiter »in die Arme« der Bolschewiken treiben.

Rapallo sorgte in Polen für Aufregung. Im Versailler Vertrag hatte sich Deutschland verpflichten müssen, an alle Entente-Staaten – darunter auch an Russland – Reparationen zu zahlen. Diese hätten anteilmäßig an die aus dem einstigen russischen Territorium hervorgegangenen Staaten weitergereicht werden müssen. Polen, dessen Osten also einen erheblichen Anspruch darauf hatte, ging aufgrund des bilateralen Vertrages von Rapallo leer aus.

Mehr als das beunruhigte Warschau jedoch die politische Annäherung zwischen den größten und nächstgelegenen ehemaligen Teilermächten. Das Zusammengehen der weltanschaulich-politisch so unterschiedlichen Länder war nicht nur höchst überraschend, sondern erregte die Fantasie der geschichtsbewussten Polen. Obwohl sich der Vertrag nicht direkt gegen Polen richtete, entbrannte im Lande eine lebhafte Diskussion, die schließlich zum Rücktritt der Regierung führte.

Rapallo brachte einen Teil der durch vergangene Siege und Erfolge geblendeten Kräfte Polens wieder auf den Boden der Realitäten. Polen hatte nun wieder mächtige Feinde, denen es weit unterlegen war. Diese Tatsache wurde vom Außenminister vor dem Parlament heruntergespielt. Jan Dąbski, polnischer Verhandlungsführer in Riga, erklärte, dass sich eine neue außenpolitische Konstellation ergeben hätte, die ungünstigste, die es jemals in der polnischen Geschichte gegeben hätte. Das war zwar übertrieben, doch insgesamt nicht falsch. Gerade die Deutschen und die Russen hatten vor 125 Jahren Polen die größten Gebiete geraubt und trotz erheblicher Differenzen gegen die polnische Befreiungsbewegung zusammengearbeitet. Das hatte man noch nicht vergessen.

Spätestens jetzt war für die polnische Seite endgültig klar, dass die Linie ihrer aktiven Außenpolitik zwischen Paris, Berlin und Moskau verlief, die Beziehungen zu anderen Staaten waren zwar nicht bedeutungslos, aber zweitrangig. Man sollte meinen, dass dadurch die polnische Außenpolitik übersichtlicher geworden wäre. Das traf aber nicht zu. In der Wahrnehmung Warschaus waren die kommunistischen Parteien in Polen Moskaus Fünfte Kolonne. Daher ging man massiv gegen deren Mitglieder vor, Todesurteile waren bis 1926 keine Seltenheit. Mit dieser extrem antikommunistischen Politik gegen die polnische Sektion der von Moskau geführten kommunistischen III. Internationale riskierte Polen zusätzliche Spannungen mit der Sowjetunion. Mit dieser Haltung war es auch ohne Rapallo schwer, zu einem gutnachbarlichen Verhältnis zu kommen. Die Meldungen der verfolgten polnischen Kommunisten vermittelten der sowjetischen Führung zwar ein reales Bild des dort herrschenden Antikommunismus, aber sie lieferten kein differenziertes Bild der verschiedenen Kräfte und Konzeptionen in Polen. Das führte geraume Zeit zu Fehleinschätzungen, die vor allem das Piłsudski-Lager betrafen. Das hielt man lange Zeit für den Hauptkriegstreiber. Seit dem Rigaer Frieden traf das allerdings nicht mehr zu.

Polen profitierte aber auch von Rapallo: Die deutsch-sowjetische Annäherung veranlasste den Westen, seine ablehnende Haltung gegenüber der polnischen Ostexpansion und ihren Ergebnissen grundsätzlich zu überdenken. Eine große Rolle spielten dabei auch die destruktive Haltung Litauens bei den Bemühungen des Völkerbundes um eine verträgliche Lösung der Wilna-Frage sowie die Okkupation und Annexion des Klaipėda-Gebietes durch bewaffnete litauische Einheiten. Stadt und Region waren seit Mitte des 13. Jahrhunderts in Besitz der Kreuzritter und ihrer deutschen Nachfolger gewesen. Nach dem Weltkrieg erhob Litauen darauf Anspruch. Bei einer Umfrage 1905 hatte fast die

Hälfte der Bevölkerung dieses Gebietes sich als Litauer bezeichnet.[2] Die Westmächte hatten zwar Deutschland dieses Gebiet abgenommen und unter ihre Kontrolle gestellt, doch hinsichtlich seiner weiteren Perspektive Unentschlossenheit gezeigt. Daraufhin griff Litauen zu einer zweifelhaften Selbsthilfe. Im Januar 1923 wurde dort ein Aufstand initiiert, dem litauische »Freiwillige« zu Hilfe eilten, indem sie das Gebiet besetzten. Letztlich drückten die Westmächte hier auch angesichts des Verlustes des Wilna-Gebietes ein Auge zu und schlossen 1924 eine Konvention über die Autonomie des Klaipėda-Gebietes ab. Am 3. Februar 1923 bereits hatte der Völkerbund die bestehende polnisch-litauische Grenze und somit den polnischen Besitz am Wilna-Gebiet wie auch das litauische Souveränitätsrecht auf das Klaipėda-Gebiete bestätigt. Am 15. März 1923 anerkannte die Botschafterkonferenz der Westmächte die polnischen Ostgrenzen, verpflichtete aber Polen, Ostgalizien Autonomie zu gewähren.[3] Warschau brachte am 26. September ein entsprechendes Gesetz auf den Weg, das den Ukrainern entgegenkam: Verbot polnischer Siedlungstätigkeit, Gleichberechtigung der ukrainischen und der polnischen Sprache als Amtssprache, Gestattung eigener Landtage bzw. eigener Kammern, die Schaffung einer eigenen Universität usw. Zwar wurde dieses Gesetz nicht realisiert, da die regierenden Nationaldemokraten auf die Polonisierung nicht verzichten wollten und die Ukrainer nur an einer völligen Unabhängigkeit interessiert waren. Aber die Anerkennung des eroberten Besitzstandes im Osten war dennoch ein großer Erfolg der polnischen Außenpolitik, um den sie jahrelang gekämpft hatte. Damit nämlich waren alle polnischen Grenzen völkerrechtlich abgesichert.

Jener 15. März 1923 stellte daher eine historische Zäsur in der polnischen Außenpolitik dar. Es sollte aber auch der letzte große Erfolg der polnischen Diplomatie bleiben. Von nun an mehrten sich ungünstige Geschehnisse, Misserfolge und Niederlagen.

Die Polen konnten sich auch nach dieser Pariser Botschafterkonferenz vom 15. März 1923 keine Minute erlauben, sich hinsichtlich ihrer Ostgrenzen in Sicherheit zu wiegen. Die Regierungen der UdSSR und der Sowjetukraine sandten noch am 13. März 1923 eine Protestnote an die Westmächte. Moskau und Kiew verurteilten, dass die Grenzen ohne sie festgelegt worden waren und akzeptierten darum auch nicht die polnisch-litauische Grenze. Sie verwiesen auf den bestehenden Vertrag mit Litauen vom 12. Juli 1920, der die Übergabe des Wilna-Gebietes an Litauen vorsah.

Insgesamt stellte Moskau die Zuständigkeit des Westens grundsätzlich in Frage. Da es sich um ihre Westgrenze handelte, hätte die Führung der UdSSR zumindest konsultiert werden müssen. Sie verwies darauf, dass sie zwar durch den Rigaer Friedensvertrag auf territoriale Ansprüche verzichtet hätte, doch das Schicksal dieser Territorien sei ihr keineswegs gleichgültig.[4] Die Bedeutung dieser Note wurde jahrzehntelang unterschätzt, selten nur tauchte sie selbst in der Fachliteratur auf. Dabei ist die politische Aussage dieser Note in mehrfacher Hinsicht interessant und zukunftsweisend. Die Sowjetunion hatte ihre schwere Niederlage 1920 insofern überwunden, dass sie zumindest den Westmächten und damit auch den Polen selbstbewusst klarmachen konnte, dass mit ihr zu rechnen und westliche Entscheidungen auf höchster Ebene für sie nicht bindend seien. Das war nicht nur eine Demonstration eigener Souveränität, sondern eine Kampfansage: Haltet euch bei Dingen, die nur Polen und die Sowjetunion betreffen, heraus!

Zugleich betonte sie, dass sie sich an die abgeschlossenen Verträge – auch den erniedrigenden Friedensvertrag von Riga – halten würde. Neu war aber das Erheben territorialer Ansprüche. Obwohl sich Moskau im Rigaer Friedensvertrag von jeglichen Gebietsforderungen verabschiedet hatte, wurde nun zwei Jahre nach Riga ein Anspruch formuliert. Der stand zwar formal nicht im Widerspruch zum Buchstaben des unterzeichneten Friedensvertrages, allerdings zu dessen Geist.

Warschau nahm das nicht ernst, nur wenige kannten diese Note, und so hielt sich der Kreis der verantwortlichen Interpreten in engen Grenzen. Dadurch entging den Polen die sowjetische Strategie, wie Moskau an diese Gebiete zu gelangen gedachte. Das offizielle Polen einschließlich des inzwischen pensionierten Marschalls Piłsudski rechnete allein mit einem Angriff aus dem Osten, auf den sie sich auch vorbereiteten. Das war aber eine Fehlkalkulation. Die UdSSR hatte weder die Absicht noch die Kraft, einen neuen Krieg mit Polen zu beginnen.

Gefahr für Polen drohte allenfalls von deutscher Seite. Diese wurde von Warschau hingegen enorm unterschätzt.

Das Außenministerium wurde von nationaldemokratischen Politikern dominiert, die sich gegenüber den Anhängern des Marschalls als kompetenter empfanden. Da sich die Nationaldemokraten vor dem Weltkrieg an Russland anlehnen wollten und daher die Verbindungen zu den Russen vor dem Krieg eng waren, glaubten sie den Schlüssel zur Verbesserung der Beziehungen zu Moskau in der Hand zu haben. Die neue Regierung, die das Piłsudski-Lager im Mai 1923 abgelöst hatte, postulierte die Verbesserung der Beziehungen zur Sowjetunion, was in Moskau auf offene Ohren stieß. Dort nahm man befriedigt zur Kenntnis, dass eine neue Führungsriege die polnische Politik bestimmte, die in Gegnerschaft zur Ostpolitik des Marschalls gestanden hatte.

Allerdings zeigte sich, dass dies Lippenbekenntnisse waren. Auch die Nationaldemokraten konnten sich nicht zu einer tatsächlichen Verbesserung der polnisch-sowjetischen Beziehungen durchringen.

Zur Jahresmitte 1923 informierten die Volkskommissare für Äußeres der ukrainischen und der belorussischen Sowjetrepublik ihre Vertretungen in Warschau über den Beitritt zur Union der Sozialistischen Sowjetrepubliken (UdSSR). Am 23. Juli 1923 informierte der nunmehrige Außenminister der UdSSR, Georgi Tschitscherin, die polnische Regierung offiziell über die Bildung der Sowjetunion im Dezember 1922. Diese Noten sorgten für Unruhe in Warschau, denn man wusste nicht, wie man sich diesem Staatswesen gegenüber verhalten sollte.

Zunächst war es einfach ein Schock. Statt eine Föderation der westlichen Randstaaten Russlands gegen Russland war nun dort ein Bündnis gebildet worden, das Polen gefährlich werden konnte. Fortan waren die Probleme der nationalen Vereinigung von Belorussen und Ukrainer nicht nur Sache der Sowjetukrainer und der Sowjetbelorussen, sondern eines enormen Staatsgebildes, dem größten der Welt. Mit einem Schlag waren alle Hoffnungen über den Zerfall des bolschewistischen Staates dahin. Davon waren die Nationaldemokraten und Piłsudski-Anhänger gleichermaßen getroffen. Vor allem aber traf es die polnischen Nationaldemokraten, die sich hinsichtlich der russischen Problematik besonders sicher wähnten, die zudem das außenpolitische Ressort sowie den privilegierten Zugang zu Informationen aus dem Osten innehatten.

Zweifellos erkannten die Verantwortlichen in Warschau zumindest in groben Zügen die Tragweite dieser Tatsachen. Doch das geschah nicht sofort. Zunächst einmal wurde völlig falsch eingeschätzt, dass Moskau an der diplomatischen Anerkennung durch Warschau besonders interessiert sei, woraus der irrtümliche Schluss abgeleitet wurde, man könne Moskau Bedingungen stellen. Vor allem war Warschau an der Anerkennung des Rigaer Friedensvertrages interessiert. Als die polnischen Forderungen in unangemessener Weise präsentiert wurden, reagierte Moskau scharf und lehnte diese am 13. September 1923 als gegenstandslos ab.

Das einfachste in dieser Situation wäre die schnelle und stillschweigende Anerkennung des neuen Sowjetstaates gewesen, wie das auch andere Staaten taten. Doch die polnische Seite provozierte ein Problem, das sie in eine nachteilige Situation brachte.

In diese Zeit fielen auch andere sowjetische Aktivitäten.

Im Herbst 1923, auf dem Höhepunkt der tiefen Wirtschaftskrise und der Inflation in Deutschland, traten Kommunisten in Sachsen und Thüringen in die von Sozialdemokraten geführten Regierungen ein, die aber von der Reichsregierung zerschlagen wurden, indem die Reichswehr einmarschierte. Die Begründung dafür lieferte ein bereits von der KPD abgesagter, aber in Hamburg dennoch losgetretner bewaffneter Aufstand. Bereits im März hatte es in Mitteldeutschland gewalttätige Auseinandersetzungen gegeben – Moskau war der Überzeugung, dass in Deutschland die revolutionäre Erhebung vom November 1918 nunmehr vollendet werden könnte und müsste: Die Idee von der Weltrevolution war noch nicht beendet. Um den deutschen Revolutionären Beistand und Unterstützung zu gewähren, wurde in Moskau und Warschau verhandelt. Die Sowjetunion signalisierte Polen die Erfüllung der sowjetischen Verpflichtungen aus dem Rigaer Friedensvertrag, wenn Polen einen ungestörten Transit nach Deutschland erlaubte und sich bei den Auseinandersetzungen in Deutschland neutral verhielte. Ungeachtet des Umstands, dass sich Warschau mit Paris und London in dieser Sache verständigte, erledigten sich alle revolutionären Träumereien. Der Aufstand in Hamburg wurde niedergeschlagen, die KPD und ihre Organisationen in Deutschland verboten.

Mit der Niederlage der deutschen Linken im Herbst 1923 ging die revolutionäre Nachkriegskrise in Europa endgültig zu Ende, die bürgerlich-kapitalistischen Verhältnisse begannen sich zu stabilisieren. Dort, wo die Linken besonders stark gewesen waren – in Italien, Ungarn und Bulgarien – entstanden faschistische Regimes. Diese Systemstabilisierung machte auch eine andere Außenpolitik nötig. Sowohl auf westlicher wie auf östlicher Seite.

Die Sowjetmacht hatte sich behauptet und als wehrhaft erwiesen, sich institutionalisiert und als Staat schrittweise gefestigt. Die jungen kommunistischen Parteien hatten ihre Feuerprobe bestanden und waren nun dabei, sich einen Platz in den einzelnen europäischen Staaten zu erkämpfen. Selbst in den Ländern, in denen sie schweren Verfolgungen ausgesetzt und illegal waren, wurden sie zu einer politischen Kraft. Trotz staatlichem Antikommunismus und Antisowjetismus gelangten die bürgerlichen Regierungen zur Überzeugung, dass mit der Sowjetunion ein Modus vivendi gefunden werden musste. Die bisherigen Methoden von Krieg und Intervention waren nicht erfolgreich gewesen, also musste man sich arrangieren, ohne das Ziel aufzugeben, Russland wieder in die kapitalistische Weltwirtschaft zu reintegrieren.

Kaum minder wichtig waren die wirtschaftlichen Gründe. Die UdSSR war dabei, ihre Wirtschaft aufzubauen. Es war absehbar, dass in Kürze das neue Russland die Wirtschaftskraft der Vorkriegszeit würde erreichen können, was tatsächlich 1929 der Fall war.[5] Das bedeutete, dass in Bälde ein für westliche Produkte riesiger Absatzmarkt mit entsprechender Kaufkraft zur Verfügung stehen würde. Großbritannien hatte schon 1921 ein Handelsabkommen geschlossen und Sowjetrussland im Februar 1922 diplomatisch anerkannt. Der für Warschau wichtigste polnische Bündnispartner Frankreich folgte im Oktober 1924.

Zwar unterhielt Polen schon seit 1921 diplomatische Vertretungen in Moskau und in Kiew, doch die Anerkennung durch westliche Großmächte besaß eine ganz andere politische Bedeutung. Warschau begriff, dass es sich dieser Entwicklung nicht verweigern konnte. Die im Dezember 1923 gebildete Regierung unter dem Nationaldemokraten Władysław Grabski wollte nun die Normalisierung der Beziehungen zur UdSSR vor allem aus wirtschaftlichen Gründen forcieren. Politisch ging man von der Überlegung aus, dass das gewachsene internationale Prestige der Sowjets und die diplomatischen Anerkennungen die UdSSR zu einer Friedenspolitik zwingen würde, die auch die polnischen Ostgrenzen garantierte. Grabski setzte den bisherigen Arbeitsminister Ludwik Darowski als Gesandten in Moskau ein.

In dieser Zeit starb der Führer der Bolschewiki und Schöpfer des Sowjetstaates Wladimir Iljitsch Lenin. Polen bewies erstaunliches Taktgefühl: Gleich nach Eingang der Todesnachricht kondolierte Premier Grabski persönlich bei der sowjetischen Regierung, und in den großen polnischen Zeitungen füllte der Tod des großen Revolutionärs ganze Seiten, wo man auf seine Rolle in Russland und der Welt ausführlich einging. So stand die Tätigkeit Darowskis in Moskau unter einem guten Stern. Innerhalb kurzer Zeit konnte er bedeutende Abkommen technischer Art verhandeln und abschließen. Darunter fiel auch ein Abkommen über die massenhafte Ausreise sowjetischer Bürger jüdischer und polnischer Nationalität nach Polen. Am 18. Juli 1924 wurde ein Abkommen über die konsularischen Vertretungen abgeschlossen. Das war nach dem Friedensvertrag von Riga das bedeutendste polnisch-sowjetische Dokument.

Die Verhandlungen zum Abschluss eines Handelsvertrages, das Hauptanliegen der polnischen Seite, zogen sich dagegen hin. Polen mit seinem kleinen Industriepotenzial, seiner aktuell schwachen Währung, geringen Kreditmöglichkeiten und einem Markt, der für sowjetische Waren kaum die für den sozialistischen Aufbau so notwendigen Devisen abwerfen würde, war für Moskau keineswegs so attraktiv, wie Warschau annahm. Da Moskau aber die polnischen Wünsche kannte, wäre es bereit gewesen, auch einen für die UdSSR nicht besonders vorteilhaften Handelsvertrag abzuschließen, wenn denn Warschau auf die Reparations-Zahlungen, die sich aus dem Rigaer Friedensvertrag ergaben, verzichtet hätte. Doch darauf wollte sich Polen nicht einlassen. Außenminister Zamoyski erklärte am 25. Mai 1924 unmissverständlich, dass sich die UdSSR an die Erfüllung *aller* Bedingungen des Rigaer Friedens zu halten habe. Damit waren die Verhandlungen definitiv gescheitert.

Die Sowjetunion war jedoch weiterhin offen für Kontakte und Verhandlungen. Daran konnte der neue, seit Juli 1924 amtierende Außenminister Aleksander Józef Graf Skrzyński anknüpfen. Der Graf erwarb sich den Ruf, einer der solidesten polnischen Diplomaten der Zwischenkriegszeit zu sein. Hauptziel seiner Politik war die Verbesserung der Beziehungen zum Völkerbund und zu den drei europäischen Hauptmächten Großbritannien, Frankreich und der Sowjetunion. Die Gleichbehandlung der UdSSR mit den anderen Großmächten war ein Novum in der bisherigen polnischen Außenpolitik. Diese positive Veränderung in der polnischen Ostpolitik wurde von der sowjetischen Seite aufmerksam registriert. Am 23. August 1924 schlug Skrzyński eine polnisch-sowjetische Außenministerkonferenz vor, auf der alle Streitfragen geklärt werden sollten. Die UdSSR nahm diese Offerte an und machte ihrerseits eine Reihe von Vorschlägen. Zugleich nahm der Graf im Januar 1925 erneut Anlauf, auf einer Konferenz der baltischen Staaten in Helsinki, Finnland, Lettland und Estland zu einem Baltischen Bund zusammenzuführen. Dieser Versuch misslang zwar, intensivierte aber die Beziehungen zu den Balten. Bald darauf machte er den sowjetischen Vertreter Piotr Wojkow in Warschau mit seinen Intentionen zur Verbesserung der gegenseitigen Beziehungen vertraut, die in einen Nichtangriffsvertrag münden sollten. Allerdings sollte es sich um einen kollektiven Vertrag handeln, der die Esten, Letten, Rumänen und Finnen einschloss. Skrzyński hatte hier das Problem der Rumänen im Auge, die mit der UdSSR keine Verträge hatten und um den Besitz von Bessarabien fürchteten. Mit einem bilateralen Nichtangriffsvertrag zwischen Polen und der UdSSR wäre aber das Bündnis mit Bukarest, das Skrzyński 1921 als Botschafter selbst initiiert hatte, faktisch in Frage gestellt. Auch für die Sowjetunion kam ein solcher Vertrag mit Rumänien überhaupt nicht in Frage.

Die Sowjetunion war gegen einen kollektiven Nichtangriffsvertrag. Zum Ersten hätte sie einer Anzahl Staaten gegenübergestanden, die jenen Vertrag als Vorwand und Grundlage engerer militärischer

Zusammenarbeit gegen Moskau hätten nutzen können. Da es sich zum Zweiten um ehemalige Teile des Zarenreiches handelte, in denen Kommunisten und Linkssozialisten für kurze Zeit die Macht errungen bzw. in einer revolutionären Situation gestanden hatten und, deren Gegenkräfte dort jetzt bisweilen grausam herrschten, war begründetes Misstrauen angebracht. Zum Dritten hätte Polen als bevölkerungsreichster und flächenmäßig größter Vertragspartner automatisch die Hegemonie, wie sie Piłsudski ursprünglich geplant hatte. Die wiederum hätte im Bedarfsfalle durch die Westmächte gegen die UdSSR instrumentalisiert werden können. Zum Vierten bestand die Gefahr, dadurch Druck auf Litauen, zu dem Moskau die besten Beziehungen besaß, auszuüben. Diese Weiterungen hatte Moskau erkannt und daher einen solchen kollektiven Nichtangriffsvertrag abgelehnt. Für die UdSSR kamen nur bilaterale Nichtangriffsverträge mit Polen wie auch mit den anderen Staaten in Frage.

Im Frühjahr 1925 belastete die Ermordung zweier polnischer Kommunisten die Beziehungen. Die der illegalen kommunistischen Partei angehörenden polnischen Offiziere Walery Feliks Bagiński und Antoni Wieczorkiewicz wurden nach einer Provokation zum Tode verurteilt. Die sowjetische Regierung bat um Aussetzung der Todesstrafe. Nachdem sich die Unschuld der beiden Offiziere herausgestellt hatte, wurden sie zu langjähriger Haft verurteilt und letztlich für einen Austausch politischer Häftlinge vorgesehen. Doch dazu kam es nicht. Am 29. März 1925 wurden sie von dem sie begleitenden Polizisten Józef Muraszko auf dem Wege zur Grenze erschossen. Das war ein Affront gegen die UdSSR, die sich als Partner zu diesem Gefangenenaustausch bereiterklärt hatte.

Dennoch blieb man im Gespräch. Das war vor allem den Bemühungen Londons geschuldet, um zu einer Annäherung an Deutschland auf antisowjetischer Grundlage zu kommen. Es kam zu kleinen Schritten der Verständigung zwischen Polen und der Sowjetunion. Am 3. August wurde ein Vertrag über die Verhinderung von Grenzzwischenfällen abgeschlossen. An diesem Vertrag lag beiden Seiten viel. Die Polen glaubten nun, dass die sowjetische Unterstützung für die Westukrainer und Westbelorussen entfallen würde. Die Sowjetunion glaubte, dass dadurch der Zustrom russisch-weißgardistischer Emissäre über jene Grenze gestoppt werden würde. Zudem wurden Handelsabkommen geschlossen, die zur Teilnahme der UdSSR an der Lemberger Messe führten.

Ein weiteres Zeichen der Verbesserung der Beziehungen setzte der offizielle Besuch des sowjetischen Außenministers Tschitscherin im September 1925 in Warschau. Dieser erste Besuch eines sowjetischen Staatsmannes wurde von der polnischen und ausländischen Presse lebhaft kommentiert, doch praktische Ergebnisse brachte er nicht. Kernpunkt war wieder der Abschluss des Nichtangriffsvertrages, an dem beide Seiten großes Interesse zeigten, doch mehr als der Austausch entgegengesetzter Standpunkte kam nicht zustande.

Dennoch war das ein Schritt nach vorn, denn beide Partner hatten das Eis in den bis dahin herrschenden Beziehungen gebrochen. Obwohl die Visite faktisch nur informativen Charakter besaß, sendeten beide Seiten damit ein in westlicher Richtung wirkendes Signal. Polen wollte damit seine ablehnende Haltung gegenüber der auf Annäherung an die Deutschen zielenden Politik der Westmächte unterstreichen. Die Sowjetunion hingegen wollte vor allem Berlin zeigen, dass eine Annäherung an den Westen auf antisowjetischer Basis und die sich daraus ergebenden Folgen in Osteuropa auf zusätzliche Schwierigkeiten stoßen würde.

Eine Woche nach dem polnisch-sowjetischen Treffen in Warschau fand am 5. Oktober 1925 in Locarno jene Konferenz statt, die eine Zäsur nicht nur in der polnischen, sondern in der europäischen Außenpolitik bedeutete und erhebliche Konsequenzen auch für die polnische Innenpolitik haben sollte. Hauptanliegen dieser europäischen Konferenz war die Annäherung der Westmächte einschließlich Italiens an Deutschland und seine innen- und außenpolitische Stabilisierung zum Zwecke der Herausbildung einer antisowjetischen Stoßkraft.

Die Westmächte hatten sich als unfähig erwiesen, die Sowjetmacht militärisch wie auch wirtschaftlich zu beseitigen. Die antikommunistischen westlichen Nachbarstaaten der UdSSR, darunter auch Polen, waren nicht allein in der Lage, diese Aufgabe zu erledigen. Einzig

Deutschland mit seinem Bevölkerungspotenzial und seinen industriellen Ressourcen sowie seiner geographischen Nähe bot diese Möglichkeit. Deutschland hatte immerhin während des Weltkrieges große Teile des europäischen Teils Russlands besetzen können. So weit war kein anderer Interventionsstaat gekommen. Auch innenpolitisch hatten sich die Deutschen den Respekt aller Antikommunisten im Westen erworben. Immerhin war es den Herrschenden in Deutschland gelungen, aus eigener Kraft die Novemberrevolution und eine fünf Jahre währende revolutionäre Nachkriegskrise zu beenden. Durch die Annahme des Dawes-Planes 1924 zeichnete sich eine wirtschaftliche Stabilisierung ab. Deutschland musste also für seine Rolle gegen die Sowjetunion aufgebaut werden. Für die Briten war das kein Problem. Mit dem Verlust der deutschen Kolonien, die zum Teil in britischen Besitz fielen, und der Ausschaltung der deutschen Hochsee- und Kriegsflotten fiel Deutschland als wirtschaftliche Konkurrenz vorerst aus. Zudem war die deutsche Wirtschaft durch die anstehenden Reparationszahlungen international nur begrenzt handlungsfähig.

Für Frankreich hingegen stellte sich die Sache vorerst anders dar. Die Franzosen hatten enorme Verluste an Menschen zu beklagen, der französische Norden war zeitweise bis vor Paris von den Deutschen okkupiert worden. Verloren hatten nicht nur die einfachen Menschen, sondern auch die Wirtschaft und der Staatshaushalt. Allein durch die sozialistische Revolution in Russland waren Milliarden Francs an Staatsanleihen unwiderruflich verlorengegangen. Daher auch die extrem antisowjetische Haltung der Pariser Regierung.

Die Verluste durch die Deutschen sollten nun die Deutschen selbst zahlen, doch die stellten sich quer. Der Versuch Frankreichs, durch eine militärische Besetzung des Ruhrgebiets 1923 die fälligen Reparationen einzutreiben, war gescheitert. Paris musste sich wieder zurückziehen. Die Briten nutzen diese Gelegenheit, um sich die Franzosen unterzuordnen und Paris den Rang als europäischer Hegemonialmacht abzulaufen. Frankreich hatte immerhin in den ersten Nachkriegsjahren in Osteuropa seinen Einfluss erhöhen können, die Kleine Entente initiiert, bei der Niederschlagung der Ungarischen Räterepublik eine bedeutende

Rolle gespielt und wesentlich zu der Gestaltung der neuen Grenzen beigetragen.

Frankreich befand sich in einer schwierigen Situation. Finanziell unter Druck, war es nun selbst zum Schuldner geworden. Um an die deutschen Kriegsreparationen zu gelangen, musste folglich Deutschland wirtschaftlich stabilisiert werden. Zudem war Briten wie Franzosen klar geworden, dass die Isolation Deutschlands und die repressive Zahlungspolitik in dem wirtschaftlich angeschlagenen Land auch den revolutionären Kräften in die Karten spielten. Mit Ausbruch einer sozialistischen Revolution in Deutschland aber würden alle Überlegungen der Westmächte scheitern. Schon deshalb musste man Deutschland entgegenkommen. Die westliche Isolation Deutschlands hatte zudem noch zu einer völlig unerwarteten und unerwünschten Annäherung Deutschlands an die Sowjetunion geführt. Das machte die Situation für die Westmächte noch schwieriger. Es ist heute schwer auszumachen, wem die Rapallo-Politik mehr nützte, doch sicher ist, dass der Gewinn für Deutschland groß war, größer jedenfalls, als ein Entgegenkommen aus dem Westen gebracht hätte. Der Preis, den der Westen für eine Annäherung an Deutschland zu zahlen hatte, musste also besonders hoch sein.

Die politischen Zugeständnisse an den vor sieben Jahren geschlagenen Feind Deutschland konnten so auch erst nach einem Regierungswechsel in Frankreich erfolgen, als besonders unnachgiebige rechte nationalistische Kräfte von moderaten Linkskräften (Radikale und Sozialisten) abgelöst worden waren.

Deutschland, Italien, Frankreich, Großbritannien, Belgien, Polen und der Tschechoslowakei saßen also in Locarno zusammen. Am 16. Oktober konnte das Vertragswerk abgeschlossen werden. Kernstück war der sogenannte Rheingarantiepakt. In ihm anerkannte Deutschland die im Versailler Vertrag festgelegte Westgrenze und die Entmilitarisierung eines Grenzgebietsstreifens von fünfzig Kilometern. Durch das freiwillige Einschwenken der Deutschen auf diese Lösung glaubten Paris und London, in Zukunft von aggressiven Revancheabsichten der Deutschen verschont zu bleiben.

Die Grenzen im Osten hingegen wurden nicht vertraglich garantiert. Um dieses Manko auszugleichen, wurde eine Reihe von Schiedsabkommen, so auch zwischen Polen und Deutschland, abgeschlossen, die allerdings keine territorialen Fragen betrafen.

Um Polen und die Tschechoslowakei zu beruhigen, schloss Frankreich mit beiden Staaten am 16. Oktober ein Garantieabkommen ab. Es sah Hilfe im Falle einer deutschen Aggression vor, die aber an zwei Bedingungen geknüpft war. Zunächst musste Deutschland vom Völkerbund als Aggressor anerkannt und verurteilt werden. Dann mussten alle diplomatischen Mittel zur Lösung dieses Konflikts durch den Völkerbund ausgeschöpft werden. Erst dann wollte der Völkerbund auch militärisch wirksam werden. Es versteht sich, dass dieser Vertrag Polen im Falle einer deutschen Aggression kaum Schutz verhieß, dennoch wurden er und die anderen sechs Verträge im März 1926 vom Sejm ratifiziert.

Insgesamt kam das Vertragswerk von Locarno einer strategischen außenpolitischen Niederlage Polens gleich. So wurde das auch in Warschau empfunden. Allein die Erkenntnis, dass hinsichtlich der Grenzen Ost- und Westeuropas derartige Unterschiede gemacht wurden, wirkte enttäuschend und desillusionierend. Zudem hatte man erkannt, dass die Bedeutung Frankreichs in Europa zugunsten Großbritanniens zu schwinden begann. Von dem sicher geglaubten Freund und Verbündeten war immer weniger Hilfe zu erwarten. Man spürte, dass sich Frankreich bemühte, sich seiner Verpflichtungen gegenüber Polen zu entledigen.

Nach Locarno wollte Warschau seine Beziehungen zu Prag intensivieren, da auch die Tschechoslowakei von den Westmächten nicht anders behandelt worden war als man selbst. Im April 1925 schloss man eine Reihe von Verträgen mit dem Nachbarn, die aber allenfalls demonstrativen Charakter besaßen. Problematisch war, dass es hinsichtlich der Bewertung der Locarno-Verträge zu keiner Übereinstimmung zwischen Prag und Warschau kam. Während Polen die daraus erwachsenden Gefahren erkannt hatte, sah das die Prager Führung anders. Prag hatte insofern Recht, als es den Charakter seiner Grenze zu Deutschland anders bewertete als den seiner Grenze zu Polen. Zu jener Zeit stellte Berlin die Grenze zur Tschechoslowakei nicht in Frage. Mit den

Tschechoslowaken, den natürlichsten potenziellen Verbündeten der Polen, kam man also nach wie vor nicht zu Stuhle.

Locarno hatte in Polen die Sorge vor einer deutschen Bedrohung in den Vordergrund treten lassen. Bislang war die polnische Diplomatie in erster Linie mit der Sowjetunion und Litauen beschäftigt. Deutschland war nach dem verlorenen Krieg und den innenpolitischen revolutionären Auseinandersetzungen nicht als Gefahr wahrgenommen worden. Jetzt schon.

Das Jahr 1925 sollte in die polnische Geschichte als ein Höhepunkt der polnisch-deutschen Auseinandersetzungen und als ein besonderer Tiefpunkt in den gegenseitigen Beziehungen eingehen. Es war das Jahr des polnisch-deutschen Wirtschaftskrieges (oder auch Zollkrieges) und der sogenannten »Briefkasten-Affäre« in Danzig.

Zu Deutschland bestanden seit jeher umfassende Handelsbeziehungen. So auch nach 1918. Das war nicht nur ein Relikt jüngst überstandener deutscher Fremdherrschaft; auch Russland und Österreich pflegten regen Handel mit Deutschland. Es war einfach der Tatsache geschuldet, dass Polens westlicher Nachbar nicht nur der nächste, sondern auch die größte Industrienation Festlandeuropas war. Die deutschen Posten in der polnischen Außenhandelsbilanz waren in den ersten Jahren nach 1918 beträchtlich, zumal durch die Oberschlesien-Absprachen ein für beide Seiten günstiger Austausch festgelegt und realisiert worden war. 1920, als Oberschlesien noch zum deutschen Zollgebiet gehörte, machte der deutsche Import nach Polen bis zu achtzig Prozent aus. Nach dem Anschluss Oberschlesiens an Polen fiel er auf dreißig Prozent, 1930 auf fünfundzwanzig Prozent und in den dreißiger Jahren auf fünfzehn Prozent. Insgesamt blieb Deutschland bis zum Ausbruch des Zweiten Weltkrieges zweitgrößter polnischer Außenhandelspartner und wurde lediglich von den Briten mit achtzehn Prozent verdrängt.[6]

Für Deutschland hingegen fiel der Handel mit den Polen weit weniger ins Gewicht. Er sank von sechs auf etwa ein Prozent in der deutschen Außenwirtschaftsstatistik.[7] Das war kein gravierender Unterschied. Mit einem Wort: Deutschland konnte eher auf die polnischen Importe verzichten – Polen allerdings nicht auf die deutschen.

Dennoch gab es in beiden Ländern auch Stimmen gegen diesen Handel. In Polen wurde die Meinung vertreten, dass die deutschen Importe die Entwicklung eigener Industriezweige behinderten bzw. unmöglich machten. Andererseits war man sich in Warschau auch nicht sicher, ob die dann erzeugten polnischen Produkte mit den deutschen konkurrieren konnten oder die entsprechenden Bedürfnisse des polnischen Marktes hinlänglich abdeckten. In Deutschland waren vor allem die Großgrundbesitzer von der Einfuhr billigen polnischen Getreides nicht erbaut, da sie ihnen die Preise verdarb.

Im gespannten deutsch-polnischen Verhältnis nutzte Berlin die Handelsbeziehungen zu Polen als Druckmittel, um seinen östlichen Nachbarn für eine Grenzrevision zu gewinnen. Das diente auch dazu, der zunehmenden Reduzierung des deutschen Besitzstandes in Polen entgegenzuwirken. Mit der Einführung der neuen polnischen Währung mit Golddeckung (Złoty) kam es zu einer Zunahme des Imports aus Deutschland, der nicht sofort bezahlt werden konnte und in der ersten Hälfte 1925 ein beträchtliches Handelsdefizit verursachte. Um diese Handelsbilanz auszugleichen, griff Polen zu Importverboten und Beschränkungen, vor allem aber erhöhte es die Zollgebühren. Deutschland zog nach. So begann im Sommer 1925 ein polnisch-deutscher Zollkrieg.

Da mit dem Auslaufen der Oberschlesien-Abkommen auch die gegenseitige Meistbegünstigungsklausel wegfiel, die Polen einen ungehinderten Export nach Deutschland ermöglichte, konnte nun Berlin die polnischen Lieferungen erheblich einschränken. Das betraf vor allem Steinkohle. Dadurch wurde Polen um überaus bedeutende Einnahmen gebracht. Zugleich bemühte sich die deutsche Regierung auf internationaler Ebene, Polen den Zugang zu Krediten zu verweigern. Das Land sollte wirtschaftlich an den Rand des Abgrundes gebracht werden. Obwohl sich der ohnehin niedrige Lebensstandard dadurch weiter verschlechterte, ging diese Rechnung nicht auf. Ein Jahr später konnte Polen seine Kohle in andere Länder liefern, da ein Streik der britischen Bergleute eine erhebliche Nachfrage nach Steinkohle in Europa aufkommen ließ.

Die Stärkung der deutschen Position in Europa mobilisierte auch die deutschen Nationalisten in Danzig. Die Hafen- und Industriestadt war das Barometer der deutsch-polnischen Beziehungen, wie Piłsudski schrieb[8]. Um den deutschen Einfluss zu reduzieren und die deutschen Nationalisten in die Schranken zu weisen, wurde 1922 mit dem Bau eines Überseehafens im benachbarten polnischen Gdynia (Gedingen) begonnen. Danzig sah darin ein Konkurrenzunternehmen, das die Stadt um wichtige Einnahmen und wirtschaftlichen Einfluss bringen würde. Die Rechnung Polens ging auf. 1936 gingen über ein Drittel der polnischen Importe und fast die Hälfte der Exporte über den eigenen Hafen, während über Danzig nur noch 17 Prozent bzw. 34 Prozent abgewickelt wurden.[9]

Polen wachte über die Einhaltung seiner Rechte in Danzig, auf Verstöße wurde von den polnischen Medien und der Öffentlichkeit empfindlich reagiert. Warschau war sich im Klaren darüber, dass sein politischer Einfluss und seine Präsenz in Danzig begrenzt waren. Daher nutzte Polen jede Gelegenheit, seine ihm zustehenden Rechte einzufordern und durchzusetzen.

Im Januar 1925 kam es zum Streit um die polnischen Briefkästen in Danzig. Der polnische Vertreter hatte in der Stadt, in der es auch ein polnisches Postamt gab, einige Briefkästen mit polnischen Hoheitszeichen anbringen lassen. Kurze Zeit darauf wurden sie entfernt oder das polnische Staatswappen überstrichen. Polen wandte sich an den Internationalen Gerichtshof in Den Haag und bekam Recht. Dieser Vorfall erzürnte die Polen deshalb, weil die deutsche Seite Polen nicht ernstnahm. Warschau interpretierte diese Vorfälle als Ausdruck der deutschen Haltung, dass es sich bei Polen um einen temporären Staat handele.

Angesichts dessen versuchte Polen, das Bündnis mit dem einzigen ihm wohlgesonnenen nächsten Nachbarn – mit Rumänien – zu vertiefen. Ziel der polnischen Bemühungen war es, diesen Bundesgenossen, mit dem man bisher allein gegen die Sowjetunion verbündet gewesen war, zu erweiterten Zusagen zu bringen, falls Polen mit Deutschland im Krieg stehen sollte. Das gelang Warschau allerdings nur zum Teil, da die Rumänen sich nicht in ein antideutsches Bündnis hineinziehen lassen wollten. Der Bukarester Vertrag vom 26. März 1926 ging dennoch weiter als der von 1921, sicherte Polen im Falle einer deutschen Aggression logistische Unterstützung zu sowie die Freihaltung der Transportwege für westliche Unterstützung über das Schwarze Meer.[10] Durch diesen Vertrag verbesserte sich die polnische Position nur unwesentlich, was man in Warschau begriff.

Berlin hatte sich vorerst nicht auf die antisowjetische Linie der Westmächte festlegen lassen, nutzte aber die Annäherung an den Westen, um die eigene Position zu stärken. Noch im gleichen Jahr – am 8. September – wurde Deutschland in den Völkerbund aufgenommen. Damit entfielen die alliierten Kontrollrechte des Versailler Vertrages. Zuvor jedoch, am 24. April 1926, kam es auf sowjetische Initiative zum Abschluss eines deutsch-sowjetischen Freundschafts- und Neutralitätsvertrages, des sogenannten Berliner Vertrages, der den Rapallo-Vertrag fortführte. Die Weimarer Republik sicherte der Sowjetunion zu, im Falle eines Krieges der Sowjetunion gegen einen Drittstaat neutral zu bleiben.

Damit waren vorerst die westlichen Bemühungen gescheitert, Deutschland in einem antisowjetischen Block als Speerspitze zu etablieren. Der Berliner Vertrag war sowjetischerseits ein großer Erfolg, von deutscher Seite ein geschickter Schachzug, um die lästigen westlichen Kontrollen loszuwerden, sein Gewicht in Europa zu erhöhen und letztlich eine vom Westen unabhängige Außenpolitik zu betreiben. Verlierer waren die Westmächte, noch mehr aber Polen.

Für Polen stellten sich die Ergebnisse seit dem letzten Jahr als schwere außenpolitische Niederlage mit möglicherweise katastrophalen Folgen dar. Das Versailler System der Sicherheit in Europa war durch das Abtreten Frankreichs als führender Kraft ausgehebelt. Das besiegte Deutschland war zu einem bevorzugten Partner der Westmächte unter der nunmehrigen Führung der Briten geworden. Polen konnte unter diesen Bedingungen kaum noch auf französische Hilfe rechnen. Polen stand an seiner Westgrenze faktisch allein da, mit der Tschechoslowakei gab es weder grundsätzliche Übereinstimmung, Absprachen noch Bündnisse. Mit einem Wort: Polen war dem Nachbarn Deutschland schon zu jener Zeit ausgeliefert.

Die Sowjetunion mit ihren 136 Millionen Menschen (1922)[11] hatte sich wider Erwarten stabilisiert und war erfolgreich dabei, die Schäden aus Welt- und Bürgerkrieg zu überwinden. Das neue Russland aus Europa zu verdrängen, hatte sich als Illusion erwiesen. Die meisten westlichen Staaten hatten die UdSSR anerkannt und mit ihr Handelsverträge abgeschlossen. Die Sowjetmacht hielt sich nicht verängstigt am Rande Europas, sondern hatte aktiv in europäische Politik eingegriffen, mit Rapallo und Berlin die antisowjetische Front aufgebrochen und sich mit Deutschland einen mehr oder weniger verlässlichen Partner verschafft. Polen war nun faktisch eingeschlossen von den bevölkerungsstärksten Ländern Europas, die die neue polnische Grenze nicht (Deutschland) oder gezwungenermaßen (UdSSR) anerkannten.

In Deutschland, wo eine von links bis recht geschlossene antipolnische Einstellung herrschte, rechnete man damit, dass die UdSSR Polens Ostgebiete früher oder später übernehmen würde. In diesem Fall hätte Deutschland unter dem Vorwand der Abwehr des Bolschewismus Teile Polens besetzt. In der Sowjetunion war man sich ebenso sicher, dass Deutschland irgendwann Polen angreifen würde, was die UdSSR dazu veranlassen würde, die ukrainischen und belorussischen Gebiete Ostpolens mit Minsk und Kiew zu vereinigen. Auch deshalb hatte es von sowjetischer Seite nie eine offene oder offizielle Infragestellung der Rigaer Grenze gegeben. Diese Vorstellungen wurden von verschiedenen deutschen Politikern in den zwanziger Jahren geäußert und waren auch den polnischen Organen zugänglich geworden.

Mit der Stellung Polens in Europa stand es nicht zum Besten. Nicht allein, dass es sich fast alle Nachbarn zum Feind gemacht hatte. Bei den Westmächten hallte die Verärgerung über die eigenwillige und vom Westen abgelehnte Ostpolitik nach. Bei vielen westlichen Politikern galten die Polen als unzuverlässig. Nun aber, als Deutschland präferiert wurde, galt Polen, das zu Recht auf die Einhaltung der westlichen Bündnisverpflichtungen und des Versailler Systems pochte, als Störenfried. Polens Forderungen und Bemühungen waren durchaus legitim. Mit allem Grund betrachteten daher immer mehr Polen den Völkerbund und auch den Westen mit Misstrauen. Paris und London nahmen dies zum Vorwand, sich über die ernsten Bedenken Warschaus hinwegzusetzen und sich seinen Verpflichtungen zu entziehen. Polen war aber dennoch und nahezu aus verzweifeltem Trotz nach wie vor willens und bereit, seine aus den Verträgen sich ergebenden Verpflichtungen getreu zu erfüllen.

Das bisherige polnische Bündnis- und Sicherheitssystem war angesichts der neuen Verhältnisse so nicht mehr zuverlässig. Es hatte sich nicht allein aus polnischer Schuld in eine gefährliche Sackgasse manövriert, aus der unbedingt ein Ausweg gefunden werden musste.

Anmerkungen

1 Vgl. Polska w latach 1918–1939. Wybór tekstów żródłowych do nauczania historii. Pod redakcją Wojciecha Wrzesińskiego. Wydanie pierwsze. Warszawa 1986. S. 183

2 Vgl. Ochmański, Jerzy. Historia Litwy. Wydanie trzecie poprawione i uzupełnione. Wrocław, Warszawa, Kraków 1990. S. 301

3 Vgl. Serczyk, Władysław A. Dzieje Polski 1918–1939. Wybór materiałów źródłowych. Kraków 1990. S. 78/79

4 Vgl. Kowalski, Włodzimierz T. Walka dyplomatyczna o miejsce Polski w Europie. (1939–1945). Wydanie piąte, poszerszone. Warszawa 1979. S. 99/100

5 Vgl. Atlas zur Geschichte. Band 2. Von der Großen Sozialistischen Oktoberrevolution 1917 bis 1972. Gotha/Leipzig 1975. S. 15

6 Vgl. Krasucki, Jerzy. Tragiczna niepodległość. Polityka zagraniczna Polski w latach 1919–1945. Poznań 2000. S. 140, vgl. Mały rocznik statystyczny. Rok X. Warszawa 1939.S. 166/167

7 Vgl. Krasucki, Jerzy. Tragiczna niepodległość; a.a.O., S. 140

8 Vgl. Beck, Józef. Ostatni raport. Warszawa 1987. S. 163

9 Vgl. Mały rocznik statystyczny; a.a.O., S. 165

10 Vgl. Kronika dziejów Polski. Kraków 1995. S. 255

11 Vgl. Die Völker der UdSSR. Zahlen und Fakten 1922–1982. Statistische Zentralverwaltung der UdSSR. Moskau 1982. S. 14

10.

Der lange Weg nach Moskau

Seit geraumer Zeit schürzten sich die innen- und außenpolitischen Probleme Polens zu einem nahezu unlösbaren Knoten. Die seit 1923 amtierenden Regierungen zeigten sich immer weniger fähig, die zu einer politischen Krise herangereiften innenpolitischen Probleme zu lösen. Streiks, Demonstrationen und andere gewaltsame Auseinandersetzungen waren an der Tagesordnung. In Stadt und Land drohte die Situation in eine unberechenbare gesellschaftliche Eruption zu münden. Das bisher praktizierte bürgerlich-parlamentarische System war offensichtlich nicht in der Lage, mit diesen Problemen fertig zu werden. Hinzu kam die weit verbreitete Erkenntnis, dass die Außenpolitik der bisherigen Regierungen es nicht vermocht hatte, den durch bewaffnete Kämpfe und Krieg errungenen territorialen Besitzstand verlässlich zu sichern. Polen war durch die neuen Grenzen nicht sicherer geworden, sondern sah sich einer neuerlichen Bedrohung durch Deutschland bei gleichzeitig feindseligem Verhalten gegenüber der UdSSR. Das zum Schutz des neuen Staates und seiner Grenzen etablierte Sicherheitssystem drohte angesichts der Annäherung der Westmächte an Deutschland unwirksam zu werden, das Versailler System begann zu erodieren. Für viele der historisch gebildeten Polen erinnerte die aktuelle Situation an die Lage vor den Dreiteilungen im 18. Jahrhundert.

Eine exakte Analyse erfolgte in der Vielzahl von emotional geführten Diskussionen und gegenseitigen Schuldzuweisungen nicht. Obwohl die Unzufriedenheit im Frühjahr 1926 besonders anwuchs, bestand keine revolutionäre Situation. Die polnischen Linken waren weder willens noch in der Lage, die Macht zu übernehmen. Dazu waren sie an Zahl und Einfluss zu schwach und zersplittert. Die Polska Partia Socjalistyczna, die sozialdemokratische PPS, verfügte als stärkste Linkskraft über keine alternative gesellschaftliche Konzeption. Die polnische nichtkommunistische Linke war auf den bürgerlich-parlamentarischen Staat festgelegt. Die Kommunisten fielen dabei kaum ins Gewicht. Eine Revolution mit sozialistischer Ausrichtung stand nicht auf der Tagesordnung. Ein grundsätzlicher Kurswechsel konnte nur aus einer anderen Fraktion des bürgerlichen Lagers erfolgen. Dafür kamen in erster Linie die Kräfte um den emeritierten Marschall Piłsudski in Betracht, die sich seit einiger Zeit auf eine neuerliche Machtübernahme vorbereiteten. Ausgerechnet vom Marschall einen günstigen Wandel – vor allem in der Außenpolitik – zu erwarten, schien angesichts der vor allem von ihm verursachten Lage an den Ostgrenzen paradox zu sein. Gerade er stand in der polnischen und ausländischen Öffentlichkeit für einen aggressiven antisowjetischen und antilitauischen Kurs. Bezüglich Deutschland hingegen wurde ihm auch von französischer und britischer Seite Kompromissbereitschaft zugemutet, womit er die französische Presse gegen sich aufbrachte. Ein Großteil des bisher herrschenden bürgerlichen Lagers traute ihm auch keine wesentlichen Verbesserungen, sondern eher eine Verschlechterung der polnisch-sowjetischen Beziehungen zu. In außenpolitischen Fragen wirkte Piłsudski auf das Lager der bisher Herrschenden kaum überzeugend.

Für die Linken – zeitweilig einschließlich der Kommunisten – und die jüdische und deutsche nationale Minderheit bot er hingegen vor allem aus innenpolitischen Gründen eine Alternative. Der Marschall konnte sich eigentlich nur auf die Linken verlassen, die jedoch im Parlament von einer Mehrheit weit entfernt waren. Piłsudski verfügte über andere Trümpfe. Überall – auch unter den Rechtsparteien – hatte er Anhänger und heimliche Sympathisanten. Die konnte er aber nur – in Ermangelung einer eigenen starken Partei – durch einen von ihm durchgeführten Umsturz für sich mobilisieren. Piłsudski konnte sich auf große Teile der Armee stützen.

Der Staatsstreich, als Maiputsch bezeichnet, wurde darum auch von der Armee getragen. Die Regierung demissionierte aus Furcht vor einem

Bürgerkrieg. Die PPS, die sich auf Piłsudskis Seite gestellt hatte, rief zum Generalstreik. Der Putsch kostete 215 Soldaten und 164 Zivilisten das Leben und forderte ca. 900 Verletzte auf beiden Seiten. Nach dem Putsch wurde Piłsudskis Vertrauter Kazimierz Bartel neuer Ministerpräsident, Piłsudski selbst, der bereits von 1918 bis 1922 Staatschef (*Naczelnik Państwa*) Polens gewesen war, begnügte sich mit dem Posten des Verteidigungsministers. Am 31. Mai wurde er allerdings von der Nationalversammlung zum Staatspräsidenten gewählt. Piłsudski nahm jedoch die Wahl nicht an und empfahl Ignacy Mościcki, der dann auch Präsident wurde und es bis 1939 blieb.

Piłsudski vermochte es, seine Herrschaft abzusichern und ihr einen legalen Charakter zu verleihen. Sie sollte bis zum Zweiten Weltkrieg andauern und dem Land eine gewisse Stabilität verleihen.

Die nunmehrige Sanacja-Herrschaft lässt sich in außenpolitischer Hinsicht in zwei Abschnitte teilen. Der Marschall machte vom Mai 1926 bis zu seinem Tode am 12. Mai 1935 die Außenpolitik zu seinem persönlichen Ressort. Die zweite Etappe wurde wesentlich von seinem Außenminister Beck bestimmt.

In der dreizehn Jahre währenden Sanacja verschliss Polen nur zwei Außenminister. Der erste, der das Amt von 1926 bis 1932 führte, war August Zaleski (1883–1972). Er kam aus einer ostpolnischen Gutsbesitzerfamilie, studierte in England Wirtschaft und Politik und widmete sich in Warschau der wissenschaftlichen Arbeit. Mit Piłsudski verbunden begab er sich wieder nach London, um dort eine Lobby für das Piłsudski-Lager zu schaffen. 1918 wurde er erster polnischer Botschafter in der Schweiz, bis er dann nach Griechenland an die Vertretung ging. 1921 kehrte er nach Warschau zurück und wurde Leiter eines wichtigen Departements. Von 1922 bis 1926 vertrat er Warschau als Botschafter in Italien.

Zaleski versuchte während seiner Außenminister-Tätigkeit, die Beziehungen zu Frankreich zu lockern, Polen Großbritannien anzunähern, einen Modus vivendi mit Deutschland und der UdSSR zu finden und die Unterstützung des Völkerbundes für die Sache Polens zu erreichen. Einen Durchbruch erreichte er dabei nicht. 1932 ließ Piłsudski ihn durch den energischeren und auch knapp zehn Jahre jüngeren Józef Beck ablösen.

Erst während des Zweiten Weltkrieges kehrte Zaleski wieder in die Politik zurück. Er wurde Außenminister der Londoner Exilregierung Polens, dann Chef der Kanzlei des Exilstaatspräsidenten, bis er selbst 1947 dieses Amt übernahm. Seine Präsidentschaft ist heute unter den Historikern umstritten. Zaleskis schwieriger Charakter und sein Ehrgeiz führten zu einer Spaltung des Londoner Emigrationszentrums, als er nach sieben Jahren nicht abtreten wollte. Erst nach seinem Tode 1972 kehrte dort wieder relative Ruhe ein.

Oberst Jósef Beck (1894–1944) war der polnische Außenminister mit der längsten Dienstzeit und zugleich der umstrittenste, sein Vater Mitbegründer einer der ersten polnischen Arbeiterparteien. Beck meldete sich bei Kriegsbeginn als Kriegsfreiwilliger. 1916 schloss er sich der von Piłsudski kommandierten Polska Organizacja Wojskowa (POW) an, einer geheime Militärorganisation polnischer Unabhängigkeitskämpfer. Sie wurden im Nachrichtendienst und für Sabotageaktionen gegen die Besatzer Polens eingesetzt. Beck war in diplomatischen Geheimmissionen in der Ukraine und Russland unterwegs. Nach 1918 diente er im polnischen Heer und nahm am polnisch-sowjetischen Krieg teil. Piłsudski schickte ihn in jener Zeit zu mehreren diplomatischen Missionen ins Ausland. 1922/23 war er Militärattaché in Frankreich und Belgien. 1925 beendete Beck die Höhere Militärschule in Warschau. Als Oberstleutnant nahm er am Maiputsch als Piłsudskis Oberster Stabschef teil. Anschließend war er vier Jahre Verteidigungsminister. 1930 wurde er überraschend zum Vizepremier und später zum Stellvertretenden Außenminister ernannt, bis er 1932 selbst Hausherr in der Wierzbowa wurde. Er besaß das absolute Vertrauen Piłsudskis und erfüllte streng dessen Vorgaben.

Piłsudski und Beck waren der festen Überzeugung, dass es zu keinem Bündnis mit Deutschland oder der UdSSR gegen einen der beiden kommen dürfe. Beck lehnte deshalb auch alle kollektiven Bündnisverträge ab, bei denen die Sowjetunion im Spiel war. Andererseits erregte sein Zusammengehen mit Deutschland in der tschechischen Frage sowie das

Ultimatum an Litauen im Westen den Eindruck einer Annäherung an Deutschland. Das führte zu einem enormen Prestigeverlust Polens in den westeuropäischen Hauptstädten. Dabei hielt Beck den Deutschen gegenüber respektablen Abstand und widersetzte sich deren Forderungen. Dadurch zwang er Frankreich und Großbritannien, sich für Polen einzusetzen und nach dem Überfall auf Polen Hitlerdeutschland den Krieg zu erklären. Damit beendete Beck die seit 1925 vorherrschende Appeasement-Politik des Westens und stellte sich offiziell als erster europäischer Staatsmann dem aggressiven Deutschland direkt entgegen. Durch diese Kriegserklärungen konnte von Polen zwar die nationale Katastrophe nicht abgewendet, der Konflikt aber internationalisiert werden. Das schuf letztlich wesentliche Voraussetzungen für die spätere Befreiung Polens und Europas.

Bei allen Fehlern und Fehleinschätzungen – vor allem hinsichtlich Deutschlands – handelte Jósef Beck als polnischer Patriot. Den deutschen Überfall auf sein Land hat er weder begünstigt noch verursacht. Dass er die deutsche Gefahr für Polens Existenz jahrelang unterschätzte, kann man ihm zwar vorwerfen, ihn dafür aber nicht verurteilen. Der deutschen demagogischen Außenpolitik war nicht nur er erlegen, sondern auch bedeutendere Staatsmänner Europas.

Die Ablehnung sowjetischer Waffenhilfe im Augenblick höchster Not wird ihm immer vorgeworfen werden. Doch das war nicht seine eigene Entscheidung, sondern weitgehend nationaler Konsens. Keine gesellschaftliche Kraft Polens erhob die Stimme für eine Alternative: Die Rote Armee wollte kein Pole im Land haben. Eine andere Entscheidung hätte ihm womöglich das Amt gekostet. Eingedenk der von den Polen in Jahrhunderten gemachten Erfahrungen mit den Russen – auch mit den Bolschewiki – konnte er nicht über seinen Schatten springen. Diejenigen, die als Mitglieder der polnische Exilregierung ihn geradezu als Hauptverantwortlichen für die polnische Septemberniederlage in der rumänischen Internierung büßen lassen wollten, verhielten sich gegenüber den Deutschen besonders im Zusammenhang mit der Katyn-Affäre nahezu vertrauensselig und betrieben gegenüber der UdSSR trotz eines Lichtblicks im Juli 1941 eine Politik der Ignoranz und Arroganz, die Beck fremd gewesen wäre. Beck starb kurz vor der Befreiung Rumäniens im Juni 1944 in einem Dort unweit von Bukarest an Tuberkulose. 1991 wurden seine Gebeine nach Polen überführt.

In der gesamten polnischen linken wie rechten Geschichtsschreibung seit Ende des Zweiten Weltkrieges wird nahezu übereinstimmend behauptet, dass nach der Machtübernahme Piłsudskis 1926 keine wesentliche Änderung der polnischen Außenpolitik erfolgte.

Oberflächlich betrachtet mag das stimmen, denn die grundsätzliche außenpolitische Orientierung und die Bündnisse änderten sich nicht seit 1921. Das waren aber nur die Rahmenbedingungen, in denen sich Polen auch weiterhin bewegte und trotz behaupteter »unabhängiger Außenpolitik« bewegen musste. Vor allem in den Jahren der direkten Einflussnahme des Marschalls auf die auswärtige Politik gab es jedoch wesentliche Veränderungen, die vor 1926 nicht denkbar gewesen wären. Vor allem gegenüber der Sowjetunion setzte Piłsudski neue Akzente, die man ihm vorher in keiner Weise zugetraut hatte.

Moskau war vom Mai-Umsturz keineswegs erbaut, war der Kreml doch mit den vorangegangenen Regierungen, die immerhin auf die Vorschläge eines Nichtangriffsvertrages und auf Verhandlungen eingegangen waren, nicht so schlecht gefahren. Marschall Piłsudski hingegen stand für eine extrem antisowjetische Linie; von ihm erwartete man einen Krieg gegen die UdSSR. In dieser Richtung dachten auch die Briten und hofften, dass sich Piłsudski dafür mit den Deutschen zusammentun würde. Doch der Marschall sollte die Westmächte enttäuschen; für einen antisowjetischen Kreuzzug war er nicht zu gewinnen.

Nach dem Abgang als Staatsführer 1922 beobachtete der Marschall drei Jahre lang die sich verändernden außenpolitischen Konstellationen. Nicht weniger wichtig war die Analyse seiner eigenen Bemühungen als Unabhängigkeitskämpfer, Staatsführer und Feldherr gegen die Rote Armee. Mit besonders großem Interesse verfolgte er auch die Entwicklung in der Sowjetunion, da er mit einem Angriff auf Polen rechnete. Auf seinem Grundstück in Sulejówek bei Warschau ließ er sich nicht nur die neuesten Dinge im In- und Ausland von seinen kompetenten Mitarbeitern und Sympathisanten berichten, er verfolgte gründlich die Tagespresse und nahm sich im Zusammenhang mit seiner umfangreichen publizistischen Tätigkeit viel Zeit für weitgehende Überlegungen. So gewann Piłsudski Einsichten, die ihm in seiner aktiven Zeit nicht in dem Maße gekommen waren. Mit seinen fast 60 Jahren war er lernbereit und flexibel wie in seiner Jugend, als er der zaristischen Geheimpolizei so manches Schnippchen geschlagen hatte.

Die Außenpolitik spielte in seinen Überlegungen schon immer eine besondere Rolle. Schließlich konnte der polnische Unabhängigkeitskampf letztlich nur durch eine günstige außenpolitische Konstellation zum Erfolg geführt werden. Obwohl sich der Marschall ein starkes Polen wünschte, wusste er, dass die konkrete Entwicklung in seinem Land noch weit davon entfernt war. Hinsichtlich des Westens war er vorsichtig geworden und hatte viele Illusionen, die er noch vor wenigen Jahren vor allem hinsichtlich Frankreichs besaß, aufgegeben. Die Möglichkeiten Polens, auf den Westen einzuwirken, sah er nüchtern als begrenzt an. Im Gegensatz zur Mehrzahl seiner Landsleute, vor allem der Rechten, setzte er nicht mehr auf den Westen. Obwohl man ihm dort eine prodeutsche Haltung andichtete, stand er konsequent auf der Position der Verteidigung des polnischen Besitzstandes und seiner Grenzen. Die Gefahr, die Polen aus Deutschland drohte, sah er durchaus, war aber davon überzeugt, dass sie zumindest in den nächsten Jahren nicht akut werden würde. Obwohl er eine immer geringere aktive Unterstützung Polens durch Frankreich sah, hoffte er darauf, dass die westlichen Interessen letztlich mit denen Deutschlands in Konflikt geraten würden und zumindest von ihrer Seite aus Deutschland in Schach hielten. Das Militärbündnis mit Frankreich musste daher unbedingt von Warschau eingehalten und alle französischen Versuche, sich dem seit 1924 schrittweise zu entziehen, unterbunden werden.

Andererseits war Piłsudski auch durch innenpolitische Zwänge genötigt, das Bündnis mit Frankreich auszubauen. Da er den Mai-Umsturz propagandistisch mit der polnischen Niederlage von Locarno begründet hatte, musste er dem Eindruck entgegenwirken, ein Gegner Frankreichs zu sein, denn Frankreich stand bei den Polen hoch im Kurs. Hierbei spielte nicht nur die jahrhundertealte Freundschaft, die vor allem im

19. Jahrhundert Triumphe feierte, eine Rolle, sondern auch, dass Frankreich das einzige Land der Entente war, das Polen unterstützt hatte.

Der Blick nach Westen war wesentlich für die Bestimmung des Verhältnisses zur Sowjetunion. Im Falle eines Krieges mit der Sowjetunion konnte Polen auf keine effektive Hilfe aus dem Westen rechnen, obwohl die europäischen Zentren des Antisowjetismus in Paris und London lagen. Sich mit den Deutschen *gegen* die UdSSR zu verbünden, war völlig ausgeschlossen, nicht allein deshalb, weil Berlin zu Moskau gute Beziehungen pflegte. Polen stünde also bei einer militärischen Auseinandersetzung mit der UdSSR allein. Der Beistand Rumäniens konnte keine westliche Militärhilfe ersetzen. Finnland, Estland und Lettland ließen sich unter Umständen in einen antisowjetischen Abwehrkampf einbinden. Piłsudski wie auch seine Vorgänger gingen davon aus, dass die Sowjetunion, sollte sie Polen angreifen, zugleich auch versuchen würde, die baltischen Republiken wie auch das rumänische Bessarabien zu besetzen, um ihre Flanken zu schützen. Diese Version war für die Balten, die keinerlei territoriale Probleme mit Moskau hatten, nicht plausibel. Zudem war es so, dass die Friedensverträge mit der Sowjetunion auf deren Initiative zustande gekommen waren und nicht durch einen erniedrigenden Frieden wie den von Riga oder durch vertraglich nicht legitimierte Annexion wie in Bessarabien. Sicher fürchteten sich diese Nachbarstaaten vor der immer stärker werdenden Sowjetunion, und sie wollten auch geschützt sein, doch ein Militärbündnis mit den Polen und Rumänen setzte sie einer ungewissen Gefahr aus. Dadurch hätte die Rote Armee immer einen Vorwand, ihre Länder zu besetzen oder revolutionäre Bewegungen im Lande zu unterstützen. Dieses Risiko erschien ihnen einfach zu hoch, weshalb sie es mieden.

Piłsudski musste also nach einer Lösung suchen, die mit dem Kernproblem seiner Befürchtungen – mit der Sowjetunion – direkt zusammenhing. Er war bereit, die Beziehungen zum östlichen Nachbarn wesentlich zu verbessern, ohne die territoriale Integrität Polens, konkret seine Ostgrenzen, in irgendeiner Weise infrage stellen zu lassen. Zu verbesserten Beziehungen konnte man aber nur gelangen, wenn vorher ein Nichtangriffsvertrag oder ein Garantievertrag hinsichtlich der polnischen Ostgrenzen abgeschlossen würde. Dazu musste endlich ein Durchbruch erfolgen, auch um den Westmächten zu beweisen, dass das Piłsudski-Regime nicht unberechenbar war, sondern eine solide Außenpolitik gegenüber seinen östlichen Nachbarn betrieb. Das war zwar keine Neuausrichtung der polnischen Außenpolitik, deutete aber einen Qualitätssprung gegenüber seinen Vorgängern an.

Piłsudski war in Bezug auf die Herrschaft der sowjetischen Kommunisten inzwischen zu anderen Schlüssen gelangt als die Rechten und die meisten Polen, die noch immer ihren großen Sieg gegen die Sowjets von 1920 priesen. Eben dieser Triumph hatte sich inzwischen als Pyrrhussieg erwiesen. Noch einmal würde es Polen nicht gelingen, die Rote Armee so zu schlagen. Ein Feldzug nach Osten konnte für Polen nur mit einer Niederlage enden. Daher konzentrierte Piłsudski alle Anstrengungen auf die Verteidigung. Er ließ jene Waffengattungen weiterentwickeln, die sich im Krieg gegen die Sowjetunion bewährt hatten: Kavallerie, leichte motorisierte Verbände mit Panzerwagen, kleine Feldgeschütze und Jagdflugzeuge. Die Ausstattung mit Angriffswaffen – schwere Bomber, schwere Artillerie, mittlere und schwere Panzer – wurde reduziert. Die polnische Armee war 1939 so ausgerüstet, als gälte es, die Reiterarmee Budjonnys noch einmal zurückzudrängen.

In diesem Zusammenhang wurde in Ostpolen die Infrastruktur verbessert, Kasernen, Straßen, Verladerampen auf den Bahnhöfen usw. gebaut und ein zuverlässiges Grenzregime errichtet. Diese Anstrengungen fielen nicht nur den Sowjetfreunden in Ostpolen auf, die Moskau darüber informierten, sondern auch Reisenden, die durch diese Gebiete in die UdSSR oder ins Baltikum fuhren. Die sowjetische Seite, die zur eigenen Verteidigung ähnliche Strukturen errichten ließ, nahm das hingegen als Indiz für antisowjetische Kriegsvorbereitungen.

Ein großer Irrtum. Einen antisowjetischen Angriff plante Piłsudski auf keinen Fall. Er ließ sich später von den deutschen Faschisten auch nicht dazu überreden.

Seine veränderte Haltung gründete auf Realismus.

Alle bisherigen Pläne zum Sturz der Sowjetmacht hatten sich als illusorisch erwiesen. Für den Marschall war es nur eine Frage der Zeit, bis die UdSSR zur europäischen Großmacht geworden war und Polen ihre legitimen Forderungen präsentieren würde. Diesen Zeitpunkt galt es so lange wie möglich hinauszuschieben und die UdSSR den Weg auf das europäische diplomatische Parkett zu verstellen. Dieser Aufgabe diente die polnische Diplomatie in den nächsten Jahren.

Piłsudski registrierte, dass sich sein Polen nicht so sehr von der Situation vor den Dreiteilungen im 18. Jahrhundert unterschied. Preußen und Russland fühlten sich als Beschützer der Protestanten und der Orthodoxen in Polen und bereiteten sich auf Annexionen unter diesem Vorwand vor. Dieses Mal war es noch ungünstiger: Deutschland stand für den Schutz von Deutschen und die UdSSR für den der Belorussen und Ukrainer. Damit waren Gebiete erfasst, die weit über die Hälfte des polnischen Territoriums ausmachten, das vor kurzem noch diesen Staaten gehört hatte. Das bedeutete für die polnische Innenpolitik, die deutschen nationalistischen Kräfte in die Schranken zu weisen. Jene waren aber nicht so zahlreich wie die ukrainischen Nationalisten sowie die belorussischen und ukrainischen Linken unter Führung ihrer Kommunisten. Größer schien die Gefahr, die durch die politische Tätigkeit der polnischen Kommunisten entstand, welche in Zentralpolen und den ethnisch-polnischen Gebieten immer aktiver wurden. Sie wurden als Vollzugsorgane der UdSSR betrachtet. Auch die polnischen Kommunisten vertraten die Meinung, dass die Ostslawen zu ihren sowjetischen Unionsrepubliken gehörten. Damit waren sie Staatsfeinde, die die territoriale Integrität in Frage stellten. Deshalb musste Piłsudski direkt gegen sie vorgehen. Das war keine neue Politik. Neu hingegen war, dass mit Hilfe Moskaus, Minsks und Kiews die polnischen, westukrainischen und westbelorussischen Kommunisten und deren Massenorganisationen zur Räson gebracht werden sollten. Piłsudskis Rechnung schien denkbar einfach: Durch bessere Beziehungen zu Moskau sollte die Sowjetunion auf eine Einflussnahme in Ostpolen verzichten. Moskau wünschte aus Staatsinteresse bessere Beziehungen zu Warschau, das war strategisch wichtig.

Den ukrainischen Nationalisten indes konnte man auf diesem Umweg nicht beikommen. Die blickten nicht nach Moskau, sondern nach Berlin.

Ein gutes Verhältnis zur Sowjetunion stärkte Polens Stellung im Osten wie im Westen. Diese Einsicht war neu und entsprach so gar nicht dem Bild, das man von Piłsudski hatte. Zudem hatte der Marschall erkannt, dass die UdSSR selbst an verbesserten Beziehungen zu Polen interessiert war.[1] Innerhalb Polens war das angesichts des staatlich verordneten Antisowjetismus den Massen schwer zu vermitteln. Doch darum kümmerte sich der Marschall wenig, denn die Außenpolitik führte er. Noch schwieriger war das hingegen gegenüber der UdSSR zu vermitteln, denn keine andere Person Polens stand derart für einen aggressiven Antisowjetismus wie gerade Piłsudski. Hier musste er um Vertrauen werben, was bei der misstrauischen und wachsamen Sowjetführung nicht leicht war. Piłsudskis erneute Machtübernahme hatte in Moskau einige Befürchtungen geweckt. Warschau beeilte sich, Moskau zu versichern, dass sich an den bilateralen Beziehungen nichts ändern würde.

Piłsudski wollte ebenfalls seine grundlegenden Absichten gegenüber den Sowjets unterstreichen. Während eines feierlichen Abendessens sagte der Marschall dem sowjetischen Gesandten Piotr Wojkow: »Ich nehme an, dass es in Ihrem Land viele Leute gibt, die mich eines neuen Krieges gegen Russland verdächtigen. Wenn dem so ist, kann ich nur feststellen, dass diese Leute mich für einen Idioten halten. Was für ein Interesse sollte Polen überhaupt am Krieg haben? Unser Hauptziel ist die Rekonstruktion des wirtschaftlichen und kulturellen Lebens. Polen hat keinerlei territoriale Forderungen gegenüber Russland, ist auch nicht an einer Änderung der kommunistischen Gesellschaftsordnung interessiert. Jede andere Gesellschaftsordnung wird wahrscheinlich weniger wohlwollend für Polen als die gegenwärtige sein. Ich persönlich kann bei einem Krieg nur verlieren. Jetzt bin ich Sieger, doch im Falle eines Krieges kann ich nur den Verlust dieser Position riskieren.«[2]

Das entsprach erstens der Wahrheit, zweitens der von Piłsudski verfolgten Grundrichtung seiner seit 1926 geführten Politik gegenüber der UdSSR, und drittens widersprach es der Legende von einem permanenten antisowjetischen Expansionismus.

Der Marschall ließ die unter der Bezeichnung »Prometheus« auf konterrevolutionäre Aktionen in der Sowjetunion wartenden Dispositionsabteilungen im Außen- und im Innenministerium auflösen.

Der polnische Gesandte in Moskau und der polnische Außenminister informierten die sowjetische Führung, dass es nach dem Mai-Umsturz zu keiner Änderung der Außenpolitik kommen würde. Die sowjetische Seite hingegen verhielt sich weiterhin abwartend. Zur Euphorie bestand für sie auch kein Grund, da die polnische Seite unverändert versuchte, doch noch die baltischen Staaten und Rumänien in einen Vertrag gegen die Sowjetunion einzubeziehen. Die UdSSR lehnte daher den polnischen Vorschlag eines Garantievertrages für Osteuropa ab und bestand auf einen bilateralen Nichtangriffsvertrag mit Polen. Moskaus Botschafter Wojkow legte am 28. August 1926 einen Vertragsentwurf auf den Tisch, den man beim geplanten Besuch von Außenminister Zaleski in Moskau unterzeichnen könnte. Doch der war für Polen nicht annehmbar, weil es keinen Bezug zum Rigaer Friedensvertrag gab und die baltischen Staaten ignoriert wurden. Diese erste Chance wurde also vertan.

Die UdSSR hingegen unterzeichnete am 28. September 1926 einen Nichtangriffsvertrag mit Litauen. In ihm wurde der Anspruch Litauens auf das Wilna-Gebiet bekräftigt, wie es im Sommer 1920 schon einmal formuliert worden war. Im Grunde genommen handelte es sich um eine Verlängerung jenes sowjetisch-litauischen Friedensvertrages, worauf die Litauer großen Wert legten. Daraufhin protestierte die polnische Regierung in Moskau. Der Kreml versuchte Warschau deutlich zu machen, dass das eigentlich nur eine polnisch-litauische Angelegenheit sei, hierzu noch keine endgültige Grenzentscheidung getroffen worden war und es demzufolge keinen Grund gäbe, sich anders zu entscheiden.

Polen war mit dieser Erklärung nicht zufrieden.

Oberflächlich gesehen hätte man dem sowjetischen Verhalten zumindest fehlendes Taktgefühl anlasten können. Doch erstens war die sowjetische Antwort nicht von der Hand zu weisen, zweitens stellte die Warschauer Intervention einen Versuch der Beeinträchtigung sowjetischer Handlungssouveränität dar und drittens – was sicher den Ausschlag gab – war für die UdSSR die sofortige Verbesserung der Beziehungen zum strategisch wichtig gelegenen und politisch bedeutsamen Litauen wichtiger als das Entgegenkommen einem Lande gegenüber, mit dem immer noch kein Nichtangriffsvertrag zustande gekommen war.

Zudem war für die UdSSR der litauische Vertrag eine Blaupause für Estland und Lettland. Sollten alle baltischen Staaten darauf eingehen, wären alle Bemühungen, sie gegen die Sowjetunion in Paktsysteme einzuspannen, erfolglos. Das gelang Moskau 1932 mit dem Abschluss von Nichtangriffs- und Grenzgarantieverträgen mit Estland und Lettland. Die Polen spürten, dass der litauische Vertrag nicht nur das Ende der polnischen Illusion einer Schutzherrschaft über das Baltikum bedeutete, sondern auch die Wiedererlangung russischen Einflusses in dieser Region einläutete.

Trotz dieser Verstimmung gingen die polnisch-sowjetischen Verhandlungen zum Abschluss eines Nichtangriffsvertrages weiter, für den sich Warschau anstelle eines Garantieabkommens entschieden hatte. Die polnische Seite zeigte sich auch angesichts der deutsch-französischen Annäherung flexibler als vorher und war zu einem bilateralen Vertrag ohne Einbeziehung der Balten und Rumänen bereit. Damit schien der Weg zu einem schnellen Abschluss frei. Das Jahr 1927 brachte jedoch die gegenseitigen Beziehungen auch nicht voran, obwohl im Februar von polnischer Seite ein Entwurf vorgelegt wurde. Die sowjetische Seite hingegen verwahrte sich dagegen, den Völkerbund in diesem Vertrag zu erwähnen. Der Völkerbund anerkannte die Sowjetunion nicht, weshalb diese auch den Völkerbund nicht anerkannte.

Im April ging es überhaupt nicht weiter, als die UdSSR eine Formulierung eingearbeitet wissen wollte, die für Warschau unannehmbar war. Keine der vertragsschließenden Seiten sollte gegen die jeweils andere Seite gerichtete offen feindselige Absprachen tätigen, die gegen Buchstaben und Geist des Nichtangriffsvertrages verstoßen würden. In der Praxis untersagte diese Formulierung Polen, sich an politischen Absprachen oder an Bündnissen zu beteiligen, denen die Sowjetunion nicht angehörte und die sich unter Umständen gegen sie richteten. Das war eine durchaus verständliche Forderung, ging aber über den Inhalt eines Nichtangriffsvertrages hinaus.

Das Problem für Polen bestand darin, dass es nun einer ständigen Kontrolle auch über seine Innenpolitik ausgesetzt sein würde. Das kam für das junge Polen besonders hinsichtlich der jüngsten Geschichte nicht in Frage. Der Gerechtigkeit halber muss aber hierbei angemerkt werden, dass Polen sich bis zum Schluss an keinerlei derartigen Verträgen, Absprachen oder Verlautbarungen beteiligt hat.

Das konnte man von der sowjetischen Seite hingegen nicht behaupten. Im Juli 1928 erklärte Nikolai Bucharin, Vorsitzender der Kommunistischen Internationale und Mitglied des Führungsgremiums der KPdSU, dass die polnischen Kommunisten im Falle eines Krieges die Hauptkraft der Komintern im Lande sein würden. Piłsudski fühlte sich in seiner Furcht vor einem sowjetischen Angriff und seiner Einschätzung der Funktion der polnischen Kommunisten bestätigt. Warschau schickte Moskau daraufhin eine Protestnote. Die sowjetische Seite hatte sich eine erhebliche Unachtsamkeit geleistet.

Es wurde zwischen den misstrauischen Partnern sehr hartnäckig um jede Formulierung gerungen. Da die staatlichen Beziehungen mit Moskau mehr oder weniger entspannt waren, drängte der Marschall auch nicht zur Eile. Daran hielten sich auch seine Diplomaten. In dieser Atmosphäre konnte jedes störendes Ereignis den zähen Verlauf der Verhandlungen weiter belasten und unnötig in die Länge ziehen.

Am 7. Juni 1928 wurde der sowjetische Gesandte Piotr Wojkow von einem belorussischen Konterrevolutionär und Staatsbürger Polens in Warschau ermordet. In jenem Jahr häuften sich die Anschläge auf sowjetische Vertreter und Vertretungen in der ganzen Welt. Zwar wurde davon nicht Moskaus Verhandlungswille beeinträchtigt, doch es zeigte der sowjetischen Seite, dass die Saat des staatliche verordneten Antikommunismus und Antisowjetismus nicht nur aufgegangen war, sondern Denken und Fühlen auch des polnischen Volkes stark beeinflusste. Ein Teil der polnischen Bevölkerung verurteilte den Mordanschlag keineswegs, obwohl der Täter überführt und zu einer lebenslangen Haft verurteilt worden war. In diesem Zusammenhang ließ Polen einige Vertreter der weißen russischen Emigration ausweisen. Im September wurden die Verhandlungen über einen Nichtangriffsvertrag vorerst unterbrochen und erst 1931 wieder aufgenommen. Dennoch blieb man im Gespräch.

Empfindlich reagierte Warschau auf sowjetische Aktivitäten im Baltikum. Wenn die UdSSR die Staaten dort für sich gewann, so die Rechnung Warschaus, stärkte das nicht nur die Sowjetunion, sondern schwächte Polen und dessen Anspruch auf die umstrittenen Gebiete im Osten. Diese Befürchtungen waren den Polen nicht auszureden.

Im Herbst 1927 kam es zu einem neuen litauisch-polnischen Konflikt, an dem Polen nicht unschuldig war. Warschau hatte einige litauische Schulen im Wilna-Gebiet schließen lassen, worauf Litauen mit der Schließung aller im Jahr 1926 eröffneten polnischen Schulen antwortete. Daraufhin kam es im Wilna-Gebiet zu antilitauischen Demonstrationen, so dass die litauische Regierung Abwehrmaßnahmen anordnete. Zugleich klagte sie im Völkerbund Polen wegen aggressiver Absichten an. Am 30. November 1927 gab Piłsudski eine Erklärung ab, in der er den Litauern vorhielt, ständig den Kriegszustand mit Polen zu betonen. Zugleich versicherte der Marschall aber, dass es von polnischer Seite zu keinen militärischen Handlungen kommen werde. Die Sache kam am 10. Dezember vor dem Völkerbund in Genf zur Sprache. Der Marschall reiste persönlich an. Dort stellte er dem litauischen Premier Augustinas Voldemaras persönlich und direkt die Frage, ob er Krieg oder Frieden wünsche. Als dieser antwortete, dass er Frieden wolle, erklärte Piłsudski, dass ihm die Antwort genüge und er sie in Polen verkünden wolle. Noch am gleichen Tag kehrte er nach Polen zurück. Die anschließenden Verhandlungen zwischen Kaunas und Warschau zogen sich über das ganze Jahr 1928, brachten zwar keine wesentlichen Änderungen, doch die Spannung nahm spürbar ab.

Gewinner dieser Krise war die UdSSR. Als sie sah, dass Briten und Franzosen kaum etwas für Litauen tun würden, sprang sie ein, obwohl Moskau dazu weder aufgefordert worden noch verpflichtet war. Am 21. November 1928 erklärte der sowjetische Außenminister dem polnischen Gesandten, dass die UdSSR einen polnischen Angriff auf Litauen als Beginn einer Aggression gegen die UdSSR betrachten würde. Am 24. November erging eine offizielle sowjetische Note an die polnische Regierung, in der die UdSSR darauf hinwies, dass im Falle einer Verletzung der litauischen Neutralität die Sowjetunion nicht neutral bleiben würde. Zugleich mahnte sie die Führung in Litauen zur Mäßigung: Der von Kaunas propagandistisch ins Feld geführte noch andauernde Kriegszustand wegen des Wilna-Gebietes sollte endlich entfallen.

Moskau verfolgte damit auch das Ziel, als Schiedsrichter zwischen beiden Ländern zu fungieren und hierbei den Völkerbund außen vor zu lassen. Das gelang nicht, da Litauen dies ablehnte. Dort war nach einem Militärputsch im Dezember 1926 durch den ersten Präsidenten der Republik, Antanas Smetona, mit der Errichtung eines diktatorischen Regimes nach dem Vorbild des italienischen Faschismus begonnen worden.

Dennoch hatte der Moskauer Vorstoß enorme Wirkung: Unter den einfachen Litauern brach sich die Erkenntnis Bahn, dass man nur auf die UdSSR zählen konnte. Das sollte sich im Sommer 1940 für die UdSSR politisch auszahlen.

Mit ihrer Note verfolgte die UdSSR auch das Ziel, Polen zum Abschluss eines Nichtangriffsvertrages zu bewegen, denn ein solcher Vertrag schloss ein militärisches Eingreifen Moskaus zugunsten Litauens explizit aus. Doch Warschau ließ sich nicht drängen und war in diesem Zusammenhang darauf bedacht, Moskau zu überzeugen, dass die Beziehungen zu Polen von den Beziehungen zu Litauen strikt zu trennen seien. In der Tat bewirkte das sowjetische Engagement für Litauen keine längere tiefgehende Verstimmung in den direkten polnisch-sowjetischen Beziehungen.

In den Jahren 1928/29 kam es zu einer Normalisierung der polnisch-sowjetischen Beziehungen. Obwohl es immer noch zu keinem Handelsvertrag gekommen war, belebte sich der Handel, aber auch der Kulturaustausch nahm zu. Bedeutende sowjetische Schriftsteller wie Wladimir Majakowski und Ilja Ehrenburg besuchten Polen, es fanden künstlerische Wettbewerbe statt, liefen sowjetische Filme und fanden sowjetische Bücher ihre Abnehmer.

Im August 1928 wurde in Paris der Briand-Kellogg-Pakt unterzeichnet. Das war ein multilaterales Abkommen zur Ächtung von Kriegen als Lösung zwischenstaatlicher Probleme. Er wurde von allen Großmächten einschließlich der USA und einer Reihe europäischer Staaten wie auch Polen unterzeichnet. Die UdSSR, kein Mitglied des Völkerbundes, wurde zur Unterzeichnung eingeladen und signierte im September.

Moskau nutzte diese Gelegenheit zu einer eigenen diplomatischen Initiative. Der stellvertretende Außenminister Maxim Litwinow schlug Warschau vor, sofort nach der Unterzeichnung den Briand-Kellogg-Pakt ohne Ratifizierung umzusetzen. Ein entsprechendes Protokoll sollte allerdings ratifiziert werden. Diesem Protokoll könnten auch andere osteuropäische Staaten beitreten. Der Sinn des Litwinow-Protokolls lag darin, dass seine Abmachungen auch im Falle eines Misserfolges des Briand-Kellogg-Paktes gültig wären.

Für Polen war hierbei besonders wichtig, dass auch Lettland, Estland und sogar Rumänien mit unterzeichnen konnten. Litauen, das nicht mit Polen in einer Reihe genannt werden wollte, trat dem Protokoll am 5. April 1929 bei. Das am 9. Februar 1929 unterzeichnete Protokoll stellte nicht nur alle Seiten zufrieden, sondern war auch ein bedeutender Erfolg sowjetischer Außenpolitik in dem Bestreben, an ihren westlichen Grenzen friedliche Beziehungen herzustellen.[3]

Für Polen hatte das Litwinow-Protokoll keine geringe internationale Bedeutung. Einmal wurde es von der polnischen Öffentlichkeit positiv aufgenommen – und das über alle politischen Lagergrenzen hinweg. Dann wirkte es der in einigen östlichen und westlichen Ländern vertretenen Meinung von der Unberechenbarkeit polnischer Außenpolitik entgegen und widerlegte die mit Piłsudski in Verbindung gebrachte antisowjetische Aggressivität.

Der Einzige, der nicht besonders vom Protokoll erbaut war, war der Marschall selbst. Seiner Meinung nach konnten kollektive Verabredungen keine multilateralen Verträge ersetzen und sie allenfalls bis zum Abschluss überbrücken. Doch zu einer Forcierung der Verhandlungen über einen Nichtangriffsvertrag mit den Sowjets kam es trotz ständiger Gespräche nicht. Erst 1931 hielt es der Marschall für angemessen, endlich den polnisch-sowjetischen Nichtangriffsvertrag zu schließen. Doch erst im folgenden Jahr kam es zum Durchbruch und zur Unterzeichnung.

Nach sieben Jahren! Allein diese Tatsache wird dem Marschall bis heute angekreidet. Die Vorwürfe reichen von Verzögerungstaktik bis zum Liebäugeln mit einer Aggression gegen die Sowjetunion. Tatsächlich sind solche Interpretationen naheliegend, und sie finden sich bis in die Fachliteratur der Gegenwart. Doch nichts davon ist zutreffend.

Piłsudskis Biografen und andere mit dieser Materie befasste polnische Historiker konzentrieren sich in erster Linie auf außenpolitische Faktoren, die auch in meiner Darstellung beschrieben werden: Schwierigkeiten mit dem sowjetischen Verhandlungspartner und mit dem französischen Bündnispartner, zunehmende deutsche Bedrohung usw. Doch alle diese Faktoren waren mehr oder weniger immer präsent. Zudem stehen die schleppenden Verhandlungen scheinbar in Gegensatz zu den Bemühungen Polens nach Verbesserung der Beziehungen zum großen Nachbarn. Gerade die besondere polnische Empfindlichkeit gegenüber der UdSSR und die Furcht vor einem sowjetischen Angriff hätten die polnische Seite wesentlich schneller verhandeln lassen müssen, um endlich zum Vertragsabschluss zu kommen. Ebenso hätten die gegenseitigen Verstimmungen eher auf eine rasche Einigung hinwirken können als diese zu verzögern. Diese Unklarheit wird nicht nachvollziehbar ausgeräumt, der scheinbar logische Widerspruch nicht aufgelöst. Auch die Versuche, der Denkweise des Marschalls etwas Geheimnisvolles anzudichten und damit sein Zögern zu begründen, halte ich für abwegig.

Piłsudski war der Lenker der polnischen Außenpolitik, doch gab er nur Direktiven vor, deren Einhaltung er kontrollierte. Insgesamt hatten seine engsten Mitarbeiter – dazu rechneten auch die Außenminister – in der Ausführung freie Hand. Hinzu kam, dass die polnische Presse aller politischen Lager die Außenpolitik umfangreich kommentierte und nicht selten den Kern erfasste. Die Erklärung dieses Phänomens muss demnach in eine Richtung gehen, die von den polnischen Autoren nicht zuletzt durch ihre national bestimmte Sicht wenig beachtet oder auch aus politischen Gründen ausgeklammert wurde.

Zunächst einmal war der Abschluss eines Nichtangriffsvertrages zu jener Zeit ein besonders bedeutendes Ereignis. Daher waren derartige Verträge selten. Polen schloss nur diesen einen mit der Sowjetunion. Der

Vertrag mit Deutschland von 1934 war ein Gewaltverzichtsabkommen. Ein Nichtangriffsvertrag kam im gesellschaftlichen Bewusstsein fast einem Freundschaftsvertrag gleich. Nur so war es den Nazis, ist es den polnischen und anderen Antikommunisten bis heute möglich, den deutsch-sowjetischen Nichtangriffsvertrag vom August 1939 als Bündnis- und Freundschaftsvertrag darzustellen. Das war und ist ein Nichtangriffsvertrag natürlich nicht!

Die Feindschaft zu Russland war ein konstituierendes Element der polnischen Staatlichkeit und demnach Staatsdoktrin, ein von den extremen Rechten bis in den linken Flügel der Sozialistischen Partei parteiübergreifender nationaler Konsens. Zudem hatte man gegen das neue Russland Krieg geführt und diesen gewonnen, was den nationalen Zusammenhalt enorm beförderte. Der staatlich verordnete Antisowjetismus wirkte darum systemstabilisierend. Dadurch konnte man die Kommunisten ausgrenzen, verfolgen, oppositionelle und revolutionäre Kräfte als sowjetfreundlich diskreditieren.

Mit einem gutnachbarlichen Verhältnis war das nicht zu vereinbaren. Wenn der »nationale Feind« entfiel, fast zum Freund wurde, musste in Polen fast das ganze Volk umdenken. Viele Repressionsmaßnahmen – vor allem gegen die Kommunisten und ostslawischen Minderheiten – waren nicht mehr zu rechtfertigen. Da die Sowjetunion aber eine völlig andere, in Polen als feindlich betrachtete Gesellschaftsordnung repräsentierte, hätte das erhebliche Konsequenzen, die der Marschall unbedingt vermeiden wollte.

Dabei musste er bei aller persönlichen Souveränität auf bedeutende gesellschaftliche Kräfte Rücksicht nehmen, die ihn stützten, unterstützten, mit ihm sympathisierten oder einfach nur tolerierten: die Großgrundbesitzer, die Industriellen, die katholische Kirche, seine ehemaligen Legionäre usw. Bei aller Autorität gab es doch erheblichen Widerstand gegen sein Sanacja-System, den er mit legalen und nichtlegalen Mitteln zurückdrängen musste. Schon deshalb durften die Beziehungen zur Sowjetunion nicht allzu eng werden. Daher war er auch mehr für ein Grenzgarantieabkommen denn einen Nichtangriffsvertrag, der als Freundschaftsvertrag verstanden werden konnte.

Ein derartiger Vertrag hätte das internationale Gewicht Polens nicht nur im Osten, sondern auch im Westen erheblich erhöht. Und genau von dort, aus Frankreich, kam der entscheidende Impuls. Den Pariser Stimmungsumschwung verursachten die wachsenden Spannungen mit Berlin. Mit der Maginot-Linie hatte sich Frankreich auf eine Verteidigung gegen Deutschland festgelegt. Polens militärstrategische Bedeutung nahm zu. In diesem Zusammenhang versuchte Paris auch seine Beziehungen zur UdSSR zu verbessern. Darunter fiel auch der Abschluss eines Nichtangriffsvertrages. Er wurde am 10. August 1931 paraphiert. Paris machte Moskau aber klar, dass schwebende Vertragsabschlüsse mit den Verbündeten Frankreichs vorher abzuschließen wären. Insgesamt sollten durch den französisch-sowjetischen Vertrag keine bestehenden Verträge im Osten verletzt werden. Das betraf Polen und Rumänien. Die Polen hofften nun, dass die UdSSR endlich mit Rumänien zu Stuhle kommen und einen Kompromiss aushandeln würde. Zugleich wollte Polen nun auch für Estland, Lettland und Finnland Nichtangriffsverträge. Darauf ließ sich die Sowjetunion ein, da es sich um Einzelverträge handelte. Mit Lettland kam ein Nichtangriffs- und Garantievertrag am 5. Februar 1932 zustande. Einen ähnlichen Vertrag schloss Estland am 4. Mai, Finnland signierte seinen Nichtangriffsvertrag am 22. Juli. Die Verhandlungen mit Rumänien hingegen brachten keine Ergebnisse, da man sich hinsichtlich Bessarabiens auf keinen Modus vivendi einigen konnte. Nun griff Piłsudski persönlich ein und machte Bukarest klar, dass Polen so oder so den Vertrag mit Moskau abschließen werde. Polen zog sich nach seiner erfolglosen Vermittlerrolle zurück.

Letztlich empfahl der Marschall die Unterzeichnung des Vertrages, die dann am 25. Juli 1932 in Moskau erfolgte.

Frankreich war mit dem fehlenden rumänischen Ergebnis unzufrieden. Bukarest bezichtigte Warschau des Verrats. Das war insofern ungerecht, da Polen sehr auf einen diesbezüglichen Abschluss bestanden hatte und wiederholt als Fürsprecher Rumäniens bei der sowjetischen Seite vorstellig geworden war. Die UdSSR hatte den Vertrag mit Rumänien auch schon ausgefertigt, doch Bukarest war zerstritten, so dass die Unterzeichnung ausfiel.

Frankreich ratifizierte seinen Vertrag mit der Sowjetunion am 29. November 1932.

Der polnisch-sowjetische Vertrag war für beide Seiten annehmbar. Er beinhaltete den Verzicht auf einen Krieg als Mittel in den gegenseitigen Beziehungen, keinerlei Teilnahme an gegen eine Seite gerichteten Absprachen und keine Hilfe für einen eine Seite bedrohenden Aggressor.[4] Mit diesem Vertrag war in Osteuropa ein wichtiger Schritt zur Entspannung erreicht und die weitere Entwicklung der gegenseitigen Beziehungen eingeleitet worden.

Insgesamt sollte die polnische Außenpolitik gegenüber der UdSSR im Verständnis von Piłsudski sich konstant an drei Punkte halten:

1. Unbedingte Einhaltung des gegenseitigen Nichtangriffsvertrages von 1932.
2. Verbesserung der Beziehungen zur Sowjetunion.
3. Vorsichtige Kontakte gegenüber dem sozialistischen Russland immer unter dem Aspekt, dadurch die guten Beziehungen zu anderen Staaten nicht zu gefährden. Es sollte auf keinen Fall der Eindruck einer wie auch immer gearteten Zusammenarbeit mit der Sowjetunion entstehen.[5]

Der Vertrag leitete einen Aufschwung in den gegenseitigen Beziehungen ein, der sich besonders 1933 manifestierte. Als Hitler anfangs die deutsch-polnische Grenze in Frage stellte, war die Sowjetunion bereit, Polen zu unterstützen. Im Sommer 1933 schlossen auf Initiative des faschistischen Italien Deutschland, Großbritannien, Frankreich und Italien den sogenannten Viererpakt. Der Viererpakt bestätigte die Satzung des Völkerbundes, die Locarno-Verträge, die Endgültigkeit der deutschen Westgrenze und den Briand-Kellogg-Pakt. Die Vertragsparteien verpflichteten sich dazu, alle völkerrechtlichen Fragen gemeinsam zu beraten und den Frieden zu wahren. Das Deutsche Reich erzielte mit dem Vertragsabschluss einen enormen außenpolitischen Prestigegewinn: Die neuen Machthaber konnten der Welt verkünden, nur am Frieden in Europa interessiert zu sein. Allerdings verließ Hitlerdeutschland noch im gleichen Jahr den Völkerbund, der Viererpakt (»Mussolinis Großer Friedensplan«) wurde zwar noch paraphiert, aber anschließend nicht mehr ratifiziert. Auf Polen wirkte der Viererpakt als Bedrohung. Dadurch kam es zu einer weiteren Annäherung an die UdSSR, die ebenfalls ihre Ablehnung gegenüber diesem Vertrag zum Ausdruck brachte.

Auch die persönlichen Kontakte auf offizieller Ebene wurden enger. Der Marschall empfing den sowjetischen Gesandten zu einer langen Privataudienz, und zum Nationalfeiertag am 3. Mai stellten sich führende sowjetische Persönlichkeiten zum Bankett in der polnischen Botschaft in Moskau ein.

Ein Höhepunkt war der Besuch von Bogusław Miedziński, Chefredakteur der *Gazeta Polska* und einer der engsten Mitarbeiter des Marschalls, in der sowjetischen Hauptstadt.

Der stellvertretende sowjetische Handelsminister Iwan Bojow bereiste in offizieller Mission Polen, besichtigte eine Vielzahl von Betrieben und nahm umfangreiche Bestellungen auf. Zu den Feierlichkeiten zum Jahrestag der Großen Sozialistischen Oktoberrevolution wurde eine Gruppe polnischer Militärflieger eingeladen.

Am 3. Juni 1932 wurde eine gemeinsame Konvention über die Unterbindung von Konflikten an der polnisch-sowjetischen Grenze unterzeichnet. Das diente der Beruhigung und Herstellung normaler Verhältnisse an dieser zwar nicht mehr brennenden, doch immer noch unruhigen Grenze.

Um bei den Polen das Misstrauen abzubauen, schlug die sowjetische Regierung im April 1933 vor, gemeinsam den Begriff Aggressor zu definieren. Das war insofern wichtig, als immer noch die Gefahr bestand, sie sogar wuchs, dass die UdSSR revolutionäre Bewegungen durch eine massive Militärintervention unterstützen und dadurch die Geschicke eines Landes wesentlich beeinflussen konnte. Polen hatte hierbei die immer noch unruhigen Verhältnisse in Ostpolen im Auge. Daran war auch der einzige Ostverbündete Polens, Rumänien, interessiert, der nach wie vor um seinen Besitz in Bessarabien bangte. Am 3. Juli 1933 wurde die nun für alle verbindliche Definition von der UdSSR, Polen, Rumänien, Estland und Lettland unterzeichnet.[6]

Für die UdSSR war das eine weitere außenpolitische Stärkung und ein wesentlicher Schritt zur Verhinderung einer antisowjetischen

Aggression. Nach fünfzehn Jahren hatte es die Sowjetunion geschafft, mit allen Nachbarländern korrekte und auf gegenseitige Anerkennung bedachte Verhältnisse zu schaffen. Mit den Nichtangriffsverträgen und dem Definitions-Abkommen war die Grundlage einer vertrauensvollen Zusammenarbeit mit allen Nachbarstaaten gelegt. Kein vernünftiger Staatsmann konnte nun die eigene Bevölkerung mit einer bevorstehenden bolschewistischen Invasion schrecken.

Angesichts der faschistischen Machtübernahme in Deutschland ging die sowjetische Seite nun einen Schritt weiter.

Im Juli 1933 wurde Karl (Karol Sobelsohn) Radek, ein Pole jüdischer Herkunft mit sowjetischer Staatsbürgerschaft und Chefredakteur der regierungsoffiziellen *Iswestija,* nach Warschau geschickt. Der Zweck der Radek-Mission bestand darin zu erkunden, ob Polen an weiteren und engeren Beziehungen mit der UdSSR interessiert sei, wie Polen zur faschistischen Gefahr in Deutschland stünde und sich bei deutschen Ansprüchen verhalten würde. Es ging faktisch um die Frage, ob Polen zu kämpfen bereit wäre. Die Sowjetunion plante eine weitere Annäherung bis hin zu einem Militärbündnis, das Radek schon in Moskau Miedziński vorgeschlagen hatte. In diesem Zusammenhang sollte auch gegenüber den baltischen Staaten eine Garantieerklärung abgegeben werden.

Karl Radek besuchte bei dieser Gelegenheit auch die polnischen Westgebiete, deren polnischen Charakter er bestätigte und jegliche deutschen Grenzrevisionsversuche verurteilte. Damit hatte sich die UdSSR erstmals zu den von den Deutschen genommenen Gebieten positioniert und sich faktisch auf die polnische Position begeben. Nach Frankreich war es nur die UdSSR, die derartige Erklärungen abgegeben hatte. Mehr konnte Polen nicht erwarten.

Die UdSSR schlug den Polen also nichts Geringeres vor als ein festes Bündnis gegen Hitlerdeutschland unter Einbeziehung des Schutzes der Balten. Das war kein Bluff oder eine Hinterlist, denn dafür waren die wichtigsten Vorbedingungen schon vorhanden, die schließlich in langwierigen und zähen Verhandlungen auch von polnischer Seite geschaffen worden waren. Nun war Marschall Piłsudski gefordert. Der hingegen lehnte nicht ab, empfahl jedoch, keine positive Antwort zu geben. Eine so schnell zu erlangende Zusammenarbeit hielt er für unmöglich.

Sicher wurde damit eine Chance vertan, doch angesichts der Vergangenheit Polens schienen die bisherigen Ergebnisse schon weit das Maß des Möglichen überschritten zu haben. Vor allem in den letzten Jahren war es zu einer Annäherung gekommen, vor deren politischen Folgen der Marschall sich eigentlich fürchtete.

Mehr war im Augenblick nicht machbar, was auch Moskau mit Bedauern, aber auch mit Anerkennung vermerkte.

Anmerkungen

1 Vgl. Beck, Józef. Ostatni raport. Warszawa 1987. S. 31
2 Zit. nach: Kamiński, Marek K., Zacharias Michał J. Polityka zagraniczna II Rzeczypospolitej 1918–1939. Warszawa 1987. S. 103/104
3 Vgl. Serczyk, Władysław A. Dzieje Polski 1918–1939. Wybór materiałów źródłowych. Kraków 1990. S.270–272
4 Vgl. Ebenda. S. 299–302
5 Vgl. Beck, Józef. Ostatni raport. a.a.O. S. 52, 66
6 Vgl. Serczyk, Władysław A. Dzieje Polski 1918–1939; a.a.O., S. 310–313

11.

Überraschende Verständigung mit Berlin

Der Vertragsabschluss mit der UdSSR stärkte auch Polens Position gegenüber den Westmächten. Dieser Prestigegewinn schlug wohl am meisten im Lande selbst zu Buche: Endlich hatte es Warschau vermocht, einen Modus vivendi mit dem als Hauptfeind deklarierten östlichen Nachbarn zu finden.

Wesentlich schwieriger schien sich das Verhältnis zum deutschen Nachbarn zu gestalten. Deutschland akzeptierte seinen Gebietsverlust im Osten nicht. Alle diesbezüglichen Regelungen waren letztlich unter der Ägide der Westmächte – vor allem Frankreichs – entstanden. Paris trug aus deutscher Sicht die Hauptverantwortung für den Grenzverlauf, nicht Warschau. Dadurch war die völkerrechtliche Autorität Polens aus der Berliner Perspektive wesentlich gemindert. Folgerichtig ging die deutsche Seite davon aus, dass erst ein wesentlich verbessertes Verhältnis zu den Westmächten den Weg für eine polnisch-deutsche Grenzrevision freimachen würde. Die ersten Erfolge in dieser Richtung konnte Berlin schon durch die Abschlüsse der Verträge von Locarno für sich verbuchen. In diesem Zusammenhang hatte Berlin, aber auch Warschau, ein zunehmendes Desinteresse des Westens an stabilen Grenzen im Osten ausgemacht.

Für Deutschland – anders als für Polen – gab es keinen plausiblen Grund, eine Verbesserung des Verhältnisses zu Polen anzustreben. Im Gegenteil, die Feindschaft wurde zu einem festen Bestandteil nicht nur der Außenpolitik der Weimarer Republik, sondern auch der Innenpolitik. Die prinzipielle Gegnerschaft zu Polen ordnete sich ein in die von allen politischen Kräften getragene Ablehnung des Versailler Vertrages bzw. des »Versailler Systems«. Die Polenfeindschaft, die vor allem in der Bismarck-Zeit eine umfassende staatspropagandistische Begründung erfahren hatte, war inzwischen Gemeingut des gesellschaftlichen Bewusstseins in Deutschland. Sie stand in emotional-propagandistischer Bedeutung sogar noch höher als die sogenannte Erbfeindschaft zu Frankreich. Geschürt wurde sie nicht nur durch die offizielle Regierungspolitik, die Medien, Schule, Kirche usw., sondern auch von denen, die Polen nach 1918 verlassen mussten. Jene wähnten sich sicher, eines Tages hoch erhobenen Hauptes wieder ihre Besitzungen, Häuser und Funktionen im Osten übernehmen zu können, die ihnen Versailles genommen hatte. Die antipolnische Haltung war nationalistisch und chauvinistisch geprägt, sprach den Polen die Fähigkeit zur Staatsbildung und eine nationale wirtschaftliche Existenz ab. Wenn aus diesen Gebieten etwas werden sollte, so nur unter deutscher Herrschaft.

Eine Politik der Annäherung zu Polen hätte in Deutschland kaum Akzeptanz gefunden. Allerdings gab es einige Persönlichkeiten, die sich diesem Hass aus bürgerlich-ethischer Überzeugung entgegenstellten. Hierfür stand etwa der Linksdemokrat Helmut von Gerlach. Er setzte sich 1918/19 als Unterstaatssekretär für eine Annäherung an Polen ein. Dieses mutige Bekenntnis bezahlte er fast mit seinem Leben, als deutsche Nationalisten ein Attentat auf ihn verübten. Ein besseres Verhältnis zu Polen forderten auch einige Schriftsteller und Künstler, die jedoch kaum Einfluss auf jene von der Mehrheit getragene Polenfeindlichkeit hatten.

Ein besonderes und kompliziertes Verhältnis zu Polen hatten die in der KPD vereinigten deutschen Kommunisten. Während sich bei allen anderen politischen Strömungen – einschließlich der Sozialdemokraten – die Haltung zu Polen aus Nationalismus und nationaler Überheblichkeit speiste, war das bei der drittstärksten deutschen Partei anders. Deren Haltung war historisch-politisch konnotiert und unterschied zwischen dem polnischen Volk und der über es herrschenden

Klasse und deren Politik. Die KPD war die einzige deutsche Partei, die einen politischen Partner in Polen hatte. Zwischen ihr und der Kommunistischen Partei Polens gab es innerhalb der Kommunistischen Internationale ständige und in der Regel gute Beziehungen. So hatten die speziellen Instruktionen polnischer Kommunisten wesentlichen Anteil daran, dass die KPD nach 1933 als Massenpartei ihre Arbeit in der Illegalität fortsetzen konnte.

Allerdings lehnte auch die KPD wie alle anderen politischen Kräfte Deutschlands den Versailler Vertrag ab. In der Bezeichnung des Versailler Vertrages unterschieden sich die Kommunisten kaum von ihren rechten Gegnern. Der KPD-Vorsitzender Ernst Thälmann bezeichnete ihn als »Knechtschaftsverträge«, »Raubfriedensvertrag« und »Schandvertrag«.[1] In der Programmerklärung der KPD zur sozialen und nationalen Befreiung des deutschen Volkes vom 24. August 1930 hieß es dazu: »Wir Kommunisten sind gegen die auf Grund des Versailler Gewaltfriedens durchgeführte Zerreißung [...] Deutschlands.«[2] Damit befanden sich die deutschen Kommunisten in Einklang mit der Position der Sowjetunion und der Komintern. Der Versailler Vertrag galt als Diktat des Westens.

Auch den polnischen Kommunisten, die von einem sozialistischen Europa ohne Grenzen träumten, waren die Versailler Verträge suspekt, obwohl diese Polen begünstigten. Erst Jahre später positionierten sich die polnischen Kommunisten positiv zu einer eigenen Staatlichkeit und zur Verteidigung der Grenzen. Damit wurde die rigorose Ablehnung von Versailles enorm abgeschwächt. Das brachte die Polen aber nicht in Gegensatz zu ihren deutschen Genossen, denn beide Parteien waren – wenngleich in unterschiedlichem Maße – an der Beibehaltung des Status quo in der deutsch-polnischen Grenzfrage im Sinne der Erhaltung des Friedens interessiert.

Die komplizierten Auseinandersetzungen um die polnischen Rechte in Danzig werteten die deutschen Kommunisten als »Okkupationsabsicht« der Polen.[3] Ebenso vertraten sie die Meinung, dass die deutsche Minderheit in Polen unterdrückt wäre. Sie stellten die Deutschen dort in eine Reihe mit den tatsächlich verfolgten ostslawischen Minderheiten, was nicht den Realitäten entsprach. Unwissentlich stellten sie sich damit auf die Seite von deutschen Gutsbesitzern und anderen Eigentümern, die in Deutschland ihre erklärten Feinde waren. Das hing einfach damit zusammen, dass die Kommunisten in dieser Frage die komplizierte Problematik nicht durchschauten und somit teilweise auch den bürgerlichen Massenmedien aufsaßen. Gleichzeitig trat aber die KPD gegen jegliche gewaltsame Veränderungen der Grenzen und Revanchekriegsforderungen auf.[4] 1930 bekundete die Partei, dass »wir keine einzige Grenze anerkennen, die ohne Zustimmung der werktätigen Massen und der wirklichen Bevölkerung gezogen ist«[5]. Für den Fall eines Sieges einer sozialistischen Revolution in Deutschland trat die KPD dafür ein, »im Einvernehmen mit den revolutionären Arbeitern Frankreichs, Englands, Polens, Italiens und der Tschechoslowakei, die den Wunsch danach äußern werden, die Möglichkeit des Anschlusses an Sowjetdeutschland zu sichern«[6]. Mit anderen Worten: Die deutschen nationalen Minderheiten wie auch andere Bevölkerungsgruppen hätten sich mit ihren Territorien aus dem Bestand bestehender Staaten lösen können oder sollen.

Zum wiedererstandenen Polen hatten die deutschen Kommunisten – wenngleich aus völlig anderen Gründen als die bürgerliche Mehrheit in Deutschland – ein ausgesprochen feindseliges Verhältnis. Das hatte weit weniger mit dem Versailler Vertrag und schon gar nichts mit der nationalistischen Polenfeindlichkeit der Rechten zu tun. Für die deutschen Kommunisten – wie überhaupt für alle Kommunisten jener Zeit – besaß die Sicherung der Existenz der Sowjetunion oberste Priorität. Polen wurde durch dieses Prisma betrachtet. Daher war Polen für sie vor allem nach dem polnisch-sowjetischen Krieg die gefährlichste Bedrohung der UdSSR. Darum konnte das neue Polen nicht auf die geringste Sympathie der konsequenten Linken in Deutschland rechnen. Die KPD ging von 1927 bis 1932 vom Wiederaufleben bewaffneter polnisch-sowjetischer Konflikte aus.[7]

In den Augen der deutschen Kommunisten galt die Sanacja als die Politik der »faschistischen Piłsudski-Regierung« des »polnischen Imperialismus«.[8]

Diese sehr grobschlächtige Beurteilung des Marschalls und seines Regimes – zumindest zu seinen Lebzeiten – blieb auch in der Deutschen Demokratischen Republik nahezu bis zu ihrem Untergang gültig. Diese Einschätzung wurde aber auch von anderen Kommunisten und Linken in Westeuropa geteilt. Das erklärte auch, warum Polen nie zu den Emigrationszielen bedrohter deutscher Antifaschisten gehörte.

In den deutsch-polnischen Beziehungen gab es auch nicht die geringste Schnittmenge, um zu einer Annäherung zu gelangen.

Deutschland fürchtete sich auch nicht vor Polen, auch wenn die nationalistische Propaganda stets ein düsteres Bild malte. Weder militärisch noch wirtschaftlich galt Polen als besonders gefährlich. Im Gegenteil, durch den Wirtschaftskrieg war Polen geschwächt und ökonomisch nicht souverän. Trotz des polnisch-sowjetischen Antagonismus' musste sich Polen auf die UdSSR konzentrieren, für eine Bedrohung Deutschlands reichten Polens Kräfte nicht. In Deutschland war die Meinung weit verbreitet, dass Polens ostslawischer Osten früher oder später an die Sowjetunion fallen werde. In dieser Situation würde Deutschland dann die polnischen Westgebiete unter dem Vorwand der Abwehr einer bolschewistischen Bedrohung wieder übernehmen.

Insofern gab es neben den offenen Konflikten für Berlin auch keinen Grund, eine Annäherung an Polen zu suchen.

Für Polen hingegen existierten andere Gründe und somit Zwänge. Warschau musste angesichts der Deutschland begünstigenden Politik der Westmächte zur Sicherung seiner territorialen Integrität eine Möglichkeit finden, mit den Deutschen in guter Nachbarschaft zu leben. Das gebot allein schon die empfundene sowjetische Bedrohung.

Als im September 1926 Deutschland Mitglied des Völkerbundes wurde und in seinem Rat einen ständigen Sitz bekam, war das Ausdruck der internationalen Aufwertung Deutschlands. Die Weimarer Republik hatte ihre diplomatische Isolation durchbrochen und schickte sich an, die verlorengegangene Position in Europa schrittweise wiederzuerlangen. Marschall Piłsudski sah darin aber auch einen gewissen Gewinn für Polen. Wenn Deutschland im Konzert der europäischen Mächte mitspielen wollte, musste es von seinen revanchistischen Absichten Abstand nehmen und über kurz oder lang sich mit den Polen ins Benehmen setzen. Dabei mussten die Diplomaten in der Wierzbowa sehr vorsichtig zu Werke gehen, denn polnische Vorstöße in Richtung Berlin wurden in Paris nicht gern gesehen. Jede polnische Initiative wurde dort als Kritik an der französischen Deutschlandpolitik gewertet, ein Affront. Über die Beziehungen zu den Deutschen wollte das Quai d'Orsay, das diplomatische Zentrum der Großmacht Frankreich, selbst entscheiden.

Die Briten hingegen waren von einer Annäherung Polens an Deutschland durchaus angetan, weil sie an einem territorialen Block gegen die Sowjetunion interessiert waren. Die Wierzbowa wollte diese unterschiedlichen Interessen nutzen, ohne auf die Intentionen der Briten eingehen zu müssen. Allein das stellte schon einen gefährlichen Balanceakt dar, der in Paris leicht missverstanden werden konnte. Zudem musste Warschau bedenken, dass Frankreich nur darauf wartete, die Bündnisbeziehungen zu Polen zu lockern und entsprechende Anlässe suchte. Seit 1924 versuchten die Franzosen, sich ihren Bündnisverpflichtungen gegenüber Polen zu entziehen.

Insgesamt musste Polen einen diplomatischen Drahtseilakt vollführen, um sich Deutschland zu nähern, zugleich aber die Bündnisbeziehungen mit Frankreich nicht zu gefährden. Da dieses Bündnis die Hauptsäule der polnischen Außenpolitik bildete, reagierte Warschau auf jede Absetzbewegung empfindlich. 1926 wurde der an besten Beziehungen zwischen Paris und Warschau interessierte französische Botschafter Hector de Panfieu abgelöst und durch Jules Laroche ersetzt, einem der Hauptunterhändler von Versailles und ohne jegliche Erfahrungen als Botschafter.

Im November 1927 besuchte Marschall Louis Frauchet d'Esperay Polen, um Warschau zu einer Lockerung der Bündnisverpflichtungen bei einem Krieg mit der UdSSR zu überreden. Mehr noch: Auch bei einem Krieg mit Deutschland wollte sich Paris nur auf materielle Unterstützung beschränken. Damit wäre das Kernstück des Bündnisvertrages eigentlich entwertet worden. Das lehnte Polen entschieden ab. Letztlich scheiterten die französischen Bemühungen an der Hartnäckigkeit Warschaus. Polen war gewarnt und musste handeln.

Die Präsenz des französischen Kapitals in Polen wurde nicht beeinträchtigt und dessen Beschränkung wurde aus politischen Gründen nicht einmal in Erwägung gezogen. Das hätte nur zu einem Ersatz durch deutsches Kapital geführt, was vermieden werden musste. In der polnischen Gesellschaft war Frankreich und französischer Einfluss unübersehbar und erfüllte Paris mit Stolz. Das stand aber in Widerspruch zu den Absetzbewegungen der Franzosen. Hier genau setzte Marschall Piłsudski an. Im polnischen Heer wurden in erster Linie französische Waffen verwendet, die Dienstvorschriften entsprachen denen der französischen Armee, und die polnische Luftwaffe wurde zeitweise von einem französischen Oberst – später Brigadegeneral – kommandiert.

Im Sommer 1927 verfügte Marschall Piłsudski zunächst die Reduzierung der französischen Militärmission in Polen. Jene Mission war das Ergebnis des polnisch-französischen Bündnisvertrages und seiner Militärkonvention und hatte im polnisch-sowjetischen Krieg einiges geleistet. Sie sollte das polnische Heer auf einen möglichen Krieg mit Deutschland und die UdSSR vorbereiten. Nach Locarno und den Absetzversuchen Frankreichs machte es kaum noch Sinn, die auch finanziell kostspielige Mission zu unterhalten. 1932 wurde sie völlig aufgelöst. Zudem verfügte der Marschall, dass eigene polnische Dienstvorschriften zu erarbeiten seien, da die französischen den polnischen Verhältnissen nicht entsprächen. Paris verstand diese Gesten. Die polnisch-französische Euphorie zu Beginn der zwanziger Jahre war verflogen, die polnische Führung urteilte nüchtern und pragmatisch, das erlaubte es nicht nicht mehr, sie wie bisher zu behandeln.

Diese souveränen Maßnahmen Warschaus erfahren in der polnischen Geschichtsschreibung kaum eine angemessene Würdigung.

Vorerst blieben die ersten Versuche Polens erfolglos, sich mit Deutschland ins Benehmen zu setzen. Piłsudski sprach in Genf auf einer Völkerbundtagung mit dem deutschen Außenminister Gustav Stresemann, doch aus diesem Dialog entwickelte sich nichts weiter. Aber: Deutschland ließ sich von den Westmächten – obwohl diese es erwarteten – auch nicht auf eine antisowjetische Politik festlegen. Durch die Völkerbundmitgliedschaft war nun Deutschland auch in der Lage, im

Falle eines polnisch-sowjetischen Krieges Entscheidungen dieser Organisation zu blockieren, auch Sanktionen einschließlich militärischen Eingreifens zu erwirken.

Bedeutenden Anteil an dieser Entwicklung hatte aber auch die Politik der Westmächte einschließlich Frankreichs selbst. Frankreich hatte 1923 wegen ungenügender Reparationsleistungen das Rheinland besetzt. Dieser Schritt wurde in Polen sehr begrüßt. Denn solange die Franzosen in Deutschland wären, würden die Deutschen keinen Angriff auf Polen wagen. Nun zeichnete sich aber ein Rückzug der französischen Truppen ab. Polen versuchte sich dabei ein Mitspracherecht zu sichern, was durchaus im Rahmen der Möglichkeiten lag, jedoch nicht gelang. Anfang 1929 versuchte Polen angesichts des sich abzeichnenden französischen Rückzuges einen Regionalpakt unter Einschluss Deutschlands und Frankreichs zu erwirken, doch Paris zeigte daran kein Interesse. Im September 1929 wurde der Abzug spruchreif, im Sommer 1930 zogen die Franzosen aus dem Rheinland ab. Das hatte auch einen französischen Strategiewechsel zur Folge. Frankreich orientierte sich nun völlig auf die eigene Verteidigung. Zu diesem Zweck wurde in den Jahren von 1930 bis 1935 die Maginot-Linie als befestigte Grenzlinie zu Deutschland geschaffen. Die ursprüngliche Konzeption, Polen durch einen Angriff im Westen im Kriegsfalle zu entlasten, hatte sich damit erledigt.

Die internationale Aufwertung Deutschlands und die ständigen Zugeständnisse des Westens an Berlin ohne Gegenleistung stärkten das Selbstbewusstsein vor allem der an Revanche interessierten herrschenden Kräfte in Deutschland. Am 10. August 1930 forderte der Reichsminister ohne Geschäftsbereich Gottfried Teviranus offen die Revision der Grenzen zu Polen, obwohl an jenen Grenzen Ruhe herrschte. Diese Tatsache wurde in jedem modernen polnischen Geschichtsbuch – fast wie eine Zäsur – erwähnt. Tatsächlich stellte diese unverhohlene Forderung eines Regierungsmitgliedes so etwas wie ein politisches Programm dar, welches ohne einen Krieg nicht zu realisieren war. Derartige Forderungen waren aus Moskau nicht zu vernehmen. Warschau musste also auf der Hut sein und es schien, als müsste Polen seine strategische Verteidigungsrichtung neu bestimmen.

1931 spitzten sich die Verhältnisse um Danzig zu. Polen hatte nicht nur in Deutschland eine schlechte Presse. Man versuchte den Eindruck zu wecken, dass es Polen um die Annexion Danzigs ging. Das war völlig absurd, denn das verbot sich schon wegen des Versailler Vertragssystems, dem sich Polen verpflichtet fühlte. Polen war allein an seinen Rechten in der Freien Stadt interessiert und achtete auf deren Einhaltung. Auf jede Verletzung oder antipolnische Demonstration reagierte Warschau schnell und unmissverständlich.

1931 kam mit tatkräftiger Unterstützung der in Danzig zugelassenen Nazipartei eine nationalistische Regierung legal im Stadtstaat an die Macht. Infolgedessen wurde die antipolnische Hauptforderung noch lauter artikuliert: Anschluss an das Deutsche Reich. Die Anschläge auf polnische Beamte und die Eisenbahn nahmen zu. Aus polnischer Sicht drohte die polenfeindliche Stimmung zu eskalieren, zumal die Danziger sich scheinbar von keiner – auch nicht von westlicher Seite – gebremst fühlten. Mitte Juni 1932 entschloss sich Warschau zu einer drastischen Entscheidung. Am 15. Juni sollte das polnische Torpedoboot »Wicher« vor Danzig einen britischen Flottenverband begrüßen. Würden sich angesichts dessen die Danziger Behörden zu antipolnischen Provokationen hinreißen lassen, so hatte das polnische Kriegsschiff Befehl, auf das nächste offizielle Amtsgebäude das Feuer zu eröffnen.[9] Für die westliche und deutsche Presse kam der Flottenbesuch einer Erpressung gleich. Doch die Danziger hatten verstanden und gaben nach; am 13. August 1932 wurde ein neuer Vertrag über die Nutzung des Hafens durch Polen unterzeichnet.

Bis 1933 kam es zu weiteren Ereignissen in Danzig, die in Polen Unmut hervorriefen. Die polenfeindlichen Attacken lösten in Paris und London keinerlei Protest aus. Zugleich wurde der Ruf nach einer Revision der deutsch-polnischen Grenzen in der Presse und in der Öffentlichkeit im Westen immer lauter. In Großbritannien gingen die Versuche einer Annäherung an Deutschland sogar so weit, dass im Foreign Office das Projekt einer Grenzrevision um Pommern und das Danziger Umland in Erwägung gezogen wurde. Anfang 1933 sprach man schon ganz unverblümt von einer Veränderung der polnischen Westgrenze zugunsten Deutschlands. Zudem wurde der Gedanke eines Paktes mit Großbritannien, Frankreich, Italien und Deutschland artikuliert, um am Völkerbund vorbei die europäischen Angelegenheiten zu regeln, so auch die Revision des Versailler Vertrages. Im Dezember 1932 sprachen sich die Vertreter Großbritanniens, Frankreichs, Italiens und der USA auf der Genfer Abrüstungskonferenz für eine Gleichberechtigung Deutschlands in Rüstungsfragen aus. Damit bestand die Gefahr, dass Deutschland mit westlicher Hilfe bzw. Billigung zu alter und von Polen befürchteter Stärke zurückkehren könnte.

Polen fühlte sich nun vom Westen allein gelassen, die Locarno-Politik wurde fortgesetzt. Warschau schien dem scheinbar machtlos ausgeliefert zu sein. Unter diesen für Polen immer ungünstigeren und starken Entwicklungstendenzen leitete Marschall Piłsudski daher im Herbst 1932 eine Aktivierung der polnischen Außenpolitik ein. Dafür musste Außenminister Zaleski – ein Verfechter der engen Zusammenarbeit mit Frankreich und dem Völkerbund sowie der Annäherung an England – Józef Beck im Amt weichen. Oberst Beck repräsentierte in den Augen des 65-jährigen Marschalls den neuen Typ eines Außenpolitikers. Vor allem war es Piłsudski wichtig, dass der Oberst persönlich mit ihm und seinem Denken verbunden war und seine Interessen und Intentionen zu realisieren verstand. Die Becksche Außenpolitik sollte elastischer als die von Zaleski sein, mehr die Selbstständigkeit Polens betonen und stärkeres Selbstbewusstsein in den Beziehungen zu Frankreich und dem Völkerbund demonstrieren. Zaleski, der sich im Westen, vor allem in Großbritannien, sehr gut auskannte und über entsprechende Kontakte verfügte, schien diesen neuen Vorgaben nicht mehr zu genügen. Nun wollte sich Polen dem Westen nicht mehr widerstandslos fügen, sondern die eigenen Sicherheitsinteressen in den Vordergrund stellen.

Eine solche Politik konnte im Verständnis des Marschalls nur ein relativ junger und dynamischer Politiker durchsetzen. Die Ernennung Becks war aus damaliger Sicht ein kühner Schritt, der in Polen nicht mit Begeisterung aufgenommen wurde. Immerhin löste Beck einen bekannten und erfahrenen älteren Berufsdiplomaten ab. Im Westen konnte der hochgewachsene, drahtige Oberst mit seiner unnachgiebigen Art keine Sympathie gewinnen. Das störte ihn und Piłsudski jedoch nicht, denn die Verteidigung der polnischen Unabhängigkeit stand vor jedem Populismus, dessen sich Marschall Piłsudski in seiner politischen Laufbahn nie bedient hatte. Beck trat an, der vom Westen geförderten Aufwertung und Stärkung Deutschlands als dem stärksten europäischen Stoßtrupp gegen die Sowjetunion entgegenzutreten. Die polnische Außenpolitik sollte Sand ins Getriebe der westlichen Begünstigungspolitik werfen. Damit konnte sich Warschau in Europa kaum Freunde machen. Noch viele Jahre später, selbst als Beck nicht mehr lebte, galt er westlichen Politikern als Inbegriff eines unangenehmen Politikers, den man nicht in die eigenen Interessen einzubinden vermochte.

Nichtsdestotrotz war seine Politik vom Ansatz her eben das, was man im positiven Sinne des Wortes als eine eigenständige, möglicherweise unabhängige Außenpolitik bezeichnen konnte. Dass es dabei zu erheblichen Fehleinschätzungen kam, steht auf einem anderen Blatt.

Piłsudski hatte die Zielrichtung der westlichen Deutschlandpolitik durchaus richtig erkannt, war aber von einer unmittelbaren Bedrohung durch Deutschland nicht überzeugt, da das Land militärisch noch zu schwach war. Die Weltwirtschaftskrise, die auch beim Nachbarn verheerende Wirkungen zeitigte, schien seine Auffassung zu bestätigen. Insofern fürchtete der Marschall mehr die weiteren Zugeständnisse der Westmächte. Zu Recht. Im Juli 1933 wurde der Viererpakt geschlossen. Doch glücklicherweise kam es durch die widersprüchliche Haltung einzelner Regierungen nicht zu dessen Ratifizierung.

In diesem Zusammenhang geistert unter Historikern die Legende um einen Präventivkrieg, den Piłsudski im Frühjahr 1933 gegen Deutschland führen wollte. Angeblich wollte Polen durch einen mit Frankreich abgestimmten Feldzug Deutschland schwächen, bevor es durch seine Aufrüstung zu einer Aggression in der Lage sei. Polen verfügte zu jener Zeit über etwa 300000 Soldaten, Deutschland hingegen nur über 100000. Für die These vom Präventivkrieg gibt es keine Beweise. Zutreffend ist, dass Polen im Frühjahr 1933 seine militärischen Aktivitäten an der Westgrenze verstärkte und die Bewachungseinheit auf der Danzig vorgelagerten

Halbinsel Westerplatte personell leicht erhöhte. Zur Überraschung Warschaus wurden diese Veränderungen ausgerechnet von den Franzosen im Völkerbund angesprochen und verurteilt.

Piłsudski wusste, dass die Begünstigung Deutschlands durch die Westmächte keine Frage der aktuell regierenden Kräfte, sondern prinzipieller Natur war. Mit vermeintlichen Präventiv-Plänen hätte der Marschall den Westen nicht gewinnen können, deshalb gab es sie auch nicht. Zudem beurteilte Piłsudski die Potenzen eines auch geschwächten Deutschlands realistisch. Selbst wenn die polnische Armee zahlenmäßig der deutschen Reichswehr überlegen war, handelte es sich bei der Reichswehr um eine bestens ausgebildete Berufsarmee mit motivierten Soldaten. Zudem hätte Deutschland ohne Schwierigkeiten in kurzer Zeit Millionen von erfahrenen Weltkriegsteilnehmern und Freiwilligen mobilisieren können. Unter diesen Bedingungen wäre der Erfolg eines Angriffskrieges auch mit französischer Hilfe höchst unwahrscheinlich gewesen. Zudem gab es noch die UdSSR. Mit der hatte Polen zwar einen Nichtangriffsvertrag, doch es war nicht völlig ausgeschlossen, dass die Sowjetunion im Falle eines militärischen Fiaskos diese Chance nutzen würde, die ostpolnischen Gebiete mit ihren westlichen Unionsrepubliken zu vereinigen.

Mit einem solchen selbstmörderischen Abenteuer hätten sich alle außenpolitischen Konzeptionen Warschaus erledigt.

Nicht absurd hingegen ist die Annahme, dass Piłsudski mit einem Gerücht von einem polnischen Präventivkrieg die Bereitschaft der Franzosen ausloten wollte, sie zum Bündnisfall zu zwingen. Doch auch diese Option ist wenig wahrscheinlich, da Warschau die Haltung der Franzosen hinlänglich kannte.

In den ersten sieben Jahren des Sanacja-Regimes kam es zu keiner Annäherung an die Weimarer Republik. Mit der Machtübergabe an die Nazipartei im Januar 1933 kam Bewegung in das deutsch-polnische Verhältnis. Die Errichtung einer faschistischen Diktatur in Deutschland beunruhigte Warschau nicht. Die Beziehungen zu Berlin waren bislang schlecht, schlechter konnten sie kaum noch werden, so die Stimmung in der Wierzbowa. Politisch standen die Nazis der Sanacja auch nicht näher oder ferner als die Regierenden der Weimarer Republik. Sympathie für den deutschen Faschismus, den man als Kopie des italienischen sah, hegten weder der Marschall noch seine Umgebung. Allerdings hegte Piłsudski gewisse Hoffnungen hinsichtlich der Führungsmannschaft des Hitler-Regimes. Das waren keine Vertreter des altpreußischen Adels mit Drang nach Osten. Sie drängten, meinte er irrtümlich, eher nach Süden und auf den Balkan. Piłsudski nahm an, Deutschland werde die Gebiete der untergegangenen Habsburger Monarchie unter deutschen Einfluss zu bringen versuchen. Damit lag der Marschall – schon lange vor dem Anschluss Österreichs und der Zerschlagung der Tschechoslowakei – nicht falsch. Der Österreicher Hitler schien andere außenpolitische Prioritäten zu setzen als seine Vorgänger und in alter Wiener Manier die Feindschaft zu Frankreich zu forcieren.[10] Damit war eher ein Krieg mit Frankreich und nicht mit Polen zu erwarten.

Die Verdammung der Weimarer Republik durch die neuen Machthaber in Berlin schien ohnehin eine neue außenpolitische Orientierung einzuleiten. Der Heilige Stuhl und Deutschland schlossen mit dem Konkordat am 20. Juli 1933 ein völkerrechtliches Abkommen, was die offizielle Anerkennung des neuen Regimes durch die Führung der katholischen Weltkirche bedeutete.

Das wurde in Warschau positiv registriert. Unter diesen Umständen, so war man im katholischen Polen überzeugt, würde man vielleicht rasch mit Berlin ins Gespräch kommen.

Die neue deutsche Führung hatte die deutsch-polnischen Beziehungen gründlich analysiert und eine Strategie gegenüber Warschau entwickelt. Der Krieg gegen die Sowjetunion war in Berlin beschlossene Sache, auf dem Wege dorthin lag aber Polen. Das musste man gewinnen oder gewaltsam ausschalten. So oder so musste man Warschau von Paris isolieren, ein Bündnis mit Moskau schloss man aus. Garant dafür war Marschall Piłsudski selbst. Berlin war sich sicher, dass in Polen eine straffe Führung herrschte und sie keinen Schwankungen unterlag, abgeschlossene Verträge würden eingehalten werden.

Die deutsche Außenpolitik hatte Kenntnis von den französischen Bemühungen, sich der Bündnisverpflichtungen gegenüber Polen zu entledigen. Sie hatte die Schwäche des polnisch-französischen Bündnissystems klar erkannt und die verzweifelten Anläufe Polens registriert, mit Deutschland zu einem gedeihlichen Nebeneinander zu kommen. Polen war das einzige Land in Europa, das den Deutschen – unabhängig von den dort herrschenden politischen Verhältnissen – die Hand reichen wollte. Sie zu ergreifen schien nun für Berlin auch aus einem anderen Grund ein Gebot der Stunde. Das Hitler-Regime benötigte einige Zeit für die materielle und geistige Aufrüstung des Landes. Alle Maßnahmen zur Überwindung des Versailler Vertrages liefen propagandistisch unter dem Vorwand von Gleichberechtigung und Selbstbestimmung. Dazu benötigte Berlin die Billigung der westlichen Staaten und deren Zugeständnisse. Deutschland musste die Völker Europas von seiner angeblichen Friedfertigkeit überzeugen. Polen, der selbst erklärte Gegner, bot sich dafür in idealer Weise an. Das gespannte deutsch-polnische Verhältnis war in Europa bekannt, eine friedliche, einvernehmliche Lösung bei den Grenzfragen schien nicht in Sicht. Nichts würde die Friedfertigkeit der neuen deutschen Führung in Europa besser demonstrieren als eine vertragliche Bereinigung der Beziehungen.

Warschau war nicht entgangen, dass aus Berlin nun ein anderer Wind wehte. Im Sommer 1933 war die deutsch-sowjetische Zusammenarbeit im militärischen Bereich abgebrochen worden und am 14. Oktober Deutschland aus dem Völkerbund ausgetreten. Zeitgleich verließ das Reich die Abrüstungskonferenz, die seit 1932 tagte und an der 64 Staaten teilnahmen. Für Warschau waren das Signale, dass nicht nur Locarno, sondern auch Rapallo von Berlin schrittweise abgewickelt wurde. Der offene Antisowjetismus der Nazis wurde mit Erleichterung quittiert, da dadurch eine wie auch immer geartete Allianz der Deutschen mit der Sowjetunion unwahrscheinlich war.

Wenn nun derart viel in Bewegung geriet, so glaubte man in der polnischen Hauptstadt, würde Polen endlich auch zum Zuge und zu einem Vertragsabschluss kommen.

Am 15. Februar 1933 erklärte Außenminister Beck im Sejm, dass die Beziehungen zu Deutschland von der Akzeptanz der gegenwärtigen Grenzen abhingen. Für Berlin war das klar. Die deutsche Außenpolitik befand sich darum in einer schwierigen Situation, denn die Beseitigung des Versailler Vertrages und somit die Revision der deutsch-polnischen Grenzen wurden von der überwiegenden Mehrheit des deutschen Volkes erwartet. Eine Anerkennung der bestehenden Grenzen kam darum schon aus innenpolitischen Gründen nicht in Frage. 1933 war das Nazi-Regime noch nicht derart gefestigt, um einen Glaubwürdigkeitsverlust zu riskieren.

Inzwischen trat das ein, was die Nazis befürchtet hatten: Es kam zu einer französisch-sowjetischen Annäherung. Die Initiative ging dieses Mal von Frankreich aus. Paris schlug der Sowjetunion ein Bündnis, die Aufnahme in den Völkerbund und eine regionale Vereinbarung über gegenseitige Hilfe vor, welche Frankreich, die Tschechoslowakei, Polen, Litauen, Lettland, Belgien, Finnland und die UdSSR einschließen sollte. Polen stand diesem Ostpakt ablehnend gegenüber. Polen präferierte für seine Sicherheit bilaterale Verträge und hielt nichts von Vereinbarungen in existenziellen Fragen, die auch von Teilnehmern signiert wurden, die miteinander verfeindet waren. Warschau war nur an solchen Verträgen interessiert, wie sie seit einem Jahr auch mit Moskau bestanden. Einen solchen Vertrag wünschte es auch mit Deutschland zu schließen.

Die polnische Führung sah darin einen weiteren Schritt Frankreichs, sich seiner Bündnisverpflichtungen gegenüber Polen zu entledigen, sie an die UdSSR zu delegieren und dadurch Moskau eine Hegemonie in Osteuropa zu gestatten. Nach wie vor hatte Warschau an dem Militärbündnis mit Frankreich ein vitales Interesse. Um sich nach dem Austritt Deutschlands aus dem Völkerbund der Achse Warschau-Paris zu versichern, richtete der polnische Generalstab im Oktober 1933 eine Anfrage an die französische Regierung. Die polnischen Militärs wollten wissen, ob Frankreich im Falle eines deutschen Angriffs auf Polen die allgemeine Mobilmachung seiner Streitkräfte einleiten und sie an die deutsche Grenze entsenden würde. Die Antwort war eindeutig: keine Mobilmachung, keine Truppen an die deutsche Grenze, dafür Hilfe in Stabsangelegenheiten, Lieferung von Waffen und Munition sowie die Mobilisierung der öffentlichen Meinung für das Schicksal Polens.[11]

Aus dieser Antwort schloss die polnische Führung, dass Paris nicht nur für Polen nichts tun, sondern auch in anderen Konstellationen keine Hand rühren würde. Für Warschau war das ein Grund mehr, allein nach Wegen zu suchen, den Staat Polen international zu sichern.

Am 19. Dezember 1933 präsentierte die UdSSR die Deklaration »Schutz und Verteidigung des Friedens« jenen Ländern, die einst zum Zarenreich gehört hatten. Mit dieser Erklärung sollten die Befürchtungen in osteuropäischen Staaten ausgeräumt werden, dass die UdSSR sich bei nächster Gelegenheit Territorien dieser oder die Staaten selbst annektieren würde. Diese Deklaration sollte Vertrauen schaffen und den Abschluss eines gegen Deutschland gerichteten Paktes ermöglichen, der eine gemeinsame Verteidigungskonzeption verfolgte. Das war ein respektabler Vorschlag. Bei seiner Realisierung wäre in Osteuropa ein Militärblock entstanden, der zu jener Zeit Deutschland in jeder Weise überlegen war. Gestützt auf ein Bündnis mit Frankreich und der Tschechoslowakei wäre mit Sicherheit dem deutschen Expansionsdrang ein Riegel vorgeschoben worden.

Für Piłsudskis Polen war Moskaus Vorschlag unannehmbar. Erstens fürchtete Warschau die sowjetische Dominanz, zweitens wäre auch Litauen mit im Boot, das sich mit Polen noch nicht einmal über eine diplomatische Anerkennung hatte einigen können, drittens war Polens Bündnispartner Rumänien ausgespart worden. Viertens hätte ein solcher Ostpakt Warschaus angemaßte Sonderrolle in Osteuropa beendet. Fünftens hätte dieser Pakt auch den Einsatz fremder – sprich sowjetischer – Truppen auf polnischem Territorium erlaubt. Das kam schon gar nicht in Frage.

Die polnische Seite beteiligte sich pro forma an den Verhandlungen, verließ diese offiziell am 15. August 1934, weil sie ihre Teilnahme von der Aufnahme Deutschlands in das Paktsystem abhängig machte.

Endgültig erledigt waren diese Gespräche mit der Ermordung des französischen Außenministers Louis Barthou, des Initiators und leidenschaftlichen Verfechters des Ostpaktes, durch einen kroatischen Faschisten im Oktober 1934 in Marseille. Sein Nachfolger Pierre Laval verfolgte eine auf Ausgleich ausgerichtete Politik mit Deutschland.

Die polnische Diplomatie beging mit ihrem Schritt einen schwerwiegenden Fehler. Alle Staaten gewannen den Eindruck, dass Polen sich lieber den Nazis als seinen natürlichen Verbündeten nähern wollte. In der Folgezeit verstärkte sich dieser Eindruck und blieb fast bis zum Kriegsbeginn 1939 bestehen. Warschau versuchte zwar, diesen Eindruck als falsch auszuräumen und versicherte Moskau wie Paris des Gegenteils, doch das Misstrauen blieb in den europäischen Hauptstädten bestehen.

Warschau hätte sich das ersparen können, indem es die Verhandlungen mit den anderen trotz der Gespräche mit Berlin fortgeführt hätte. Bei einem Scheitern der polnisch-deutschen Verhandlungen wäre Polen dennoch vertraglich gesichert gewesen und die deutsche Aggressionsabsicht deutlich geworden. Polen hätte also kaum etwas verloren, der Frieden im Osten hingegen wäre sicherer geworden.

Andererseits waren die polnischen Überlegungen nachvollziehbar. Deutschland war neben der UdSSR der größte Nachbar und dreizehn Jahre nach Festlegung der Grenzen wollte man nun einen Schlussstrich ziehen und zur Ruhe kommen. So schritt man innerhalb kurzer Zeit zu Verhandlungen. Polen strebte – wie mit der UdSSR – einen bilateralen Nichtangriffsvertrag an. Den bekam es nicht. Dafür wurde am 26. Januar 1934 ein Vertrag über einen Gewaltverzicht in Form einer Deklaration in Berlin unterzeichnet und kurz darauf in Warschau ratifiziert.

Jene Deklaration enthielt alles, was sich Warschau gewünscht hatte – mit Ausnahme der Anerkennung der bestehenden Grenzen. Damit hatte sich Deutschland durchgesetzt. Dennoch war der Text der Deklaration so gehalten, dass die Verantwortlichen in Polen von einem großen Erfolg sprechen konnten. Einer gedeihlichen Entwicklung der gegenseitigen Beziehungen, an denen beide Seiten starkes Interesse bekundet hatten, stand nun nichts mehr im Wege. Der Text musste jeden Skeptiker überzeugen.[12]

Es sah ganz danach aus, als würde sich zwischen beiden Staaten alles zum Besten wenden. Zuerst wurden die Vertretungen in beiden Hauptstädten in den Rang von Botschaften erhoben, die Beziehungen zu Danzig verbesserten sich spürbar, und am 7. März 1934 wurde der lang anhaltende Wirtschaftskrieg vertraglich beendet. Das polnische Volk nahm diesen Vertrag positiv auf, und die polnische Führung sah sich am Ziel langjähriger Bemühungen.

Die Deklaration rief in Europa Staunen hervor: Keiner hätte das für möglich gehalten. London beglückwünschte Warschau und Berlin. Für Großbritannien war damit ein wichtiger Schritt zur Schaffung eines territorialen antisowjetischen Blocks vollzogen. Die UdSSR und Frankreich hingegen waren weniger glücklich, sie lehnten den Vertrag aus bekannten Gründen ab.

Dieser brachte Polen einige Vorteile. Er wertete Polen in Europa auf und stabilisierte seine außenpolitische Situation. So veränderte er auch Warschaus Stellenwert gegenüber den Westmächten. Deren Möglichkeiten, Absprachen mit den Deutschen auf Kosten der polnischen Sicherheit zu treffen, wurden dadurch eingeschränkt.

Die Gewaltverzichtsdeklaration wurde allerdings von beiden Seiten unterschiedlich interpretiert. Während sich Warschau am Ziel seiner Wünsche wähnte, stellte sie für Berlin nur eine Übergangslösung dar. Die deutsche Stoßrichtung war für Warschau nicht erkennbar, die Einbindung Polens in die antisowjetischen Pläne auch für weitblickende polnische Politiker zu jener Zeit nicht ersichtlich. Warschau dachte immer noch, dass die Prinzipien von Rapallo die deutsch-sowjetischen Beziehungen doch noch irgendwie bestimmen würden, einen deutschen Angriff auf die UdSSR zog Polen überhaupt nicht ins Kalkül.

Anders die Sowjetunion. Für sie bedeutete die Naziherrschaft einen grundsätzlichen Wandel im deutsch-sowjetischen Verhältnis. Der Antisowjetismus war nun in bisher völlig ungekannter Weise Staatsdoktrin geworden. Die Verfolgung der deutschen Kommunisten, der treuesten Anhänger des Sowjetlandes, und die antisowjetische Propaganda übertrafen alles bisher Dagewesene. Den sowjetischen Vertretern in Deutschland fiel auf, dass die antipolnische Propaganda nahezu über Nacht verstummt war. Moskau leitete daraus ab, dass Deutschland Polen für einen Ritt gen Osten gewinnen wollte. In diesem Sinne wertete die UdSSR auch den Charakter der deutsch-polnischen Deklaration. Sie war wesentlich besser geeignet, ein militärisches Bündnis zu begründen als ein auf gewisse Abgrenzung bedachter Nichtangriffsvertrag.

Außenminister Beck und dem Marschall entging nicht die negative Wirkung des Vertrages mit den Deutschen auf die Sowjetunion. Ihnen lag aber daran, Moskau zu versichern, dass Polen den Kreml nicht hintergangen hatte. Um sowjetische Bedenken und Befürchtungen auszuräumen, besuchte Minister Beck am 13. März 1934 Moskau. Die Ergebnisse dieser Visite waren nicht unerheblich. Die Vertretungen beider Länder wurden am 5. Mai auf die Botschafterebene gehoben, der bestehende Nichtangriffsvertrag bis ins Jahr 1945 verlängert. Zugleich unterschrieb die UdSSR ein Protokoll, in dem sich Moskau verpflichtete, mit Litauen keine Verabredungen einzugehen und sich auch künftig entsprechender Verlautbarungen zu enthalten. Damit verband die sowjetische Regierung die Absicht, ein weiteres Hindernis auszuräumen, das der Verbesserung der Beziehungen zwischen Moskau und Warschau im Wege stand. Die sowjetische Führung hatte die Hoffnung nicht aufgegeben, Polen doch noch für ein Bündnis gegen Hitlerdeutschland zu gewinnen.

Dem Marschall und seiner Umgebung war bewusst, dass den polnischen Diplomaten mit der Gewaltverzichtsdeklaration mit Berlin kein großer Wurf gelungen war. Auch ihnen wäre ein Nichtangriffsvertrag lieber gewesen. Unzutreffend wurde dieser Vertrag in den Medien als Nichtangriffsvertrag bezeichnet und behandelt, was in der polnische Historiographie bis heute wiederholt wird. Gleich nach Unterzeichnung am 7. März 1934 sagte der Marschall in einem Gespräch, die guten Beziehungen mit Deutschland würden nur einige Jahre andauern. Dann, so Piłsudski weiter, wäre dieser Vertrag nichts mehr wert. Auch diese Prognose war richtig.

Anmerkungen

1 Vgl. Thälmann, Ernst. Über proletarischen Internationalismus. Reden und Artikel. Leipzig 1977. S. 7, 96, 170
2 Dokumente zur Geschichte der SED. Band 1, 1847–1945. 2. Aufl. Berlin 1983. S. 248/249
3 Vgl. Thälmann, Ernst. Über proletarischen Internationalismus; a.a.O., S. 172
4 Vgl. Ebenda. S. 192
5 Dokumente zur Geschichte der SED. Band 1; a.a.O., S. 248/249

6 Ebenda. S. 251/252
7 Vgl. Thälmann, Ernst. Über proletarischen Internationalismus; a.a.O., S. 58, 93, 168
8 Vgl. Ebenda. S. 172, vgl. Thälmann, Ernst. Geschichte und Politik. Artikel und Reden. 1925–1933. Berlin 1975. S. 196
9 Vgl. Beck, Józef. Ostatni raport. Warszawa 1987. S. 37
10 Vgl. Ebenda. S. 46
11 Vgl. Ciałowicz, J. Polsko-francuski sojusz wojskowy 1921–1934. Warszawa 1970. S. 192
12 Vgl. Polska w latach 1918–1939. Wybór tekstów żródłowych do nauczania historii. Pod redakcją Wojciecha Wrzesińskiego. Wydanie pierwsze. Warszawa 1986. S. 268/269, vgl. Beck, Józef. Ostatni raport; a.a.O., S. 34

12.

Die Illusion einer »unabhängigen Außenpolitik«

Die Abschlüsse der Verträge mit der Sowjetunion und mit Deutschland werden bis heute – vornehmlich von den polnischen Rechten – als Ausdruck einer »unabhängigen Außenpolitik« glorifiziert. Für die Hauptakteure jener Politik – Marschall Piłsudski, seine Außenminister und die polnische Diplomatie – gab es diese Bezeichnung allerdings nicht. Für sie war polnische Außenpolitik seit 1918 unabhängig, und man reagierte sehr empfindlich, wenn dieses Attribut gefährdet schien.

Der Begriff »unabhängige Außenpolitik« ist eher ein propagandistischer Terminus. Jeder Staat versucht, seine spezifischen politischen und wirtschaftlichen Interessen außenpolitisch durchzusetzen. Insofern ist Außenpolitik national und dient der Staatsräson. Inwiefern ein Staat dazu auch in der Lage ist, hängt von seinem ökonomischen und militärischen Potenzial ab. Aber auch ein sehr großer und wirtschaftlich mächtiger Staat muss sich realen Zwängen beugen und auf sie reagieren. Umso mehr trifft das auf kleinere oder – wie im Falle Polen – auf Staaten mittlerer Größe zu. Diese beiden wesentlichen Faktoren bemessen den diplomatischen Spielraum eines Landes. Das Adjektiv »unabhängig« ist dabei fehl am Platz. Für Warschau galten eher die Formeln »Politik des gleichen Abstandes«, »Politik des Gleichgewichts« oder »Neutralitätspolitik gegenüber Ost und West«.

Jene Politik entwickelte sich seit Staatsgründung, vor allem aber nach der erneuten Machtübernahme Piłsudskis 1926. Der Marschall ging von der Annahme aus, dass es in den folgenden fünf Jahren (also bis 1931) in Europa ruhig bleiben werde. Er rechnete mit keiner unmittelbaren Kriegssituation. In zehn bis fünfzehn Jahren würde dies schon anders ausschauen. Deutschland wie auch die UdSSR würden dann in der Lage und vielleicht auch willens sein, Polen zu attackieren.[1] Piłsudski rechnete also frühestens 1936, spätestens 1941 mit einem Angriff von einem der beiden Nachbarn. Aus heutiger Sicht ist diese Prognose frappant. In der Tat herrschte bis 1933 relative Ruhe und 1939 – also innerhalb des prognostizierten Zeitraums – sollte Polen von Deutschland überfallen werden.

In der verbleibenden Zeit wollte sich Polen derart stabilisieren, um gemeinsam mit Frankreich und Rumänien einen deutschen oder einen sowjetischen Angriff erfolgreich abwehren zu können. Einen deutschen Angriff hielt Marschall Piłsudski eher für unwahrscheinlich, da sich Deutschland wohl kaum dem Risiko eines Zweifrontenkrieges aussetzen würde. Demnach hielten der Marschall und seine Umgebung an der These von einem sowjetischen Überfall fest, obwohl sich die Beziehungen zur UdSSR – auch dank Piłsudskis Einflussnahme – stetig verbesserten.

Diese pathologische Fixierung auf einen sowjetischen Angriff trugen große Teile der polnische Gesellschaft nicht mit. Sie schwelgten noch in der Siegeseuphorie von 1920 und waren überzeugt, dass diese heilsame Lehre Moskau von einem neuerlichen Waffengang gegen Polen abhalten würde. Zudem wies nichts auf eine besondere Bedrohung aus dem Osten hin. Ganz anders die Haltung zu Deutschland. Selbst im Regierungslager gab es einflussreiche Kräfte, darunter die Mehrzahl der Generale und Offiziere, die mit einem Angriff aus dem Westen rechneten. Auch die Gegner der Sanacja – die Nationaldemokraten – fürchteten sich mehr vor einer deutschen Revanche als vor den Bolschewiki. Damit standen sie faktisch in Gegensatz zum katholischen Klerus, der in der UdSSR die permanente Bedrohung Polens sah und dies von den Kanzeln verkündete.

Die von Marschall Piłsudski konzipierte Außen- und Sicherheitspolitik ruhte auf zwei Säulen:

1. Polen muss sich gegenüber Deutschland und der UdSSR neutral verhalten. Das bedeutet, dass Polen sich keinem von ihnen annähern, mit ihnen kein Bündnis gegen den jeweils anderen schließen soll. Zugleich muss zu jedem der beiden der gleiche Abstand eingehalten werden. Diese Äquidistanz schloss ein, dass Polen alle internationalen Bemühungen unterstützen sollte, die sich gegen eine Hegemonie eines der beiden Mächte richtete – ohne dabei die gutnachbarlichen Beziehungen zu gefährden. Polen dürfe sich nicht in eine Front gegen Deutschland oder gegen die Sowjetunion einreihen.

2. Diese Politik kann nur auf der Grundlage der bestehenden und auszubauenden Bündnisse mit Frankreich im Westen und Rumänien im Osten durchgesetzt werden.

Polen solle zudem nicht passiv abwarten, sondern durch eine aktive Außenpolitik sein internationales Gewicht ständig erhöhen. Auf die Westmächte und den Völkerbund allein wollte sich Piłsudski nicht verlassen.

Das war eine durchaus richtige Schlussfolgerung, denn Polen wurde durch die sprunghafte Politik der Westmächte und des Völkerbundes in eine Situation gebracht, die seiner Sicherheit schadete. Letztlich, so der Marschall, würde die Politik des Völkerbundes nur die Interessen der Westmächte durchsetzen. Ebenso wenig glaubte Piłsudski an die Effizienz des Völkerbundes. Er bevorzugte direkte Kontakte zu den einzelnen Westmächten und suchte die Nähe zu Großbritannien, das Polen bisher skeptisch gegenüberstand. Im Falle eines Krieges wünschte Piłsudski das Vereinigte Königreich an der Seite Polens.

Als konkrete Ziele polnischer Außenpolitik sollten nach Ansicht des Marschalls noch die Olsa-Frage und der Konflikt mit Litauen geklärt werden. Und er wünschte sich der Verpflichtungen des Minderheitenabkommens zu entledigen.[2] Polen sollte in Europa ein geachteter und berechenbarer Partner sein, der sich an geschlossene Verträge hielt und auf seine Weise für die friedliche Stabilisierung des Kontinents seinen Beitrag leistete.

Diese außenpolitische Konzeption Piłsudskis bewies, dass Polen gegenüber Deutschland und vor allem gegenüber der Sowjetunion keinerlei aggressive Absichten hegte. Das war ein durchaus positiver Aspekt.

Die polnische Führung hingegen sah diese Konzeption kritisch. Sie war aus der Not geboren worden, wies erhebliche Schwächen und unkalkulierbare Risiken auf und war – auch im Bewusstsein ihrer Väter – nicht der Weisheit letzter Schluss. Die Konzeption war ein Balanceakt, eine Rechnung mit vielen Unbekannten.

Zunächst einmal konnte gegenüber Deutschland von Neutralität keine Rede sein, solange sich Polen mit Frankreich in einem Bündnis *gegen* Deutschland befand. Gleiches galt für die UdSSR und Rumänien. Überhaupt war Polen aufgrund seiner geopolitischen Lage und seiner wirtschaftlich schwachen Potenz nicht in der Position, gegenüber solch starken und territorial weitaus größeren Staaten eine Neutralitätspolitik zu betreiben.

Ebenso war die Idee einer Äquidistanz weltfremd. Selbst der Marschall kam zum Schluss, dass Polen irgendwann eine solche Balance nicht würde halten können und kippen würde. Wichtig für Polen sei allerdings zu wissen, wann und von wem der Stoß käme. Dieser durchaus richtigen Annahme folgten jedoch keine politisch-konzeptionellen Konsequenzen. Die Abstands-Konzeption hätte sicher noch einen Sinn gemacht, wenn Deutschland und die UdSSR keine politischen oder territorialen Interessen gegenüber Polen gehabt hätten. Das war aber bekanntlich nicht der Fall.

Ein wesentliches Element der Abstands-Konzeption waren die zwischen Berlin und Moskau gestörten Beziehungen. Das deutsch-sowjetische Verhältnis hatte sich nach Errichtung des Hitler-Regimes tatsächlich wesentlich verschlechtert. Ein unmittelbares Zusammengehen stand also nicht auf der Tagesordnung, schien nahezu ausgeschlossen. Doch das konnte sich ändern.

Aber auch bei fortbestehender deutsch-sowjetischer Feindschaft verbesserte sich die Lage Polens keineswegs. Bei einer militärischen Auseinandersetzung zwischen Deutschland und der Sowjetunion würde zwangsläufig polnisches Territorium in Mitleidenschaft gezogen werden. Polen musste sich in dieser Situation bei Strafe des eigenen Untergangs entscheiden: entweder mit den Deutschen gegen die Sowjetunion zu ziehen oder mit der Roten Armee gegen die Deutschen zu kämpfen. Bei dieser Konstellation erledigten sich Äquidistanz und Neutralität. Egal, für wen sich Polen in einem solchen Falle entscheiden würde – es dürfte nicht ohne territoriale Konzessionen abgehen. Die Sowjetunion wie auch Deutschland würden ihre vormaligen Gebiete reklamieren. Allerdings bestand die Chance, dass sich Polen nach einem Sieg entweder deutsche oder sowjetische Gebiete würde aneignen können.

Jene Abstands- und Neutralitätspolitik als erster Pfeiler bedeutete aber auch Gefahr für den zweiten, d.h. die Bündnispflichten gegenüber Frankreich und Rumänien. Wollte Polen diese Staaten als Bündnispartner behalten, so mussten diese Polens Verhalten gegenüber Deutschland (bei Frankreich) und zur UdSSR (bei Rumänien) akzeptieren. Das war auf längere Zeit nicht durchzuhalten, zumal jene Konzeption als Reaktion gegenüber der französischen Beschwichtigungspolitik entstanden war. Paris nahm wie selbstverständlich an, dass Warschau alle Schwankungen seiner Außenpolitik mittragen oder zumindest konfliktlos darauf reagieren würde. Bei rapider Verschlechterung der deutsch-französischen Beziehungen hätte auch Polen mitziehen müssen.

Ähnlich waren die Verhältnisse zu dem schwächeren, aber nicht unbedeutenden Bündnispartner Rumänien. Das völkerrechtlich ungesicherte Verhältnis zur UdSSR blieb für Bukarest eine permanente Gefährdung. Daher waren die Rumänen von der neuen polnischen außenpolitischen Konzeption keineswegs erbaut, was für Misstrauen sorgte. Im Falle eines rumänisch-sowjetischen Konflikts wäre es mit der polnischen Abstands- und Neutralitätspolitik ohnehin vorbei gewesen.

Die Konsequenzen der außenpolitischen Konzeption Warschaus waren nicht oder nicht ausreichend bedacht worden. Eigentlich beschränkten sie den eigenen Spielraum. Dadurch verlor die Politik der Wierzbowa ihre Flexibilität, sie war zum passiven Abwarten verurteilt. Polen hatte sich außenpolitisch die Hände gebunden. Warschau musste darauf bedacht sein, nicht in Verbindungen und Bündnisse zu geraten, die gegen oder für die auf Abstand zu haltenden Mächte geschlossen wurden.

Diese Konzeption des gleichen Abstandes beruhte allein auf rein formalen Gesichtspunkten. Sie berücksichtigte kaum die Bedeutung der

Existenz verschiedener und gleicher Gesellschaftsordnungen in den großen Nachbarstaaten. Allein dadurch war ein gleicher Abstand auf Dauer nicht machbar. Die Innenpolitik der Nachbarstaaten war oft Thema der öffentlichen Meinung in Polen. Dazu musste sich die Regierung irgendwann auch positionieren. Das allein konnte schon zu außenpolitischen Verstimmungen führen. Naturgemäß waren die Beziehungen zu einem bürgerlichen Land besser als zu dem sozialistischen im Osten. Da die sowjetische Innenpolitik ständig durch die polnischen Medien kommentiert, vor allem kritisiert und auch verleumdet wurde, waren ernste Probleme vorprogrammiert.

Der grundsätzliche Fehler der Konzeption war ihr statischer Charakter. Sie ging von einer historisch und politisch konkreten Momentaufnahme aus und glaubte, dass sie sich in Wesentlichen kaum verändern würde. Auf jähe Wendungen in Osteuropa oder ein Anwachsen der Rolle der Sowjetunion war diese Konzeption nicht eingestellt. Ebenso wenig auf weitere Zugeständnisse der Westmächte an Deutschland, die das Bündnis mit Polen zur Disposition stellen könnten. Die Entwicklung Deutschlands zum aggressivsten Staat Europas, der sich auch Polen unterordnen wollte, kam in dieser Sicht überhaupt nicht vor.

Alle diese Eventualitäten waren den meisten Polen nicht bewusst. Sie glaubten, in einem relativ sicheren Staat zu leben. Zu dieser Überzeugung trugen die polnischen Medien und die staatlichen Einrichtungen stark bei. Die Verantwortlichen und mit der Außenpolitik Befassten hingegen hegten schon gewisse Zweifel, wenngleich nicht in ausreichendem Maße. Man verließ sich darauf, dass Polen zur Festigung des Staates und zur Stärkung seiner Verteidigungsfähigkeit noch genügend Zeit haben würde. In der Tat hatte sich Polen seit 1926 trotz Auswirkungen der Weltwirtschaftskrise erheblich stabilisiert, neutrale Beobachter konnten durchaus den Eindruck gewinnen, dass es mit dem neuen Polen aufwärts ginge. In wenigen Jahren würde Polen eine Position erreichen, die es unangreifbar machen könnte.

Allein aus der fragwürdigen Außen- und Sicherheitspolitik Marschall Piłsudskis die Ursache für den Untergang Zwischenkriegspolens abzuleiten, greift allerdings zu kurz. Die Realisierung einer nicht effektiven oder falschen Strategie musste nicht in eine Niederlage münden, wie eben eine ausgezeichnete Konzeption nicht zwingend den Erfolg garantiert.

Zunächst einmal kann man konstatieren, dass dank Piłsudskis Konzeption die Beziehungen zu Deutschland und der UdSSR immerhin knapp vier Jahre auf dem von Warschau gewünschten Stand gehalten werden konnten. Das Tragische daran war, dass einerseits diese Konzeption wie ein Dogma gehandhabt wurde, was sich eigentlich für eine kluge Außenpolitik verbot, und andererseits in einem historisch bedeutsamen Moment nicht eingehalten wurde. Hier kam es zu einer Zusammenarbeit mit den Deutschen bei gleichzeitig militärischen Drohungen gegenüber der UdSSR. Diese Politik brachte das Land in arge Bedrängnis. Spätestens an dieser Stelle hätte ein grundsätzlicher Strategiewechsel erfolgen müssen, um die Unabhängigkeit Polens zu retten. Stattdessen blieb man in Warschau bei der Konzeption, die jetzt schon lange nicht mehr den ursprünglichen Bedingungen entsprach. Alles hatte sich in Mittel- und Osteuropa geändert, ein Festhalten an der Konzeption bedeutete, die Sicherheit des Landes zu gefährden.

Vorerst fühlte sich Warschau jedoch in seiner Strategie vollauf bestätigt. Als der französische Außenminister Barthou im April 1934 vor dem Marschall stand, warf dieser dem Pariser Abgesandten vor, dass Frankreich vor den Deutschen zurückweichen würde.[3] Im Juni kam der französische General Marie-Eugéne Debeney mit dem Vorschlag, die französischen Bündnisbedingungen umzugestalten und die Versorgung der polnischen Armee der UdSSR zu überlassen. Das war für Warschau nun völlig unannehmbar.

Mit dem Ausscheiden Deutschlands aus dem Völkerbund 1933 war abzusehen, dass sich das Land nun einer Außenpolitik zuwenden würde, die sich immer mehr internationaler Kontrollen oder Absprachen entzöge. Das hätte Warschau eigentlich alarmieren müssen. Doch was bei vielen Völkern nur Unbehagen hervorrief, hinterließ in Warschau eher Erleichterung. Deutschland war es nun nicht mehr möglich, Verstöße gegen das Minderheitsabkommen bei Polen einzuklagen. Derartige Probleme wurden nun direkt zwischen beiden Staaten geregelt.

Die deutsche Minderheit bereitete den Polen allerdings keine ernsten Sorgen. Dafür aber die ostslawischen Ethnien in Ostpolen.

Die erste Hälfte der dreißiger Jahre war von einem Aufschwung der ukrainischen Nationalbewegung geprägt, die in erster Linie allerdings von den Nationalisten getragen wurde. Bis 1933 gelang es den ukrainischen Nationalisten, die extremsten und gewaltbereitesten Kräfte in der *Organisation Ukrainischer Nationalisten* (OUN) zu vereinen und vor allem in Ostgalizien die polnische Staatsmacht zu bedrängen. Propagiertes Ziel der OUN-Aktivitäten war es, Ostgalizien für Polen unregierbar zu machen und die polnische Minderheit hinter den San, den Grenzfluss zwischen Ost- und Westgalizien, zu treiben. Die Nationalisten rechneten mit der Unzufriedenheit der durch die Weltwirtschaftskrise zusätzlich in Mitleidenschaft gezogenen Ukrainer. Dieser Hass sollte nun gegen Polen, Juden und ukrainische Linke gerichtet werden. Allein vom Juli bis November 1930 fanden etwa 2200 terroristische Aktionen statt.[4]

Die OUN war zwar von ihrem eigentlichen Ziel weit entfernt, es gelang ihr aber, für erhebliche Unruhe in diesen Gebieten zu sorgen. Die polnische Regierung reagierte darauf mit blanker Gewalt und setzte Einheiten und Truppenteile des Heeres ein. Dabei kam es zu neuen Ungerechtigkeiten, die den Hass verstärkten. Das polnische Militär und die Sicherheitsorgane gingen unverhältnismäßig und brutal mit der ukrainischen Zivilbevölkerung um. Alle Maßnahmen – Zerstörung und Vernichtung von Wohnungen und privatem Eigentum, körperliche Züchtigungen und öffentliche Erniedrigungen – verschafften den Nationalisten Rückhalt und Unterstützung in der Bevölkerung. Der nationalistische ukrainische Terror richtete sich zunehmend auch gegen Warschauer Kreise. 1931 wurde Tadeusz Hołowko, ein enger Mitarbeiter des Marschalls und Befürworter eines Ausgleichs mit der Ukraine, von OUN-Leuten ermordet.

1932/33 übernahm der 1909 in Galizien geborene Ultranationalist Stepan Bandera die Führung der OUN und gab ihr ein faschistisches Gepräge. Er trug den Terror in die ethnisch-polnischen Gebiete. Am 15. Juni 1934 wurde in Warschau Innenminister Bolesław Pieracki umgebracht. Daraufhin gelang es den polnischen Sicherheitsorganen, fast die gesamte OUN-Führung einschließlich Bandera festzunehmen. Er wurde 1936 zum Tode verurteilt, dann aber zu lebenslanger Haft begnadigt und kam zu Kriegsbeginn frei.

Polen fürchtete, dass die Sowjetunion wegen der polnischen Strafmaßnahmen intervenieren würde. Das unterblieb. Aus politischen Gründen unterließ es Moskau, Partei zu ergreifen. Die OUN, mit deren weitaus kleineren Agenturen die sowjetische Staatssicherheit in der ukrainischen Sowjetrepublik zu kämpfen hatte, konnte wegen ihres extrem antikommunistischen, antisowjetischen und antisemitischen Charakters mit keiner Unterstützung aus Moskau rechnen. Im Sommer 1930 plante die OUN Anschläge auf sowjetische Vertretungen in Polen, was die polnische Polizei verhinderte. Die sowjetische Aufklärung unterstützte Polen insofern, als sie emigrierte OUN-Führer im Ausland aufspürte und liquidierte. So starb OUN-Führer Jewhen Konowalec am 23. Mai 1938 in Amsterdam.

Hinsichtlich der ukrainischen Nationalisten brauchte Polen von der Sowjetunion also nichts befürchten. Es scheint nicht ausgeschlossen, dass die sowjetischen Sicherheitsorgane bei der Bekämpfung der OUN mit den polnischen Organen zusammenarbeiteten. Die sowjetischen Abwehr- und Aufklärungsorgane waren weit besser als die polnischen in der Lage, mit mutigen ukrainischen Kommunisten Teile der OUN zu infiltrieren.[5] Veröffentlichungen zu diesem Thema gab es bisher nicht, so dass Forschungen auf diesem Gebiet noch ausstehen.

Anders hingegen sah es mit den linksgerichteten Ukrainern und Belorussen in Ostpolen aus. Sie waren prosowjetisch eingestellt und konnten auch mit sowjetischer Hilfe rechnen. Die Wierzbowa versuchte daher, die Aufnahme der UdSSR in den Völkerbund zu hintertreiben. Das war den sowjetischen Stellen nicht entgangen. Warschau hatte in dieser Frage die eigene Konzeption außer Acht gelassen, denn von einem gleichen Abstand zu Berlin und Moskau konnte dabei nicht die Rede sein.

Als die Bemühungen Warschaus ins Leere liefen, machte die polnische Führung die sowjetische Mitgliedschaft von einem neuerlichen Bekenntnis Moskaus zu den polnisch-sowjetischen Verträgen abhängig. Dem stimmte Moskau zu. Die Sowjetunion wurde am 18. September

1934 in den Völkerbund aufgenommen. Um ganz sicher vor sowjetischen diplomatischen Initiativen zu sein, hatte Polen fünf Tage zuvor den Artikel 12 des Minderheitsabkommens, das den Völkerbund als Garant der Vertragseinhaltung festgelegt hatte, gekündigt.[6] Somit konnte Warschau seine Nationalitätenpolitik ohne Furcht vor internationalen Interventionen selbst bestimmen.[7]

Diese Entscheidung gilt seit jeher als umstritten. In der Tat war ein gefährlicher Präzedenzfall entstanden, denn jener Vertrag war ein fester Bestandteil des Versailler Vertragssystems, das auch für die Existenz Polens eminent wichtig war. Das eröffnete theoretisch die Möglichkeit, auch andere fundamentale Verträge zu kündigen.

Zudem bestand für Polen dafür – zumindest zu jener Zeit – noch keine zwingende Notwendigkeit. Die deutsche Seite übte von 1934 bis 1938 deutlich Zurückhaltung bei ihren Landsleuten in Polen. Die verbesserten Beziehungen zu Berlin verhalfen der polnischen Regierung zu einer politischen Unterstützung durch die Organisationen der deutschen Minderheit etwa bei den Wahlen 1938. Zusätzlich befreite das Auslaufen der Oberschlesischen Konvention am 15. Juli 1937 Deutschland wie auch Polen von jeglichen Verpflichtungen gegenüber ihren Landsleuten. Die Fragen der deutschen bzw. polnischen Minderheiten wurden am 5. November 1937 mit einer bilateralen Deklaration geklärt.[8]

Insgesamt kann man sagen, dass die deutsche Minderheit bis zum Kriegsausbruch 1939 – im Unterschied zur ukrainischen und belorussischen Bevölkerung – sich zum polnischen Staat loyal verhielt. Im unmittelbaren Vorfeld der deutschen Aggression verschlechterten sich die staatlichen Beziehungen, das sorgte für ein unangemessenes Verhalten gegenüber den Deutschen in Polen. Namentlich die Grenzwojewoden Ludwik Bocianski und Michał Grazynski trugen für eine Eskalation Verantwortung.[9]

Nach dem Scheitern des Ostpaktes kam es am 2. Mai 1935 zu einem Bündnis zwischen der Sowjetunion und Frankreich, dem sich zwei Wochen später die Tschechoslowakei anschloss. Der sowjetisch-tschechoslowakische Vertrag sah die Möglichkeit eines militärischen Eingreifens vor. Da beide Staaten keine gemeinsame Grenze hatten, musste mit Rumänien (400 km) und Polen (200 km) über einen Truppendurchzug verhandelt werden. Die Strecke durch Polen führte allerdings durch ein Gebiet mit ukrainischer Bevölkerungsmehrheit, weshalb Moskau auf jegliche Verhandlungen mit Warschau wegen eines Korridors verzichtete. Mit Rumänien unterhielt die UdSSR seit einem Jahr diplomatische Beziehungen, seit 1926 war es mit Frankreich verbunden und Mitglied der Kleinen Entente. Daher hoffte Moskau bei Schwierigkeiten mit französischer Unterstützung in Bukarest. Polen jedoch machte seinen ganzen Einfluss geltend, um einen sowjetischen Truppendurchzug in Rumänien zu verhindern. Die Verhandlungen blieben ergebnislos.

Moskau ließ sich davon nicht entmutigen. Allerdings rief das polnische Vorgehen Unverständnis hervor, denn Warschau war doch in keiner Weise davon betroffen. Die Sowjetunion wertete diese Intervention als Einmischung in seine und die inneren Angelegenheiten Rumäniens. Da Warschau auch der französischen Sicherheitsdoktrin verpflichtet war, warf das die Frage auf, ob Polen überhaupt an einem Sicherheitsprojekt gegen die Deutschen interessiert sei. Das Misstrauen in Moskau wuchs.

Die polnische Haltung war tatsächlich schwer zu deuten. Hier kam ein anderer Aspekt der Gleichgewichtsstrategie Warschaus zum Tragen. Polen ging es weder um die Verhinderung eines antideutschen Bündnisses noch um eine Begünstigung Deutschlands. Zu Moskau den gleichen oder überhaupt Abstand zu halten, bedeutete aber auch, jegliche Versuche sowjetischer Einflussnahme auf andere europäische Staaten, vor allem Nachbarstaaten Polens, nach Möglichkeit zu behindern. Zudem war Warschau nicht an der Sicherheit der Tschechoslowakei interessiert, der man noch das Olsa-Land abzunehmen gedachte und ohnehin keine historische Perspektive zubilligte.

Dass Paris sich zurückhielt, war nicht eben zufällig. Der Bündnisvertrag mit Moskau war lediglich eine politische Geste, um die Stimmung im Land zu beruhigen. Eine effektive militärische Hilfe sah der Vertrag nicht vor. Inzwischen hatte der Westen seine Haltung zu Nazideutschland korrigiert. Frankreich und Großbritannien suchten gemeinsam eine Annäherung an Deutschland und trachteten, die

Sowjetunion, deren Gewicht in Europa zuzunehmen drohte, weiter zu isolieren. Am 3. Februar 1935 gab man in London ein gemeinsames Kommuniqué heraus, in dem Deutschland Zusammenarbeit angeboten wurde, falls Berlin die Versailler Verträge einzuhalten gedachte. Damit war die Idee des Ostpaktes endgültig gescheitert.

In Warschau rief das eine gewisse Genugtuung hervor, denn nun fühlte man sich in seiner Deutschland-Politik bestätigt, was die Position des Außenministers im Regierungslager enorm aufwertete. Das kam zur rechten Zeit, denn Beck hatte wegen des sich rapide verschlechternden Gesundheitszustandes Marschall Piłsudskis die Außenpolitik in völliger Eigenregie übernommen.

Am 12. Mai 1935 starb Marschall Józef Piłsudski mit 67 Jahren.

Seither, vor allem nach dem Zweiten Weltkrieg, gab es eine Vielzahl von Spekulationen, ob die Geschichte der polnischen Außenpolitik mit ihm günstiger verlaufen wäre, ob der deutsche Angriff 1939 möglicherweise verhindert oder aufgehalten worden wäre, wenn Piłsudski noch gelebt hätte. Damit versuchte man Becks Wirken als Außenminister zu diskreditieren, wenn nicht gar ihn haftbar zu machen für alles, was nach dem Tod Piłsudskis geschah. Nach Kenntnis der Fakten sollte man akzeptieren, dass auch mit Piłsudski die Geschichte nicht anders oder nicht wesentlich anders verlaufen wäre. Alles in allem war der Marschall so in seinem Antisowjetismus und der Fehleinschätzung des deutschen Faschismus befangen, dass eine Alternative kaum denkbar war. Beck, so kann man durchaus behaupten, setzte Punkt für Punkt treu die Vorgaben des Marschalls auch nach dessen Tode um. Hinzu kam, dass keiner der langjährigen Vertrauten des Marschalls die Außenpolitik auch nur in Ansätzen in Zweifel gezogen hat. Anders als in innenpolitischen Fragen herrschte dort große Einigkeit.

Am 9. März 1935 führte Deutschland wieder die Wehrpflicht ein. Das war ein grober Verstoß gegen den Kern des Versailler Vertrages. Der Völkerbund beschränkte sich auf eine Protestresolution, der sich auch Polen anschloss. Die in Stresa tagenden Vertreter Großbritanniens, Frankreichs und Italiens rügten ebenfalls diesen Schritt und forderten von Deutschland die Einhaltung bindender Verträge. Mehr nicht.

Wieder war man in der Wierzbowa davon überzeugt, Deutschland gegenüber richtig und weitsichtig gehandelt zu haben.

Zur gleichen Zeit verschlechterten sich die Beziehungen Polens zur Sowjetunion. Zunehmend hetzte die polnische Presse gegen die sowjetische Innenpolitik, ein Korrespondent der regierungsoffiziellen *Gazeta Polska* wurde von den sowjetischen Behörden des Landes verwiesen. Über die deutsche Innenpolitik, die von großen Teilen der demokratischen Öffentlichkeit verurteilt wurde, breitete das offizielle Polen hingegen den Mantel des Schweigens. Nichts da von Gleichbehandlung.

Hinsichtlich der Westpolitik Polens gab es seit 1935 eine gewisse Modifizierung, die dem sich verändernden Gleichgewicht geschuldet war. Warschau hatte richtig erkannt, dass die Briten immer mehr die erste Geige im Westen spielten und Frankreich sich dem unterordnete. Daher – und das lag schon dem verstorbenen Marschall am Herzen – wollte Polen sich nun Großbritannien annähern und über London Druck auf Paris ausüben. Wichtig war hierbei, dass die französisch-sowjetische Annäherung und die sowjetische Völkerbundmitgliedschaft – von Polen als Niederlage begriffen – von den Briten mit starkem Misstrauen verfolgt wurden. Daher sollte eine polnisch-britische Annäherung bei den Briten ein größeres Verständnis für die Interessen der Polen wecken, diesbezüglich auf die Deutschen einwirken und dennoch bei den Franzosen die Einhaltung bestehender Bündnispflichten anmahnen. Gegenüber Hitlerdeutschland drohte aus London auch keine Überraschung, die das polnisch-deutsche Verhältnis hätte stören können.

Die Briten waren zu einem Ausgleich mit Deutschland bereit, so dass beide Seiten am 18. Juli 1935 ein Flottenabkommen schlossen, das den Deutschen die Rüstung zur See wieder erlaubte. Damit wurde ein weiterer Punkt des Versailler Abkommens unterlaufen.

Allerdings verbesserte die Appeasement-Politik der Briten nicht unbedingt die polnische Sicherheitslage, was Warschau offenkundig nicht so bewusst war. Deshalb sagte man es direkt. Am 11. Dezember 1935 machte der britische Diplomat Ralf S. Stevenson den polnischen Vertretern in Genf klar, dass Großbritannien den Frieden in Europa erkaufen möchte und dazu bereit wäre, Österreich, die Tschechoslowakei und auch

Polen zu opfern. England sei lediglich bereit, den Status quo im Westen, nicht aber den im Osten zu verteidigen.

Damit erledigten sich eigentlich alle polnischen Hoffnungen, Großbritannien als Garantiemacht zu gewinnen. Dennoch gelang es Warschau, London für die gemeinsame Durchsetzung der Völkerbundbeschlüsse zu Danzig zu gewinnen.

Diese Entwicklung war für die Wierzbowa ärgerlich, doch es blieb dem Außenamt nichts anderes übrig, als an seiner Politik festzuhalten. Man hoffte auf einen Politikwechsel in London und Paris und auf die Haltbarkeit des Vertrages mit Deutschland. Sicher kannte Warschau die deutschen Ambitionen in Bezug auf Österreich und das »Sudetenland« in der Tschechoslowakei, wo erst unlängst sich eine faschistische deutsche Partei formiert hatte, die den Anschluss an Deutschland forderte. So etwas gab es nur beim Nachbarn, nicht in Polen, beruhigte man sich an der Weichsel.

Zudem glaubte Beck, der auch in diesem Zusammenhang den Vertrag mit den Deutschen als einen weitsichtigen Akt charakterisierte, dass sich Deutschland wegen der französisch-sowjetischen Annäherung nun gegen Frankreich wenden würde. Treffend sah Beck voraus, dass Hitler das französisch-sowjetische Bündnis als Vorwand für die Besetzung der entmilitarisierten Zone des Rheinlandes nutzen würde. Die Wehrmacht marschierte am 7. März 1936 in das unbesetzte Rheinland ein. Deutschland kündigte damit faktisch den Locarno-Pakt auf. Für die deutsche Führung war das – mehr als die Einführung der Wehrpflicht – eine Nagelprobe für den Widerstand des Westens und seiner Haltung zur Hitler-Regierung. Dieser überraschende Schritt – Berlin hatte die Rheinland-Regelung nie infrage gestellt – war ein klarer und flagranter Verstoß gegen das Versailler Abkommen.

Die de facto Aufkündigung der Verträge der Siegermächte von 1919 kam einer Kriegserklärung gleich (Art. 44 des Versailler Vertrages). Das betraf vor allem Frankreich. Hitler gab damit zu verstehen, dass Berlin sich auch in Zukunft nicht an Verträge halten würde.

Normalerweise hätte dieser Bruch des Völkerrechts zumindest einen diplomatischen Konflikt nach sich ziehen müssen. Doch nichts geschah.

Im Westen erklärte man beschwichtigend, dass ein Krieg mit Deutschland nur der Sowjetunion nutzen würde und eine Machtergreifung der deutschen Kommunisten und Linken nach sich zöge, weshalb man nicht militärisch interveniere.

Dieser Erklärungsversuch war allein schon deshalb ohne Substanz, weil nach einigen Jahren faschistischer Terrorherrschaft die deutsche Linke nicht mehr existierte – sie war in Lagern oder im Exil, erschlagen oder erschossen. Aber die Botschaft signalisierte: London und Paris und die anderen westlichen Staaten ließen Deutschland gewähren.

Beck hatte richtig vorausgesehen, dass der Westen stillhalten würde, versicherte aber dem französischen Botschafter am 7. März, dass Polen zu seinen Bündnisverpflichtungen stünde. Andererseits äußerte er Verständnis für das deutsche Vorgehen. In seinen Äußerungen schwang eine stille Genugtuung mit, dass es nunmehr die Unterzeichner des Locarno-Vertrages, der sich objektiv gegen Polen richtete, getroffen hatte.

Nun standen sich Deutsche und Franzosen wieder unmittelbar gegenüber. Die geostrategische Lage des Westens hatte sich grundlegend verändert. Frankreich ging endgültig auf eine strategische Verteidigung über. Militärische Handlungen Frankreichs, wie sie im französisch-polnischen Bündnisvertrag vereinbart worden waren, hatten sich erledigt. Damit stieg die unmittelbare Bedrohung Polens durch Deutschland.

Obwohl man in Warschau zunächst glaubte, der unmittelbaren Gefahr entronnen zu sein, war man sich durchaus der neuen Lage bewusst. Ein gewisse Unsicherheit machte sich breit. Der militärische Nachfolger Piłsudskis, Marschall Edward Smigły-Rydz, forderte eine Neubesinnung auf Frankreich. Völlig richtig ging er davon aus, dass Deutschland in zwei bis drei Jahren die Fähigkeit erlangt haben könnte, Polen anzugreifen und einen Konflikt um Danzig zum Vorwand nähme.

Beck entschloss sich nunmehr, angesichts des Gesichtsverlustes wegen der Rheinlandbesetzung den Westmächten, vor allem Frankreich, offensiv gegenüberzutreten.

Am 6. Mai 1936 drohte er dem französischen Botschafter, dass im Falle eines erneuten Locarno-Vertrages und der Missachtung des polnischen Bündnispartners Warschau sich mehr auf seine unmittelbaren

Interessen besinnen werde. Beck schloss eine Annäherung an Deutschland nicht mehr aus.

Als Frankreich bei der Gewährung eines Militärkredites Schwierigkeiten machte, drohte Warschau mit der Kreditaufnahme in einem anderen Land. Diese Drohung zeigte Wirkung. Im September wurde in Rambouillet Polen ein Kredit von 2,6 Milliarden Franc für Bewaffnung und Ausrüstung gewährt, der allerdings bis zum Kriegsausbruch 1939 lediglich zur Hälfte realisiert wurde.[10]

Im August 1936 war General Maurice Gamelin, Vizevorsitzender des Obersten Militärrats Frankreichs, Gast in Warschau. Es wurde die Zusammenarbeit beider Generalstäbe verabredet. Im Falle eines deutschen Überfalls sollte Polen durch und über die UdSSR beliefert werden. Dieses Angebot lehnten die polnischen Militärs ab. Zudem wurden die französischen Lieferverpflichtungen im Kriegsfall nicht präzisiert oder anderweitig fixiert. Die Intensivierung der Aktivitäten gegenüber Frankreich hatte also nichts gebracht.

Im Oktober 1936 wurde ein Westpakt ins Leben gerufen. Es sollten Garantievereinbarungen zwischen Großbritannien, Frankreich, Deutschland, Italien und Polen verabredet werden, um so die UdSSR aus den europäischen Sicherheitsbemühungen herauszuhalten. Dafür war Deutschland jedoch nicht zu gewinnen, auch Großbritannien nicht, das ein bilaterales Abkommen mit Berlin vorzog. Mitte 1937 scheiterte auch das Vorhaben von »Locarno II«. Das hatte die Wierzbowa vorausgesehen und fühlte sich in ihrer Konzeption, vor allem hinsichtlich ihres Verhaltens gegenüber Berlin, bestätigt: Während die Westmächte einen Prestigeverlust nach dem anderen hinnehmen mussten und verunsichert der nächsten Schritte Berlins harrten, während ein Modus vivendi mit den Deutschen nicht in Sicht war, verhieß der Vertrag mit den Deutschen den Polen nicht nur Sicherheit, sondern sogar auch eine gewisse Exklusivität. Aus dieser Position lehnte Polen ein Bündnisabkommen mit der Tschechoslowakei ab. Dieses Bündnis hätte Polens Sicherheit enorm verstärken können. Doch daran war man in Warschau nicht interessiert, da man den Untergang der ČSR ins Kalkül gezogen hatte und in diesem Zusammenhang auf die Rückgewinnung des Olsa-Gebietes spekulierte. Nicht zuletzt nahm man Prag den Abschluss des Bündnisvertrages mit Moskau übel. Das hatte man dort auch so verstanden. Die polnisch-sowjetischen Beziehungen gestalteten sich nun wechselhaft bis kühl – anders als zu Berlin.

Von einem gleichen Abstand zu Moskau und zu Berlin konnte keine Rede mehr sein. Wo man konnte, nahm Polen gegenüber der UdSSR eine ablehnende oder eine Frontstellung ein. In diesem Sinne mischte sich Warschau auch in die inneren Angelegenheiten Rumäniens ein, des einzigen östlichen Bündnispartners. Außenminister Nicolae Titulescu war für ein Bündnis mit der Sowjetunion, daher hielten ihn der rumänische Königshof und die Militärs für prosowjetisch und misstrauten ihm. Die Wierzbowa sah in seiner Politik eine Schwächung des gegenseitigen Bündnisses und betrieb ebenfalls seine Abberufung. Im August 1936 musste Nicolae Titulescu gehen.

In Spanien hatten im Sommer 1936 faschistische Militärs gegen die gewählte Volksfrontregierung geputscht. Aus ganz Europa eilten Antifaschisten herbei, um die Republik gemeinsam mit den Spaniern zu verteidigen. Der Bürgerkrieg, der dann fast drei Jahre dauerte, war eigentlich ein internationaler Konflikt. Die spanischen Faschisten wurden von ihren deutschen und italienischen Gesinnungsgenossen militärisch unterstützt, die westlichen Staaten halfen ihnen, indem sie sich nicht einmischten. Polen ging weiter als die meisten anderen bürgerlichen Demokratien einschließlich Frankreich, Großbritannien und die USA. Da die Sowjetunion die republikanische Regierung unterstützte, torpedierte Warschau bei Abstimmungen im Völkerbund die sowjetischen Vorschläge und stimmte oft mit Deutschland, das den faschistischen Republikgegnern militärisch beigesprungen war. Den über dreitausend Polen, die als Freiwillige die Republik verteidigten, wurde per Regierungsbeschluss die polnische Staatsbürgerschaft 1937/38 entzogen.[11] Damit stand Polen auf der Seite der Feinde der Demokratie und des Antifaschismus. Mehr noch: Polen half damit indirekt, das europäische Kräfteverhältnis weiter zugunsten des Faschismus zu verändern.

Dieses Vorgehen schadete Polen in den Augen der Linken aller Couleur, aber auch bei bürgerlichen Demokraten. Es gab Stimmen in Europa, die Polen in einer Linie mit den deutschen Faschisten sahen. Vor allem hatte man das in der Sowjetunion sehr aufmerksam und mit Besorgnis registriert.

Diese Handlungen Polens konnten also – obwohl sie subjektiv nicht so gewollt waren – als prodeutsch bezeichnet werden, denn sie stärkten Hitlerdeutschland und schwächten nicht nur die Position der Sowjetunion, sondern auch die der Westmächte. Faktisch war es ein elementarer Bruch mit der Konzeption des verstorbenen Marschalls. An dieser Stelle stellt sich natürlich die Frage, ob Piłsudski zu Lebzeiten solche Deutschland begünstigenden außenpolitischen Schritte gebilligt hätte.

Für Beck und die Wierzbowa waren diese Handlungen Ausdruck aktiver Außenpolitik. Sie glaubten tatsächlich, für Polen einen guten Außendienst geleitet zu haben. Das Attribut prodeutsch wiesen sie empört von sich. Der Trend hin zu einem autoritären nationalistischen Staat verstärkte sich weiter. Laut dem deutschen Historiker Wolfgang Benz sind in dieser Zeit die »faschistischen Elemente der polnischen Diktatur«, so Benz 2010 im »Handbuch des Antisemitismus«, »unverkennbar«. Der britische Historiker Norman Davies dagegen bestreitet 2006, dass das Regime faschistisch genannt werden kann, da die polnischen Sympathisanten des Faschismus, die es etwa innerhalb der *Narodowa Demokracja* gab, in Opposition zum Regime standen und es formal keine Diktatur darstellte. Der polnische Historiker Jerzy Holzer sah 1977 zwar Tendenzen zur Errichtung eines faschistischen Regimes in Polen Ende der dreißiger Jahre, die durch den deutschen Überfall abgebrochen wurden. Sie seien aber keineswegs unumkehrbar gewesen, da es von kommunistischer, sozialistischer und demokratischer Seite sowie aus der Sanacja-Bewegung selbst stets starken Widerstand dagegen gegeben habe. Der britische Soziologe Michael Mann rechnet 2004 Polen unter dem Sanacja-Regime zu den Staaten, in denen das alte Regime stark genug war, der Herausforderung durch die Weltwirtschaftskrise der dreißiger Jahre standzuhalten und die nicht faschistisch, sondern *korporatistisch-autoritär* regiert wurden.

Eine Annäherung an Deutschland bemerkte nicht nur Moskau, sondern auch die westliche Öffentlichkeit und ein Teil der polnischen

Gesellschaft, darunter die Nationaldemokraten, Sozialisten und Kommunisten. Nicht nur in diesem Zusammenhang wird unter Historikern die Frage nach dem Stellenwert Polens in Hitlers Plänen aufgeworfen. Hierzu gibt es – unabhängig vom politisch-ideologischen Hintergrund – verschiedene Auffassungen. Ziemlich einhellig ist die Meinung, dass Hitler Polen zur Kaschierung seiner Aggressionspolitik und zur Demonstration seiner »Friedenspolitik« missbrauchte, insgesamt aber doch die Okkupation des Landes plante.

Die andere Auffassung geht davon aus, dass die Nazis Polen nicht nur propagandistisch für ihre »Friedenspolitik« benötigten, sondern real. Polen sollte abhängig gemacht und in das Konzept des Krieges gegen die Sowjetunion eingefügt werden.[12] Eindeutige und somit unbestreitbare Beweise in Form von Dokumenten gibt es dazu nicht. Dennoch existieren sichere Anhaltspunkte.[13]

Allgemein wird der Zeitraum von 1934 bis 1938 als Etappe der Zusammenarbeit zwischen Polen und Deutschland beschrieben, die von deutscher wie auch von polnischer Seite weit über sachliche Beziehungen bzw. über die Politik der Äquidistanz hinausging. Dies wurde schon damals von Teilen des polnischen Volkes kritisiert. Doch obwohl die Beziehungen zu Berlin wesentlich enger als zu Moskau waren, trifft der Terminus »Zusammenarbeit« nicht zu. Es gab zwar eine Vielzahl von Konsultationen und Treffen, bei denen es auch zu gemeinsamen Absprachen kam. Aber daraus eine Zusammenarbeit oder gar ein Bündnis zu konstruieren, geht an den Tatsachen und den Intentionen der polnischen Außenpolitik vorbei.

Dennoch gab sich Deutschland alle erdenkliche Mühe, Polen für sich zu gewinnen. Das konnte nur zaghaft erfolgen, denn Berlin kannte die Postulate polnischer Außenpolitik. Zudem war es innenpolitisch riskant, da die deutsche Führung seit Jahrzehnten, wenn nicht sogar seit Jahrhunderten gegen Polen ideologisch mobil gemacht hatte. Die wie auch immer verstandene Politik der gegenseitigen Annäherung hatte auch in Hitlerdeutschland mächtige und einflussreiche Gegner, die nicht zu unterschätzen waren. Hitler begab sich auf ein politisches Feld, wo er in demagogischer Absicht keine Massen gewinnen, sondern eher abstoßen konnte. Eine solche Politik auf rein administrativem Wege durchzusetzen, war schwer möglich. Noch schwerer jedoch war, sie politisch-ideologisch zu begründen. Die Aussicht auf Erfolg war also gering. Zudem war das Hitlerregime bis 1935 noch nicht gefestigt und stabil. Ein solches Risiko einzugehen machte aber nur Sinn, wenn dadurch ein größeres und wichtigeres Ziel erreicht werden konnte. Dass man der Welt gute Beziehungen zu Polen demonstrierte, steht außer Zweifel. Doch das hätten die Nazis auch mit geringerem Einsatz erreichen können. Hier musste also mehr im Spiel sein.

Polen, so hatte Berlin erkannt, hätte zum Dreh- und Angelpunkt eines effektiven antideutschen Bündnisses werden können. Durch seine geopolitische Lage, die Größe seiner Bevölkerung (35 Millionen), die direkte Nachbarschaft zur UdSSR und der Stand der Beziehungen beider Staaten zu Frankreich sowie die Einbindung der Tschechoslowakei hätten mit Sicherheit eine deutsche Aggression auch ohne britische Hilfe zum Scheitern bringen können.

Ein solches Bündnis musste darum verhindert werden.

Das gelang Berlin.

Offenbar verfolgte Berlin eine Doppelstrategie. Sie bestand auf der einen Seite darin, durch gute Nachbarschaft Friedenswillen zu demonstrieren. Gleichzeitig ging es darum, Polen aus dem französischen Bündnissystem zu lösen und ein Bündnis mit der Sowjetunion zu verhindern. Damit sollte das französische Bündnissystem erheblich beeinträchtigt und somit faktisch funktionsunfähig gemacht werden. Mit einer fehlenden Unterstützung aus dem Osten – vor allem Polens – hätte sich die Position Frankreichs enorm verschlechtert. Frankreich stünde bei einem deutschen Angriff allein auf dem europäischen Kontinent.

Ein derart von seinen natürlichen und vertraglichen Bündnispartnern getrenntes Polen war isoliert und konnte relativ schnell militärisch niedergeworfen werden.

Die andere Seite der Berliner Strategie bestand in der Gewinnung Polens als eines Deutschland ergebenen Bündnispartners, also eine Art Vasall. Polen war nicht nur das bevölkerungsreichste Land Osteuropas, sondern lag auch noch auf der kürzesten strategischen Hauptlinie von

Berlin nach Moskau, war Transitland für die deutsche Wehrmacht. Über zwei Drittel der deutschen Transporte sollten später über Polen an die deutsch-sowjetische Front erfolgen. Politisch wurde Polen durch die extrem antikommunistische und antisowjetische Sanacja zentral und straff geführt. Die Linken dort waren zwar nicht bedeutungs-, jedoch einflusslos. Die organisatorisch stärkste Oppositionskraft, die Nationaldemokraten, waren zwar deutschfeindlich, doch noch mehr antisowjetisch und auch antisemitisch. Das waren aus Berliner Sicht überaus günstige Kriterien: Ein Krieg gegen die Sowjetunion fand in Polen womöglich mehr Unterstützer als in Deutschland.

Auch das militärische Potenzial Polens war beeindruckend. Auf Anhieb hätte Polen über eine Million Soldaten mobilisieren können. Da in Polen seit 1919 Wehrpflicht herrschte und ein breites System von staatlichen und parteigebundenen paramilitärischen Organisationen existierte, konnten weitere Millionen motivierte und militärisch ausgebildete junge Männer eingezogen werden. Das Heer hatte sich zu einem Großteil in den Kämpfen mit der Roten Armee entwickeln und im Sommer 1920 einen spektakulären Sieg erringen können. Einen Sieg dieser Dimension konnte zu jener Zeit keine Armee der Welt vorweisen.

Bewaffnung und Ausrüstung des polnischen Heeres waren zu jener Zeit nur zu einem geringen Teil den Anforderungen eines modernen Krieges gewachsen. Ein Bündnis mit Deutschland hätte das schnell korrigieren können. Die Ausstattung mit modernen Schützenwaffen, Artillerie, Flugzeugen, Panzern und Fahrzeugen hätte das polnische Heer zur schlagkräftigsten Truppe in Osteuropa werden lassen – und obendrein deutschen Rüstungskonzernen riesige Gewinne beschert. Mit der Entsendung von deutschen Ausbildern und Militärberatern wäre die Abhängigkeit von Deutschland nahezu komplett gewesen.

Allein mit seinen Kavallerieverbänden hätte das polnische Heer in der Anfangsphase eines deutsch-sowjetischen Krieges zurückweichende Einheiten der Roten Armee verfolgen und später Partisanenabteilungen hinter der Front bekämpfen können. Der Beitrag der Polen zu einem antisowjetischen Feldzug hätte um ein Vielfaches größer sein können als der aller anderen mit Deutschland verbündeten Armeen ...

Die Bemühungen um die Gewinnung Polens waren nicht zu übersehen. Schon am 2. Mai 1933 machte Hitler persönlich den polnischen Gesandten Alfred Wysocki auf eine angebliche sowjetische Bedrohung aufmerksam, die auch Polen beträfe. Damit stieß Hitler in Warschau, besonders aber bei Piłsudski und Beck, auf offene Ohren. Es bestand darin eine prinzipielle Übereinstimmung beider Seiten. Damit war aber noch nichts bewegt, denn die vermeintliche sowjetische Bedrohung war propagandistisches Gemeingut aller Antikommunisten Europas.

Polen schaute besorgt auf Danzig, den Seismographen der deutsch-polnischen Beziehungen. Ende Mai 1933 siegte bei den Wahlen die Nazipartei, die NSDAP gewann über der Hälfte der Sitze. Senatspräsident wurde aber nicht, wie erwartet, Gauleiter Albert Forster, der vorher unentwegt Polen angegriffen hatte, sondern der gemäßigte Hermann Rauschning. Ihm legte Hitler die Entwicklung eines guten Nachbarschaftsverhältnisses zu Polen ans Herz. 1934 wurde er von Arthur Greiser abgelöst. Polen war die Faschisierung Danzigs gleichgültig, so lange keine polnischen Rechte berührt und die polnische Minderheit geschont wurden.

Am 11. Dezember 1933 empfing Piłsudski eine Danziger Senatsdelegation mit Rauschning und Greiser an der Spitze. Bei dieser Gelegenheit versuchte Rauschning den Marschall zu einem Treffen mit Hitler zu überreden. Eine Antwort bekam der Senatspräsident allerdings nicht. Ein Treffen zwischen Hitler und Piłsudski fand nie statt, obwohl sicher Zeit und Gelegenheiten vorhanden gewesen wären. Hier war es der Marschall, der besonders in dieser Frage auf einen gleichen Abstand zu Berlin und Moskau achtete. Er traf sich schließlich auch nicht mit Stalin.

Die polnisch-Danziger Beziehungen waren erstmals auf einem Stand, den sich Polen seit langem wünschte. Allein die Bereinigung dieses jahrelangen permanenten Konfliktfeldes brachte die polnische Führung zu der Überzeugung, die Gesamtbeziehungen zu Deutschland prinzipiell auf eine befriedigende Grundlage stellen zu können.

In Berlin wurde das polnische Verhalten hinsichtlich des Ostpaktes aufmerksam registriert. Mit Genugtuung vermerkte man, dass Polens

Außenminister Beck versuchte, Esten und Letten von einem Bündnis mit der UdSSR abzubringen.

Nach dem Scheitern dieses Projektes ging Berlin weiter. Zum Neujahrsempfang 1935 sagte Hitler zu Botschafter Lipski, es könnte der Augenblick kommen, dass sich ihre beiden Staaten gemeinsam gegen eine sowjetische Intervention wehren müssten.[14] 1935 mehrten sich die deutschen Sondierungen. Hermann Göring, der zweite Mann des Dritten Reiches, schlug den Polen im Januar 1935 eine Zusammenarbeit gegen die Sowjetunion vor.[15] Für den Fall eines sowjetischen Angriffs sagte er die Unterstützung durch die deutsche Luftwaffe zu. Bei einem Treffen mit der polnischen Generalität sprach Göring offen über eine antisowjetische Allianz und einen gemeinsamen Marsch auf Moskau. Dabei gestand er Polen die Ukraine zu.

Solche Vorschläge machte Göring auch Piłsudski in dessen letzten Lebensmonaten. Der Marschall lehnte unmissverständlich ab.

Dieses historische Verdienst Piłsudskis ist bisher nur wenig gewürdigt worden. Eine andere Reaktion hätte die polnische Geschichte der folgenden Jahrzehnte völlig anders verlaufen lassen und Auswirkungen auf Osteuropa bis zum Ende des Jahrhunderts nach sich gezogen. Piłsudski war weitblickend genug, um die Aussichtslosigkeit eines Krieges gegen die Sowjetunion zu erkennen. Immerhin hatte er fünfzehn Jahre zuvor sehen können, dass ein schwaches zaristisches Russland und ein noch schwächeres Sowjetrussland durch vierzehn Staaten – Polen inklusive – nicht besiegt worden waren. Dieses von Welt-, Bürger- und Interventionskriegen geschwächte Land hatte es immerhin fertiggebracht, die Polen bis vor ihre Hauptstadt zu drängen.

Zudem hatte sich inzwischen die Lage östlich Polens wesentlich geändert. Die Sowjetunion hatte ihre größten Schwierigkeiten überwinden können, die Rote Armee war jetzt – 1935 – der polnischen allein in den technischen Kennziffern weit überlegen. Selbst bei einem Zusammengehen Polens mit Deutschland war ein Sieg keinesfalls sicher. Ein neuer Krieg mit der Sowjetunion würde nicht nur nach dessen Scheitern innenpolitisch eine Katastrophe heraufbeschwören, denn die Verluste wären gewiss viel höher als 1920 und beträfen jede Familie. Zudem hätte Polen jegliche Sympathie im Westen und in der Welt verloren. Polen als Juniorpartner des Deutschen Reiches wäre diskreditiert wie das Nazireich selbst.

Das alles stand in krassem Gegensatz zur bisherigen Innen- wie auch Außenpolitik Polens. Ausreichend Gründe, um die deutsche Offerte abzulehnen. Piłsudski widerstand also den deutschen Verlockungen und verwies die These, er sei ein antisowjetischer Kriegstreiber gewesen, ins Reich der Legenden.

Am 12. Mai 1935 verstarb er. Marschall Piłsudski war wohl der bedeutendste Staatsmann Polens im 20. Jahrhundert. Er war nicht nur der Schöpfer und Führer des modernen polnischen Staates, sondern auch der Architekt und Regisseur der Außenpolitik. Polens Außenpolitik bis zum Überfall Hitlerdeutschlands war zwar nicht so wie die zu Lebzeiten Piłsudskis, doch sie blieb vom Marschall geprägt.

Dessen Rolle hatte auch Berlin erkannt und versuchte sie sich zunutze zu machen. Die deutsche Seite trauerte offiziell. Zum feierlichen Begräbnis erschien Reichsmarschall Göring. In einem persönlichen Kondolenzschreiben an die Witwe Aleksandra Piłsudska schrieb Hitler von »dankbarer Erinnerung«, die er an den Marschall bewahren würde. Am 18. Mai nahm der Reichskanzler in der katholischen St. Hedwigs-Kathedrale in Berlin an einem Gedenkgottesdienst für den Marschall teil. Die Nazis sorgten auch dafür, dass der Verstorbene in der deutschen Bevölkerung bekannt wurde: Piłsudskis Werke erschienen mit einem Vorwort von Hermann Göring in deutscher Sprache. Es gab auch kleinere biographische Abhandlungen. Damit wurde der Welt suggeriert, dass Hitler und Piłsudski eng zueinander gestanden hätten.

Das war nicht nur übertrieben, sondern schlichtweg falsch. Hitler war mit Sicherheit vom Marschall fasziniert und glaubte Gemeinsamkeiten in der persönliche Entwicklung auszumachen. Immerhin hatte Piłsudski sich ohne militärische Ausbildung zu einem passablen Militärspezialisten und Feldherrn entwickelt. Mehr Gemeinsamkeiten waren aber nicht zu finden. Der Marschall war charakterlich ein relativ ausgeglichener Mann, verfügte über eine hohe Allgemeinbildung, sprach mehrere Sprachen, war kein Fanatiker. Das traf auf Hitler alles nicht zu. Selbst der Antikommunismus und Antisowjetismus des Marschalls war völlig anders motiviert als der Hitlers. Eine physische Liquidierung von Kommunisten kam für Piłsudski nicht in Frage, die Sowjetunion zu vernichten hielt er für unmöglich. Piłsudski war auch im Gegensatz zu Hitler kein Antisemit. Für ihn waren polnische Juden eben polnische und somit gleichberechtigte Staatsbürger. Auch deshalb bekämpfte er mit Vehemenz die antisemitischen Nationaldemokraten.

Piłsudski war von Hitler nicht begeistert. Für ihn war der »Nationalsozialismus« eine Kopie des italienischen Faschismus Mussolinis, von dem er nichts hielt und dessen diktatorische Politik er für Polen ablehnte.

Nichtsdestotrotz vermittelte die deutsche Seite auch in ihren Gesprächen mit Polen den Eindruck, als ob Piłsudski ein Zusammengehen mit Deutschland postuliert hätte. Die Polen, die den verstorbenen Marschall besser kannten, schwiegen bei Vorstößen dieser Art taktvoll. Das betraf auch Außenminister Beck, der alle Vorstellungen und Intentionen – vor allem die außenpolitischen – seines verstorbenen Chefs genau kannte. Mehr als er konnte weder ein Pole noch ein Deutscher in dieser Hinsicht wissen. Daher wusste er: Wenn sich die Deutschen auf Piłsudski bezogen, entsprach das dem Wunschdenken Berlins, nicht der Überzeugung des Marschalls.

In diesem Sinne gestaltete sich das erste Treffen Hitlers mit Beck nach dem Tode des Marschalls Anfang Juni 1935. Hitler sprach sich für ein starkes Polen aus. Wieder war von einer sowjetischen Bedrohung die Rede. Polens Ostgrenze sei die Ostgrenze Europas. Angesichts dieser Bedrohung sollte sich zwischen Deutschland und Polen eine Freundschaft entwickeln. Schon zuvor hatte Hitler dem polnischen Botschafter deutlich gemacht, dass Deutschland nicht an polnischem Territorium als Lebensraum interessiert wäre. Damit wurde klar die Bereitschaft zu einem Bündnis gegen die UdSSR signalisiert.

Andererseits berichtete Hitler von den Schwierigkeiten, die durch die verbesserten Verhältnisse zu Polen in der deutschen Gesellschaft aufgekommen seien. Dennoch wollte sich die deutsche Führung dadurch nicht beirren lassen und an einem gedeihlichen Verhältnis festhalten.

Großbritannien und Polen wären für Deutschland auf der Ost-West-Achse die wichtigsten Staaten. Zweifellos entsprach das der Wahrheit. Die Briten sollten mit allen Mitteln zu einem Bündnis oder zumindest zum Stillhalten bewogen werden. Das konnte nach Lage der Dinge nur durch einen Angriff auf die UdSSR erreicht werden. Doch um den beginnen zu können, brauchte Hitler auch Polen.[16]

Beck gab Hitler eine eindeutige Antwort: Weder allein noch mit Deutschland würde Polen gegen die Sowjetunion marschieren. Der Chef der polnischen Diplomaten blieb so dem außenpolitischen Erbe des Marschalls treu. Die Nazis kamen in dieser Frage also keinen Schritt weiter.

Dennoch: Insgesamt gestalteten sich die deutsch-polnischen Beziehungen bis 1938 intensiver und besser als mit allen anderen Nachbarländern Deutschlands. Von 1934 bis Anfang 1939 fand ein lebhafter gegenseitiger Besucherverkehr auf vielen Ebenen statt. Außer Hitler waren zu jener Zeit die höchsten und wichtigsten Repräsentanten des Dritten Reiches zu Gast an der Weichsel: Hermann Göring, Josef Goebbels, Hans Frank, Heinrich Himmler … Kein Nachbarland Deutschlands konnte einen solch repräsentativen Besucherverkehr vorweisen. Das schmeichelte der polnischen Seite und bestärkte sie in der Überzeugung, dass ihre Politik richtig sei. Andere Staaten hingegen waren beunruhigt.

Nicht nur die Sowjetunion, sondern auch Frankreich verdächtigte Polen, mit dem faschistischen Deutschland zu kooperieren.

Nach dem Misserfolg vom Juni 1935 gaben die Deutschen nicht auf, Polen als Partner zu gewinnen. Im August schlug Kriegsminister von Blomberg Beck direkte Kontakte zwischen der Wehrmacht und dem polnischen Heer vor.[17] Im Februar 1936 wandte sich Admiral Wilhelm Walter Canaris an den polnischen Botschafter Lipski. Canaris war seit einem Jahr Chef des Amtes Abwehr-Ausland im Kriegsministerium. Er wünschte, dass sich zwischen der polnischen und der deutschen Armee eine Kameradschaft entwickeln sollte. Im Sommer sollte auch Vizeaußenminister Szembek für den Krieg gegen die UdSSR gewonnen werden, da sich dort angeblich starke separatistische Tendenzen entwickeln würden.

Am 25. November 1936 schlossen Deutschland und Japan den sogenannten Antikomintern-Pakt. Diesem trat am 6. November 1937 das faschistische Italien bei. Das war ein Koordinierungspakt, kein Militärbündnis, zum Kampf gegen die kommunistische und andere linke Bewegungen. Er richtete sich in erster Linie gegen die Sowjetunion. Von der ideologischen Ausrichtung her war eine polnische Mitgliedschaft denkbar (zumal auch das mit Polen befreundete Ungarn später beitrat). Die Nazis ließen nichts unversucht, Warschau zum Beitritt zu bewegen; im Februar 1937 versuchte Göring, die oberste polnische Militärführung davon zu überzeugen. Bei dieser Gelegenheit machte Marschall Smigły-Rydz die vielsagende Bemerkung, dass im Kampf gegen den Bolschewismus Deutsche und Polen in einer Reihe stünden. Doch zu einem Beitritt kam es nicht. Polen ließ sich nicht verführen und blieb den Prinzipien seiner Außenpolitik treu. Der Antikomintern-Pakt kam einer offenen Kriegserklärung an die UdSSR gleich.

Mit einem Beitritt hätte eine antisowjetische Zusammenarbeit mit Hitlerdeutschland bestanden. Das Prinzip des gleichen Abstandes zu Moskau und Berlin wäre endgültig erledigt gewesen. Am 9. November 1937 erklärte Beck offiziell: Polen habe gute Beziehungen zur Sowjetunion, daher käme ein Beitritt nicht in Betracht.[18]

Das war eine herbe Enttäuschung für Berlin, zumal zwei Tage zuvor ein deutsch-polnisches Minderheitenabkommen unterzeichnet worden war, das die in der Zeit der Weimarer Republik angestauten Probleme endgültig regeln sollte.[19]

Polen über den Antikomintern-Pakt an Deutschland zu binden, war also gescheitert. Auch das ist ein vergessenes Verdienst der polnischen Diplomatie.

Obwohl sich die deutsch-polnischen Beziehungen gedeihlich gestalteten, war es nicht so, dass es Warschau an Wachsamkeit gegenüber Deutschland fehlen ließ. So war Polen zu keinem Kompromiss bereit, wenn es sich um seine Rechte in Danzig handelte. Trotz guter Beziehungen fürchtete Warschau, dass durch Auflösung der Versailler Vertragsverhältnisse über kurz oder lang Deutschland Danzig anschließen würde. Dazu wollte man es nicht kommen lassen. Die

Bedeutung Danzigs lag nicht allein auf historischer Ebene. Danzig war seit 1466 eine polnische Stadt und das Tor zur Welt, was es dreihundert Jahre lang blieb. Erst im Zuge der Dreiteilung Polens 1772–1795 kam es zu Preußen bzw. Deutschland. Für die Polen blieb es aber immer eine polnische Stadt. Daher warfen deutsche Nationalisten den Polen ständig vor, Danzig annektieren zu wollen. Sicher liebäugelte Polen mit einem Anschluss, doch Warschau hielt sich an die Verträge und forderte mit Vehemenz deren Einhaltung auch durch andere.

Polen fürchtete nicht zu Unrecht, dass mit dem Anschluss Danzigs an Deutschland als nächstes die Frage nach Westpreußen gestellt werden würde. Gelang es Polen, die deutschen Ambitionen auf Danzig zu unterbinden, würden auch andere polnische Gebiete nicht zur Disposition stehen.

Ansprechpartner in dieser Angelegenheit waren London und Paris. Doch dort zeigte man sich inzwischen so desinteressiert, dass Beck am 9. Dezember 1937 dem französischen Außenminister drohte, im Falle eines westlichen Nachgebens oder auch Rückzuges würde Polen den Völkerbund verlassen. Die Wierzbowa versuchte nun das scheinbar Unmögliche, nämlich Deutschland für die Einhaltung des Status quo in Danzig zu gewinnen. Das war für Berlin eine gute Gelegenheit, ohne größeren Einsatz in Warschau Vertrauen zu gewinnen. Am 14. Januar 1938 wurde beiderseits festgelegt, dass alles so bleibe, wie es international ausgemacht worden war – selbst wenn sich der Völkerbund zurückziehen sollte. Das war die erste offizielle deutsche Verlautbarung zu Danzig nach dem Versailler Vertragsabschluss – und mehr, als Warschau erwartet hatte. Die Botschaft wurde mit großer Freude aufgenommen. Für Beck und die Wierzbowa schien das ein neuerlicher und überraschender Erfolg. Für Deutschland hingegen war das ein geschickter Schachzug, um Polen auf seine Seite zu bekommen.

Bei Lichte besehen hatte Warschau verloren, denn nun war Deutschland der direkte Ansprechpartner und der Westen wie auch der Völkerbund in den Hintergrund getreten, nahezu ausgeschaltet. Bei der Durchsetzung polnischer Rechte in Danzig war Polen jetzt einzig auf Berlin angewiesen.

Als am 12. März 1938 Deutschland Österreich »heim ins Reich« holte, gab es darum keinen polnischen Protest, obwohl auch dabei gegen die Fundamente der Pariser Vorortverträge verstoßen wurde. Da auch im Westen keine Reaktion erfolgte, sollte Polen im Schatten dieses Ereignisses selbst einen Gewaltakt begehen. Am 11. März hatte ein litauischer Grenzschützer einen polnischen Grenzsoldaten getötet. Dieser Vorgang wurde in der polnischen Presse so hochgespielt, dass sich Litauen bedroht fühlte und am 15. März an die UdSSR, an Frankreich, England und Deutschland wandte und um diplomatische Hilfe nachsuchte. Die Westmächte reagierten mit einem entsprechenden Schreiben an die Wierzbowa. Das sowjetische Außenministerium hingegen bestellte am 16. März den polnischen Botschafter ein und machte ihm deutlich, dass die Sowjetunion an der Unabhängigkeit und territorialen Integrität Litauens ungebrochenes Interesse habe. Polen forderte am 17. März von Litauen ultimativ die Herstellung offizieller diplomatischer Beziehungen, was die litauische Anerkennung des polnischen Besitzes des Wilna-Gebietes einschloss.[20] Die Westmächte wie auch Moskau rieten, das polnische Ultimatum anzunehmen. Kaunas folgte dem Ratschlag.

Polen glaubte das strittige Wilna-Problem damit geklärt zu haben, ohne langwierige Verhandlungen mit dem Westen und der UdSSR. Der Gewinn Polens stand im Gegensatz zu enormen Verlusten. Polen war mit Litauen umgegangen wie eine Großmacht mit einem keinen Land. Das trug Polen keine Sympathien in Europa ein. Besonders die Letten und Esten waren sensibilisiert. Bei den europäischen Linken und den Kommunisten galt Polen nun als ein imperialistisches Land, das sich »deutscher Methoden« in der Außenpolitik bediente. Im Verhältnis zu Litauen hatte Polen mehr verloren als gewonnen. Die litauisch-polnische Feindschaft nahm merklich zu. Das Land war nun noch mehr geneigt, sich an die Sowjetunion anzulehnen. Zudem hatte das enorme innenpolitische Folgen. Die in Litauen seit den zwanziger Jahren herrschenden Faschisten und andere Nationalisten erfuhren aufgrund der Kapitulation vor Polen einen katastrophalen Prestigeverlust. Das faschistische Smetona-Regime bekam Risse. Das ermöglichte den Kommunisten und anderen Linken sowie den Antifaschisten Litauens, eine Offensive vorzubereiten, an deren Ende der Sturz des Smetona-Regimes im Juni 1940 stand.

Gewinner war die Sowjetunion, denn sie hatte Polen unmissverständlich gewarnt und war bereit, Litauen auch militärisch zu verteidigen. Für Litauen war sie die einzige nahe Macht, die für es in die Bresche zu springen bereit war. Das begünstigte die Verbreitung prosowjetischer Ansichten und den späteren Anschluss an die Sowjetunion.

Verlierer war Berlin, denn mit Litauen hatte man andere Pläne. Litauen sollte als Kompensationsobjekt für die Abgabe des »polnischen Korridors« (Westpreußen) an Deutschland herhalten.[21] Das war nun nicht mehr möglich. Allein diese Tatsache weist darauf hin, dass man in Berlin glaubte, in dieser Frage mit Polen handelseinig zu werden und es an sich zu binden. In diesem Sinne versuchte am 31. März 1938 Außenminister Ribbentrop den polnischen Botschafter davon zu überzeugen, dem Antikomintern-Pakt doch noch beizutreten. Doch auch dieser erneute Versuch schlug fehl.

Der Vollständigkeit halber seien hier einige Gedanken hinsichtlich des »polnischen Kolonialgedankens« angebracht, die – wenngleich auch nur in geringem Maße – die polnische Außenpolitik betrafen. Derartige Vorstellungen gab es schon lange und sie lagen im bürgerlichen Zeitgeist begründet. Sie kamen aber erst in den dreißiger Jahren zum Durchbruch, als Polens Stellung in Europa gesichert schien und sich in einigen Kreisen der Gesellschaft ein gewisses Großmachtdenken ausbreitete.

Polen hatte in seiner etwa tausendjährigen Geschichte nie Kolonien bessen. Man war an Landerwerb auf dem Kontinent und nicht in Übersee interessiert. Nun aber wurden Forderungen nach Überseegebieten artikuliert. Dabei spielte die 1918 gegründete Meeresliga (*Liga Morska*), ab 1930 die Meeres- und Kolonialliga mit fast einer Million Mitgliedern eine bestimmende Rolle.[22]

Auf deren Wünsche ging die polnische Regierung jedoch nicht ein, denn für Kolonien waren die Position Polens in der Welt und vor allem die materiellen Mittel viel zu bescheiden. Beck formulierte das treffend:

»In dem Augenblick, wo die Weichsel noch nicht einmal reguliert ist, scheint es ziemlich fantastisch, koloniales Gedankengut zu äußern.«[23]

Dennoch widmete sich die Wierzbowa bestimmten kolonialistischen Bestrebungen eines Teils der Gesellschaft – jedoch in einer völlig anderen Weise. In den dreißiger Jahren nahmen antijüdische Exzesse in Polen erheblich zu. Die Sanacja versuchte, Juden vor den faschistoiden Nationaldemokraten und den polnischen Faschisten des nationalradikalen Lagers zu schützen und den antisemitischen Aktivitäten entgegenzuwirken. Durch die hohe Anzahl der Juden in Polen überhaupt und der überproportionalen Dominanz in bestimmten Berufsgruppen bekam der Antisemitismus ständig neue Impulse. Zionisten wie auch die polnische Regierung sahen daher in einer verstärken Emigration polnischer Juden nach Palästina die Lösung dieses Problems.[24] Die Zionisten waren mit den Ausreise-Zahlen nicht zufrieden, zumal in den Jahren 1936–1938 aufgrund der verschärften Auseinandersetzungen zwischen Juden und Arabern relativ viele Juden nach Polen zurückkehrten. Unzufrieden war auch die polnische Regierung, die durch eine forcierte Ausreise sozialpolitischen Konfliktstoff zu entschärfen versuchte. An diesem Punkt trafen sich Zionisten und die polnische Regierung. Es kam daher zwischen ihnen zu einer verhältnismäßig engen Zusammenarbeit.

Das Regierungslager erwog zunächst eine massive Aussiedlung nach Madagaskar, ohne die Ausreise nach Palästina aus den Augen zu verlieren. Die Insel im Indischen Ozean würde Juden in großer Zahl und zügig zur Auswanderung bewegen. 1937 wurde in Warschau durch den jüdischen Senator Professor Mojzesz Schörr offiziell ein Emigrationskomitee ins Leben gerufen. Im gleichen Jahr erfolgte eine offizielle Madagaskar-Expedition unter der Leitung eines früheren Adjutanten von Marschall Piłsudski, Major Mieczysław Lepecki. An ihr nahmen auch einige Juden teil. Diese Expedition nahm ein knappes halbes Jahr in Anspruch und wurde im November 1938 mit der Aussage beendet, dass sich auf dieser Insel durchaus einige Gebiete zur jüdischen Ansiedlung eigneten. Dennoch ließ man dieses Projekt fallen und favorisierte wieder die Palästina-Lösung. Am 4. Mai 1937 übergab Warschau London eine

Note, in der ein größeres Kontingent für das britische Mandatsgebiet Palästina gefordert wurde.

Auf der Konferenz in Evian-les-Bains 1938 wandte sich Außenminister Beck an die Mitglieder der Peel-Kommission mit der Bitte, die Grenzen Palästinas für polnische Juden zu öffnen und ihnen ein größeres Besiedlungsgebiet einzuräumen, als es die Kommission bislang vorgesehen habe. Die Briten hatten jedoch kein Interesse daran, die jüdische Präsenz dort zu stärken, da sie die Araber fürchteten, die 1936 während eines großen antizionistischen Volksaufstandes ihre Kraft unter Beweis gestellt hatten.

Nun mussten Zionisten und die polnische Regierung andere Wege beschreiten. Hierzu waren die guten Kontakte zwischen dem Vertreter der zionistischen Weltorganisation – später erster Präsident Israels –, Chaim Weizman, und dem polnischen Staatspräsidenten Ignacy Mościcki sehr hilfreich. Da Polen seine guten Beziehungen zu Großbritannien nicht gefährden wollte, erfolgte die zionistisch-polnische Zusammenarbeit fast konspirativ. Von polnischer Seite gab es Kontakte zur linksgerichteten jüdischen paramilitärische Organisation Haganah und zur rechtsgerichteten Irgun. Enger waren die Kontakte zu den Irgun-Leuten unter Abraham Stern aus Suwałki.

Die Verhandlungen mit der polnischen Regierung wurden von Menachem Begin und Wladimir Jabotynski von den rechten Zionisten (Revisionisten – NOS) geführt. Ziel der Revisionisten war es, einen wirklichen Exodus der polnischen Juden nach Palästina zu bewirken und somit das von allen Zionisten erwünschte Übergewicht über die Araber im Heiligen Land zu erreichen. Jabotynski erwirkte von der polnischen Regierung einen Kredit von 100000 Dollar für Kauf und Transport von Waffen, Munition und militärischen Ausrüstungen.[25] Der polnischen Regierung war bekannt, dass sich früher oder später diese Waffen gegen die Mandatsmacht Palästinas richten würden. Vor allem die Irgun machte aus ihrer antibritischen Haltung keinen Hehl. Dennoch hielt Warschau an seiner Unterstützung für die Zionisten fest, selbst auf die Gefahr einer eventuellen Belastung seiner guten Beziehungen zu Großbritannien. Für die zionistischen Wehrorganisationen wurden mit dem

Einverständnis des neuen polnischen Heeresoberkommandierenden Marschall Edward Smigły-Rydz und unter der führenden Beteiligung polnischer Ausbilder geheime militärische Ausbildungskurse abgehalten. Ein Ausbildungszentrum entstand in Rembertów bei Warschau für die Haganah. Für die Irgun wurden vier geschaffen: Andrychów in den Vorkarpaten, in Warschau, in Zofiówka in Wolhynien (Ostpolen) und in Poddebice bei Łódz. Diese gemeinsamen jüdisch-polnischen Aktivitäten mussten jedoch unterbrochen werden, als der britische Geheimdienst davon Wind bekam.

Die Sanacja, vor allem die Herrschaftszeit von Marschall Piłsudski, wurde von den damaligen polnischen Juden insgesamt als die erträglichste seit Jahrhunderten empfunden. Daher wird der Marschall noch heute von vielen noch lebenden Zeitzeugen in Israel verehrt.

Die Bilanz der »unabhängigen polnischen Außenpolitik« bis zum Frühherbst 1938 lässt sich nicht leicht beurteilen. Man darf sie weder verurteilen noch beschönigen. Man sollte auch nicht versuchen, sie allein vom Untergang Zwischenkriegspolens aus zu analysieren, sondern man muss die Ergebnisse werten, die in jener Zeit für Polen wichtig waren.

Zunächst einmal hatten sich die Beziehungen zum Nachbarn im Westen wesentlich verbessert. In die polnisch-deutschen Beziehungen kehrte Stabilität ein. Davon profitierte die von der Weltwirtschaftskrise geplagte polnische Ökonomie. Die Fortschritte der polnischen Deutschlandpolitik stärkten das Selbstbewusstsein der Regierenden und den polnischen Patriotismus.

Zugleich verschlechterten sich die Beziehungen zur Sowjetunion. Polen hatte ein kollektives Bündnis mit der UdSSR ausgeschlossen. Auf diese Weise fügte Polen einem erforderlichen System der kollektiven Sicherheit in Europa irreparablen Schaden zu.

Mit der Annäherung an das Dritte Reich machte sich Polen in Europa der Komplizenschaft mit den deutschen Faschisten verdächtig. Die polnische Weigerung, den deutschen Aggressionsplänen zu folgen und dem Antikomintern-Pakt beizutreten, konnte diesen Verdacht kaum entkräften.

Polen gewann aber auch an internationalem Gewicht. Es war in Osteuropa eine Kraft, ohne die kaum etwas durchgesetzt werden konnte. Polen galt nicht mehr als Anhängsel der Franzosen, es war selbstbewusster geworden. Doch dahinter stand kein konkreter Machtzuwachs.

Polen war durch seine permanente Verweigerung, sowohl pro- als auch antisowjetischen Allianzen beizutreten, bündnisunfähig geworden. Das konnte sich bestenfalls eine übermächtige Großmacht erlauben, Polen hingegen besaß dafür keine Voraussetzungen.

Die gestiegene Rolle Polens in Osteuropa verdankte es seiner Außenpolitik, doch streng genommen dem verbesserten Verhältnis zur Sowjetunion und den ausgezeichneten Beziehungen zu Deutschland. Damit war aber auch eine nicht zu unterschätzende Abhängigkeit entstanden. Da die Beziehungen zur UdSSR nicht enger, sondern distanzierter wurden, bekamen sie keine größere Bedeutung für die Stabilität Polens. Das leistete in zunehmendem Maße nun Deutschland. Berlin stärkte durch seine Beziehungen Polens Gewicht, konnte es aber jederzeit schwächen. Mit dieser Abhängigkeit war die Strategie des Marschalls eigentlich gescheitert. Dennoch befand sich Polen außenpolitisch in keiner ausweglosen Situation. Jene Politik war noch korrigierbar und eine Wendung zum Besseren möglich.

Anmerkungen

1 Vgl. Beck, Józef. Ostatni raport. Warszawa 1987. S. 27

2 Vgl. Ebenda. S. 31

3 Vgl. Ebenda. S. 67/68, vgl. Laroche, Jules. Polska lat 1926–1935. Wspomnienia ambasadora francuskiego. Warszawa 1966. S. 158

4 Vgl. Krasucki, Jerzy. Tragiczna niepodległość. Polityka zagraniczna Polski w latach 1919–1945. Poznań 2000S. 203

5 Vgl. Motyka, Grzegorz. Ukrainska partysantka 1942–1960. Działalność Organizacji Ukraińskich Nacjona-listów i Ukraińskiej Powstańczej Armii. Warszawa 2006. S. 63

6 Vgl. Polska w latach 1918–1939. Wybór tekstów źródłowych do nauczania historii. Pod redakcją Wojciecha Wrzesińskiego. Wydanie pierwsze. Warszawa 1986. S. 274–276

7 Vgl. Beck, Józef. Ostatni raport. Warszawa 1987. S. 77, vgl. Beck, Józef. Przemówienia, deklaracje, wywi-ady. Warszwa 1938. S. 128–131, 133

8 Vgl. Polska w latach 1918–1939. Wybór tekstów żródłowych do nauczania historii; a.a.O., S. 368

9 Vgl. Krasucki, Jerzy. Tragiczna niepodległość; a.a.O., S. 211

10 Vgl. Ajnenkiel, Andrzej. Polska po przewrocie majowym. Zarys dziejów politycznych Polski 1926–1939. Warszawa 1980. S. 629

11 Vgl. 100 lat polskiego ruchu robotniczego. Kronika wydarzeń. Warszawa 1978. S. 160/161

12 Vgl. Krasucki, Jerzy. Tragiczna niepodległość; a.a.O., S. 223/224

13 Auf die verschiedenen Bemühungen der deutschen Seite, die Polen für einen gemeinsamen Feldzug gegen die UdSSR zu gewinnen, wird in diesem Kapitel weiter eingegangen: Häufige gemeinsame Treffen, direkte und indirekte Vorschlage der deutschen Seite, Anspielungen auf eine angebliche sowjetische Bedrohung, konkrete Hilfsangebote usw.

14 Vgl. Ebenda. S. 222/223

15 Vgl. Beck, Józef. Ostatni raport; a.a.O., S. 50

16 Vgl. Ebenda. S. 96–98

17 Vgl. Ebenda. S. 98

18 Vgl. Serczyk, Władysław A. Dzieje Polski 1918–1939. Wybór materiałów źródłowych. Kraków 1990. S. 396

19 Vgl. Polska w latach 1918–1939. Wybór tekstów żródłowych do nauczania historii; a.a.O., S. 20 Vgl. Serczyk, Władysław A. Dzieje Polski 1918–1939. Wybór materiałów źródłowych; a.a.O., S. 398

21 Vgl. Wojciechowski, Marian. Stosunki polsko-niemieckie 1933–1938. Poznań 1980. S. 33–38, S.377

22 Vgl. Polska niepodległa. Encyklopedia PWN. Warszawa 2008. S. 80

23 Beck, Józef. Ostatni raport; a.a.O., S. 130

24 Vgl. Michael, Holger. Zwischen Davidstern und roter Fahne. Juden in Polen im XX. Jahrhundert. Berlin 2007. S. 85–122

25 Vgl. Ebenda. S. 127, vgl. Beck, Józef. Ostatni raport; a.a.O., S. 131/132

13.

Polen und die Zerschlagung der Tschechoslowakei

Der Anteil Polens an der Zerschlagung der Tschechoslowakei ist in der polnischen Geschichtsschreibung umstritten, im gesellschaftlichen Bewusstsein nicht. Da ist dieses dunkle Kapitel vergessen. In der Tendenz wird diese Aktion in der Historiographie als Fehler bezeichnet und den Großmachtambitionen Warschaus zugeordnet. Die polnische Führung hat in der Zwischenkriegszeit die Bedeutung ihres Landes mitunter erheblich überschätzt. Doch das war mehr als ein »Fehler«. Die aktive Anteilnahme Polens an diesem völkerrechtswidrigen Akt bedeutete einen Bruch mit den Prinzipien seiner Außenpolitik.

1934 fand ein Plan zur Besetzung des Olsa-Landes die Billigung Piłsudskis.[1] Die Annexion 1938 erfolgte also nicht spontan, sondern war von langer Hand vorbereitet. Und sie wurde von der Mehrheit der Polen – die Kommunisten ausgenommen – gewünscht. Es gab also einen nationalen Konsens.

Seit zwanzig Jahren hatte sich das feindliche Miteinander Polens und der Tschechoslowakei verfestigt. Ursächlich war keineswegs nur die aus polnischer Sicht offene Grenzfrage. Die ČSR war im Unterschied zu den anderen osteuropäischen Staaten eine bürgerlich-parlamentarische Demokratie und wirtschaftlich weiter entwickelt als ihre Nachbarn im Osten. Die Arbeiterklasse war zahlenmäßig dort stärker als in jedem anderen Land, Sozialdemokraten und Kommunisten kamen zusammen auf zwanzig Prozent im Parlament.[2] 1936 zählte die

KPČ über 70000 Mitglieder. Damit war sie, auf die zehn Millionen Einwohner gerechnet, zu jener Zeit die stärkste kommunistische Partei des bürgerlichen Osteuropas. Im Parlament hatte sie bei den Wahlen über zehn Prozent errungen und war die zweitstärkste Partei der Tschechoslowakei.[3]

Allein dieser Umstand war ungewöhnlich und den Herrschenden auch Polens höchst suspekt. Zudem arbeitete in Prag noch ein Büro der Komintern, das alle Aktivitäten der Weltpartei in den benachbarten Ländern koordinierte. Das war für Polen, dessen illegale Kommunisten von dort ebenfalls ihre Instruktionen erhielten, ein Stein des Anstoßes. Zudem konnten sich die ukrainischen Zentren in der tschechoslowakischen Karpato-Ukraine ohne größere staatliche Beschränkung entwickeln und in die polnische Ukraine hineinwirken. Prag galt darum in der polnischen Öffentlichkeit als ein antipolnisches Diversionszentrum, weshalb etwa 1934 Warschau in einer diplomatischen Note der Tschechoslowakei vorwarf, ukrainischen Nationalisten Asyl und Ausbildung zu gewähren.

Zudem hatte die Tschechoslowakei als einziger osteuropäischer Staat ein Militärbündnis mit der Sowjetunion abgeschlossen, was in den Augen des offiziellen Polen besonders anrüchig war. Warschau ging davon aus, dass dieser ČSR kein langes Leben beschieden sein würde und wartete nicht teilnahmslos auf deren Ende, sondern unternahm manches, um den vermeintlichen Zerfall zu beschleunigen. Darum unterstützte Warschau beispielsweise auch die Bewegung der faschistischen Separatisten in der Slowakei. Der Parlamentsabgeordnete und Führer der Slowakischen Volkspartei Jozef Tiso, ein katholischer Theologe, stattete 1937 Polen einen offiziellen Besuch ab und wurde mit einem staatlichen Orden bedacht. Polen rechnete nicht nur mit einer Abtrennung der Slowakei von Tschechien, sondern versprach sich damit auch Einfluss auf den künftigen slowakischen Staat. Zugleich unterstützte Polen auch die ungarischen Bestrebungen zur Wiedererlangung der Südslowakei sowie der Karpato-Ukraine. Polen selbst wollte einige kleine Gebiete für sich gewinnen. Dies und auch die besonders freundschaftlichen Beziehungen Polens zu Ungarn waren in Bratislava bekannt, weshalb die slowakischen Nationalisten mehr auf Berliner Beistand setzten, der sie vor der ungarischen Gefahr schützen sollte.

Auf dem Hradschin in Prag waren die deutschen Gebietsforderungen gegenüber Polen und die Spannungen in den polnisch-deutschen Beziehungen bekannt. Das Verhältnis zwischen Prag und Berlin war diesbezüglich entspannt: Deutschland erhob offiziell keinen Anspruch auf tschechische oder slowakische Territorien. Die von Deutschen bewohnten Gebiete gehörten jahrhundertelang zum Habsburger Reich. Auch die österreichischen Nachfolger richteten keine Forderungen an Prag.

Prag vermied es, sich in den polnisch-deutschen Konflikt hineinziehen zu lassen. Der Fokus der tschechoslowakischen Außenpolitik war auf Ungarn gerichtet, das die in Trianon festgelegten Grenzen zur Tschechoslowakei in Frage stellte. Die offen freundschaftlichen Beziehungen zwischen Budapest und Warschau verstärkten das Misstrauen gegen den nördlichen Nachbarn, das nach dem 30. Januar 1933 dramatisch zunahm. Die Faschisierung der deutschen Minderheit (»Sudetendeutsche«), verbunden mit ihren von Berlin forcierten separatistischen Bestrebungen, gefährdete zunehmend die innere Stabilität und die territoriale Integrität der Tschechoslowakei. Die seit 1934 von Prag als Annäherung an Deutschland empfundene polnische Außenpolitik und die Weigerung Polens, sich an Bündnissen und Maßnahmen zu beteiligen, die die Sicherheit der Tschechoslowakei stärkten, verunsicherten die Führung der Tschechoslowakei.

Am 12. März 1938 übernahmen Wehrmacht-, SS- und Polizeieinheiten das Kommando in Österreich, Hitler »verkündete« in Linz die »Heimkehr« seiner Heimat ins Deutsche Reich. Warschau verlangte am 22. März von Prag, Maßnahmen gegen die Komintern-Vertretung in der tschechoslowakischen Hauptstadt zu ergreifen. Der Antikommunismus marschierte in Zentraleuropa voran. Und der Nationalismus auch.

Seit Ende März koordinierten Warschau und Berlin die Aktivitäten um ihre jeweiligen nationalen Minderheiten in der Tschechoslowakei. Wenn Beck später auch beteuerte, mit Berlin keine diesbezüglichen Vereinbarungen getroffen zu haben, so hatte er doch wegen der Belange seiner Landsleute und wegen territorialer Interessen (Olsa-Gebiet) mit der Naziführung konferiert.[4] Solche Gespräche, Absprachen und Formen der Koordinierung gegen das Interesse und die territoriale Integrität eines Drittstaates kann man durchaus als Zusammenarbeit bezeichnen.

Am 27. März 1938 wurde im Olsa-Land der »Bund der Polen in der Tschechoslowakei« ins Leben gerufen. Tags darauf machte Warschau Prag deutlich, dass die Frage der polnischen Minderheit in der ČSR, die angeblich ungelöst sei, als ein feindseliger Akt betrachtet werde. Am 30. März forderte die polnische Minderheit die Autonomie innerhalb der Tschechoslowakei ein. Das war auch die Forderung der Sudetendeutschen. Die Prozesse liefen synchron, als hätten sich Warschau und Berlin abgestimmt. Verwunderlich jedenfalls, dass Polen erst jetzt, nach knapp zwanzig Jahren, es für erforderlich hielt, seiner nationalen Minderheit in der ČSR eine eigene Organisation zu geben.

Spannungen wegen der polnischen Minderheit gab es gelegentlich in der Vergangenheit, doch waren sie keinesfalls gravierend und spektakulär. Einmal waren einige polnische Zeitungen verboten worden, und 1935 streikten polnische Schüler für polnisches Lehrpersonal. Die tschechoslowakische Regierung versuchte natürlich bei einer solch kleinen nationalen Minderheit, wie sie die polnische war, ihre staatliche Kulturhoheit durchzusetzen. So etwas führte immer zu Problemen. In diesem Zusammenhang jedoch von Diskriminierung, Schikanen oder Feindseligkeit zu sprechen, war völlig überzogen.

Am 12. Mai 1938 beriet im Warschauer Schloss die polnische Führung mit Staatspräsident Ignacy Mościcki die Schritte gegen die Tschechoslowakei. Am gleichen Tag war in der regierungsoffiziellen *Gazeta Polska* unter dem Titel »Die Tschechoslowakei und Polen« ein gegen das südliche Nachbarland gerichteter Artikel erschienen. Es schlossen sich von der Regierung organisierte Massenkundgebungen an, auf denen Prag attackiert wurde. Analog dem Sudetendeutschen Freikorps in Deutschland begann man mit dem Aufbau einer Freiwilligentruppe im polnischen Oberschlesien. Das alles erfolgte parallel zur sogenannten Mai-Krise, dem ersten Höhepunkt des von deutscher und sudetendeutscher Seite provozierten Konflikts mit Prag.

Polen schloss den Einsatz seines Heeres beim möglichen Anschluss des Olsa-Gebietes nicht aus. Damit begab es sich ohne Not in eine außenpolitisch schwierige Lage. Diese Haltung stand diametral entgegen: dem Bündnissystem Tschechoslowakei-Frankreich-UdSSR, den Verträgen mit Frankreich und Rumänien und dem französischen Sicherheitssystem in Osteuropa. Damit riskierte Polen auch eine enorme Verschlechterung der Beziehungen zur Sowjetunion und einen Vertrauensverlust im Westen. Darüber war man sich aber in der Wierzbowa und auf dem Warschauer Schloss, dem Sitz des Staatspräsidenten, durchaus im Klaren. Aber man vertraute auf eigenes Geschick und eine günstige Entwicklung der Situation vor Ort und in Europa.

Man wusste um die Schwäche im Verteidigungssystem der Tschechoslowakei: Ohne Polens und Rumäniens Erlaubnis kam kein einziger Rotarmist in die ČSR. Ohne die Hilfe aus dem Osten aber würde sich Frankreich kaum entschließen, für die Tschechoslowakei in den Krieg zu ziehen. Das hatte Paris auf entsprechende polnische Nachfragen bereits mitgeteilt. In Warschau war man sich völlig sicher, dass Paris nicht eingreifen und somit die Tschechoslowakei ihrem Schicksal überlassen werde. Frankreich würde den deutschen Forderungen bezüglich der Sudeten nachgeben.[5]

Beck und die Wierzbowa hatten richtig kalkuliert. Am 28./29. April 1938 fand in Paris eine Konferenz der französischen und britischen Premier- und Außenminister statt. Sie beschlossen, der Tschechoslowakei keine bewaffnete Hilfe zu leisten und den deutschen Forderungen nachzugeben. Die Beschlüsse wurden aber geheimgehalten und öffentlich das Gegenteil eingeleitet: Die Westmächte verpflichteten sich offiziell, in Warschau und Bukarest einen sowjetischen Truppendurchmarsch zu erwirken. Gespräche darüber fanden auch statt. Doch diese waren nicht ernstgemeint, was den Beteiligten bewusst war. Es war Theater für die europäische Öffentlichkeit.

Polen betrachtete die von Berlin und Warschau inszenierte »Tschechoslowakei-Krise« als einen lokalen Konflikt, aus dem sich kein Krieg entwickeln würde. Die Sowjetunion sah das ganz anders. Wegen des bestehenden Bündnissystems mit der ČSR betraf diese Krise Europa, so dass sich aus ihr durchaus ein Krieg entzünden könnte. Moskau hing dennoch der Illusion an, dass die Volksfrontregierung in Paris ihren Einfluss in Warschau geltend machen und die polnischen Falken in die Schranken weisen würde.

Bei Großbritannien hatte der Kreml diese Illusionen nicht. Am 24. Mai hatte Premier Neville Chamberlain vor dem außenpolitischen Gremium die deutschen Forderungen als gerechtfertigt bezeichnet. Im Unterhaus griff er die Sowjetunion an, dass sie sich hinter dem Rücken der Westmächte auf einen Krieg vorbereite.

Die außenpolitischen Bedingungen zur Verteidigung der ČSR waren also denkbar schlecht. Der Westen wollte sie nicht verteidigen, die UdSSR konnte es nicht aufgrund der polnischen und rumänischen Blockade.

Im April 1938 forderte die faschistische Sudetendeutsche Partei (SdP), der es gelungen war, die meisten deutschen Organisationen unter ihrem Dach zu vereinigen, auf ihrem Parteitag in Karlovy Vary (Karlsbad) die Abtrennung der von Deutschen besiedelten Gebiete aus dem tschechoslowakischen Staatsverband.

Die von Konrad Henlein geführte SdP war 1935 aus den Parlamentswahlen mit 15,2 Prozent als die stärkste Partei der Tschechoslowakei überhaupt hervorgegangen. Mit 1,2 Millionen Stimmen wusste sie nahezu jeden erwachsenen Deutschen in der ČSR hinter sich.[6] Der Einfluss der sudetendeutschen Faschisten auf die dortige Bevölkerung war somit wesentlich höher als in Deutschland selbst, wo die NSDAP bei den letzten Wahlen der Weimarer Republik auf 33,1 Prozent gekommen war.[7]

Am 19. Mai zog Berlin Truppen an der Grenze zur Tschechoslowakei zusammen, als Reaktion kam es am 20./21. Mai zu einer Teilmobilmachung in der Tschechoslowakei. Einheiten der ČSR-Armee marschierten in die sudetendeutschen Gebiete ein und übernahmen gemeinsam mit bewaffneten – auch deutschen – Antifaschisten die Sicherung der Staatsgrenze. Das entschlossene Auftreten der Tschechoslowakei und die offizielle Versicherung der Westmächte und der UdSSR, im Ernstfall Hilfe leisten zu wollen, veranlasste Berlin zum Rückzug seiner Truppen von der Grenze.

Dieses Beispiel belegt, dass eine Demonstration von Geschlossenheit und Kampfeswillen eine deutsche Aggression verhindern oder wesentlich behindern konnte. Doch weder in der Tschechoslowakei noch bei den Westmächten wurden entsprechende Schlussfolgerungen gezogen. Statt sich der eigenen Kraft bewusst zu sein, den Frieden militärisch wirksam zu sichern und die verfassungswidrige faschistische Bewegung zu verbieten und zu zerschlagen, machte Prag auf westlichen Druck Zugeständnisse.

Nach einer Rede Hitlers am 12. September gingen die Henlein-Faschisten zur Offensive über. Die Separatisten terrorisierten nicht nur Tschechen und linksgerichtete Deutsche, sondern auch Juden, sie überfielen Polizeiposten und andere staatliche Institutionen. Doch die Staatsmacht schlug zurück, schickte Truppen, rief am 17. September den Ausnahmezustand in den relevanten Territorien aus und stellte dort binnen 24 Stunden die verfassungsmäßigen Verhältnisse wieder her. Die SdP wurde verboten, ihre Führer und Funktionäre flohen über die nahe Grenze nach Deutschland. Erneut hatte der tschechoslowakische Staat seine Lebensfähigkeit unter Beweis gestellt. Zudem zeigte das Verhalten der SdP-Faschisten, dass Zugeständnisse fehl am Platze waren.

Am 19. September, nachdem in den Grenzgebieten Ruhe eingekehrt und die öffentliche Ordnung wieder hergestellt war, forderten jedoch London und Paris von der tschechoslowakischen Regierung, die umstrittenen Gebiete abzutreten. Vom Westen war also keine Hilfe zu erwarten.

Staatspräsident Edvard Beneš, der auch mit den Stimmen der Kommunisten gewählt worden war, gab nicht nach, obwohl er unter dem Druck von Kapitulanten innerhalb der bürgerlichen Parteien stand. Er wandte sich an Moskau. Die erste Frage betraf eine sofortige sowjetische Hilfsaktion – falls Frankreich das Gleiche tun würde. Die zweite Frage bezog sich auf eine Unterstützung für den Fall, das im Völkerbund eine für die Tschechoslowakei ungünstige Abstimmung erfolgen sollte.

Am 20. September reagierte die Sowjetregierung positiv.

Am 21. September bezeichnete der sowjetische Außenminister Maxim Litwinow Deutschland im Völkerbund als Aggressor und kritisierte die abwartende und neutrale Haltung anderer Staaten. Polen, Schweden und die baltischen Staaten widersprachen entschieden den sowjetischen Ausführungen. Damit wurde eine Verurteilung der deutschen Aktivitäten unmöglich.

Für die Sowjetunion hatte sich Polen damit endgültig in die deutsche Front eingereiht, Warschau ließ sich augenscheinlich von Berlin inspirieren. Nun war die UdSSR davon überzeugt, dass die Bündnisse des Westens mit der Tschechoslowakei nicht ernst gemeint waren und die ČSR allein dem Aggressor gegenüberstand. Mit solch einer Wendung hatte Moskau nicht gerechnet.

Polen war nicht nur an einer Verteidigung der Tschechoslowakei nicht interessiert, sondern blockierte Hilfsmaßnahmen Dritter. Als die UdSSR Vorbereitungen für die Errichtung einer Luftbrücke einleitete, ließ die polnische Regierung einige Eskadronen von Kampfflugzeugen nach Małopolska in Südwestpolen beordern, um »nicht identifizierte Flugkörper abzufangen«.[8] Zeitgleich wurde der Druck auf Rumänien verstärkt, das daraufhin einen sowjetischen Durchmarsch endgültig ablehnte.[9] Bukarest erklärte, dass auch der Völkerbund sie nicht dazu zwingen könnte, die Rote Armee passieren zu lassen. Das war umso verwunderlicher, da seit 1931 ein gemeinsamer Verteidigungspakt mit der Tschechoslowakei bestand.

Während der September-Krise ließ Polen in der Wojewodschaft Wolhynien an der Grenze zur Sowjetunion Militärmanöver abhalten, um die UdSSR vor einer Hilfsaktion für die ČSR zu warnen und den Druck auf Rumänien zu erhöhen.[10] Im gleichen Monat erklärte Botschafter Lipski im Auftrage Becks in Berlin, dass durch diese polnischen Maßnahmen die Sowjetunion vorsätzlich an einer Hilfsaktion zugunsten der Tschechoslowakei gehindert worden war.[11]

Nun hielt die Wierzbowa auch die Zeit für die Anmeldung eigener Ansprüche gekommen. Am 15., 16. und 17. September schickte Warschau Noten an Großbritannien, Frankreich, Deutschland und Italien mit der Forderung, der polnische Minderheit die gleichen Rechte zu gewähren, wie sie den Sudetendeutschen zugestanden werden sollten. Alles, was die Sudetendeutschen erreichen würden – einschließlich der

Abtrennung ihrer Gebiete – sollte auch den Polen zugestanden werden. Polen rechnete auf den Erfolg der deutschen Bemühungen und wollte den deutschen Druck auf die Tschechoslowakei auch für sich nutzen.

Polen verließ sich dabei nicht auf diplomatische Verlautbarungen. An der Grenze zur ČSR wurden Grenzprovokationen inszeniert, und Warschau kündigte die 1925 mit den Tschechen geschlossene Konvention über Handel und Transit militärischer Güter auf. Der Vertrag sollte sicherstellen, dass im Kriegsfall Frankreich von polnischem Territorium aus die ČSR beliefert konnte.

Am 21. September wurden die polnischen Truppen an der Grenze zur Tschechoslowakei verstärkt. Polen war sich sicher, dass es zu einer militärischen Konfrontation käme, wobei Deutschland den Hauptschlag führen würde.

Am gleichen Tag kam es in der ČSR zu Massendemonstrationen, auf denen die Verteidigung des Landes gefordert wurde. Am 23. September erfolgte eine allgemeine Mobilmachung. Die Lage spitzte sich weiter zu.

Die Sowjetunion war nun in einer schwierigen Situation. Sie konnte erst aktiv werden, wenn Polen in die Tschechoslowakei einmarschierte. Dabei bestand die Gefahr, dass sich Polen mit Deutschland gegen die UdSSR verbündeten und den zuschauenden Westmächten den lang gehegten Wunsch erfüllen würde. Moskau fragte in Paris am 19. September an, ob Frankreich Polen Hilfe leisten werde, falls es im Rahmen der sowjetischen Hilfe für die ČSR zu einem polnisch-sowjetischen Krieg käme. Die Franzosen antworteten, dass sie in keinem Falle Polen beistehen würden.

Daraufhin ließ Moskau Warschau am 23. September eine offene Note zukommen. Die Sowjetunion versetzte die Truppen im Kiewer und im belorussischen Militärbezirk in Alarmbereitschaft, an der polnischen Grenze wurden Sowjettruppen konzentriert.

Inhalt und Form der Moskauer Note waren mit Abstand das Eindringlichste, was in den polnisch-sowjetischen Beziehungen seit 1918 formuliert worden war. Im Falle des Überschreitens der tschechoslowakischen Grenze durch polnische Truppen, hieß es dort, werde die UdSSR ohne weitere Warnung den Nichtangriffsvertrag von 1932 aufkündigen. Zudem forderte Moskau die Zusage Polens, nicht in die ČSR einzumarschieren.

Das kam einer Kriegserklärung gleich.[12]

An diesem 23. September war die polnische Politik des gleichen Abstandes endgültig beendet. Polen stand dort, wovor Piłsudski sich immer gefürchtet hatte. Und zwar durch eigenes Verschulden. Mit anderen Worten: Polen stand vor dem Scherbenhaufen seiner außenpolitischen Konzeption. Polen stand vor einem Krieg mit der Sowjetunion.

Offensichtlich war man sich in Warschau der Tragweite dieser Gefahr bewusst. Immerhin standen zwei sowjetische Armeekorps mit Kavallerie und einer Unmenge gepanzerter Fahrzeugen in Grenznähe.[13] Angesichts der sowjetischen Warnung musste sich die Wierzbowa etwas einfallen lassen, um einen militärischen Konflikt mit der UdSSR in letzter Minute zu verhindern. Dabei durfte man nicht das Gesicht verlieren.

Warschau reagierte auf die, wie Beck es später ausdrückte, »berühmte arrogante sowjetische Note«[14], ausgesprochen gereizt und hochnäsig. Die Wierzbowa machte Moskau deutlich, dass die Politik Polens niemanden etwas angehen würde.[15]

Ton und Inhalt legten den Verdacht nahe, dass zwischen Deutschland und Polen ein Bündnis existierte. Tatsächlich war die Zusammenarbeit Warschaus mit Berlin zur Zerschlagung der Tschechoslowakei weit gediehen. Am 20. September ließ Außenminister Beck Hitler über Botschafter Lipski Warschaus konkrete Vorstellungen übermitteln; sie waren gewissermaßen Rapport und Forderung zugleich: Polens Druck auf Rumänien zur Verhinderung eines sowjetischen Durchmarsches habe Erfolg gehabt; die polnischen Militärmanöver an der sowjetischen Grenze seien als Warnung für Moskau gedacht; die UdSSR solle sich aus europäischen Angelegenheiten heraushalten und sich nicht einmischen. Die Tschechoslowakei sei ein künstliches Gebilde, daher habe Polen im letzten Jahr vier Vorschläge zur Verteidigung der ČSR abgelehnt. Polen fordere das Olsa-Land und eine gemeinsame Grenze mit Ungarn, um so die Tschechoslowakei räumlich noch mehr von der UdSSR zu trennen.[16]

Das war keine Markierung gewünschter Einflusssphären, sondern präzise formulierte Gebietsforderungen, gerichtet an die Adresse eines potenziellen Aggressors. Warschau forderte nicht nur Territorien für Polen, sondern auch für Ungarn. Der Donau-Staat sollte in die Zerschlagung der Tschechoslowakei einbezogen werden. Dies widersprach nicht nur den selbst formulierten Prinzipien der friedlichen Nachbarschaft zwischen Polen und der UdSSR, sondern auch geltenden Verträgen mit Frankreich sowie den Prinzipien des Völkerbundes.

Die polnische Geschichtsschreibung behauptet, wie auch die damaligen Erklärer, dass sich die Tschechoslowakei ohnehin nicht verteidigen *wollte*. Als Lipski Becks Botschaft an Hitler übergab, traf das keineswegs zu – die Tschechoslowakei war sehr wohl zur Verteidigung ihrer staatlichen Integrität bereit. Selbst wenn Warschaus Darstellung zutreffen würde, spräche dies Polen nicht vom Vorwurf frei, internationale Verträge gebrochen und mit einem potenziellen Aggressor bei der Zerschlagung eines souveränen Staates kooperiert zu haben.

Am 24. September wandte sich Staatspräsident Beneš an seinen polnischen Amtskollegen mit dem Vorschlag, die Gesamtheit der polnisch-tschechoslowakischen Beziehungen zu verbessern. Aus bis heute unerklärlichen Gründen traf das Schreiben erst am 26. September in Warschau ein. Es wurde nie beantwortet.

Auf Schreiben solcher Art wird in der Regel nicht reagiert, wenn man deren Inhalt demonstrativ ignoriert, oder aber, wenn ein militärischer Konflikt unmittelbar bevorsteht.

Am 26. September teilte der deutsche Außenminister Warschau mit, dass Berlin die polnische Forderung in Prag ansprechen werde. Das war neu in der polnischen Außenpolitik: Noch nie hatte Polen seine Interessen über einen Nachbarstaat vertreten lassen. Damit hatte sich Polen in dessen Abhängigkeit begeben. Das widersprach allen Regeln der polnischen Außenpolitik, die sich doch als unabhängig verstand.

Am gleichen Tage informierte Ribbentrop den polnischen Botschafter darüber, dass Deutschland militärisch handeln werde, sollten seine Forderungen von der Tschechoslowakei abgelehnt werden. In diesem Zusammenhang fragte er Lipski, wie sich Polen verhalten werde. Lipski antwortete, dass bei der Verweigerung Prags polnische Truppen ins Olsa-Land einmarschieren würden.[17] Somit wurde also von polnischer Seite ein zeitgleiches Handeln mit den Deutschen zumindest angekündigt. Damit kalkulierte Polen einen Krieg mit der UdSSR bewusst ein.

Am nächsten Tag, dem 27. September, forderte der polnische Botschafter in Prag, Kazimierz Papée, vom tschechoslowakischen Außenminister die Abtretung des Olsa-Landes an Polen.

Die Tschechoslowakei wollte nicht nachgeben und war bereit zu kämpfen. Dieser Stimmung konnten sich auch die Vertreter der Westmächte nicht entziehen, in deren Hände Prag die Verteidigung seiner Souveränität gelegt hatte. Aber sie waren auch jetzt nicht zu einer Hilfe bereit und bedrängten stattdessen die Führung der Tschechoslowakei zu kapitulieren. So sollte der Krieg vermieden waren.

Bei diesen Überlegungen spielte auch der politisch-ideologische Aspekt eine wesentliche Rolle. Im Westen sah man, dass sich die tschechoslowakischen Kommunisten an die Spitze der patriotischen Volksbewegung gestellt hatten und das Prestige der Sowjetunion eine enorme Aufwertung erfuhr. Mit einer aktiven Verteidigung der Tschechoslowakei wären die Kommunisten eventuell die führende Kraft im Land geworden und somit ganz gewiss Regierungspartei. Die sofortige Hilfe der UdSSR hätte eine deutsche Aggression aufhalten und auch die Massen in den westeuropäischen Staaten ein aktives Eingreifen ihrer Regierungen verlangen können. Das wäre angesichts der jüngsten Erfolge der französischen und spanischen Volksfront mehr als wahrscheinlich. Mit jedem Erfolg bei der Verteidigung der Tschechoslowakei wäre der sowjetische Einfluss gestiegen und der des Westens gesunken. Das alles hätte völlig unkontrollierbare Folgen gehabt, die an die Substanz der bürgerlichen Gesellschaftsordnung gegangen wären. Auch darum sollte die Tschechoslowakei den deutschen Forderungen nachgeben, um einen militärischen Konflikt zu vermeiden.

Am 15. September akzeptierte der britische Premier bei Hitler in Berchtesgaden die deutschen Forderungen. Am 22. und 23. September wurde bei den Gesprächen zwischen der deutschen und der britischen Seite hinzugefügt, dass die polnischen und ungarischen Forderungen ebenfalls zur Sprache kommen würden.

Am 29. September 1938 kamen die Regierungschefs von Deutschland, Italien, Frankreich und Großbritannien in München zusammen. Die Vertreter der Tschechoslowakei waren zwar in München, aber zu den Verhandlungen nicht zugelassen. Die Westmächte erlaubten Deutschland, bis zum 11. Oktober alle tschechischen Gebiete anzuschließen, in denen mehr als 50 Prozent der Bevölkerung Deutsche seien. Das betraf (einschließlich der an Ungarn und Polen abzutretenden Territorien) ein Drittel des Staatsgebietes und fast 40 Prozent der tschechoslowakischen Industrieproduktion.[18] Damit verbunden war der Verzicht der Tschechoslowakei auf alle Bündnisse einschließlich jener mit der UdSSR. Die Frage der polnischen wie auch anderer umstrittener Gebiete sollte innerhalb der folgenden drei Monate geklärt werden.

Am 30. September akzeptierte die Regierung der Tschechoslowakei diese Forderungen. Durch diesen Verrat der Westmächte stand die ČSR ohne internationalen Schutz da. Allein die Verpflichtung Deutschlands, keine weiteren Gebietsforderungen zu stellen und eine scheinbare Friedensgarantie waren unverbindliche Bedingungen des Münchener Abkommens, die allerdings in London und in Paris euphorisch als Erfolg gefeiert wurden.

Die polnische Führung sah München als Niederlage, weil man nicht auf Augenhöhe mit den Signatarmächten gestanden hatte, man war noch nicht einmal von diesen hinzugebeten worden. Für Beck war das eine Demütigung. Sie saß so tief, dass er sich noch Jahre später im rumänischen Exil darüber beklagte. München stellte für ihn »den Fakt einer Teilung Europas ohne rechtliche und völkerrechtliche Begründung« dar, »ohne die Stimmen der anderen Interessierten«[19]. Dieses Abkommen verstieß seiner Meinung nach gegen jede internationale Regelung und gegen Prinzipien des Völkerbundes.[20]

Seine allgemeine Wertung deckte sich mit dem allgemeinen Urteil der Geschichte, dass das Münchener Abkommen ein Diktat gegenüber der Tschechoslowakei und darum völkerrechtswidrig war.

Das aber monierte Beck nicht. Er nahm daran Anstoß, dass Polen und Ungarn nicht mit am Verhandlungstisch sitzen und das Abkommen unterzeichnen durften. Polens territoriale Interessen waren kaum berücksichtigt worden und wurden darum auch nicht vertraglich fixiert. Als Beck im Vorfeld des deutschen Einmarsches in die »sudetendeutschen Gebiete« feststellte, dass auch die von Polen gewünschten Gebiete zu Deutschland kommen sollten, ließ er seinen Botschafter bei Amtschef Ribbentrop vorstellig werden. Lipski forderte »kategorisch«[21] die aktuelle Anerkennung der polnischen Gebietsforderungen: »Hitler war immer gegen die Verletzung unserer Interessen.«[22] Diese Intervention sorgte dafür, dass Hitler das Olsa-Gebiet nicht besetzen ließ.[23]

Praktisch waren die Polen also keinen Schritt weiter gekommen. Hingegen bekam Deutschland seine territorialen Wünsche mit westlicher Unterstützung erfüllt. Sie waren damit – aus damaliger Sicht – völkerrechtlich sanktioniert. Die Ungarn bekamen kein Territorium, die gemeinsame polnisch-ungarische Grenze blieb ein frommer Wunsch. Deprimierend war die Nichterfüllung der polnischen Gebietsforderungen. Während das Deutsche Reich Gebiete der Tschechoslowakei mit westlicher Hilfe kampflos einnehmen konnte, musste sich Polen allein darum kümmern.

Da die Münchener Konferenz eine Grenzgarantie für die Rest-Tschechoslowakei gegeben hatte, würden polnische Vorstöße international geächtet werden. Das legt die Vermutung nahe, dass Deutschland genau dies beabsichtigte: Schritte in diese Richtung würden Polen weiter isolieren und letztlich an Deutschland binden.

Polen verfügte in dieser Situation kaum noch über diplomatischen Spielraum. Sich mit Prag ins Benehmen zu setzen, wie das München verlangte, konnte mit einer Niederlage enden. Es war durchaus möglich, dass die Tschechoslowakei angesichts des bisherigen Gebietsverlustes nicht mehr zu weiteren Zugeständnissen bereit war. Von der ganzen Sache Abstand zu nehmen, ging angesichts der auf Hochtouren laufenden antitschechischen Propaganda in Polen nicht mehr. Warschau entschloss sich zur Flucht nach vorn, auch um zu demonstrieren, dass es noch zu selbstständigen außenpolitischen Aktionen fähig war.

Am 30. September tagte die polnische Führung im Warschauer Schloss und forderte um 23.40 Uhr in einem Ultimatum von Prag die Abtretung des Olsa-Landes innerhalb von zwölf Stunden.[24] Damit verstieß Warschau gegen das Münchener Abkommen, das Verhandlungen und keine Ultimaten zwischen Polen und der ČSR vorgesehen hatte. Im Gegensatz zu damaligen und heutigen Beteuerungen glaubte Polen eben doch nicht an eine kampflose Übergabe.[25] Ein militärischer Konflikt war einkalkuliert.

Am gleichen Tag hatte Beck an Berlin die Frage gerichtet, wie sich Deutschland im Falle eines bewaffneten Konflikts verhalten würde. Lipski bekam geantwortet: Berlin werde bei einem polnisch-tschechischen Konflikt einc wohlwollende Haltung einnehmen, also nichts unternehmen. Im Falle eines polnisch-sowjetischen Krieges könne Polen, so Ribbentrop, mit deutscher Hilfe rechnen.[26]

So käme das zustande, was Deutschland immer gewollt, aber bisher nicht erreicht hatte: ein Militärbündnis mit Polen gegen die UdSSR.

Die Polen hätten nicht drohen müssen, denn die Deutschen machten ohnehin ihre Garantieversprechen gegenüber Prag von der Erledigung der polnischen und ungarischen Fragen abhängig. Insgesamt war diese Aktion eigentlich überflüssig gewesen. Zudem bestand die Gefahr, dass Polen und nicht Deutschland als Erster gegen die Tschechoslowakei losschlagen müsste. Diesen Eindruck wollte die polnische Führung unbedingt vermeiden.[27]

Warschau hatte aber Glück: Die Tschechoslowakei gab nach, und am 2. Oktober marschierten polnische Truppen ins Olsa-Gebiet ein. Parallel dazu übernahmen die Deutschen die abgetrotzten Gebiete. Einen Monat später, am 2. November 1938, erhielt Ungarn durch den sogenannten Wiener Schiedsspruch (durch Deutschland und Italien) die Südslowakei und einen Teil der Karpato-Ukraine. Polen wurde auch hierzu nicht befragt und die gemeinsame Grenze mit Ungarn nicht hergestellt.

Nach dem Oktober 1938 gingen die polnischen Gebietsansprüche jedoch weiter. Am 1. November verlangte Polen die kleinen Gebiete Spisz und Orava sowie ein paar Dörfer an der polnischen Tatra-Grenze. Diese Forderungen wurden sofort erfüllt. Polen gewann 1086 km² und etwa 280 000 Menschen hinzu, wovon ungefähr die Hälfte Polen waren.[28]

Jener Gebietszuwachs wurde in Polen gefeiert. Die meisten Polen waren überzeugt, dass nun ihre Südgrenze sicherer geworden sei. Die

Opposition, die früher aus verschiedenen Gründen ein besseres Verhältnis zur Tschechoslowakei angemahnt hatte, war verstummt. Die einzige Kraft, die das kritisiert hatte, die Kommunisten, war durch die von der Komintern verfügte Selbstauflösung ihrer Partei beraubt und politisch ausgeschaltet.

Die Annexion tschechoslowakischer Gebiete – vor allem das Olsa-Land – brachte Polen einen bedeutenden wirtschaftlichen Zuwachs. Dort befanden sich fast siebentausend Industrie- und Handelsbetriebe, die 58000 Menschen beschäftigten. Unter den Betrieben waren sechzehn Kohlegruben, fünf Kokereien, zwei Brikettfabriken, vier große und sechzehn kleinere Hochöfen sowie acht Walzwerke. Insgesamt betrug die Metallproduktion der Olsa-Region 36 Prozent Polens.[29]

Zudem gelang es Polen, den bedeutenden Verkehrsknotenpunkt und das Schwerindustriezentrum Bohumín durch Verhandlungen den Deutschen abzutrotzen.

Das schlug alles der Sanacja politisch zu Buche. Die Parlamentswahlen am 8. November 1938, die nach einem neuen und undemokratischen Wahlgesetz erfolgten, wurden von der Opposition boykottiert und von der Regierung als Volksabstimmung für ihre Politik gewertet. Mit 67 Prozent Wahlbeteiligung – in Oberschlesien 85 Prozent – erzielte die Warschauer Führung einen gewaltigen Erfolg. Ihre Parteien erhielten 80 Prozent der Sitze in beiden Kammern.[30]

Eingedenk der nach 1937 zu verspürenden leichten Belebung der Wirtschaft trat auch innenpolitisch eine gewisse Stabilisierung ein. Die politischen Kämpfe, die seit dem Machtbeginn der Sanacja bis in die späten dreißiger Jahre tobten und ihre Herrschaft von rechts und links in Frage stellten, waren weitgehend abgeflaut.

Außenpolitisch hingegen hatte Polen vor allem im Westen an Prestige verloren. Polen galt in den Augen der dortigen Öffentlichkeit als Bündnispartner Hitlerdeutschlands und als der Hauptakteur bei der Zerschlagung der Tschechoslowakei. Das hatte weitgehende Konsequenzen. Die Sympathie für Polen nahm rapide ab. Polen war ein unsicherer Kantonist, für den es sich einzusetzen nicht lohnte. Dieses grobschlächtige Vorurteil wurde von den westlichen Regierungen und politischen Kreisen als Vorwand genutzt, um vertraglich verbindliche Zusagen nicht mehr einzuhalten oder zu unterlaufen.

Dagegen halfen die Versicherung Warschaus wenig, dass Polen im Falle einer Auseinandersetzung mit Deutschland seine Bündnisverpflichtungen unbedingt erfüllen werde. Das waren keine leeren Worte. Polen sah sich trotz der Zusammenarbeit mit dem Dritten Reich durchaus in der Lage, bei jähen Wendungen seine Bündnispflichten gegenüber Frankreich einzuhalten. Darüber bestand in der Wierzbowa kein Zweifel. Doch gerade das zu versichern machte eigentlich schon keinen Sinn mehr, da Warschau ebenfalls wusste, dass Frankreich und Großbritannien nicht eingreifen und Berlin freie Hand beim Drang nach Osten lassen würden. Der Westen hatte Osteuropa abgeschrieben. Schon im November 1938 machten Paris und London dem dort weilenden rumänischen König Karl II. bewusst, dass in Osteuropa jetzt die Deutschen das Sagen hätten.[31]

Diese Umstände in Betracht ziehend, versuchte Polen, Einfluss auf das Schicksal des Territoriums der Rest-Tschechoslowakei zu nehmen. Mit Sorge blickte Warschau auf die Karpato-Ukraine. Die Regierung der Tschechoslowakei versuchte, durch Föderalisierung des verbliebenen Territoriums den Bestand der Republik zu retten. Dadurch wurde den Slowaken, aber auch den Ukrainern in der Karpato-Ukraine mehr Autonomierechte zugebilligt. Das war genau das, was die Polen am allerwenigsten wünschten. Die Karpato-Ukraine grenzte unmittelbar an Ostgalizien, noch dazu an das Zentrum der ukrainischen Nationalisten. In Kürze aktivierte sich die Tätigkeit der Nationalisten auf polnischem Gebiet. Um dem endgültig entgegenwirken zu können, sollte dieses Gebiet an Ungarn oder auch Rumänien fallen.

Am 18. Oktober 1938 versuchte Beck in Bukarest die Rumänen davon zu überzeugen, sich gemeinsam mit Ungarn um die Karpato-Ukraine zu bemühen.[32] Da zwischen Ungarn und Rumänien ständig Spannungen herrschten, kam dies für Bukarest nicht in Betracht. Sich in dieser Weise auch noch an der weiteren Liquidierung der Tschechoslowakei zu beteiligen, mochte man nicht. Bukarest lehnte den Vorschlag Becks ab.

An diese Tatsachen erinnert man sich heute in Polen ungern. Immerhin versuchte Polen zwei Länder zu einem Landraub an einem noch souveränen Staat zu überreden. Auch die Versuche Polens, die von ihm unterstützte slowakische Separatistenbewegung für sich zu instrumentalisieren und Einfluss auf Bratislava zu nehmen, scheiterten.

Am 14. März 1939 erklärte sich das autonome slowakische Gebiet als Staat unabhängig und bat Deutschland wegen der ungarischen Bedrohung um Schutz. Der *Slovenský štát* – 38000 Quadratkilometer, zweieinhalb Millionen Einwohner – entstand auf deutschen Druck. Am Tag zuvor war der Premierminister der slowakischen Landesregierung Jozef Tiso, der kurz zuvor von der Prager Regierung abgesetzt worden war, von Adolf Hitler nach Berlin eingeladen worden. Er sollte unverzüglich einen unabhängigen slowakischen Staat ausrufen, andernfalls würde das slowakische Territorium zwischen Polen und Ungarn aufgeteilt werden. Tiso wurde 1939 Ministerpräsident und 1947 als Kriegsverbrecher hingerichtet.

Am 15. März wurde Böhmen und Mähren, der tschechische Teil der Tschechoslowakei, zum deutschen Protektorat.

Am 23. März unterzeichneten Berlin und Bratislava einen deutsch-slowakischen Schutzvertrag. Damit war Polen als möglicher Protektor aus dem Rennen.

Alle Maßnahmen erfolgten ohne jegliche polnische Mitwirkung.

Mit der letzten Teilung der Tschechoslowakei rückte Ungarn in die Karpato-Ukraine ein. Ab 18. März bekam Polen endlich die gewünschte Grenze mit Ungarn.

An diesem Landgewinn und der Zerschlagung der Tschechoslowakei, der die geostrategische Position Polens insgesamt verschlechterte, erfreute sich Warschau kein halbes Jahr. Mit dem Überfall Deutschlands auf Polen am 1. September 1939 verlor Polen auch alle diese Gebiete. Die gemeinsame Grenze zu Ungarn diente nun in erster Linie dazu, die Flucht polnischer Militärs und Staatsfunktionären in den Westen zu ermöglichen.

Die Beteiligung Polens an der Zerschlagung der Tschechoslowakei war völkerrechtswidrig. Schlimmer noch: Polen schuf damit einen

Präzedenzfall für das, was ihm knapp ein Jahr später selbst widerfahren sollte, als sowjetische Truppen in Polen einmarschierten, um die Westukraine und Westbelorussland zu besetzten. Auch hier ging es der UdSSR nur um den Schutz ihrer Landsleute. Nichtsdestotrotz wird die sowjetische Aktion vom 17. September 1939 in der heutigen Geschichtsschreibung als eine gemeinsam mit Hitlerdeutschland betriebene Aggression und Okkupation gewertet.

Polens Beitrag an der von langer Hand geplanten systematischen und zielgerichteten Zerschlagung der Tschechoslowakei hingegen wird lediglich als Fehler bezeichnet.

Anmerkungen

1 Vgl. Beck, Józef. Ostatni raport. Warszawa 1987. S. 86
2 Vgl. Dau, Rudolf, Svatosch. Neueste Geschichte der Tschechoslowakei. Berlin 1985. S. 51
3 Vgl. Maly rocznik statystyczny. 1939. Rok X. Warszawa 1939. S. 16; vgl. Partie komunistyczne i robotnicze świata. Zarys encyklopedyczny. Warszawa 1978. S. 61
4 Vgl. Beck, Józef. Ostatni raport; a.a.O., S. 147, 161
5 Vgl. Ebenda. S. 146/147
6 Vgl. Dau, Rudolf, Svatosch. Neueste Geschichte der Tschechoslowakei; a.a.O., S. 73
7 Vgl. Atlas zur Geschichte. Band 2. Von der Großen Sozialistischen Oktoberrevolution 1917 bis 1972. Gotha/Leipzig 1975. S. 23
8 Vgl. Beck, Józef. Ostatni raport; a.a.O., S. 156
9 Vgl. Ebenda. S. 148
10 Vgl. Ebenda. S.150
11 Vgl. Polska w latach 1918–1939. Wybór tekstów żródłowych do nauczania historii. Pod redakcją Wojciecha Wrzesińskiego. Wydanie pierwsze. Warszawa 1986. S. 376–377
12 Vgl. Ebenda. S. 377
13 Vgl. Beck, Józef. Ostatni raport; a.a.O., S. 156
14 Vgl. Ebenda. S. 149
15 Vgl. Ebenda
16 Vgl. Polska w latach 1918–1939. Wybór tekstów żródłowych do nauczania historii; a.a.O., S. 376–377
17 Vgl. Grünberg, Karol. Otręba Bolesław. Joachim von Ribbentrop. Szef hitlerowskiej dypomacji. Warszawa 1995. S. 105
18 Vgl. Dau, Rudolf, Svatosch. Neueste Geschichte der Tschechoslowakei; a.a.O., S. 86, 88
19 Beck, Józef. Ostatni raport; a.a.O., S. 150/151
20 Vgl. Ebenda
21 Ebenda

22 Ebenda

23 Vgl. Ebenda

24 Vgl. Polska w latach 1918–1939. Wybór tekstów żródłowych; a.a.O., S. 378–380

25 Vgl. Beck, Józef. Ostatni raport; a.a.O., S. 147/148

26 Vgl. Krasucki, Jerzy. Tragiczna niepodległość. Polityka zagraniczna Polski w latach 1919–1945. Poznań 2000. S. 241

27 Vgl. Beck, Józef. Ostatni raport; a.a.O., S. 148

28 Vgl. Słownik historii Polski. Wydanie VI. Warszawa 1973. S. 611

29 Vgl. Landau, Zbigniew, Tomaszewski, Jerzy. Zarys historii gospodarczej Polski 1918–1939. Wydanie piąte. Warszawa 1986. S. 279

30 Vgl. Ajnenkiel, Andrzej. Polska po przewrocie majowym. Zarys dziejów politycznych Polski 1926–1939. Warszawa 1980. S. 659; vgl. 100 lat polskiego ruchu robotniczego. Kronika wydarzeń. Warszawa 1978. S. 168

31 Vgl. Dach, Krzysztof, Dubicki, Tadeusz. Maszałek Ion Antonescu. Biografia żołnierza i polityka. Łódż 2003. S. 41

32 Vgl. Beck, Józef. Ostatni raport; a.a.O., S. 155

14.

Die letzten Monate

Mitte Oktober 1938 schien es so, als ob sich Polen auf dem Höhepunkt seiner bisherigen Entwicklung befände. Die Wirtschaft hatte sich etwas belebt, die Bevölkerungsmehrheit sich auch angesichts des Olsa-Anschlusses dem Regierungslager angenähert. Die Opposition (Bauernpartei, Sozialdemokraten, Nationaldemokraten) befand sich in der Defensive. Die polnischen, westukrainischen, westbelorussischen Kommunisten verfügten nach der von der Komintern verfügten Selbstauflösung über keine Partei und keine Massenorganisationen mehr. Die Strahlkraft der Sowjetunion hatte angesichts der Schauprozesse gegen vermeintliche oder tatsächliche Sowjetfeinde nachgelassen. Nicht nur Intellektuelle Westeuropas verfolgten die Vorgänge mit tiefer Sorge. Die sogenannte Säuberung des Offizierskorps der Roten Armee lieferte der antisowjetischen Propaganda Munition.

Für Warschau waren das erfreuliche Nachrichten.

Es nahm ihm aber nicht den Makel im Ausland, Kollaborateur des Dritten Reiches zu sein, gleichsam als Komplize der Nazis bei der Zerschlagung gehandelt zu haben.

Dabei hatten die Westmächte keinen Grund, mit dem Finger auf Polen zu zeigen. Sie hatten ohne Not den tschechoslowakischen Verbündeten verraten und sich dafür noch in London und Paris feiern lassen. Und dabei, was Warschau stets registriert hatte, war die Tschechoslowakei immer Polen vorgezogen worden.

Der Eindruck von Unberechenbarkeit der Westmächte entstand nicht erst, als im Anschluss an die Unterzeichnung des Münchener

Abkommens eine deutsch-britische Deklaration mit Nichtangriffsklausel am 30. September 1938 signiert worden war.[1] Damit schien sich Großbritannien, auf dessen Unterstützung Polen inzwischen besonders hoffte, außerhalb künftiger Konflikte in Osteuropa gestellt zu haben. Das schien die Wierzbowa jedoch nicht sonderlich zu beeindrucken, solange Polen mit Frankreich über ein wie auch immer zu wertendes Bündnis verfügte und ein normales Verhältnis zu Deutschland hatte.

Polen war aber trotz betonter Distanz nach München in eine gefährliche Abhängigkeit von Nazideutschland geraten. Sie war zwar nicht so stark, dass man sich ihr nicht doch noch hätte entziehen können, aber sie existierte. Immerhin: In wichtigen Fragen wie etwa der eines Beitritts zum Antikomintern-Pakt und eines Bündnisses gegen die UdSSR hatte Warschau Berlin die Gefolgschaft verweigert. Darum beschritt Berlin einen anderen Weg, sich Polen politisch unterzuordnen und dabei seine außenpolitische Isolierung und Schwäche auszunutzen.

Am 24. Oktober 1938 unterbreitete Ribbentrop Botschafter Lipski einen Katalog deutscher Forderungen und Vorschläge an Polen, um zu einer Übereinkunft zu gelangen, die das Lebenswerk Marschall Piłsudskis angeblich krönen sollte. Zunächst schlug die deutsche Seite eine Zusammenarbeit in Kolonialfragen und bei der Ausweisung polnischer Juden vor, ferner wolle man gemeinsam Politik gegenüber der UdSSR auf der Grundlage des Antikomintern-Paktes betreiben.[2] Das war der bis dato weitestgehende Versuch, Polen in die Weltherrschaftspläne und den Antisemitismus der Nazis einzubinden. Berlin rechnete zu jener Zeit noch damit, Polen für sich zu gewinnen. In diesem Zusammenhang versprach Berlin auch die Herstellung einer gemeinsamen polnisch-ungarischen Grenze in den Karpaten. Dann kamen die deutschen Forderungen:

1. Die Freie Stadt Danzig kehrt ins Deutsche Reich zurück;

2. durch den Korridor (die polnische Wojewodschaft Pommorze) wird eine exterritoriale deutsche Autobahn und eine Bahnlinie geschaffen, die Deutschland mit Danzig verbinden sollen;

3. Polen soll ebenfalls auf dem Danziger Territorium eine exterritoriale Zufahrt (Autobahn, Bahnlinie) und einen Freihafen erhalten;

4. Polen erhält die Möglichkeit, seine Waren und Güter in Danzig zu lagern;

5. Deutschland und Polen anerkennen gegenseitig die territoriale Integrität ihrer Staatsgebiete;

6. die Laufzeit des deutsch-polnischen Vertrages von 1934 wird von zehn auf 25 Jahre verlängert;

7. dem Vertrag wird eine Konsultationsklausel zugefügt.[3]

Der deutsche Außenminister drängte nicht auf eine sofortige Antwort oder Entscheidung und benahm sich überhaupt sehr freundlich gegenüber dem polnischen Botschafter. Das spricht dafür, dass die Nazis davon ausgingen, dass Polen diese Bedingungen annehmen würde.

Bei Lichte besehen waren das Forderungen, für die kein Krieg riskiert werden würde. Diese Meinung sollte sich später bei den Westmächten und auch beim Vatikan durchsetzen. Auch heute meinen selbst renommierte russische Historiker, dass es sich dabei um gemäßigte und sogar gerechtfertigte Forderungen gehandelt hätte.[4]

Eingedenk des Wissens um die nachfolgenden Opfer der deutschen Aggression und Okkupation versteht man die seinerzeitige polnische Ablehnung nicht. Die meisten Danziger waren Deutsche, die mit dem Reich verbunden waren. Danzig war kein Bestandteil Polens, sondern eine Freie Stadt, ein Anschluss an Deutschland schien eine durchaus vernünftige Lösung zu sein.

Die Schaffung einer exterritorialen Verbindungslinie – sie war schon geplant und in Ostpreußen teilweise realisiert worden – hätte bis zu einer Länge von 150 km und einer Breite von einem Kilometer über polnisches Land geführt (einige Historiker sprechen von einer kürzeren Strecke nahe der Küste). Damit wären 150 km² – etwa so groß wie das Fürstentum Liechtenstein – für Polen verlorengegangen. Dieser Streifen sollte Bestandteil des Deutschen Reiches werden. Die polnischen Verbindungswege sollten davon nicht betroffen werden und unter und über diesen Streifen verlaufen. Alles in allem schien das für den oberflächlichen Betrachter eine vernünftige Option zu sein.

Die Ablehnung eines derartigen Vorschlages wurde nur von wenigen wirklich verstanden. Zunächst einmal war das Vorhaben einer exterritorialen Autobahn/Eisenbahnlinie, die polnische Kommunikationswege nicht stören würde, nicht realistisch. Um die nötige Baufreiheit zu schaffen, hätten polnische Wälder, Felder, Dörfer eingeebnet werden müssen. Zudem hätte eine Unmenge von Brücken gebaut werden müssen, mehr als es bei deutschen Autobahnen üblich war.

Die Exterritorialität hätte kaum gewährleistet werden können. Die Sicherung dieses so in die Länge gezogenen Territoriums wäre für den deutschen wie auch für den polnischen Grenzschutz schon wegen des Personals äußerst schwierig gewesen. Es wäre damit zu rechnen gewesen, dass die Polen dieses Territorium zur Abkürzung oft betreten und überquert hätten. Daraus hätten sich schon beim Bau Konflikte entzünden können.

So betrachtet schien das Autobahn-/Bahnlinienprojekt ein Katalysator für eine ausgeklügelte deutsche Strategie zur politischen Unterwerfung Polens zu sein.

Angenommen, Polen verzichtete auf seine Rechte in Danzig und nähme nur die an, die ihm Deutschland zugebilligt hätte, würde sich Polen bereits an der Aushebelung des Versailler Vertrages aktiv beteiligen. Damit wäre zudem auch die Grenze der Wojewodschaft Pomorze (Westpreußen/»Korridor«) zu Deutschland in Frage gestellt. Diese Grenze einschließlich des schmalen Ostseestreifens war Polen zuerkannt und nicht mit Waffengewalt erkämpft worden. Fiel der Versailler Vertrag, so entfiel auch die völkerrechtliche Legitimation dieser Grenze.

Dort setzten die Nazis an. In der Wojewodschaft Pomorze konzentrierten sich die meisten Deutschen in Polen, vor Ort machten sie etwas über zehn Prozent aus.[5] Wie Berlin sich die Entwicklung dort vorstellte, zeigte der sogenannte 16-Punkte-Vorschlag an Polen, der am 30. bzw. 31. August 1938 über den deutschen Rundfunk verbreitet wurde.

In diesem Gebiet sollte eine Volksabstimmung innerhalb eines Jahres stattfinden, an der alle aus diesen Gebieten emigrierten Deutschen teilnehmen sollten. Nur den Polen, die hier am 1. Januar 1918, also noch zu Zeiten des deutschen Kaiserreiches, gelebt hatten, sollte die Teilnahme gestattet werden. Gdynia sollte als polnische Enklave ähnliche Rechte wie das frühere Danzig erhalten.[6]

Bei einem Volksentscheid hätten die Nazis hinsichtlich der ethnischen Verhältnisse sehr gute Karten gehabt. 1910 machten die Katholiken knapp 52 Prozent aus, die Protestanten 46 Prozent; die Protestanten waren zu über 99 Prozent deutsch. Hinzu kam, dass unter den Deutschen noch 25 Prozent Katholiken waren.[7] Die Probleme um die exterritoriale Verbindung wären zusätzlich genutzt worden, um den Polen die Notwendigkeit eines Referendums vor Augen zu führen. Die polnische Bevölkerung sollte im Falle eines deutschen Abstimmungssieges in andere polnische Gebiete ausgesiedelt werden.[8] Das hätte etwa 1,7 Millionen Menschen betroffen[9]. Sie in Zentral- oder Ostpolen unterzubringen, hätte erhebliche Schwierigkeiten verursacht, da es sich vor allem um Bauern und ihre Familien handelte. In Polen gab es keinerlei Landreserven.

Mit diesem »Korridor« wäre Polen faktisch vom Meer abgeschnitten und zum Binnenstaat worden, die Deutschen hätten die Mündung des größten polnischen Flusses, der Weichsel, übernommen. Eine ähnliche Politik hatte Friedrich II. während der ersten beiden Teilungen Polens im 18. Jahrhundert betrieben. Der Binnenstaat Polen hätte sich kaum einem deutschen Angebot zu einem gemeinsamen Feldzug gegen die Sowjetunion verschließen können, wenn die Aussicht auf Zugang zum Schwarzen Meer bestand. Dazu wäre Warschau allein schon wegen der aus Pomorze ausgesiedelten fast zwei Millionen Polen gezwungen gewesen. Die hätte man nur im Osten ansiedeln können.

Ein weiteres Faktum ließ Warschau die Berliner Offerte ablehnen. In der Wojewodschaft Pomorze lebten sehr viele Wähler der nationalistischen Nationaldemokraten. Gleich bei der ersten Wahl 1919 bekamen sie dort fast 75 Prozent der Stimmen. Weder die Sozialdemokraten noch eine der Bauernparteien schafften den Sprung in den Sejm. Auch die Deutschen holten mit etwa 25 Prozent die meisten Stimmen ihrer Minderheit in Polen.[10] Ihren Gegnern, den Piłsudski-Leuten und den späteren Parteien der Sanacja, gelang es hingegen kaum, in der Region Fuß zu fassen. Obwohl die nationalistische Nationaldemokratie seit 1926 in Polen politisch zurückgedrängt worden war, blieb sie jedoch die stärkste Einzelpartei und verfügte über beträchtlichen Einfluss in der gesamten Gesellschaft. Ein Zurückweichen der Sanacja vor den Deutschen gerade dort hätte mit einiger Sicherheit zu Unruhen und zu ihrem Sturz geführt. Die antideutsch orientierten Nationaldemokraten hätten sich ohne Mühe an die Spitze einer patriotischen Volkserhebung stellen können. Ihnen wären alle anderen Parteien gefolgt, die zur Sanacja in Opposition standen. Auch das konnte und wollte die polnische Führung nicht riskieren. Prinzipiell waren die Polen – genauso wie andere Völker – nicht bereit, nur einen Fußbreit ihres Territoriums preiszugeben. Das betraf vor allem auch die Grenze zu Deutschland, wo ihrer Meinung nach 1919 nicht alle polnischen Forderungen angemessen berücksichtigt worden waren.

Für die Wierzbowa kam der Vorschlag aus Berlin im Oktober 1938 völlig überraschend, doch man glaubte, ihn als eine von möglichen Optionen betrachten zu können und das Problem dadurch zu lösen, dass man den Vorschlag ablehnte. Doch die Außenpolitiker ahnten, dass sie die Offerte nicht auf die leichte Schulter nehmen sollten. Instinktiv spürten sie, dass sich die Beziehungen zu Deutschland grundlegend ändern würden. Daher spielte man wieder einmal die »sowjetische Karte«.

Am 20. Oktober kam es zwischen dem polnischen Botschafter und dem stellvertretenden sowjetischen Außenminister Wladimir Potemkin in Moskau zu einem Meinungsaustausch.

Die polnische Visite kam Moskau sehr entgegen, denn für die Sowjetunion hatte sich die Lage im Herbst 1938 ungünstig entwickelt. Ganz Europa hatte den Deutschen nachgegeben und wartete offensichtlich auf einen faschistischen Vorstoß gegen die UdSSR. Moskau sah sich einem prodeutschen Block mit Polen als potenziellem Frontstaat gegenüber und war sich nicht sicher, ob sich Polen nach einer erfolgten Annäherung an die Nazis gerade Moskau gegenüber an die von Marschall Piłsudski vorgegebenen Leitlinien halten würde.

Am 26. November 1938 wurde von der polnischen Nachrichtenagentur PAT und der sowjetischen TASS ein Kommuniqué zu den aktuellen gegenseitigen Beziehungen beider Staaten veröffentlicht. Demnach gestalteten sich die Beziehungen auf der Grundlage des Nichtangriffsvertrages von 1932 sowie den anderen abgeschlossenen Verträgen. Beide Seiten waren am schnellen Abschluss eines Handelsvertrages und der Beilegung von Konflikten an der gemeinsamen Grenze interessiert.[11]

Der Handelsvertrag wurde am 19. Februar 1939 unterzeichnet.

Das Kommuniqué war für beide Seiten positiv. Moskau schien beruhigt zu sein. Anschließend versuchte die sowjetische Seite im Dezember, offizielle Kontakte zwischen dem sowjetischen und polnischen Militär herzustellen, doch die polnische Seite lehnte ab.

Zum Jahresende 1938 verschlechterte sich die außenpolitische Lage Polens. Am 6. Dezember unterzeichneten Frankreich und Deutschland in Paris eine Nichtangriffsdeklaration. Deutschland versicherte, die französischen Grenzen einschließlich der zu Elsass-Lothringen zu akzeptieren. Diese Erklärung wurde ohne vorherige Konsultation mit dem Verbündeten Polen geschlossen. Für Warschau war das eine fundamentale außenpolitische Niederlage. Nun hatten sich Großbritannien und Frankreich und somit der Westen zum unbedingten Frieden mit Deutschland verpflichtet. Nun war mehr als zweifelhaft, ob sich Frankreich an irgendwelche Bündnisverpflichtungen mit Polen halten würde.[12]

Beck versuchte als Reflex, die Beziehungen zu Italien wesentlich zu intensivieren, um dadurch einen gewissen Zugang zu Berlin zu bekommen. So kam es zu einem Besuch des italienischen Außenministers Galeazzo Ciano in der letzten Februarwoche 1939 in Warschau. Am 22. Mai 1939 schlossen Hitler und Mussolini mit dem sogenannten Stahlpakt ein politisches und militärisches Bündnis.

Die von der Wierzbowa in Rom gesetzten Erwartungen erfüllten sich demnach nicht.

Zu Jahresbeginn 1939 waren die deutsch-polnischen Beziehungen aber offiziell unbelastet, als Minister Beck am 4. Januar zu Hitler nach Berchtesgaden reiste. Dort bekam er im Prinzip das Gleiche zu hören wie sein Botschafter im Oktober. Hitler versuchte ihn noch einmal und zum letzten Male für die Lösung der »ukrainische Frage«, d.h. für einen gemeinsamen Waffengang gegen die UdSSR zu gewinnen.[13] Erfolglos.

Vom 25. bis 27. Januar 1939 kam Ribbentrop nach Warschau und versuchte, die polnische Führung umzustimmen. Im Zusammenhang mit Danzig sprach er davon, dass das Schwarze Meer schließlich auch ein Meer sei. Das war der letzte direkte Versuch, Polen zu einem gemeinsamen Krieg gegen den Osten zu bewegen.[14]

Zum Jahrestag der faschistischen Machtergreifung lobte Hitler am 30. Januar 1939 noch einmal den deutsch-polnischen Vertrag von 1934 und das Verhältnis zu Polen. Darauf erfolgte keine polnische Reaktion.

Am 8. Februar tagte die polnische Führung im Warschauer Schloss und lehnte die Forderungen ab. Dabei sollte es auch bleiben.

Einen Monat später verschlechterten sich die Verhältnisse um Polen noch mehr. Am 15. März besetzten die Deutschen widerstandslos die sogenannte »Rest-Tschechei«, also Böhmen und Mähren, und erklärten es zum Protektorat. Zur gleichen Zeit bildeten die slowakischen Nationalisten einen eigenen Staat. Damit befand sich die gesamte Südflanke Polens in deutscher Hand oder unter deutschem Einfluss. Allerdings verfügte nun Polen über eine gemeinsame Grenze mit Ungarn, was in der polnischen Öffentlichkeit über Gebühr gelobt wurde. Die Erfüllung dieses Strebens stand in keinem Verhältnis zu den faktischen Ergebnissen. Ungarn wurde kein Bündnispartner Polens, trat dafür aber am 23. Februar dem Antikomintern-Pakt bei, worauf die UdSSR die diplomatischen Beziehungen zu Budapest abbrach. Später, im Verlaufe des Zweiten Weltkrieges, sollte jene gemeinsame Grenze allerdings keine unwichtige Rolle spielen: Über sie kamen polnische Flüchtlinge und Kuriere des Widerstandes, die sich dann in den Westen durchschlugen.

Ungarn ordnete sich Hitlerdeutschland völlig unter. Keine wesentlich bessere Entwicklung vollzog sich in Rumänien, dem östlichen Verbündeten Polens. Berlin war es gelungen, Bukarest am 23. März einen überaus vorteilhaften Wirtschaftsvertrag abzutrotzen. Demnach ging der gesamte Export Rumäniens – vornehmlich Erdöl und landwirtschaftliche Produkte – nach Deutschland. Dadurch befand sich das einzige erdölfördernde Land Europas unter deutschem Einfluss, womit die Nazis ihren Engpass in der Energieversorgung beheben und ihre Kriegsmaschinerie mit Treibstoff versorgen konnten.

Mit der völligen Zerschlagung der Tschechoslowakei zerfiel die Kleine Entente. Bündnispolitisch war Polen völlig isoliert.

In dieser Situation nahm Berlin nun Warschau schärfer ins Gebet. Am 21. März richtete Deutschland seine Forderungen nun erstmals in scharfer Form, geradezu ultimativ an Polen. Noch bevor Warschau darauf reagieren konnte, besetzte Deutschland anderntags das zu Litauen gehörende Memel-Land (Klaipėda-Gebiet) und zwang Kaunas noch am gleichen Tag zur Unterzeichnung eines Staatsvertrages. Das Memel-Gebiet wies gewisse Ähnlichkeiten mit Danzig auf. Beide wurden vom Völkerbund verwaltet bzw. standen unter dessen Aufsicht, sie verfügten über eine deutsche Bevölkerungsmehrheit, und sie waren der einzige Hochseehafen des Landes. 1923 hatte Litauen das Memel-Gebiet an sich gerissen, nun holte Nazideutschland es sich zurück.

Am 24. März konferierte Außenminister Beck mit seinen Mitarbeitern in der Wierzbowa. Die Versammelten hatten aus den Vorgängen der letzten Tage lediglich den Schluss gezogen, dass es allein um Danzig ging. Eine Kriegsgefahr wurde nahezu ausgeschlossen, da Deutschland angeblich zu einer Aggression noch zu schwach sei. Das war eine völlige Fehleinschätzung. Allein an der Militärtechnik, die an den erbosten Pragern vor wenigen Tagen vorbeigezogen war, hätte man die technische Überlegenheit allein in der Motorisierung erkennen müssen. Auf diesem Gebiet konnte das polnische Heer zu jener Zeit überhaupt nicht mithalten.

Man beschloss aber, Berlin diplomatisch entschlossen entgegenzutreten. Am 26. März überbrachte Botschafter Lipski die polnische Antwort: Militärische Aktivitäten des Deutschen Reiches in Danzig würden von polnischer Seite als Aggression gewertet werden.

Bis vor Kurzem hatte Berlin mit einem polnischen Rückzug, also einer Unterwerfung, gerechnet. Die Annahme, dass die Besetzung des Memel-Gebietes Warschau eingeschüchtert und zum Einlenken veranlasst hätte, erwies sich als Irrtum.

Scheinbar völlig überraschend meldete sich London zu Wort. Am 31. März erklärte Premier Chamberlain vor dem britischen Parlament, dass Großbritannien für Polen eine Sicherheitsgarantie übernehmen und bei einem Überfall auf Polen sofort Hilfe jeglicher Art leisten wolle.[15]

Am 6. April flog Beck nach London, um diese Garantieerklärung gegenzuzeichnen. Am 13. April schloss sich Frankreich an, nachdem einen Tag vorher in Paris ein Protokoll über sofortige Hilfsleistungen für Polen unterzeichnet worden war.[16]

Der Sicherheitsgarantie für Polen folgte die für Rumänien.

Warschau glaubte nun, dass es Hitler nicht wagen werde, Polen anzugreifen.

Doch genau das Gegenteil war der Fall – wovon aber in keiner europäischen Hauptstadt etwas bekannt wurde: Am 3. April gab Hitler den »Fall Weiß«, die Aggression gegen Polen, in Auftrag. Der Überfall sollte bis zum 1. September 1939 erfolgen.

Das plötzliche Eingreifen der Westmächte zugunsten Polens ermutigte Warschau enorm und bestätigte es in seinen bisherigen und vor allem kürzlichen Handlungen.

Formal gesehen war das – wenn man die Politik der Westmächte seit Locarno und dem Appeasement betrachtet – ein enormer außenpolitischer Erfolg: Der Westen war entschlossen, an der Seite Polens gegen Hitlerdeutschland zu kämpfen. Alle früheren Bedenken und Sorgen schienen wie weggewischt zu sein.

Tatsächlich hatte es wesentliche Veränderungen aus westlicher Sicht gegeben. Hatte Hitler bislang nur Gebiete mit einer deutschen Bevölkerung bzw. Bevölkerungsmehrheit beansprucht, war Deutschland mit der Besetzung von Böhmen und Mähren erstmals in ein ethnisch fremdes Land eingefallen. Deutschland war obendrein in das Einflussgebiet von Franzosen und Briten eingedrungen. Dagegen machten nun immer bedeutendere Kräfte – vor allem in England – Front. Nach der Niederwerfung Polens, so weitsichtige Briten, würde sich Hitler nach Westen wenden. Dazu sollte ihm nun die Lust genommen werden. Eine Garantieerklärungen betrachtete Großbritannien allerdings als ausreichend.

Zudem wollten die Westmächte kein Bündnis der Polen mit der Sowjetunion. In ein kollektives Bündnis mit Moskau könnte Warschau mit einbezogen werden, aber nur, wenn die Westmächte in diesem System das Sagen hätten. Sie waren darum gegen bilaterale Abkommen zwischen Polen und der Sowjetunion, weil sie dort keine Kontrolle hätten.

Der am 17. März von den Briten unterbreitete Vorschlag – eine Neuauflage des Ostpaktes aus polnischer Sicht – wurde am 22. März aus

Furcht vor deutschen Reaktionen von Warschau abgelehnt. Für die sowjetische Seite, die ihre ganze Kraft in die Schaffung eines Systems kollektiver Sicherheit legte, war das polnische Verhalten unbegreiflich. Auch die bilateralen Vorstöße brachten Moskau nicht weiter. Das einzige, was Moskau zu hören bekam, war die Erklärung des polnischen Botschafters Grzybowski am 1. April, dass Polen weder gegen noch mit der UdSSR kämpfen werde.

Am 4. April machte Außenminister Litwinow dem Botschafter deutlich, dass die polnische Politik des Gleichgewichts im Falle eines Konflikts der Großmächte gegenstandslos sein würde. Litwinow meinte damit, dass sich Polen endlich entscheiden müsste und keine große Wahl hätte.

Die Gründe für die Ablehnung sowjetischer Hilfe lagen nicht allein in der Furcht vor dem Verlust Ostpolens. Warschau glaubte, dass angesichts der bisherigen Isolierung ein Zusammengehen mit der UdSSR Polen endgültig dem Westen entfremden könnte.

Das würde eine Einigung mit Berlin verhindern, an die Beck nach wie vor glaubte. So versuchte er klarzumachen, dass die britisch-französischen Garantieverträge in keinem Widerspruch zum Vertrag mit den Deutschen von 1934 stünden. Insgesamt wollte Beck die Beziehungen zu den Deutschen auf den früheren Stand zurückholen. Dafür wollte er den rumänischen Außenminister Grigore Gafencu als Vermittler gewinnen. Jener reiste im April 1939 auf dem Weg nach Berlin, Paris und London durch Polen. In der Nacht vom 16. zum 17. April stieg der polnische Außenminister zu ihm in den Waggon und gab ihm u.a. eine Synthese seiner außenpolitischen Sicht auf Deutschland und die UdSSR.

Zunächst einmal hielt er Hitler für einen großen Staatsmann, dem er nicht zutraute, wegen Danzig einen Krieg mit Polen anzufangen, zumal Polen den Westen im Rücken hätte. Beck bewunderte den Deutschen für seinen kompromisslosen Kampf gegen die Kommunisten und Linken. Hauptfeind sei demnach für die Nazis die Sowjetunion.

Eine Verständigung Polens mit der UdSSR sei aus politisch-ideologischen Gründen ausgeschlossen. In diesem Zusammenhang sei ein Krieg Deutschlands mit Polen unsinnig. Selbst ein Sieg Deutschlands würde Deutschland gegenüber dem Bolschewismus schwächen. Da die Sowjetunion Hitlers Feind sei, dürfte sich Polen auch kein Zusammengehen mit der UdSSR erlauben. Wenn Polen es dennoch täte, so hätten die Deutschen allen Grund, es anzugreifen.[17]

Polen sah sich also nach wie vor als unverzichtbare Bastion des Antibolschewismus wie 1920. Das war eine erhebliche Fehlkalkulation.

Beck wurde nach dem Zweiten Weltkrieg vorgeworfen, dass er versucht habe, zwischen den beiden Seiten zu lavieren. Das war nicht ganz zutreffend. Die polnische Führung glaubte, dass sie mit den Westmächten, vor allem mit Großbritannien, das nun endlich nach 20 Jahren polnischen Bemühungen an der Seite Polens stand, allen Bedrohungen standhalten könne.[18] Dadurch glaubte Warschau, auf die als politischer Feind behandelte UdSSR verzichten zu können. Demzufolge lehnte Polen den von der Sowjetunion am 17. April vorgeschlagenen Dreierpakt – UdSSR, Frankreich, Großbritannien – ab. Die Überlegungen der polnischen Führung waren durchaus nicht unrealistisch. Bei einem wirksamen Bündnis mit dem Westen hätte Polen durchaus – bei einer gleichzeitigen Offensive der Westmächte gegen Deutschland – eine Chance zum Überleben gehabt. Dennoch wären die polnischen Verluste auch in diesem Falle enorm gewesen. Allein durch die militärstrategische und geographische Lage befand sich Polen in der Zange. Jede Position West- und Zentralpolens war durch die deutsche Luftwaffe erreichbar. Die größten Industriezentren (Poznan, Kalisz, Oberschlesien) grenzten an Deutschland bzw. sollten binnen zwei Tagen von den deutschen Truppen eingenommen werden.[19]

Zu jener Zeit hätten die Deutschen das militärische Übergewicht besessen, sofern nicht größere Verbände zum Schutz der deutschen Westgrenze abgezogen worden wären. Sie verfügten über 42 Infanteriedivisionen, fünf Panzerdivisionen, vier leichte motorisierte Schützendivisionen und eine Kavalleriebrigade. Polen besaß dreißig Infanteriedivisionen, elf Kavalleriebrigaden und zwei motorisierte Panzerbrigaden, die zumeist nur mit Maschinengewehren ausgestattet waren.[20] Im September 1939 konnten die Deutschen fast zwei Millionen Soldaten, 11000 Geschütze und Granatwerfer, 2800 Panzer und fast zweitausend Flugzeuge gegen Polen einsetzen. Dem standen etwa eine Million polnischer Soldaten, siebenhundert vor allem ältere Flugzeuge und vierhundert großenteils veraltete Panzer gegenüber.[21]

Trotz dieser Überlegenheit hätte bei schnellem Eingreifen des Westens der deutsche Vormarsch möglicherweise in Zentralpolen gestoppt werden können. Mit direkter sowjetischer Truppenunterstützung hätte sich Polens Lage wesentlich verbessert. Die sowjetische Seite brachte bei den Verhandlungen im August 1939 folgende Kräfte und Mittel ins Angebot: 120 Infanteriedivisionen mit jeweils 19000 Soldaten, 16 Kavalleriedivisionen mit 5000 Reitern, 5000 Geschütze, bis 10000 Panzer aller Art, 5000 Flugzeuge (Bomber und Jagdflugzeuge). Alles in allem knapp eine halbe Million Soldaten.[22]

Zu jener Zeit war die Rote Armee noch eine Freiwilligenarmee, die Wehrpflicht wurde erst am 1. September 1939 eingeführt. Im Kriegsfall 1939 hätte die UdSSR auch so weitere Reservisten und Kräfte heranführen können, so dass sie insgesamt auf über eine Million Mann gekommen wäre. Obwohl ein Teil der sowjetischen Kriegstechnik nicht mit der deutschen mithalten konnte, wäre sie allein schon von der Masse für den Einsatz ausreichend gewesen.

Mit einer derartigen Kraft hätten die polnisch-sowjetischen Streitkräfte die Deutschen zumindest zum Stehen bringen, bei einem Dreierbündnis den Sieg über die Deutschen erringen können.

Die polnische Führung rechnete aber anders.

Den Hauptschlag gegen die deutsche Streitmacht sollten die 110 zumeist französischen und britischen Divisionen im Westen führen. Dem standen nur 23 deutsche Divisionen direkt gegenüber.[23] Die Westmächte brachten allein an Landstreitkräften 2,5 Millionen Soldaten auf.[24] Hielt der Westen zu Polen, brauchte Polen die ungeliebte Sowjetunion nicht. Und mit dieser illusionären Vorstellung machte Warschau 1939 Politik.

Für die deutsche Führung kam die westliche – vor allem die britische – Garantieerklärung für Polen überraschend. Berlin hatte fest mit der Neutralität der Briten und der Franzosen gerechnet. Am 18. April gab sich Hitler gegenüber dem rumänischen Außenminister enttäuscht von

England, weil es Deutschland keinen Lebensraum zubillige.[25] Das war das erste Mal, dass Hitler gegenüber einem Ausländer deutlich machte, dass es nicht nur um Danzig und Westpreußen ging, sondern um die Eroberung ganzer Länder im Osten.

Am 28. April kündigte Hitler in einer Reichstagsrede die Gewaltverzichtsdeklaration von 1934 und den deutsch-britischen Flottenvertrag auf. Zugleich wiederholte er die Forderungen an Polen.[26]

Darauf musste die polnische Führung offiziell reagieren. Das geschah am 5. Mai in einer Rede des polnischen Außenministers, die in der Welt große Beachtung fand. Beck wiederholte die polnischen Friedensabsichten und lobte dennoch noch einmal den Vertrag mit Deutschland, beklagte aber die deutsche Intention, Polen zu isolieren. Polen hätte nie Probleme mit der Durchreise deutscher Staatsbürger durch den sogenannten »Korridor« gehabt, eine exterritoriale Verbindung sei also unnötig. Polen strebte weiterhin eine Verständigung mit Deutschland an, allerdings nicht um jeden Preis: »Wir in Polen kennen nicht den Begriff *Frieden um jeden Preis*. Es gibt nur eine Sache im Leben der Völker, Nationen und Staaten, die unverkäuflich ist: die Ehre.«[27]

Diese Rede hat ihre historische Bedeutung bis heute nicht verloren, sie war beredter Ausdruck der polnischen Souveränität und Unabhängigkeit und steht in den besten Traditionen des polnischen Patriotismus. Mit diesen Äußerungen hatte Warschau nun unmissverständlich seinen Kampfeswillen vor der eigenen Bevölkerung, gegenüber Deutschland und ganz Europa dokumentiert. Polen war somit der erste Staat, der vor dem neuen Weltkrieg den Nazis Paroli bot und sich nicht auf unwürdige Verhandlungen und Kompromisse einließ. Damit war die deutschfaschistische Politik des kampflosen Vormarsches an ihre Grenzen gelangt.

Polen versuchte weiterhin, den Krieg zu vermeiden und wiegte sich in relativer Sicherheit, da es unverändert auf die Westmächte zählte. Doch dort hatte man sich anders besonnen, was Warschau nicht wissen konnte und wohlweislich vor den Polen geheimgehalten wurde. Am 4. Mai hatte die gemeinsame französisch-britische Militärführung getagt und beschlossen, im Falle eines deutsch-polnischen Krieges nicht einzugreifen. Wohl kalkulierte man einen Krieg ein, doch der sollte gegebenenfalls durch den Einsatz der Westmächte entschieden werden, nicht aber durch ein Engagement für Polen oder effektive Hilfeleistung.[28] Mit anderen Worten: Noch bevor der Krieg begann, hatten die Westmächte Polen im Stich lassen. Sie suchten überdies nach Möglichkeiten, vorher einen Ausgleich mit Deutschland zu finden. Nachdem sich Hitler nicht von den Sicherheitsgarantien abschrecken ließ, war klar, dass ein Krieg mit Polen nahezu unvermeidlich sein würde. Wenn Deutschland gegen Polen losschlagen würde, so wollten Paris und London außerhalb des Geschehens bleiben. Und vielleicht marschierte Hitler ja weiter nach Osten, gegen die Sowjetunion, besorgte das, woran man selbst bei den Interventionskriegen vor zwei Jahrzehnten gescheitert war.

Es war aber nicht allein der Hass auf die Sowjetunion, der die Westmächte ein solch fieses Spiel veranstalten ließ. Es war auch reiner Selbsterhaltungstrieb. Die französische Gesellschaft hatte im Ersten Weltkrieg enorme Opfer gebracht. Kaum ein Franzose war nun bereit, erneut in einen verlustreichen Krieg gegen die Deutschen zu ziehen, bei dem es um Gebiete im Osten ging. Kein Franzose wollte für Danzig sterben.

Die Briten hatten Sicherheitsprobleme mit ihrem Empire, das im Fernen Osten von Japan bedroht wurde. Auch das Vereinigte Königreich fühlte sich nicht unmittelbar von Deutschland bedroht. Daher war London wie Paris bereit, um des Friedens mit den Deutschen willen Polen zu opfern und die deutsche Aggression auf die Sowjetunion zu lenken. Ein Krieg mit der UdSSR hätte die Deutschen befriedigt und dem Westen Ruhe verschafft. Oder aber er würde die Deutschen schwächen, dass die Westmächte am Ende leichtes Spiel mit ihnen hätten. Damit wäre man den deutschen Störenfried und Konkurrenten für geraume Zeit los und hätte zudem die Sowjetmacht zerschlagen oder von westlichen Wirtschaftsleistungen auch politisch abhängig gemacht.

In diesen westlichen Überlegungen war kein Platz für die Verteidigung der polnischen Souveränität.

Davon wusste Warschau nichts, und die Westmächte taten alles, um es zu verhehlen. Polen sollte im Glauben bleiben, es habe starke Bundesgenossen an seiner Seite.

In Moskau wurde man hellhörig, als Hitler das Vertragswerk von 1934 aufkündigte. Es hatte definitiv ein deutsch-polnisches, antisowjetisches Bündnis ausgeschlossen. Um unter diesen fundamentalen Veränderungen die Möglichkeit eines polnisch-sowjetischen Bündnisses zu prüfen, reiste Vizeaußenminister Potemkin wieder nach Warschau und traf sich am 10. Mai mit Beck. Der jedoch machte seinem sowjetischen Gast deutlich, dass sich Warschaus Politik gegenüber der UdSSR nicht geändert habe, es werde weder ein Bündnis mit Deutschland noch mit der Sowjetunion geben. Potemkin sicherte den Polen zu, dass im Falle einer deutsch-polnischen Auseinandersetzung Moskau Polen nicht in den Rücken fallen werde.[29]

Einen Tag später trafen sich Botschafter Grzybowski und der neue sowjetische Außenminister Molotow zu einem Gespräch in Moskau, bei dem der Pole eindeutig jedes Bündnis mit der UdSSR ablehnte. Auf dieser Strecke schien also nichts zu machen zu sein.

Es war in erster Linie nicht antisowjetische Borniertheit oder fehlender Realitätssinn, die Warschau die sowjetische Hand zurückweisen ließ, sondern vielmehr das überzogene Vertrauen in den Westen. Für Warschau schien westliche Hilfe ohnehin und von vornherein die bessere Option zu sein. Für den Westen sprach die Übereinstimmung bei den christlich-abendländischen Grundwerten und das militärische Potenzial Frankreichs und Großbritanniens, mit dem immerhin der Erste Weltkrieg gegen Deutschland siegreich beendet worden war. Wieso, fragte man sich an der Weichsel, sollte es auch eingedenk eines kampfbereiten Polens nicht möglich sein, erfolgreich eine deutsche Aggression zu bekämpfen und den Aggressor in die Schranken zu weisen?

Die im Mai mit den Franzosen und Briten geführten Gespräche bestärkten die polnische Führung ganz in diesem Sinne und nährten den Optimismus.

Vom 16. bis 19. Mai fanden in Paris Gespräche zwischen den Vertretern der höchsten Militärführung Polens und Frankreichs statt. Die Franzosen verlangten von den Polen, dass jegliche militärische Zusammenarbeit mit der UdSSR unterbleiben sollte. Das war für Polen selbstverständlich. Dafür aber verpflichtete sich Frankreich, am 15. Tag nach Beginn des Angriffs der militärischen Hauptkräfte der Deutschen mit seinen Hauptkräften eine Offensive gegen Deutschland zu beginnen. Sollte ein deutscher Angriff auf Frankreich – auch über die Schweiz und Belgien – erfolgen, sollte die polnische Armee so viele deutsche Kräfte wie möglich binden.[30] Am 19. Mai wurde dieses Protokoll zwischen dem polnischen Verteidigungsminister, Divisionsgeneral Tadeusz Kasprzycki, und dem französischen Vizepräsidenten des Obersten Verteidigungsrates, Maurice Gustave Gamelin, in Paris unterzeichnet.

Das war angesichts der seit über zehn Jahre andauernden Versuche der Franzosen, sich den gegenseitigen Bündnisverpflichtungen zu entziehen oder sie zu lockern, ein ermutigendes Zeichen. Allerdings sollte das nur der Beginn weiterer Verhandlungen und Absprachen sein. Die Wirksamkeit dieses Protokolls war ohnehin an die Unterzeichnung eines politischen Vertrages gebunden. Ein derartiger Vertrag, der dem auch außenpolitisch Nachdruck verliehen hätte, folgte allerdings bis Kriegsbeginn nicht.

Dennoch spielte dieses Protokoll in den Überlegungen Warschaus und Moskaus eine bedeutende Rolle, die von der polnischen Geschichtswissenschaft und der politischen Publizistik nur wenig oder überhaupt nicht reflektiert wurde.

Für die Polen war das faktisch eine neuerlich, prinzipielle und aktualisierte Handlungszusage, die auf der Grundlage des Bündnisvertrages von 1921 gegeben worden war. Sie entsprach auch den Vorstellungen der polnischen Militärs und ihrer Doktrin.

Für die Sowjetunion besaß dieses Protokoll einen anderen Wert. Sie wusste nun, wann mit einem Angriff des Westens auf Deutschland zu rechnen war bzw. ob der Westen überhaupt einzugreifen gedachte. Das sollte im September 1939 für den Termin und den Charakter des sowjetischen Eingreifens in Ostpolen ausschlaggebend sein.

Diese Tatsache fand in der Auseinandersetzung um den sogenannten Hitler-Stalin-Pakt keine Erwägung.[31]

Die kurz darauf folgenden Verhandlungen vom 23. bis 30. Mai mit den Briten verstärkten den polnischen Optimismus und somit die Bestätigung für die prinzipielle Richtigkeit ihrer Außenpolitik. Doch bei Lichte besehen waren die Ergebnisse der polnisch-britischen Verhandlungen gering. London versprach nur See- und Luftunterstützung. Für die Polen, die ohnehin hinsichtlich der Landstreitkräfte auf Frankreich rechneten, schien das ausreichend zu sein. Ein direktes Eingreifen der britischen Royal Air Force in Kampfhandlungen in Polen war durch die große Entfernung ohnehin nicht zu realisieren.

Die Mai-Verhandlungen mit den Westmächten stärkten das Selbstbewusstsein der polnischen Führung und auch des polnischen Volkes insgesamt. Das war keine Illusion, wie das in späteren historischen Darstellungen behauptet wurde. Polen ging davon aus, dass sich die Westmächte trotz der noch offenen Fragen und Ungereimtheiten an die mit ihm geschlossenen Verträge und Zusagen halten würde. So gesehen befand sich Polen in einer wesentlich besseren Situation als zehn Jahre zuvor, als man geradezu verzweifelt die Politik des gleichen Abstandes kreiert hatte. Nicht zu unterschätzen war auch die im Prinzip wohlwollende Zurückhaltung der Sowjetunion.

So gestärkt konnte Polen in der sich verschärfenden Danzig-Frage Selbstbewusstsein, Souveränität, Stärke und Konsequenz demonstrieren. Warschau war bereit, Truppen in Danzig einmarschieren zu lassen, falls es dort zu einem Staatsstreich kommen sollte, der einen Anschluss an Deutschland erzwingen würde. Diese Entscheidung wurde zwar wieder zurückgezogen, doch dafür die polnische Einrichtung auf der Westerplatte (exterritoriales polnisches Transit-Militärmagazin) verstärkt und die Angehörigen der Polnischen Post bewaffnet. Am 19. Juli erklärte der polnische Oberbefehlshaber, Marschall Smigły-Rydz, im *News Chronicle*, dass Polen im Falle eines Anschlusses von Danzig Krieg führen würde, selbst, wenn es allein dastehen sollte.[32] Diese eindringlichen Worte waren auch an die Westmächte gerichtet, die ständig versuchten, die Polen in der Danzig-Frage zum Nachgeben zu bewegen. Obwohl man in der westlichen Öffentlichkeit versucht war, den Polen ein abenteuerliches Verhalten anzudichten, waren die Polen völlig im Recht. Sie waren bereit, nicht nur ihre eigenen Interessen, sondern auch die des handlungsunfähigen und eigentlich für Danzig zuständigen Völkerbundes wahrzunehmen.

Im Sommer spitzte sich der Konflikt um Danzig zu, als polnischen Zollangehörigen die Kontrolle der Grenze zu Ostpreußen durch Danziger Behörden entzogen werden sollte. Damit wollten die Deutschen testen, wie sich Polen im Falle eines Anschlusses an das Reich tatsächlich verhalten würde. In der Tat bedeutete die Aufhebung der Zollgrenze zwischen der Freien Stadt und einem Teil Deutschlands die Erweiterung der deutschen Zollhoheit auf nichtdeutsches Staatsterritorium. Das wäre ein erster Schritt zum Anschluss gewesen.

Warschau reagierte schnell und stellte den Danzigern ein Ultimatum, worauf diese Maßnahme zurückgenommen wurde. Als sich am 9. August Deutschland offiziell in diesen Vorgang einmischte, reagierte Polen scharf und sprach von einem Akt der Aggression.

Eigentlich wäre das Sache des Völkerbundes, der Westmächte, namentlich Großbritanniens, gewesen, die sich einst vehement für die Schaffung der Freien Stadt Danzig eingesetzt hatten. Doch gerade von denen erfuhr Polen keine Unterstützung. Im Gegenteil. Die Briten drängten Warschau dazu, seine Rechte nicht so konsequent einzufordern und sich einem Anschluss Danzigs an Deutschland nicht zu verschließen. Am 27. Mai warnten die Briten die Polen davor, in Danzig einzumarschieren.

Großbritannien, das nun immer mehr in eine konfrontative Position zu Deutschland gekommen war, versuchte seit Juli 1939 in Geheimverhandlungen, zu einer friedlichen Übereinkunft mit Deutschland zu gelangen. Den Briten schwebte ein Nichtangriffsvertrag vor. Dafür waren sie zu wirtschaftlicher Hilfe für Deutschland und einem Entgegenkommen in der deutsch-polnischen Grenzfrage und bei Danzig bereit. Hierzu mussten sie aber gegenüber Berlin demonstrieren, dass sie auch über einen starken Einfluss in Warschau verfügten. Die berechtigten polnischen Aktivitäten zur Verteidigung ihrer Souveränität, internationaler Verträge und Rechte bedeuteten allerdings Sand im Getriebe.

Zu jener Zeit gingen Briten wie Polen noch davon aus, dass es sich beim aktuellen Konflikt lediglich um Grenzstreitigkeiten handelte. Verhandlungsspielraum gab es aber kaum, da Polen berechtigterweise auf seine durch internationale Absprachen festgelegten Grenzen und Rechte in Danzig beharrte. Tatsächlich gab es keinen Punkt, bei dem Warschau hätte nachgeben können, ohne den seit zwanzig Jahren in der polnischen Gesellschaft bestehenden Konsens zu Grenzfragen und Territorien zu verlassen. In allen Fragen befand sich Warschau im Recht, und Versuche, Warschau in eine andere Richtung zu drängen, mussten Verstimmung hervorrufen. Polen blieb dem Vermächtnis des verstorbenen Marschalls treu: Er hatte der polnischen Führung ans Herz gelegt, in Grenzfragen besonders hartnäckig zu sein, da unsichere Grenzen zu Chaos und militärischen Konflikten führen könnten.[33]

In dieser Frage bewies die polnische Führung – im Unterschied zur tschechoslowakischen – ein bewundernswertes Stehvermögen. Ein neues München, wie es den Briten vorschwebte, war mit Polen nicht zu machen.

Zu einem Kompromiss mit den Deutschen drängte auch der Vatikan, von dem sich Polen durch den Abschluss des Konkordats außenpolitische Unterstützung erhofft hatte. Am 13. Juni überbrachte Nuntius Felipe Cortesi dem polnischen Staatspräsidenten ein Schreiben von Papst Pius XII., der ein Treffen zwischen Ignacy Mościcki und Adolf Hitler vorschlug. Faktisch bis zum letzten Tag des Friedens am 31. August versuchten der Papst und sein Vertreter in Warschau die Polen zum Verzicht auf Westpreußen und Danzig zu bewegen.[34] Dieses Engagement des Vatikans verursachte tiefes Unbehagen bei der polnische Führung.

Obwohl es wesentliche Übereinstimmung zwischen den Prinzipien der polnischen und vatikanischen Außenpolitik gab und es daher nie zu Konflikten und ernsten Verstimmungen kam, verfügte der Heilige Stuhl hinsichtlich der Beziehungen zur Sowjetunion über einen nicht zu unterschätzenden Einfluss. Der wohl wichtigste Schwerpunkt der Tätigkeit der Warschauer Nuntiatur bestand in der Verhinderung jeglicher Annäherung an die UdSSR und vor allem eines polnisch-sowjetischen Bündnisses. Damit befanden sich Rom und Warschau scheinbar in Übereinstimmung. Obwohl Polen nie ein Bündnis mit der UdSSR in Erwägung gezogen hatte, drängte der Nuntius vor allem in der Zeit der Annäherung zu Beginn der dreißiger Jahre immer wieder auf Abstand zu den Sowjets. Das wurde in der Wierzbowa als unangenehm empfunden.

Ein Bündnis mit der Sowjetunion hätte aber den polnischen Klerus und die gesamte katholische Kirche Polens gegen die Regierung aufgebracht. Das konnte sich selbst die Sanacja nicht leisten.[35]

Dazu äußerte sich Außenminister Beck im Februar 1940 im rumänischen Exil: »Mir wurde zu spät klar, dass wir in der Außenpolitik die Ziele der katholischen Kirche realisierten. Es wäre nötig gewesen, eine Politik der Freundschaft mit Sowjetrussland zu betreiben und in keinem Falle Hitler zu unterstützen.«[36] Becks Aussage war auch seiner Situation geschuldet. Es war der Augenblick größter persönlicher Erniedrigung. Rumänien verweigerte ihm die Ausreise und machte ihn zum Hauptschuldigen an der nationalen Katastrophe vom September 1939. Seine damaligen und heutigen Kritiker vergessen, dass eben jene Politik nicht nur von Beck vehement und in Absprache mit dem Marschall durchgesetzt worden war, sondern auch weitgehend Konsens innerhalb des polnischen Volkes war. Dennoch war Becks Aussage ein Vermächtnis, auf das sich seine Nachfolger in der Volksrepublik Polen durchaus berufen konnten.

In der zweiten Augusthälfte 1939 fanden in Moskau Verhandlungen zwischen Vertretern der UdSSR, Frankreichs und Großbritanniens zum Abschluss eines gegenseitigen Bündnisvertrages statt. Dreh- und Angelpunkt war das Durchmarschrecht für sowjetische Truppen im Falle eines deutschen Überfalls auf Polen. In diesem Zusammenhang wurde Warschau von den Westmächten diesbezüglich befragt. Am 18. August informierte der polnische Botschafter in Paris Juliusz Łukasiewicz seinen Chef über die Gespräche in Moskau, über die er vom französischen Außenminister ins Bild gesetzt worden war. Die Vertreter der Westmächte hatten es Polen überlassen, über den Aufenthalt bzw. Durchmarsch sowjetischer Truppen zu befinden. Die UdSSR hatte nach zwei Stunden Diskussion die Briten und Franzosen davon überzeugen können, in dieser Frage als Vermittler zu dienen. Selbst wollten sie sich wegen der negativen Erfahrungen in der Vergangenheit weder an die Rumänen noch an die Polen wenden. Die UdSSR drang auf eine schnelle Antwort.[37] Da Moskau, so die Wiedergabe der Gespräche durch den Botschafter, auf neuerliche Ablehnung gestoßen sei, hoffte die sowjetische Seite, dass die Verbündeten Polens einen Durchbruch erzielen würden. Diese Hoffnung war nicht unbegründet. Immerhin hatten die Westmächte in der Vergangenheit wenngleich vergeblich versucht, ihre Bündnisverpflichtungen der UdSSR zu übertragen, um selbst außen vor zu bleiben. Moskau hoffte, dass Paris und London in dieser Frage auch bei Polen genügend Überredungskünste aufbringen würden. Diese Hoffnung erfüllte sich jedoch nicht. Am 20. August gab Beck seinem Vertreter in Paris eine verbindliche Antwort, zu der er auch von den britischen und französischen Botschaftern aufgefordert worden war: »Ich habe geantwortet, dass es unzulässig sei, dass diese Staaten über die militärische Nutzung eines anderen souveränen Staates befinden. Polen verbindet mit der Sowjetunion keinerlei Militärverträge, und es besteht seitens der polnischen Regierung auch nicht die Absicht, derartige Verträge abzuschließen.«[38] Das war ein offizielles, definives und endgültiges Nein, das Beck auch den westlichen Botschaftern mitteilte.[39]

Prinzipiell lehnte Polen also wieder und historisch gesehen zum letzten Mal ab. Doch die Lage erforderte eine begründete und präzisierte Antwort. Polen rechnete immer noch nicht mit einem Krieg. Daher fürchtete man in Warschau, dass die Anwesenheit sowjetischer Truppen nicht nur Unruhe in die polnischen Ostprovinzen bringen würde, sondern einfach überflüssig sei.

Da sich Polen weigerte und auch die Westmächte keine Anstalten machten, ein alternatives Bündnis vorzuschlagen, waren die sowjetischen Anstrengungen zu einem Bündnis mit den Westmächten und Polen, das am 2. Juni vorgeschlagen und am 9. Juni von Polen abgelehnt wurde, grundsätzlich gescheitert.[40] Nun sah Moskau sich gezwungen, dem deutschen Drängen nach Abschluss eines Nichtangriffsvertrages nachzugeben, der in der Nacht vom 23. zum 24. August 1939 in Moskau geschlossen wurde. Damit waren die Würfel gefallen.

Plötzlich schien sich am Morgen des 23. August, als die Reise Ribbentrops nach Moskau in Warschau bekannt wurde, Polen partiell eines Besseren zu besinnen. Warschau signalisierte den Westmächten, dass man im Falle eines sowjetisch-britisch-französischen Bündnisses die Möglichkeit einer militärischen Zusammenarbeit mit der UdSSR in

Betracht ziehen könne.[41] Das ging am weitesten, was Polen in dieser Hinsicht seit zwanzig Jahren anbot. Aber auch das hätte die Verhandlungen nicht weitergebracht. Insgesamt war es dazu in jeder Hinsicht bereits zu spät.

Es fehlt nicht an Vorwürfen an Polen, dass Warschau durch seine Weigerung die Moskauer Verhandlungen zum Scheitern gebracht habe. Das konnte schon deshalb nicht so sein, weil Polen an den Verhandlungen nicht unmittelbar beteiligt war. Falls es zu einem effektiven Dreierbündnis mit entsprechenden Militärkonventionen gekommen wäre, was das Hauptziel der Verhandlungen war, hätte sich das Problem eines sowjetischen Durchmarsches bzw. eines Truppeneinsatzes der Roten Armee vorerst relativiert. In diesem Falle hätten Briten und Franzosen die Deutschen attackiert, und im Osten hätte sich Polen verteidigt. Wenn sich die militärische Lage enorm verschlechtert hätte, wären die Polen möglicherweise zu einer sowjetischen Hilfeleistung bereit gewesen. Denkbar wäre auch ein Sieg über die Deutschen ohne sowjetische Beteiligung gewesen. Aber die Verhandlungen waren von den Westmächten so angelegt und geführt worden, dass eben dieses Bündnis nicht zustande kam.

Am 23. August wurde der Danziger Gauleiter der Nazipartei, Albert Forster, zum Stadtoberhaupt gewählt. Das war zwar keine offene Aggression, doch eine Voraussetzung für den baldigen Anschluss an Großdeutschland.

Auf den Abschluss des deutsch-sowjetischen Nichtangriffsvertrages reagierte Polen gelassen. Das wird der polnischen Führung bis heute vorgeworfen. Polen fühlte sich sicher durch seine Absprachen mit den Westmächten und das sowjetische Versprechen des Wohlverhaltens. Diese Haltung wurde durch den am 25. August zwischen Polen und Großbritannien in London angeschlossenen Bündnisvertrag gestärkt. Diesen Vertrag zu schließen hatte die britische Opposition gefordert, da die deutschen Kriegsvorbereitungen kaum zu ignorieren waren. Es galt, Polen, aber auch anderen Völkern gegenüber, das Gesicht zu wahren.[42]

Am gleichen Tag versuchte Hitler, die Briten von den Polen zu trennen. Wenn die Briten die Polen zu einem Kompromiss in der Danzig-

Frage und in Bezug auf Westpreußen bewegten, könnten weiterhin friedliche Beziehungen zwischen Briten und Deutschen herrschen, erklärte er. Am 28. August antwortete London. Man sei bereit, das polnisch-deutsche Grenzproblem lösen zu helfen.

Das Angebot lief auf ein neues München hinaus. Um Deutschland nicht zu provozieren, wurde auf Bitte Londons die polnische Mobilmachung gestoppt und erst am 30. August fortgesetzt.

Obwohl die Kriegsvorbereitungen auf Hochtouren liefen, wurden Großbritannien und Polen von Hitlerdeutschland hingehalten. Am 31. August, dem letzten Tag des Friedens, wurden dem britischen Botschafter Henderson »16 Punkte« vorgelesen, die den Anschluss Danzigs und einen Volksentscheid in Westpreußen vorsahen.[43] Dieses Papier wurde weder dem Briten noch dem polnischen Botschafter ausgehändigt. Botschafter Lipski wurde um 18.30 Uhr zu Ribbentrop bestellt und befragt, ob er Vollmachten für künftige Verhandlungen besäße. Die besaß er natürlich nicht, denn es gab keinen offiziellen Verhandlungsgegenstand. Lipski verließ das Auswärtige Amt.

Um 21.00 Uhr wurden im deutschen Rundfunk die 16 Punkte verlesen und bemerkt, dass Polen keine Bereitschaft zu Verhandlungen gezeigt habe.

In den Morgenstunden des 1. September griffen die Deutschen Polen an.

Die Zwischenkriegszeit Polens war zu Ende. Es begann der Krieg mit Okkupation, Annexion und ein nationaler Befreiungskampf des polnischen Volkes, der fast sechs Jahre dauerte.

Anmerkungen

1 Vgl. Historia Anglii. Wydanie czwarte poprawione i uzupełnione. Wrocław, Warszawa, Kraków. S. 352

2 Vgl. Polska w latach 1918–1939. Wybór tekstów źródłowych do nauczania historii. Pod redakcją Wojciecha Wrzesińskiego. Wydanie pierwsze. Warszawa 1986. S. 381

3 Vgl. Ebenda. S. 383

4 Vgl. Kowaljow, Sergej. Erdichtungen und Fälschungen bei der Einschätzung der Rolle der UdSSR am Vorabend und zu Beginn des Zweiten Weltkrieges. Internetausgabe der russischen Zeitung *Vsgljad* (»Blick«) vom 4. Juni 2009
5 Vgl. Mały rocznik statystyczny. Rok X. Warszawa 1939. S. 22–25
6 Vgl. Polska w latach 1918–1939. Wybór tekstów; a. a. O., S. 410, 411
7 Vgl. Historia Polski w liczbach. Ludność.Terytorium. Warszawa 1993. S. 97
8 Vgl. Polska w latach 1918–1939. Wybór tekstów; a. a. O., S. 410, 411
9 Vgl. Mały rocznik statystyczny. Rok X. Warszawa 1939. S. 24
10 Vgl. Próchnik, Adam. Piewsze piętnastolecie Polski niepodległej. Zarys dziejów politycznych. Warszawa 1983. S. 47
11 Vgl. Polska w latach 1918–1939. Wybór tekstów źródłowych; a. a. O., S. 380
12 Vgl. Histoire de la France de 1917–1918 aux années soixante-dix. Moscou 1980. S. 220
13 Vgl. Beck, Józef. Ostatni raport. Warszawa 1987. S. 162
14 Vgl. Kamiński, Marek K., Zacharias Michał J. Polityka zagraniczna II Rzeczypospolitej 1918–1939. Warszawa 1987. S. 259; Vgl. Beck, Józef. Ostatni raport. Warszawa 1987. S. /163
15 Vgl. Polska w latach 1918–1939. Wybór tekstów źródłowych; a. a. O., S. 387/388
16 Vgl. Ebenda. S. 388
17 Vgl. Kamiński, Marek K., Zacharias Michał J. Polityka zagraniczna II Rzeczypospolitej; a. a. O., S. 272
18 Vgl. Vgl. Beck, Józef. Ostatni raport; a. a. O., S. 166
19 Vgl. Atla Historii Polski. Wydanie IV. Warszawa 1977. S. 49
20 Vgl. Krasucki, Jerzy. Tragiczna niepodległość. Polityka zagraniczna Polski w latach 1919–1945. Poznań 2000. S. 255/256
21 Vgl. Tuszyński, Waldemar, Tarnogródzki, Tadeusz. Geschichte des polnischen Widerstandskampfes 1939–1945. Militärhistorischer Abriss. Berlin 1980. S. 15
22 Vgl. Shukow, G.K. Erinnerungen und Gedanken. Bd. 1. Berlin 1969. S. 216
23 Vgl. Ebenda. S. 213
24 Vgl. Encyklopedia II wojny światowej. Warszawa 1975. S. 142
25 Vgl. Kamiński, Marek K., Zacharias Michał J. Polityka zagraniczna II Rzeczypospolitej; a. a. O., S. 272/273
26 Vgl. Polska w latach 1918–1939. Wybór tekstów; a. a. O., S. 388–390
27 Ebenda. S. 396
28 Vgl. Röhr, Werner. Von Annaberg nach Gleiwitz. Zur Vorgeschichte des deutschen Überfalls auf Polen am 1. September 1939. Berlin 2009. S. 72; vgl. Wyszczelski, Lech. O czym nie wiedzieli Beck i Rydz-Śmigły. Warszawa 1989. S. 80
29 Vgl. Beck, Józef. Ostatni raport. Warszawa 1987. S. 171/172; vgl. Polska w latach 1918–1939. Wybór tekstów; a. a. O., S. 401
30 Vgl. Ebenda. S. 401/402
31 Vgl. Michael, Holger. Die Legende vom Hitler-Stalin-Pakt. Berlin 2008. S. 107/108
32 Vgl. Krasucki, Jerzy. Tragiczna niepodległość; a. a. O., S. 266
33 Vgl. Beck, Józef. Ostatni raport; a. a. O., S. 60

34 Vgl. Pałyga, Edward J. Polsko- watykańskie stosunki dyplomatyczne. Od zarania II Rzeczypospolitej do pontyfikatu papieża-Polaka. Warszawa 1988. S. 133/134, vgl. Beck, Józef. Ostatni raport; a.a.O., S. 179

35 Vgl. Michael, Holger. Der schwarze Mythos. Die katholische Kirche Polens im XX. Jahrhundert. Berlin 2008. S. 29–54

36 Zit. Nach: Osuchowski. Janusz. Prawo wyznianiowe Rzeczypospolitej Polskiej 1918–1939. Warszawa 1967. S. 113/114

37 Vgl. Polska w latach 1918–1939. Wybór tekstów ; a.a.O., S. 404/405

38 Ebenda. S. 405

39 Vgl. Beck, Józef. Ostatni raport; a.a.O., S. 173

40 Vgl. Polska w latach 1918–1939. Wybór tekstów ; a.a.O., S. 403/404

41 Vgl. Krasucki, Jerzy. Tragiczna niepodległość; a.a.O., S. 284

42 Vgl. Polska w latach 1918–1939. Wybór tekstów ; a.a.O., S. 406–408

43 Vgl. Ebenda. S. 410–412

15.

Der Nichtangriffsvertrag um Polen

Am 23. August 1939 wurde zwischen Hitlerdeutschland und der Sowjetunion ein Nichtangriffsvertrag unterzeichnet. Jener Vertrag bildet seither den Ausgangspunkt für eine der aggressivsten Propagandaattacken, die die verschiedenen politischen Vorwürfe und Anschuldigungen gegen die Sowjetunion bedienen. Im Verlaufe der Jahre hatte sich daraus eine Legende entwickelt, die zum ständigen Repertoire des weltweiten Antikommunismus wurde und inzwischen einen festen Platz im Geschichtsbewusstsein von Millionen Menschen eingenommen hat. Aus dem Nichtangriffs*vertrag* wurde mit den Jahren ein Nichtangriffs*pakt* gemacht, obwohl er kein militärisches Zusammenwirken beinhaltete. Die Hauptakteure der Vertragsunterzeichnung, die Außenminister Molotow und Ribbentrop, wurden durch Hitler und Stalin ersetzt, obwohl sich beide nie begegnet sind. Die Medien kreierten den »Hitler-Stalin-Pakt«.

Der »Hitler-Stalin-Pakt« bedient eine breite Palette an Emotionen und Assoziationen, die die nüchterne Bezeichnung »deutsch-sowjetischer Nichtangriffsvertrag« nicht hergeben würde. Damit wird seit Jahrzehnten eine politische Kumpanei suggeriert, die es in Wirklichkeit nie gab. Tatsächlich sind die Vorgänge um diesen Vertrag weitaus komplizierter, als dargestellt, und ohne umfassende Kenntnisse schwer nachvollziehbar.

Nichtsdestotrotz kann man mit den Dokumenten, Materialien und Aussagen ein weitgehend vollständiges Bild vom Umfeld jenes Vertrages erstellen, das auch von neuen Quellenpublikationen untermauert wird.[1]

Die vorliegende Darstellung geht auf folgende in dieser Legende verbreiteten Kern-Behauptungen ein:

1. Die UdSSR war ein starker osteuropäischer Staat, der seine Außenpolitik völlig souverän gestalten konnte und daher diesen Vertrag nicht schließen *musste*.

2. Die Sowjetunion hat das von den westlichen Staaten angebotene Bündnis von vornherein ausgeschlagen, um mit Hilfe der deutschen Faschisten polnische Gebiete okkupieren zu können.

3. Der Nichtangriffsvertrag widersprach den Prinzipien sozialistischer Außenpolitik, dem Völkerrecht und war rechtswidrig.

4. Jener Vertrag brachte der Sowjetunion keinen Nutzen, ermöglichte aber den Nazis, den Zweiten Weltkrieg zu beginnen.

5. Beide Staaten waren politische und militärische Bündnispartner, sie haben Polen und Osteuropa unter sich aufgeteilt.

Obwohl Polen an Ausarbeitung und Unterzeichnung des Vertrages nicht beteiligt war, handelte es sich um ein diplomatisches Schriftstück, das sich in erster Linie auf Polen bezog.

Polen hatte durch seine Außenpolitik, vor allem in den letzten Jahren, mit dazu beigetragen, dass es im August 1939 zu diesem Vertrag kam. Das bedeutete aber nicht, dass Polen die Hauptschuld daran trüge. Die Hauptakteure, die die UdSSR zu diesem Schritt zwangen, waren die Westmächte, die eine jahrelange, wenn nicht sogar jahrzehntelange prodeutsche und sowjetfeindliche Beschwichtigungspolitik betrieben hatten und bereit waren, auch Polen dem deutschen Expansionsbestreben zu opfern. Bis zum März 1939 hatte Deutschland – ohne einen Schuss und mit westlicher Billigung und Hilfe – ein Gebiet erobert, das fast so groß war wie Deutschland selbst. Großdeutschland – nun die offizielle Kurzbezeichnung – war zur dominierenden Großmacht Europas geworden. Mehr noch: Europa war von einem Block faschistischer Staaten in zwei Teile getrennt worden. Der Westen war von seinen Verbündeten in Osteuropa getrennt und faktisch isoliert worden. Jegliche militärische Hilfe des Westens konnte nun nur durch einen Angriff seinerseits in Westeuropa auf Deutschland erfolgen. Andere effektive Hilfeleistungen waren illusorisch. Das bedeutete in jedem Falle aber einen Krieg, den die Westmächte unbedingt – zumindest gegen sich – verhindern wollten. Hiermit deutete sich eine Konstellation an, die die UdSSR zutiefst beunruhigen musste.

Im März 1939 analysierte die sowjetische Staats- und Parteiführung die veränderte militärpolitische Lage. Insgesamt waren alle Berechnungen und Bemühungen der Sowjetunion zur Sicherung des Friedens in Europa und ihres Landes nicht aufgegangen. Die Westmächte waren einem Konflikt mit Deutschland nicht nur aus dem Weg gegangen, sondern hatten sich durch Begünstigung faktisch zu Helfern der Nazis gemacht.

Im gleichen Monat fiel die Spanische Republik. Dadurch hatte sich das Kräfteverhältnis weiter zugunsten des Faschismus verändert: Er dominierte nun in Europa. Die Gefahr für die UdSSR wuchs enorm. Moskau hatte erkannt, dass die Beschwichtigungspolitik der Westmächte nur ein Ziel hatte: Hitlerdeutschland gegen die Sowjetunion zu treiben. Dem ordneten sie alles unter, selbst auf die Gefahr hin, ihre Bündnispartner in Europa zu verraten, sie den Nazis zu opfern und sich selbst zu gefährden. Daher schieden Großbritannien und Frankreich – zumindest vorerst – als Bündnispartner der Sowjetunion aus. Alle Gespräche dienten offenkundig nur dazu, die UdSSR hinzuhalten und vor der eigenen Bevölkerung das Gesicht zu wahren. Durch die Nichtangriffsdeklarationen mit Deutschland vom September und Oktober 1938 hatten sich Großbritannien und Frankreich zudem der Möglichkeit beraubt, einem antideutschen Bündnis beizutreten. Man wollte in einem Krieg neutral und außerhalb des Geschehens bleiben.

Nun sah sich die UdSSR mit Großdeutschland als seinem stärksten und gefährlichsten Gegner in Osteuropa allein gegenüber.

Die ohnehin brisante Lage Moskaus wurde durch beunruhigende Nachrichten aus dem Fernen Osten noch dramatischer. Japan hatte 1937 China überfallen. An der sowjetischen Grenze nahmen die Grenzprovokationen derart zu, dass die Führung der Roten Armee einen Krieg mit Japan einkalkulieren musste. Durch den chinesisch-japanischen Krieg waren zwar erhebliche Truppenkontingente der japanischen Armee gebunden, doch der militärische Mobilisierungsgrad des Inselstaates erlaubte die Aufstellung zusätzlicher Kräfte in Millionenstärke, die jederzeit gegen den sowjetischen Osten eingesetzt werden konnten. Die Japaner hatten vorerst nur die wichtigsten chinesischen Städte und Gebiete besetzt und ließen sich offensichtlich Zeit, weiter ins Landesinnere vorzustoßen. Die japanischen Hauptkräfte schienen sich also noch auf eine andere strategische Stoßrichtung vorzubereiten.

Die sowjetischen Spezialisten hatten auch eine südliche Stoßrichtung der Japaner nach Französisch-Indochina, den amerikanischen Philippinen, dem niederländischen Indonesien, dem britischen Malaya, Indien und Burma sowie den zahlreichen pazifischen Inseln ausgemacht. Dazu mussten die Japaner aber erst die US-Flotte ausschalten, was im Dezember 1941 in Pearl Harbor auch geschah. Vorerst aber – im Frühjahr 1939 – gab es noch keine sicheren Anzeichen für eine derartige militärische Entwicklung.

Dafür häuften sich die japanischen Grenzprovokationen gegenüber der UdSSR und der Mongolischen Volksrepublik, sodass die sowjetische Führung ihre Befürchtungen bestätigt sah. Den Japanern ging es darum, die Verteidigungsbereitschaft und Schlagkraft der sowjetischen Grenztruppen und der Roten Armee zu testen, gewissermaßen gewaltsame Aufklärung zu betreiben, um die Chancen einer Aggression auszuloten. An den Reaktionen der sowjetischen Truppen wollten sie messen, wie standhaft die Verteidigung war und wie schnell Nachschub herangeführt werden konnte.

1938 griffen japanische Einheiten mit Infanterie, Panzern und Artillerie sowjetische Grenzposten am Chassan-See in der Nähe von Wladiwostok an. Schnell eskalierten die Kämpfe zu einer regulären Grenzschlacht. Es gelang den sowjetischen Truppen, die japanische Übermacht zum Stehen zu bringen und ihr schwere Verluste zuzufügen. Die Japaner mussten aufgeben und zogen sich auf ihre Ausgangsstellungen zurück. Sie hatten erkennen müssen, dass die sowjetischen Truppen in der Lage waren, mit unterlegenen Kräften und Mitteln einem konzentrierten Angriff einer Übermacht zu trotzen. Die UdSSR hatte den japanischen Faschisten eine Lehre erteilt. Doch sie war, wie sich herausstellen sollte, nicht ausreichend. So verübten die Japaner eine neue Grenzprovokation an anderer Stelle.

Die sowjetische Führung schätzte zu jener Zeit richtig ein, dass nach wie vor von den Japanern eine gefährliche Bedrohung im Fernen Osten ausging. Moskaus militärstrategische Lage war ungünstig. Die Mongolei und Tannu-Tuwa im Süden Sibiriens – zwei fernöstliche Volksdemokratien – hatten wenig Bevölkerung und waren nicht in der Lage, der UdSSR militärisch beizustehen. Die Sowjetunion musste sogar Truppen in der Mongolei stationieren. Die Truppen der chinesischen bürgerlichen Kuomintang banden die Japaner. Das war die einzige Unterstützung. China war potentiell den Japanern um ein Vielfaches überlegen. Doch seine Rückständigkeit erlaubte nur eine relativ geringfügige Mobilisierung. Truppen konnten sie nicht schicken. Die chinesische Rote Armee, die erst ihren legendären Langen Marsch hinter sich hatte, war dezimiert, erschöpft und behauptete mit Mühe ihre neuen Stellungen in der Provinz Shenzi. Auch von ihr waren keine größeren Hilfstruppen zu erwarten. Im Falle einer japanischen Aggression musste die UdSSR allein handeln.

Der Fall von Prag im Frühjahr 1939 hatte in Osteuropa eine neue Lage geschaffen. Nun herrschten dort die deutschen Nazis, schalteten und walteten entsprechend in »ihrem« Protektorat. Ungarn, Bulgarien, Jugoslawien, später Rumänien verfolgten eine prodeutsche Politik. Allein Griechenland entzog sich noch dem deutschen Einfluss. Damit befanden sich Osteuropa und der Balkan weitgehend in deutscher Abhängigkeit.

In Westeuropa hatte der Fall von Prag aber auch für Irritationen gesorgt. Bislang war die Appeasement-Politik allein dadurch für viele Westeuropäer zu rechtfertigen gewesen, dass Deutschland ein natürliches Recht habe, alle Deutschen – auch die Österreicher – unter dem Dach eines deutschen Staates zu vereinigen. Zudem hatte sich Hitler öffentlich in München verpflichtet, keine weiteren Gebietsforderungen mehr zu stellen, hieß es immer wieder zur Beschwichtigung der Bevölkerung. Nun war das Hitlerreich erstmals in ethnisch fremdes Gebiet eingefallen und hatte es annektiert. Viele fragten sich auch angesichts der Niederlage der Spanischen Republik, ob es weiter ratsam sei, Hitler gewähren zu lassen. Ein Teil des englischen und französischen Großbürgertums und der politisch führenden Kräfte war nicht bereit, die durch diese Politik verursachten politischen und wirtschaftlichen Verluste weiter hinzunehmen.

Plötzlich war man sich in Westeuropa gewärtig, dass sich die deutsche Aggression auch gegen die Staaten dort richten könnte. Hinzu kam, dass sich auch Rumänien inzwischen von Deutschland bedroht fühlte und ein Ultimatum erwartete, bei dessen Ablehnung es Krieg geben könnte. Daher fragte der britische Außenminister Lord Edvard Halifax am 17. März 1939 die Regierungen Frankreichs, der UdSSR, Griechenlands, Polens, der Türkei und Jugoslawiens, wie ihre Haltung zu einem weiteren Vorgehen Deutschlands sei. Der britische Vorstoß war aber nicht aufrichtig gemeint. London ging es in erster Linie darum, auf diese diplomatische Weise Druck auf Deutschland auszuüben und die eigene Opposition zu beruhigen. Nicht von der Hand zu weisen war auch der Hinweis, dass man wesentliche Veränderungen in der sowjetischen Außenpolitik erkannt haben wollte. Stalin hatte am 10. März auf dem XVIII. Parteitag der sowjetischen Kommunisten angedeutet, dass die Appeasement-Politik der Westmächte mit einer Niederlage enden werde.[2] Daraus konnte auf die Möglichkeit einer deutsch-sowjetischen Annäherung geschlossen werden.

Für die UdSSR war diese Stimmung im Westen zwar hinreichend, die dortigen Regierungen anzumahnen, doch keinesfalls ausreichend, einen grundsätzlichen Wandel in der eigenen Außenpolitik einzuleiten. Es bedeutete für Moskau keine wesentliche Situationsänderung, zumal immer noch die gleichen Kräfte die größten westlichen Staaten führten, die jüngst erst die Tschechoslowakei verraten hatten. Für die UdSSR war aber höchste Wachsamkeit angesagt.

Moskau entschloss sich dennoch, die britische Initiative aufzugreifen und machte schon am nächsten Tag, am 18. März, das Angebot einer sofortigen Konferenz aller beteiligten und des Beginns gemeinsamer Konsultationen. Halifax schlug eine gemeinsame Deklaration vor, der sich aber Polen am 22. März entzog. Damit war auch dieses Projekt gescheitert.

Im April 1939 kam Bewegung in die osteuropäische Außenpolitik und gab zu Hoffnung Anlass. Polen hatte sich bisher erfolgreich allen deutschen Werbungen widersetzt und befand sich deutlich sichtbar außerhalb der deutschen Einflusssphäre. An dieser Politik war auch die UdSSR interessiert, denn Polen bildete bislang einen territorialen Puffer zu Deutschland. Polen hielt sich an das Bündnis mit Frankreich. Obwohl Polen auch an der Zerschlagung der Tschechoslowakei beteiligt war und das Olsa-Land annektiert und inkorporiert hatte, war man in Warschau gegenüber Deutschland auf Distanz bedacht. Berlin umwarb seit langem Polen, um es für sich zu gewinnen. Die Regierung in Warschau ließ sich nicht verführen. Das wurde in Moskau aufmerksam registriert.

Damit war die Politik des kampflosen Vormarsches des deutschen Faschismus an ihre Grenzen gestoßen. Zudem war Hitler jetzt unbedingt auf Krieg aus: »An eine Wiederholung der Tschechei ist nicht zu glauben. Es wird zum Kampf kommen.«[3] Beflügelt durch das Nachgeben der Westmächte, das hohe Produktionsniveau der deutschen und annektierten Industrie, den Stand der Aufrüstung, die Kampfbereitschaft der deutschen Streitkräfte, die Ausschaltung aller politischen Gegner in Deutschland und die Ergebnisse der ideologischen Kriegsvorbereitung des deutschen Volkes war die Hitler-Clique nunmehr entschlossen, mit der ganzen Welt Krieg zu führen. Im Mai 1939 machte der deutsche Reichskanzler bei einer Kommandeurstagung deutlich, dass er den Krieg auch beginnen würde, wenn sich die UdSSR und die Westmächte gegen ihn verbünden würden: »Grundsatz: Auseinandersetzung mit Polen – beginnend mit Angriff gegen Polen – ist nur dann von Erfolg, wenn der Westen aus dem Spiel bleibt. Ist das nicht möglich, dann ist es besser, den Westen anzufallen und dabei Polen zugleich zu erledigen«, hieß es in einer Mitschrift. »Ein Bündnis Frankreich-England-Russland gegen Deutschland-Italien-Japan würde mich veranlassen, mit einigen vernichtenden Schlägen England und Frankreich anzugreifen.«[4]

Daher ist die These, dass Hitler erst *nach* Abschluss des Nichtangriffsvertrages mit der UdSSR den Krieg beginnen wollte und konnte, objektiv falsch.

Die Sowjetunion wurde von Hitler unterschätzt. Er sprach vom Koloss auf tönernen Füßen und rechnete mit dem Zusammenbruch der UdSSR unmittelbar nach dem Einmarsch. Zudem glaubte er, dass sich die vielen Nationalitäten in der Union gegen Moskau erheben würden. Jene unrealistischen Vorstellungen resultierten aus den Kontakten mit weißen Emigrationszentren, vor allem mit den ukrainischen. Es fanden sich Kollaborateure, aber nicht so viele wie erwartet.

Auch der Kampfwert der Roten Armee wurde unterschätzt. Die Liquidierung eines Teils des sowjetischen Offizierskorps 1937 durch Stalin ließ – entsprechend Hitlers Denkweise – für ihn die Rote Armee geradezu kopflos erscheinen. Hitler fürchtete die UdSSR daher nicht besonders. Deshalb gab es für ihn auch keine zwingende Notwendigkeit, die Sowjetunion vorerst aus seinem Eroberungs- und Vernichtungskrieg im Osten herauszuhalten.

Die Unterschätzung der Roten Armee war keineswegs allein Ausdruck von Arroganz und Ignoranz und nur Hitler zu eigen. Zwar hatte die Rote Armee die Interventionstruppen vertrieben, doch diesen Erfolg schrieb man weniger ihrer Kampfkraft, sondern eher den Weiten Russlands und den klimatischen Bedingungen zu. Aus politisch-ideologischen Gründen wurde diese Version in Westeuropa besonders kultiviert. Zudem hatte die sowjetische Armee keine für westliche Beobachter und Militärs überzeugenden Siege vorzuweisen, dafür aber 1920 vor Warschau eine schmähliche Niederlage hinnehmen müssen. Auch der Rückzug aus den baltischen Gebieten bis 1920 kam faktisch einer Niederlage gleich. Die militärischen Erfolge der sowjetischen Soldaten im antijapanischen Abwehrkampf 1938/39 blieben weitgehend unbekannt. Die Rote Armee wurde daher nicht besonders ernst genommen.

Tatsächlich war die Rote Armee 1939 der polnischen und japanischen überlegen, doch keinesfalls der deutschen. Die Rote Armee war auch hinsichtlich ihrer Mannschaftsstärke den Deutschen und ihren Verbündeten unterlegen. Erst 1944 konnte die UdSSR mit Hitlerdeutschland auch in dieser Frage gleichziehen und später ein deutliches Übergewicht erlangen.

Die Sowjetunion war Hauptziel der deutschen Kriegsanstrengungen. Darüber war man sich in London und Paris im Klaren und hatte Deutschland lange darauf hingelenkt. Auch Moskau wusste das und wollte darum den Ausbruch dieses Krieg so lange wie möglich hinauszögern.

Um an die sowjetischen Grenzen zu gelangen, mussten die faschistischen Armeen erst einmal durch Polen. Ihre mehr oder weniger gedeihlichen Beziehungen zu Warschau wurden fast abrupt beendet, als sich Polen weigerte, gemeinsame Sache gegen die Sowjetunion zu machen und in territorialen Fragen nachzugeben. Polen ließ sich nicht erpressen oder anderweitig einschüchtern und bekundete im Mai 1939 offen seine Kampfbereitschaft. Nach den Appeasement-Jahren sah es ganz danach aus, als ob doch noch ein schlagkräftiges antideutsches Bündnis zustande käme. Polen wie die Tschechoslowakei zu opfern schien unmöglich. Aber der Schein trog. Weder die französische noch die britische Öffentlichkeit unternahm ernsthafte Anstrengungen, sich für einen Krieg mit Deutschland zu wappnen. Allem Anschein nach waren die westlichen Garantien allenfalls dazu gedacht, Hitler abzuschrecken. Doch das beeindruckte Berlin keineswegs. Erstens wollte die Hitler-Clique unbedingt den Krieg, um die Ergebnisse des Weltkrieges zu revidieren, und zweitens war man sich in Berlin sicher, dass auch dieses Mal die Westmächte sich ihren Verpflichtungen entziehen würden, zumal die Münchener Politiker, die noch vor wenigen Monaten so leicht einzuschüchtern waren, noch immer in London und Paris regierten. Von ihnen hatte man nichts zu befürchten.

Moskau hingegen reagierte anders, weil es um den Preis des eigenen Überlebens gezwungen war, jede sich bietende Möglichkeit für eine gemeinsamen Abwehr bzw. zur Verhinderung eines großen Krieges zu nutzen.

Nach dem Fall von Prag und dem Fiasko der Appeasement-Politik, den darauf folgenden Diskussionen in der westlichen Öffentlichkeit und in den Parlamenten deutete sich aber ein Politikwechsel an, der in der UdSSR mit großem Interesse zur Kenntnis genommen wurde. Doch die sowjetische Führung ließ sich davon nicht täuschen. Die Gründe dafür lagen auf der Hand: Seit der Oktoberrevolution 1917 hatten die Westmächte die Sowjetunion bekämpft. Jahrelang hatten sie Deutschland begünstigt und zu einem strategischen Vorteil verholfen, der sie nun selbst bedrohte. Es gab für die UdSSR keinen Grund, diesen in ihren Augen unverantwortlichen antikommunistischen Politikern und Staatsmännern zu glauben. Zudem konnte man durch einen Blick auf die europäische Landkarte erkennen, dass die deutsche Stoßrichtung in den letzten Jahren immer nur gen Osten und Südosten gerichtet war. Europa war durch den faschistischen Block so geteilt, dass westliche Hilfe für irgendeinen osteuropäischen Staat illusorisch war. Nur die geballte westliche Militärkraft hätte noch gegen Deutschland eine strategische Bedeutung haben und wirksame Hilfe für den Osten sein können. Doch dazu waren keine Vorbereitungen zu erkennen. Die Franzosen waren zumeist pazifistisch gesinnt und nur auf Verteidigung an der Maginot-Linie eingerichtet. Auch die Briten machten keine Anstalten, ihre Truppen auf dem europäischen Festland zusammenzuziehen.

In Osteuropa standen Polen und die UdSSR allein gegen das faschistische Deutschland.

Der deutsch-sowjetische Nichtangriffsvertrag war kein überraschender Schock, der unvorhersehbar gewesen wäre. Für die UdSSR hatte der Westen in München und Prag versagt. Jetzt kam es der Sowjetunion nur darauf an, das Land von einer deutschen oder wie auch immer gearteten und von wem auch immer initiierten Aggression fernzuhalten. Hierzu existiert eine in den wichtigsten sowjetischen Tageszeitungen jener Zeit nachlesbare Rede Josef Stalins, die dieser auf dem XVIII. KPdSU-Parteitag im März 1939 gehalten hat. Der sowjetische Führer machte darin unmissverständlich deutlich, dass die UdSSR nicht für andere die Kastanien aus dem Feuer holen werde. Die Konflikte zwischen anderen bürgerlichen Staaten gingen die Sowjetunion nichts an und es gäbe keinen Grund für sie, sich hier hineinziehen zu lassen.[5] Im Klartext hieß das, dass die UdSSR zumindest kein ineffektives Bündnis mit dem Westen einzugehen gedachte.

Dieser Schritt ist auch nachvollziehbar, wenn man die westliche Presse, Aktivitäten und Dokumente betrachtet. Für sich hatten die Westmächte jeden Krieg ausgeschlossen. Kämpfen sollten nur Polen und die Sowjetunion. Das hatte die sowjetische Führung längst begriffen. Der Westen glaubte aber noch immer, die UdSSR hinhalten und zu einem Krieg mit Deutschland überreden zu können. Es gab also keine westliche Option als reale Alternative für die UdSSR: Moskau hatte nie eine wirkliche Wahl gehabt.

Forschungen bestätigen, dass der Westen in keiner Weise – trotz verschiedener Bündnisabkommen und Zusagen – bereit war, Polen irgendeine militärische Hilfe zu gewähren. So kamen die Generalstäbe Frankreichs und Großbritanniens am 4. Mai 1939 überein, Polen nicht zu helfen und beizustehen.[6]

Darauf setzten Handlungen ein, die man als nichts anderes als Betrug bezeichnen kann. Zwei Wochen später versprachen die Franzosen den Polen in einem Protokoll über militärische Zusammenarbeit effektive militärische Hilfe nach zwei Wochen deutscher Aggression. Als polnische Diplomaten und Wirtschaftsfachleute im Westen die versprochenen Waffen kaufen wollten, wurden sie bis zu Beginn des Krieges hingehalten. Zudem wurden von hohen britischen Offizieren Versprechungen über eine schnelle Luftwaffenhilfe einschließlich der Lieferung modernster Bomber gemacht. Diese Versprechungen begannen im Juli und zogen sich bis in den September hin.

Eine weitere Entscheidung fiel am 12. September 1939, als Polen schon lange kämpfte. Im nordfranzösischen Abbeville beschloss der Höchste (britisch-französische) Kriegsrat unter Beteiligung der beiden Ministerpräsidenten, die bisher begrenzten Militärhandlungen an der deutsch-französischen Grenze einzustellen und Polen keine Hilfe zu leisten.[7]

So wie Polen trotz existierender vertraglicher Verpflichtungen von den Westmächten im Stich gelassen wurde, wäre auch die UdSSR mit und ohne derartige Verbindlichkeiten auf sich allein gestellt gewesen. Eine sogenannte westliche Option gab es für die Sowjetunion nicht. Dennoch hatte sich die Sowjetunion auf Verhandlungen mit dem Westen eingelassen. Dazu wird behauptet, dass Stalin auf diese Weise seinen Preis für einen Nichtangriffsvertrag mit Deutschland hochtreiben wollte. Das ist schon daher gegenstandslos, da zu jener Zeit des westlichen Verhandlungsangebots – also im April – noch keinerlei Signale irgendeiner diesbezüglichen Verhandlungsbereitschaft aus Deutschland zu vernehmen waren.

Für die Sowjetunion gab es zumindest zwei wesentliche Gründe, auf die Verhandlungen mit den unsicheren britischen und französischen

Partnern, mit ihren »Münchener Politikern«, einzugehen und ihre Angebote zu prüfen. Die Gründe hießen Japan und Polen. Japan hatte in der Mandschurei Truppen in Stärke eines Armeekorps (6. Armee) für einen größeren Grenzkonflikt zusammengezogen und sich darauf vorbereitet, in die militärisch mit der UdSSR verbündete Mongolei einzufallen. Moskau rechnete stündlich mit dem Angriff, der dann auch im Mai erfolgte.

Ferner hatte sich Polen unmissverständlich zum Widerstand entschlossen. Die Russen, die die Mentalität der Polen kannten, wussten, dass das ernst gemeint war und sich Warschau um nichts und von niemandem in der Welt davon abbringen lassen würde. Die Kampfmoral des polnischen Soldaten war sehr hoch. Davon konnte sich die Rote Armee an der Weichsel überzeugen. Gemeinsam mit der polnischen Armee hätte die Rote Armee die Wehrmacht zumindest zum Stehen bringen können. Ein erfolgreicher polnisch-sowjetischer Abwehrkampf in Polen hätte auch die Stimmung in Westeuropa verändert und die Westmächte möglicherweise zum offensiven Handeln gezwungen. Damit hätte der auch von Polen angestrebte Plan Erfolgsaussichten gehabt.

Im April 1939 machten die Westmächte der UdSSR ein Angebot, über ein antideutsches Bündnis zu verhandeln, nachdem sie auch Rumänien eine Garantie gegeben hatten. Allein daraus war aber schon für die sowjetische Führung erkennbar, dass die Westmächte die Verantwortung für diese Garantien allein der UdSSR übertragen wollten. Dennoch ließ sich die sowjetische Führung darauf ein, denn die Lage an der fernöstlichen Grenze wurde immer dramatischer. Die UdSSR konnte sich einfach nicht leisten, auch nur die geringste Chance eines Bündnisses mit dem Westen und Polen auszuschlagen. Wichtig für sie war der Wille der Polen zum Kampf, daher wurde der Nachlässigkeit der Westmächte vorerst keine Bedeutung beigemessen.

Am 17. April 1939 regte Moskau den Abschluss eines englisch-französisch-sowjetischen Abkommens über gegenseitige Hilfe an, das folgende Punkte beinhalten sollte:

1. »England, Frankreich und die UdSSR schließen ein auf fünf bis zehn Jahre befristetes Abkommen, das sie verpflichtet, einander im Fall

einer in Europa verübten Aggression gegen einen der Unterzeichnerstaaten unverzüglich jegliche Art von Hilfe einschließlich militärischer zu gewähren.

2. England, Frankreich und die UdSSR verpflichten sich, den zwischen der Ostsee und dem Schwarzen Meer gelegenen osteuropäischen Staaten im Falle einer Aggression gegen diese Staaten jede Art von Hilfe einschließlich militärischer zu gewähren.

3. England, Frankreich und die UdSSR verpflichten sich, innerhalb kürzester Frist den Umfang sowie die Formen der militärischen Hilfe zu erörtern und festzulegen, welche jedem dieser Staaten in Erfüllung von Artikel 1 und 2 zu leisten ist.

4. Die englische Regierung stellt klar, dass die Hilfe, die sie Polen versprochen hat, ausschließlich für den Fall einer Aggression seitens Deutschlands gilt.

5. Der zwischen Polen und Rumänien bestehende Vertrag wird entweder für den Fall einer jeden Aggression gegen Polen und Rumänien für gültig erklärt oder aber als gegen die UdSSR gerichtet für ungültig erklärt.

6. England, Frankreich und die UdSSR verpflichten sich, nach der Eröffnung von Feindseligkeiten unter keinen Umständen im Alleingang und ohne gemeinsame Vereinbarung der drei Mächte irgendwelche Verhandlungen mit den Aggressoren zu führen oder Frieden zu schließen.

7. Eine entsprechende Vereinbarung wird gleichzeitig mit einer Konvention unterzeichnet, die in Übereinstimmung mit Artikel 3 zu entwerfen ist.

8. England, Frankreich und die UdSSR erachten es als erforderlich, mit der Türkei gemeinsame Verhandlungen über den Abschluss eines separaten Abkommens über gegenseitige Hilfe aufzunehmen.«[8]

Dieser Vertragsentwurf war ausgewogen und berücksichtigte auch die vertraglichen Bindungen und Gegebenheiten Polens und Rumäniens. Dieser Vertrag blieb monatelang Verhandlungsgrundlage, dem die Briten und Franzosen aber letztlich ihre Zustimmung verweigerten.

Doch Moskau resignierte nicht. Am 11. Mai wurde in der regierungsoffiziellen *Iswestija* unter dem Titel »Über die internationale Lage« deutlich gemacht, dass Deutschland ohne ein Bündnis mit der UdSSR, Frankreich und Großbritannien sowie Polen kaum aufzuhalten sein würde. Zugleich wurde der Vorschlag eines Paktes über sofortige gegenseitige Hilfe und Respektierung des jeweils anderen Territoriums unterbreitet. Damit sollte vor allem Warschau die Furcht vor einer Abtrennung polnischen Staatsgebietes im Falle eines sowjetischen Truppendurchmarsches genommen werden.

Am 23. Mai legte der Westen einen Vorschlag vor, der aber in erster Linie auf Konsultationen und keine sofortige und effektive Hilfe ausgerichtet war. Am 2. Juni antwortete Moskau mit einem neuen Vorschlag, der aber wieder von Polen abgelehnt wurde.[9]

Die Verhandlungen kamen also nur langsam und schleppend in Gang. Der Westen hatte es nicht eilig, seine Verhandlungsdelegationen in die UdSSR zu schicken. In einer Zeit, als nun japanische reguläre Armeeeinheiten die mongolische Grenze überschritten und sich mit sowjetischen Truppen schwere Kämpfe lieferten, benutzten die französischen und britischen Verhandlungsteilnehmer das langsamste Verkehrsmittel, das es zu jener Zeit gab. Während im letzten Jahr die westlichen Regierungschefs persönlich und mit dem Flugzeug bei Hitler in Berchtesgaden, Bad Godesberg und München erschienen waren, machten es sich Briten und Franzosen auf einem Dampfer gemütlich, der fast eine Woche brauchte, um am 10. August in Leningrad festzumachen. Diese beschämende Tatsache war zwar symptomatisch, jedoch nicht ausschlaggebend für die weiteren Verhandlungen, die vom 12. bis 17. August stattfanden.

In Moskau stellte sich heraus, dass die entsandten Militärs keine führenden oder wichtigen Positionen in ihren Ländern innehatten und zum Teil auch nicht mehr im aktiven Dienst waren. Sie waren also strenggenommen nicht kompetent. Schlimmer noch war die Tatsache, dass sie auch nicht bevollmächtigt waren, irgendwelche Verträge mit der UdSSR abzuschließen. Das alles war ein Affront gegenüber der UdSSR und um so merkwürdiger, als London und Paris selbst um diese Verhandlungen gebeten hatten.

Die sowjetische Führung fühlte sich in ihren Befürchtungen bestätigt, nahm die Verhandlungen aber dennoch auf. Dafür gab es mehrere Gründe. Angesichts der Kämpfe in der Mongolei musste sie jede Chance zu einem Bündnis nutzen. Obwohl sie sich über den inzwischen eindeutigen Charakter der westlichen Strategie im Klaren war und auch jene westlichen Teilnehmer unmissverständlich deutlich machten, dass der Abschluss eines Bündnisvertrages sich noch über Monate hinziehen würde, war Moskau doch auf sie als Verhandlungspartner angewiesen. Nur über sie und ihre Regierungen konnte Einfluss auf Polen genommen werden, denn Warschau hatte sich inzwischen offiziell geweigert, auch im Falle einer deutschen Aggression sowjetische Truppen ins Land zu lassen. Die UdSSR war sich zu jenem Zeitpunkt ziemlich sicher, dass vom Westen keine effektive Hilfe zu erwarten war. Wichtiger als diese Hilfe war aber ein gemeinsames militärisches Vorgehen mit Polen. Nur mit einem kämpfenden Polen und auf polnischem Territorium konnte die Rote Armee die Nazis aufhalten. Nur das Zusammenwirken von polnischem Kampfgeist und Kampfbereitschaft mit Millionen Sowjetsoldaten hätte die Wehrmacht noch vor Warschau aufhalten können.

Doch die polnische Führung wollte keine Sowjetsoldaten auf ihr Territorium lassen. Polen hatte hierzu seine eigenen Vorstellungen. Es wollte allein gegen die Nazis kämpfen, und wenn die Wehrmacht die sowjetische Grenze erreichen sollte und Polen besiegt wäre, dann sollte die Rote Armee eingreifen. Diese Position war aus politischen und militärischen Gesichtspunkten nicht akzeptabel. Genau das aber geschah: Polen wurde besiegt und danach die UdSSR angegriffen.

Unter solchen Umständen konnte kein Bündnis mit Polen zustande kommen. Die Westmächte, die von vornherein die gesamte Last der militärischen Unterstützung Polens auf die UdSSR delegieren wollten, versuchten Warschau zum Einlenken zu bewegen. Das lag im Interesse der Sowjetunion und war ihre Hauptbedingung. Ohne das Einverständnis Polens machte jedes Bündnis keinen Sinn. Man muss einräumen, dass sich die Vertreter der Westmächte redlich Mühe gaben, den Polen reinen Wein einzuschenken. Sie machten unmissverständlich klar, dass von ihrer Seite keine militärische Unterstützung zu erwarten sei und allein die UdSSR helfen könne. Auch sowjetische Diplomaten wurden in Warschau wegen dieser Angelegenheit vorstellig.

Nichts half, die Polen blieben bei ihrer Ablehnung.

Mit der polnischen Weigerung waren die Verhandlungen gescheitert. Der Westen konnte auf die polnische Haltung verweisen und seine Hände in Unschuld waschen.

Doch so schwierig die Situation nach der polnischen Weigerung auch geworden war – Briten und Franzosen hätten durchaus noch ein Bündnis schließen können. Bedingung dafür war aber eine Offensive des Westens gegen Deutschland im Falle einer antipolnischen Aggression. Hierzu hätte nicht nur ein Bündnisvertrag, sondern auch eine Militärkonvention abgeschlossen werden müssen.

In diese Richtung gingen nun die sowjetischen Bemühungen.

Als in Moskau der sowjetische Verhandlungsführer Woroschilow am 14. August 1939 die westlichen Vertreter fragte, was der Westen an Militärhilfe im Falle einer deutschen Aggression zu bieten hätte, gaben seine Vertreter keine Antwort. Sie wollten sich erst konsultieren, und daher wurden die Verhandlungen auf den 21. August verschoben. Der Westen war nicht nur verspätet, sondern auch mit leeren Händen nach Moskau gekommen. Damit scheiterten auch diese Verhandlungen.

Die UdSSR unternahm noch einen letzten Versuch, mit England und Frankreich zu einem Bündnisabkommen zu gelangen. Da aber die Vertreter dazu nicht bevollmächtigt waren und sich die Gespräche noch Monate hinziehen sollten, musste die sowjetische Seite nun eine grundsätzliche Entscheidung treffen.

Die deutschen Kriegsvorbereitungen gegenüber Polen waren unübersehbar, und auch im Fernen Osten zogen sich die Kämpfe hin. Jeden Moment konnte ein deutsch-polnischer Konflikt ausbrechen, und die Sowjetunion verfügte über keinerlei Vertrag, der ihr auch nur einen relativen Schutz gewährte. Die Zeit drängte also.

Inzwischen war man in Berlin in Bezug auf den geplanten Krieg zu anderen Überlegungen gekommen. Die im März von Hitler verkündete Doktrin des Kampfes gegen alle war angesichts der von Großbritannien verkündeten Kriegsbereitschaft nicht mehr zu halten. Immerhin brachten Briten und Franzosen zusammen 110 Divisionen auf, Deutschland hingegen nur 23. Dadurch konnte ein Widerstand im

Westen unberechenbare Folgen zeitigen. Die deutsche Angriffsstrategie basierte auf einer schnellen Niederwerfung des Gegners (»Blitzkrieg«) und schloss die Möglichkeit längerer Kampfhandlungen aus. Die deutschen Rohstoff- und somit Kriegsreserven reichten allenfalls für ein Jahr, worauf deutsche Wirtschaftsvertreter eindringlich hinwiesen. Mit Frankreich und England, die theoretisch über unermessliche Rohstoffreserven verfügten, hätte sich der Krieg in die Länge ziehen können. Um an die kriegswichtigen Bodenschätze – vor allem Erdöl – heranzukommen, hätte Deutschland zuerst die Sowjetunion angreifen müssen. Da aber lag Polen quer. In der Zeit des Polen-Feldzuges konnten die Westmächte aber Deutschland angreifen. In diesem Falle griff möglicherweise auch schon die Rote Armee in die Kämpfe ein. So stünde Deutschland in einem Zweifrontenkrieg mit zweifelhaftem Ausgang.

Selbst wenn die Westmächte nicht eingegriffen und nach der Niederlage Polens Deutschland sofort die Sowjetunion attackierte, hätte es doch – nach optimistischen deutschen Einschätzungen – noch Monate gebraucht, um an die sowjetischen Rohstoffe zu gelangen. Da bei einem Krieg mit der Sowjetunion die Transportwege zerstört sein würden und von Partisanen angegriffen würden, verging wiederum viel Zeit, bis die eroberten Rohstoffe im Reich wären. Das Risiko sahen die deutschen Militärs weniger in der Roten Armee als in der Weite des Sowjetlandes, die die Masse der deutschen Truppen binden und deren Einsatz im Westen verhindern würde.

Der Westen in seiner ideologischen Verblendung ging davon aus, dass das Nazireich aufgrund seiner antisowjetischen, antisemitischen Grundüberzeugung in den Osten marschieren würde und nicht nach Westeuropa. Damit lagen die Westmächte falsch. Der deutsche Imperialismus strebte nach Weltherrschaft, weshalb er im ersten Schritt sich ganz Europa unterwerfen wollte. Auch dessen westlichen Teil. Aber nicht nur die materiellen Ressourcen beeinflussten die Kriegsstrategie Berlins, sondern auch die Zeit. Die Weltwirtschaftskrise von 1929 war noch nicht überwunden, als bereits eine neue drohte. Gobal wie national. Die massiven Kriegsvorbereitungen hatten die Ökonomie in Deutschland durcheinandergebracht, die Rüstung verzehrte Mittel, die anderswo fehlten, die Wirtschaft lief auf Pump.[10] Ohne Krieg könnte schon bald das ganze System krachen gehen, allein der Krieg würde, abstrakt formuliert, den Kapitalismus retten, indem alle gesellschaftlichen Widersprüche durch die Fokussierung auf eine einzige Aufgabe zurückgedrängt werden würden. So dachte man nicht in der Hitler-Clique, aber man handelte so.

Wann ihr die Idee eines Nichtangriffsvertrages mit der Sowjetunion gekommen war, ist nicht genau auszumachen, allenfalls der Zeitraum seiner Entstehung. Berlin und Moskau verhandelten über einen Wirtschaftsvertrag, die Gespräche zogen sich auch deshalb in die Länge, weil die deutsche Seite sich einen genauen Überblick über die sowjetischen Ressourcen verschaffen wollte. Dabei ging es primär nicht um Handel und Kooperation, sondern um die Sondierung des geplanten Raubes. Bekanntlich erfüllte die Sowjetunion bis zum Überfall ihre Verpflichtungen, die sich aus diesem Vertrag für sie ergaben. Aber auch auf diese Lieferungen war Hitlerdeutschland angewiesen, diese hielten die Industrie am Laufen. Nachdem Deutschland halb Europa unter seine Militärstiefel gebracht hatte, bediente es sich aus anderen Quellen – ohne dafür zu bezahlen.

Deutschland war also mehr auf den Handelsvertrag mit der Sowjetunion angewiesen als diese. Handel funktioniert aber nur, wenn zwischen den Handelspartnern Frieden herrscht. Dessen waren sich beide Seiten bewusst, weshalb sie am Abschluss eines Vertrages sehr interessiert waren. Die deutsche Seite versuchte, wie schon erwähnt, die Rohstoffressoucen auszuloten und die speziellen Wünsch der sowjetischen Seite auf deren strategische Bedeutung zu prüfen. Berlin wollte auf keinen Fall Moskau ökonomisch stärken und behilflich sein, die Verteidigungsfähigkeit zu verbessern. Es war schließlich der künftige militärische Gegner. Überdies verlangte die sowjetische Seite auch Rüstungsgüter, die Deutschland selbst benötigte, die Produktionskapazität gab einfach nicht mehr her.

Mit dem Fortgang der Verhandlungen wurde auch klar, dass es außer den gravierenden politisch-ideologischen Gegensätzen keine Streitpunkte gab, mit denen sich ein Krieg begründen ließe. Das musste die Naziführung bei ihren Planungen auch ins Kalkül ziehen. Das deutsche Volk war noch nicht kriegsreif, die Stimmung war – bei allem Jubel für Hitler – friedlich. Die Expansion, die mehrheitlich gebilligt wurde, war bis dato friedlich erfolgt. So sollte es auch bleiben. Einzig gegenüber dem »Erbfeind« Frankreich, an das man nach Versailles Elsass-Lothringen hatte abtreten müssen, und Polen, das ebenfalls deutsche Territorien nach dem Krieg zugesprochen bekommen hatte, hegte die deutsche Bevölkerung in ihrer Mehrheit keine Sympathie. Mit dem fernen Russland, zu dem man noch nicht einmal eine gemeinsame Grenze hatte, hatten die meisten Deutschen keine Probleme. Ein Krieg mit der Sowjetunion bewegte sich außerhalb der Phantasie. Menschen, die sich diesen militärischen Konflikt vorstellen konnten, ohne ihn zu wünschen, erinnerten sich zudem der Erfahrungen, die verschiedene Eroberer dort bereits gemacht hatten. Einen Feldzug nach Russland hielt nicht nur Bismarck für höchst riskant oder unsinnig. Im Unterschied zu Polen, Rumänien, Lettland, Estland, Finnland oder England war in Deutschland der Anteil der Sympathisanten und Freunde Russlands und der Sowjetunion in großen Teilen der Arbeiterschaft, der Intelligenz, des Bildungsbürgertums und sogar auch der Bourgeoisie bedeutend höher. Selbst unter den nicht-faschistischen deutschen Nationalisten, die in der Weimarer Republik großen Einfluss hatten, waren prorussische und somit auch prosowjetische Einstellungen verbreitet. Die Sowjetunion hatte den Versailler Vertrag verurteilt und abgelehnt und 1922 in Rapallo als einziger großer Staat Europas Deutschland die Hand gereicht und seither gute Beziehungen gepflegt. Das wurde in einer Zeit, wo Ehre noch etwas galt und hoch gehalten wurde, nicht vergessen. Nicht zu unterschätzen war auch die von der Kommunistischen Partei Deutschlands postulierte und praktizierte Freundschaft zur UdSSR. Sie gehört zum Fundament der KPD und war nach maßgeblicher Meinung ihres Vorsitzenden Ernst Thälmann Prüfstein für jeden Kommunisten. Die KPD zählte 1933 fast eine halbe Million Mitglieder und war die drittstärkste deutsche Partei.[11] Obwohl über die Hälfte der Parteimitglieder inzwischen in faschistischen Gefängnissen und Konzentrationslagern und viele im Exil waren, hatte die kommunistische Haltung zur Sowjetunion vor allem in der Arbeiterschaft Spuren hinterlassen. Das alles mussten die Nazis in Rechnung stellen: Ein Krieg gegen die Sowjetunion war unpopulär.

Beide Seiten hatten demnach – wenn auch aus verschiedenen Gründen – erkannt, dass es – zumindest vorerst – keinen Krieg zwischen Deutschland und der Sowjetunion geben müsste.

Der Nichtangriffsvertrag war auch nicht von der UdSSR initiiert worden. Außenminister Joachim von Ribbentrop hatte sich bei seinen Verhören während des Internationalen Kriegsverbrecherprozesses in Nürnberg im März und April 1946 eindeutig zur deutschen Initiative bekannt. Hitler und er waren die treibenden Kräfte gewesen.[12]

Solange irgendeine Chance zu einer Übereinkunft mit dem Westen und Polen bestand, wäre ein Nichtangriffsvertrag zwischen Berlin und Moskau die weitaus schlechtere Lösung gewesen, sagte er.

Obwohl die UdSSR kaum Illusionen über die Haltung des Westens hatte, ging sie dennoch auf den Vorschlag zu Verhandlungen zu einem Bündnis ein, der ihr am 14. April von Großbritannien und Frankreich unterbreitet worden war. Nachdem aber trotz der gespannten Lage in Europa zwei Monate später – also Mitte Juni – weit und breit keine westlichen Verhandlungspartner in Sicht waren und die Kämpfe im Fernen Osten an Heftigkeit zugenommen hatten, äußerte der sowjetische Botschaftsrat Georgi Astanow gegenüber dem bulgarischen Botschafter in Berlin, dass kein Vertrag mit England abgeschlossen werden müsste, wenn die Deutschen eine Erklärung zu einem Nichtangriff abgäben bzw. ein Nichtangriffsvertrag geschlossen werden würde.

Diese persönliche Bemerkung eines Botschaftsrats wird heute als diplomatische Initiative der UdSSR an Deutschland interpretiert, um Verhandlungen in Gang zu setzten, die zu diesem Nichtangriffsvertrag zwischen Berlin und Moskau führten. Obwohl sich Astanow sicher sein konnte, dass die Bulgaren seine Aussage den Deutschen übermittelten, blieb es noch immer ein persönliches Gespräch. Zwischen Staaten, die volle diplomatische Beziehungen unterhalten – und das war zwischen der UdSSR und Deutschland der Fall – gelten immer noch offizielle Noten bzw. andere direkte Formen als Willensausdruck der Beteiligten.

Das Astachow-Gespräch kann schon daher als Initiative-Argument nicht herhalten, da es zu dieser Zeit schon nicht mehr um eine Initiative, sondern eben schon um eine Reaktion auf die deutsche Initiative ging.

Die deutsche Führung, vor allem Hitler und Außenminister Ribbentrop, hatten die Stalin-Rede auf dem Parteitag insofern richtig interpretiert, dass die Sowjetunion zu allen Staaten, die es wünschten, friedliche Beziehungen pflegen wollte. Deutschland war von diesem Angebot nicht ausgeschlossen worden. Auf Anweisung Ribbentrops empfing der Staatssekratär im Auswärtigen Amt, Ernst von Weizsäcker, den sowjetischen Botschafter Alexej Merekalow zu einem Gedankenaustausch. Von Weizsäcker erkundigte sich nach den Äußerungen Stalins hinsichtlich der Verbesserung der sowjetisch-deutschen Beziehungen. Der Botschafter antwortete diplomatisch, dass es aus Sicht seiner Regierung keine Gründe gäbe, normale Beziehungen nicht zu pflegen.[13]

Darin den Beginn einer deutsch-sowjetischen Annäherung zu suchen, scheint ein wenig realitätsfern.

Der Wechsel im sowjetischen Außenministerium, dem Volkskommissariat für Auswärtige Angelegenheiten, am 3. Mai 1939 rief Spekulationen hervor, die bis heute noch nachwirken. Litwinow war Jude. Dass er für Molotow Platz machte, wird noch immer so interpretiert, dass man damit der antisemitischen Führung in Berlin entgegenkam. Das ist Unsinn, weil solche Kriterien in der deutschen Außenpolitik kaum eine Rolle spielten. Die Ablösung Litwinows hatte allerdings etwas mit den gescheiterten Bemühungen um ein kollektives Sicherheitssystem in Europa zu tun. Diese Absicht hatte sich im Zusammenhang mit der Zerschlagung der Tschechoslowakei wohl erledigt. Der Wechsel konnte als ein Signal gewertet werden, dass die UdSSR eine andere Politik einzuschlagen gedachte. Litwinow wurde stellvertretender Außenminister und zugleich Botschafter in den USA.

Molotow war vierzehn Jahre jünger und seit 1930 Vorsitzender des Rates der Volkskommissare, also Ministerpräsident und damit zweiter Mann hinter Stalin. Die Übernahme des Außenamtes gehört zweifellos zu einer Konzentration und Zentralisierung innerhalb der Sowjetführung, die mit einem baldigen Krieg rechnete.

Am 30. Mai – also zwei Wochen *vor* dem Astanow-Gespräch mit dem Bulgaren Draganow – führte Staatssekretär Ernst von Weizsäcker ein offizielles Gespräch mit Botschaftsrat Astanow über Möglichkeiten der Verbesserung der gegenseitigen Beziehungen. Am 17. Juni konferierte zum gleichen Thema in Berlin der deutsche Botschafter in der UdSSR von Schulenburg mit Astanow.

Beide Gespräche kamen auf Initiative der deutschen Seite zustande. Auf sowjetischer Seite folgten daraus keine Reaktionen.

Am 28. Juni suchte Botschafter von Schulenburg in Moskau den sowjetischen Außenminister Molotow auf und unterbreitete eine Vielzahl Vorschläge zur Verbesserung der deutsch-sowjetischen Beziehungen, darunter auch die Idee eines Vertrages zur Normalisierung der gegenseitigen Beziehungen.[14] Molotow wich einer konkreten Antwort aus und erklärte, dass zunächst die politischen Beziehungen verbessert werden müssten, ehe man über einen solchen Vertrag reden könnte. Darauf ging nun wieder die deutsche Seite nicht ein.

Am 26. Juli wandte sich in Berlin Legationsrat Karl Schnurre an die sowjetische Botschaft und signalisierte die Bereitschaft der deutschen Regierung, alle von der UdSSR gewünschten Garantien abzugeben.

Eine Reaktion aus Moskau blieb aus.

Berlin legte am 3. August nach. Außenminister Ribbentrop bat den sowjetischen Geschäftsträger Astanow zu sich. Das bedeutete nach diplomatischen Begriffen: äußerste Dringlichkeit und Wichtigkeit. Ribbentrop versprach eine radikale Umgestaltung der gegenseitigen Beziehungen unter der Bedingung, dass sich beide Staaten nicht in die Angelegenheiten des anderen einmischten und keinerlei gegen den anderen gerichtete Maßnahmen betrieben.[15]

Moskau positionierte sich dazu nicht im deutschen Sinne.

Einen Tag später meldete Botschafter von Schulenburg nach Berlin, dass in Moskau alles für ein Bündnis mit den Franzosen und Briten spräche.[16] Jetzt wurde man in Berlin unruhig, sodass Schnurre am 10. August von Astanow eine unverzügliche sowjetische Stellungnahme verlangte.[17]

Moskau kam dadurch in eine schwierige Situation, zumal sich die Westmächte auch gegenüber Deutschland nicht eindeutig verhielten. Seit Monaten fanden deutsch-britische Geheimverhandlungen statt, über die nicht nur der sowjetische Botschafter Maiski aus London berichtete.[18] Auch auf die sowjetischen Vertragsvorschläge, die zwischen London und Moskau wechselten, reagierte der Westen zurückhaltend oder war versucht, der UdSSR die Hauptlast der Verpflichtungen aufzubürden. Am 29. Juni ließ die sowjetische Seite ihrem Unmut darüber in einem *Prawda*-Artikel von Andrej Shdanow freien Lauf. Unter dem Titel »Die englische und französische Regierung wollen keinen gleichberechtigten Vertrag mit der UdSSR« wurde deutlich gemacht, dass man nicht für andere die Kastanien aus dem Feuer holen wolle.

Dennoch wartete Moskau immer noch auf die Briten und Franzosen, die sich erst am 5. August mit dem Schiff auf den Weg nach Leningrad machten, wo sie am 10. August eintrafen. Sie verhandelten ohne Kompetenz und Vollmacht, so dass die sowjetische Seite sich hingehalten und hintergangen fühlte.

Am 14. August beauftragte Ribbentrop Botschafter von Schulenburg in Moskau, die sowjetische Seite darüber zu informieren, dass Berlin der Meinung sei, die Probleme zwischen Ostsee und Schwarzem Meer zur allseitigen Zufriedenheit zu regeln. Darunter fielen die baltischen Länder, Polen und die südöstliche Region.[19]

Einen Tag später meldete der Botschafter seinem Dienstherren Vollzug. Er hätte die Informationen an Molotow übergeben, der sie an Stalin weiterleiten wollte. Die sowjetische Seite wäre zudem über die Bereitschaft der Deutschen zur Verständigung zufrieden. Molotow wäre auch der Meinung, dass alles schnell geklärt werden müsste, um nicht vor vollendeten Tatsachen zu stehen.[20] Zu territorialen Fragen wurde sich nicht geäußert, nur zu Wirtschaftsfragen.

Unter »vollendete Tatsachen« verstand Molotow mit Sicherheit den Ausbruch eines Krieges.

Am 15. August wurde der deutsche Botschafter von Schulenburg erneut bei Außenminister Molotow vorstellig und überreichte eine Note seiner Regierung, dass Berlin zum Abschluss eines Nichtangriffsvertrages mit der UdSSR bereit sei.[21]

Noch einmal: Berlin schlug den Vertrag vor.

Das war eine neue Lage für Moskau. Die Ablehnung eines Nichtangriffsabkommens hatte immer Konsequenzen. Sie setzte die ablehnende Seite unter Druck, denn die Gegenseite konnte behaupten, man habe das Angebot ausgeschlagen, weil man Krieg führen wolle. Die UdSSR stand nun unter Zugzwang, auf den sie aber vorbereitet war.

Am Tag darauf wurden die Wirtschaftsverhandlungen in Berlin erfolgreich abgeschlossen, womit Moskau bekundete, dass man von der Ernsthaftigkeit des deutschen Vorschlages überzeugt sei. Am gleichen Tage erklärte sich Molotow bereit, den deutschen Außenminister am 26. oder 27. August in Moskau zu empfangen. Moskau wollte also noch mindestens eine Woche warten, um vielleicht doch noch mit den Westmächten zu einem positiven Ergebnis zu kommen. Das ist übrigens ein weiterer Hinweis auf die Tatsache, dass Moskau die westliche Option einer Vereinbarung mit Nazideutschland vorzog.

Doch mit Briten und Franzosen kam man nicht weiter. Auf die sowjetische Frage nach einem Bündnisvertrag verwiesen die Unterhändler auf noch Monate dauernde Verhandlungen. Damit waren für die sowjetische Seite diese Möglichkeit ausgereizt. Die erfolglosen Verhandlungen mit den westlichen Vertretern wurden abgebrochen.

Am 21. August ließ Hitler persönlich in einer Eilbotschaft in Moskau anfragen, ob Ribbentrop schon in den nächsten Tagen empfangen werden könnte.[22] Die Eile Hitlers hing mit dem Termin des geplanten Überfalls auf Polen zusammen. Außenminister Ribbentrop wurde am 23. August empfangen und der Vertrag unterzeichnet.

Hitler war der Vertrag ideologisch zuwider, aber er sah darin die Chance, bei einer von ihm unterstellten Neutralität bzw. Passivität der Westmächte seinen eigentlichen Gegner niederzuwerfen und zu besetzen. Der Vernichtungs- und Eroberungskrieg gegen die Sowjetunion hatte oberste Priorität.

Am gleichen Tag, am 23. August 1939, besiegten die sowjetischen Truppen eine ganze japanische Armee, die etwa 12 km in die Mongolei eingedrungen war. Die entscheidende Schlacht am Chalchin Gol stand in keinem Zusammenhang mit den deutsch-sowjetischen Vereinbarungen und straft die Behauptungen Lügen, dass der Nichtangriffsvertrag der UdSSR erlaubt habe, gegen Japan loszuschlagen.

Für den Krieg, der am 1. September in Europa begann, hatte sich die Sowjetunion eine neutrale Stellung verschafft und in Asien einem gefährlichen Aggressor die Lust auf einen weiteren Angriff auf die UdSSR vorläufig genommen. Bei Lichte besehen gab dieser Vertrag – das geheime Zusatzprotokoll war noch nicht bekannt – nichts her, was eine Hysterie rechtfertigen konnte. Rein formal entsprach er den nicht nur zu jener Zeit üblichen internationalen Anforderungen. Er glich jenem, der im Herbst 1938 zwischen Deutschland und Großbritannien abgeschlossen worden war. Das deutsch-sowjetische Vertragswerk bezog sich auf den Berliner Vertrag von 1926, der keine internationalen Proteste oder anderweitige Irritationen zur Folge gehabt hatte. Auch die im Vertrag vereinbarten Konsultationen und freundschaftliche Meinungsaustausche entsprachen den üblichen internationalen Normen. Es war der Form nach ein Nichtangriffsvertrag, dem Inhalt nach ein Neutralitätsabkommen, was aus dem Dokument unschwer zu ersehen ist:

Nichtangriffsvertrag zwischen Deutschland und der Union der Sozialistischen Sowjetrepubliken[23]

Die Deutsche Reichsregierung und die Regierung der Union der Sozialistischen Sowjetrepubliken geleitet von dem Wunsche die Sache des Friedens zwischen Deutschland und der UdSSR zu festigen und ausgehend von den grundlegenden Bestimmungen des Neutralitätsvertrages, der im April 1926 zwischen Deutschland und der UdSSR geschlossen wurde, sind zu nachstehender Vereinbarung gelangt:

Artikel I.
Die beiden Vertragschliessenden Teile verpflichten sich, sich jeden Gewaltakts, jeder aggressiven Handlung und jedes Angriffs gegen einander, und zwar sowohl einzeln als auch gemeinsam mit anderen Mächten, zu enthalten.

Artikel II.
Falls einer der Vertragschliessenden Teile Gegenstand kriegerischer Handlungen seitens einer dritten Macht werden sollte, wird der andere Vertragschliessende Teil in keiner Form diese dritte Macht unterstützen.

Artikel III.
Die Regierungen der beiden Vertragschliessenden Teile werden künftig fortlaufend zwecks Konsultation in Fühlung zueinander bleiben, um sich gegenseitig über Fragen zu informieren, die ihre gemeinsamen Interessen berühren.

Artikel IV.
Keiner der beiden Vertragschliessenden Teile wird sich an irgend einer Mächtegruppierung beteiligen, die sich mittelbar oder unmittelbar gegen den anderen Teil richtet.

Artikel V.
Falls Streitigkeiten oder Konflikte zwischen den Vertragschliessenden Teilen über Fragen dieser oder jener Art entstehen sollten, werden beide Teile diese Streitigkeiten oder Konflikte ausschliesslich auf dem Wege freundschaftlichen Meinungsaustausches oder nötigenfalls durch Einsetzung von Schlichtungskommissionen bereinigen.

Artikel VI.
Der gegenwärtige Vertrag wird auf die Dauer von 10 Jahren abgeschlossen mit der Massgabe, dass, soweit nicht einer der Vertragschliessenden Teile ihn ein Jahr vor Ablauf dieser Frist kündigt, die Dauer der Wirksamkeit dieses Vertrages automatisch für weitere fünf Jahre als verlängert gilt.

Artikel VII.
Der gegenwärtige Vertrag soll innerhalb möglichst kurzer Frist ratifiziert werden. Die Ratifikationsurkunden sollen in Berlin ausgetauscht werden. Der Vertrag tritt sofort mit seiner Unterzeichnung in Kraft.

Ausgefertigt in doppelter Urschrift, in deutscher und russischer Sprache, Moskau am 23. August 1939.
Für die deutsche Reichsregierung: I. Ribbentrop
In Vollmacht der Regierung der UdSSR: W. Molotow

Das Zusatzprokoll wurde erst später bekannt und löste mit allem Recht heftige Diskussionen aus, weil es – anders als der Vertrag selbst – internationales Recht ignorierte. Der Oberste Sowjet kritisierte es in den achtziger Jahren als im Widerspruch zu den Normen des Völkerrechts stehend.

Geheimes Zusatzprotokoll[24]

Aus Anlass der Unterzeichnung des Nichtangriffsvertrages zwischen dem Deutschen Reich und der Union der Sozialistischen Sowjetrepubliken haben die unterzeichneten Bevollmächtigten der beiden Teile in streng vertraulicher Aussprache die Frage der Abgrenzung der beiderseitigen Interessensphären in Osteuropa erörtert. Diese Aussprache hat zu folgendem Ergebnis geführt:

1. Für den Fall einer territorial-politischen Umgestaltung in den zu den baltischen Staaten (Finnland, Estland, Lettland, Litauen) gehörenden Gebieten bildet die nördliche Grenze Litauens zugleich die Grenze der Interessenssphären Deutschlands und der UdSSR. Hierbei wird das Interesse Litauens am Wilnaer Gebiet beiderseits anerkannt.

2. Für den Fall einer territorial-politischen Umgestaltung der zum polnischen Staate gehörenden Gebiete werden die Interessenssphären Deutschlands und der UdSSR ungefähr durch die Linie der Flüsse Narew, Weichsel und San abgegrenzt.

Die Frage, ob die beiderseitigen Interessen die Erhaltung eines unabhängigen polnischen Staates erwünscht erscheinen lassen und wie dieser Staat abzugrenzen wäre, kann endgültig erst im Laufe der weiteren politischen Entwicklung geklärt werden.

In jedem Falle werden beide Regierung diese Frage im Wege einer freundschaftlichen Verständigung lösen.

3. Hinsichtlich des Südostens Europas wird von sowjetischer Seite das Interesse an Bessarabien betont. Von deutscher Seite wird das völlige politische Desinteresse an diesen Gebieten erklärt.

4. Dieses Protokoll wird von beiden Seiten streng geheim behandelt werden.

Für die deutsche Reichsregierung: I. Ribbentrop
In Vollmacht der Regierung der UdSSR: W. Molotow

Das Zusatzprotokoll, und das wird wissentlich ausgeblendet, beinhaltete keine gemeinsame Aktion zur Zerschlagung Polens. Es geht noch nicht einmal vordergründig von der Möglichkeit eines Krieges aus, sondern von dem zu jener Zeit im Westen kursierenden Gerücht von einem »neuen München«, das Polen betreffen sollte. Hier wollte sich die UdSSR eine Mitsprache auf Augenhöhe sichern.

Die UdSSR verpflichtet sich darin zu nichts, schon gar nicht zu einem Angriff auf Polen. Das Abstecken von Interessensphären gehörte und gehört zur Diplomatie aller Großmächte. Der UdSSR ging es darum, im Falle eines deutschen Angriffs die von ihr beanspruchten Gebiete von deutscher Besetzung freizuhalten. Hinsichtlich der weiteren Existenz Polens sind eigentlich nichtssagende Bemerkungen gemacht worden: Alles wird der weiteren Entwicklung überlassen.

Dass Flüsse in Zentralpolen als annähernde Grenzlinie bezeichnet wurden, kann verschieden interpretiert werden, ebenso die Erhaltung eines polnischen Staatswesens.

Dass bei einer deutschen Militäraktion die baltischen Staaten nicht betroffen sein sollten, bedeutete nicht, dass sie sowjetisiert werden würden. Hinsichtlich Bessarabien wollte die UdSSR lediglich ein gemeinsames deutsch-rumänisches Agieren verhindern. Die Inbesitznahme erfolgte hingegen 1940 nicht mit einem Einmarsch, sondern mit Zustimmung Rumäniens nach einem Ultimatum. Nach dem 23. August fiel die gesamte Presse des Westens und auch Polens über den Vertrag her, als ob ein Verrat allergrößter Dimension stattgefunden hätte. Sofort sprach man hier davon, dass sich die UdSSR wegen ihrer angeblichen Demokratiefeindlichkeit und ihren gesellschaftlichen Strukturen lieber mit Nazideutschland als mit den westlichen Demokratien verbündete. Die deutschen Medien hingegen taten bewusst so, als ob es sich herbei nicht um einen Nichtangriffsvertrag, sondern einen Bündnisvertrag gehandelt hätte.[25]

Die Hysterie der Westmächte weist eindeutig darauf hin, dass man sich gründlich verrechnet hatte und es nicht gelungen war, Hitlerdeutschland auf die Sowjetunion zu lenken. Die ganze Appeasement-Politik hatte sich als Fiasko erwiesen. Die Politik der »Münchener« war gescheitert. Die Schuldzuweisung im Jahre 1939 diente den Westmächten in erster Linie auch dafür, von der eigenen jahrelangen Begünstigung Hitlers und der faktisch unterlassenen Hilfeleistung für das angegriffene Polen abzulenken.

Um ihr Gesicht nicht zu verlieren, wurde am 25. August ein britisch-polnischer Beistandspakt abgeschlossen. Damit war auch der Versuch gescheitert, der Sowjetunion die Lasten und Opfer einer militärischen Auseinandersetzung mit Hitlerdeutschland allein aufzubürden und selbst außerhalb des Geschehens zu bleiben. Jene August-Hysterie belegt, dass es der erfahrenen britischen und französischen Diplomatie nicht gelungen war, die junge sowjetische Diplomatie hinters Licht zu führen. Es war ein klarer Sieg der sowjetischen Diplomatie über die der Westmächte.

Allerdings darf nicht übersehen werden, dass die Vereinbarung zwischen Berlin und Moskau auch für gewaltige Verunsicherung nicht nur bei den deutschen Antifaschisten sorgte. Dazu trug auch in erheblichem Maße die deutsche wie auch die Propaganda der Westmächte bei. Und der Umgang mit deutschen Emigranten in der Sowjetunion, von denen viele zurück nach Deutschland geschickt wurden.

Anmerkungen

1 Siehe hierzu Holger Michael: Die Legende vom Hitler-Stalin-Pakt. Berlin 2008
2 Vgl. Stalin, J., Fragen des Leninismus. 4. Auflage. Berlin 1951. S. 680–692
3 Vgl. Der zweite Weltkrieg. Dokumente. Ausgewählt und eingeleitet von Gerhard Förster und Olaf Groehler. Berlin 1972. S. 35
4 Ebenda
5 Vgl. Stalin, J. Fragen des Leninismus; a.a.O., S. 680–692
6 Vgl. Röhr, Werner. Von Annaberg nach Gleiwitz. Zur Vorgeschichte des deutschen Überfalls auf Polen am 1. September 1939. Berlin 2009. S. 72, vgl. Wyszczelski, Lech. O czym nie wiedzieli Beck i Rydz-Śmigły. Warszawa 1989. S. 80
7 S. Vgl. Röhr, Werner. Von Annaberg nach Gleiwitz; a.a.O., S. 72–74
8 God krisisa. (Das Jahr der Krise) Moskau 1990. Bd. 1. S. 386/387
9 Vgl. Maiski, J.M. Memoiren eines sowjetischen Botschafters. Berlin 1973. S. 455–456
10 Vgl. Mottek, Hans, Becker, Walter, Schröter, Alfred. Wirtschaftsgeschichte Deutschlands. Ein Grundriss. Band III. Von der Bismarckschen Reichsgründung 1871 bis zur Niederlage des deutschen Imperialismus 1945. 2. Auflage. Berlin 1975. S. 323/324; vgl. Norden, Albert. So werden Kriege gemacht. Über Hintergründe und Technik der Aggression. 4. überarbeitete und stark erweiterte Auflage. Berlin 1968. S. 101/102
11 Vgl. Partie kommunistyczne i robotnicze świata. Zaryz ecyklopedyczny.Warszawa 1978. S. 79
12 Vgl. Grünberg, Karol. Otręba Bolesław. Joachim von Ribbentrop. Szef hitlerowskiej dypomacji. Warszawa 1995. S. 123, 124; Hass, Gerhard. 23. August 1939. Der Hitler-Stalin-Pakt. Dokumentation. Berlin 1990. S. 280
13 Vgl. ZSRR-Niemcy 1939–1941. Dokumenty i materiały dotyczące stosunków radziecko-niemieckich w okresie od kwietnia 1939 do lipca 1941. Wilna 1990. S. 10–11
14 Vgl. Hass, Gerhard. 23. August 1939. Der Hitler-Stalin-Pakt; a.a.O., S. 129/130
15 Vgl. Ebenda. S. 141–143
16 Vgl. Ebenda. S. 143–146
17 Vgl. Ebenda. S. 150/151
18 Vgl. Maiski, J.M. Memoiren eines sowjetischen Botschafters; a.a.O., S. 472/474
19 Vgl. ZSRR-Niemcy 1939–1941. Dokumenty; a.a.O., S. 29–31
20 Vgl. Ebenda. S. 31–35
21 Vgl. Hass, Gerhard. 23. August 1939. Der Hitler-Stalin-Pakt; a.a.O., S. 162–165
22 Vgl. ZSRR-Niemcy 1939–1941. Dokumenty; a.a.O., S. 48–49
23 Politisches Archiv des Auswärtigen Amtes, f 11/0048–0050. Mikrofilm
24 Ebenda, f 19/182–183. Mikrofilm
25 Vgl. Gossweiler, Kurt. Wider den Revisionismus. Aufsätze, Vorträge, Briefe aus sechs Jahrzehnten. München 1997. S. 167

Nachwort

Mit dem deutschen Überfall am 1. September 1939 war die Zweite Republik zwar noch nicht untergegangen, aber Zwischenkriegspolen, der Gegenstand dieser Untersuchung.

Insgesamt fing damit eine neue Zeitrechnung in der modernen polnischen Geschichte an. Das polnische Heer wehrte sich tapfer. Die Westmächte verständigten sich am 12. September untereinander darauf, Polen *nicht* zu unterstützen, die von Warschau erwartete Offensive im Westen fand nicht statt. Das Schicksal Polens war damit militärisch besiegelt. Fast das gesamte Gebiet des ethnischen Polens wurde von der deutschen Wehrmacht besetzt. Die Hauptkräfte des polnische Heeres waren zerschlagen, nur an einigen Orten – so auch die Hauptstadt Warschau – kämpften Polen noch in der Umzingelung. Der Kampf war aussichtslos geworden.

Angesichts dieser Lage wartete seit Tagen die polnische Staats- und Militärführung an der rumänischen Grenze auf die Erlaubnis zum Übertritt, bis sie am Abend des 17. September die Grenze passieren und ins rumänische Exil gehen konnte.

In den Morgenstunden des gleichen Tages marschierten sowjetische Truppen in Ostpolen ein. Eine polnische wie auch westliche Kriegserklärung erfolgte nicht. Die verbliebenen polnischen Truppen waren angewiesen worden, der Roten Armee keinen Widerstand zu leisten. Dennoch kam es zu einigen Gefechten.

Die UdSSR handelte in diesem Fall nicht anders als die Polen vor einem Jahr gegenüber der Tschechoslowakei: Sie nahm die belorussische und ukrainische Bevölkerung unter ihren Schutz. Das hatte die UdSSR in einer Note schon 1923 angekündigt und Stunden vor ihrem Einmarsch dem polnischen Botschafter mitgeteilt. Der polnisch-sowjetische Nichtangriffsvertrag war durch die militärische Niederlage der Polen hinfällig. Die Sowjetunion hatte lange mit ihrem Eingreifen gewartet und gehofft, dass die Westmächte zur aktiven Verteidigung Polens und zur Offensive gegen Deutschland schreiten würde. Da das nach fünfzehn Tagen, wie im Mai 1939 in Paris ausgemacht, nicht geschah, gab es für die UdSSR keinen Grund zur Zurückhaltung.

Für die polnische Bevölkerung und die polnische Geschichtsschreibung stellte das allerdings eine Aggression dar.

Am 28. September 1939 schlossen Deutschland und die Sowjetunion einen Freundschafts- und Grenzvertrag. Wesentlich war eine konkrete Übereinkunft zum neuen Grenzverlauf, der sich vor allem durch die Handlungen der Deutschen ergeben hatten. Die Sowjetunion verzichtete auf polnisch-ethnische Gebiete. Dafür kam Litauen in ihre Interessensphäre. Einen Monat später übergab Moskau das Wilna-Gebiet an Litauen.

Nach einer Volksabstimmung wurden die westukrainischen und westbelorussischen Gebiete der Ukrainischen bzw. Belorussischen Sozialistischen Sowjetrepublik angeschlossen. Kleinere belorussische Gebiete kamen zu Litauen. Im Sommer 1940 wurde Bessarabien und die Nordbukawina an die UdSSR angeschlossen.

Die polnische Exilregierung, die sich in London niederließ, erkannte die Grenzänderungen im Osten nie an. Dadurch gefährdete sie auch die Zusammenarbeit der westlichen Staaten der Antihitlerkoalition mit der UdSSR und brachte sich selbst um die Möglichkeit, Einfluss auf die Gestaltung der unmittelbaren Nachkriegsordnung zu nehmen.

Die Grenzfrage wurde für polnische Exilpolitiker und ihre Anhänger im besetzten Polen zur Kernfrage ihrer Beziehungen zur UdSSR. Als die Sowjetunion diesbezüglich nicht nachgeben wollte, verschärften sie den antikommunistischen und antisowjetischen Kurs und verhinderten dadurch auch die Bildung einer antifaschistischen Befreiungsfront. Die Politik der Londoner entfernte sich immer mehr von der Realität und damit vom Verständnis der tatsächlichen politischen und militärischen Entwicklungen. So verlor die polnische Exilregierung nach und nach die Unterstützung von Briten und Amerikanern.

Während der Teheraner Konferenz im Dezember 1943 billigten die Westmächte den künftigen polnisch-sowjetischen Grenzverlauf, der auf der Konferenz von Jalta im Februar 1945 schriftlich fixiert wurde. Es entspricht also nicht der Wahrheit, dass der Westen diese Grenze nie anerkannt habe. Zugleich bemühte sich in erste Linie die UdSSR, nach dem Sieg über die deutschen Okkupanten Polen alle deutschen Gebiete östlich der Oder und Lausitzer Neiße zukommen zu lassen. Auf der Potsdamer Konferenz Juli/August 1945 erteilten die Westmächte dazu ihre Zustimmung.

Damit hatte die Exilregierung endgültig verloren. In ihrem antikommunistischen Furor hatte sie Nazideutschland und die Sowjetunion zu den beiden Feinden Polens erklärt, was dazu führte, dass Moskau die diplomatischen Beziehungen zur Exilregierung in London im April 1943 abbrach. Als die Rote Armee nach schweren Kämpfen die Grenze von 1939 überschritten hatte und in die ehemaligen polnischen Ostgebiete den faschistischen Truppen nachsetzte, protestierte die Exilregierung. Neben dieser grotesken Haltung gab es auch Handlungen, die mit vielen Opfern verbunden waren. In den ethnisch-polnischen Gebieten versuchten sich nach Anweisung aus London die polnische Untergrundarmee AK gegen die Rote Armee als Machtorgan zu etablieren. Da es keine Beziehungen zu der Londoner Exilregierung mehr gab, anerkannte die Rote Armee diese Organe nicht, entwaffnete und internierte sie. Kaum einer von den polnischen Kämpfern verstand, warum sie, die doch wie die Rote Armee gegen die Nazis kämpften, nun interniert werden sollten. Ein Teil der AK-Kämpfer floh in die Wälder und kämpfte noch Jahre gegen den neuen polnischen Staat.

Das hatten die Linken schon im Herbst 1943 vorausgesehen und schufen mit dem Landesnationalrat eine Alternative vor Ort. Dieser Rat verband sich im Juli 1944 mit aus der sowjetischen Emigration heimkehrenden Kommunisten und anderen Linken und bildete das Polnische Nationale Befreiungskomitee (Lubliner) mit der Polnischen Volksarmee, ihrem bewaffneten Arm. Diese provisorische Regierung schloss mit der UdSSR im Sommer 1944 ein politisches und militärisches Bündnis und einen Vertrag über die neuen Staatsgrenzen. In diesem Vertrag verpflichtete sich die Sowjetunion, für die polnische Westgrenze an Oder und Lausitzer Neiße einzutreten.

Im Juni 1945 sollten sich die Londoner und Lubliner zur Provisorischen Regierung der Nationalen Einheit zusammenschließen. Das war ein Beschluss der Alliierten, doch die meisten Mitglieder der Londoner Exilregierung sperrten sich gegen diesen Zusammenschluss. Dadurch erhielten die Linken ein Übergewicht und der Westen entzog den Londonern die diplomatische Anerkennung.

Wie man die Maßnahmen der Sowjetunion 1939 auch bewertet: Sie legten den Grundstein für eine Grenzrevision, die Polen den enormen Ballast der unruhigen ostslawischen Minderheiten abnahm, das Wilna-Problem regelte und ihnen im Westen und Norden Territorien sicherte. Polen wurde ethnisch homogen, in den hinzugekommenen Gebieten lebten inzwischen fast nur Polen und Katholiken. Das Staatsgebiet hatte nunmehr die Gestalt, wie sie vor 1000 Jahren schon einmal existierte, und fast nur noch natürliche Grenzen. Diese Grenzen waren im Wesentlichen durch die Sowjetunion und die polnischen Linken unter Führung der Kommunisten fixiert worden.

Erstmals in seiner Geschichte war Polen zwischen 1949 und 1990 von Verbündeten (Warschauer Vertrag) umgeben und in eine Wirtschaftsorganisation (Rat für Gegenseitige Wirtschaftshilfe) eingebunden. Mehr noch: In allen umgebenden Staaten waren wie in Polen Kommunisten und Sozialisten an der Macht, die freundschaftliche Beziehungen pflegten. Polen hatte erstmals in seiner Geschichte fast ein halbes Jahrhundert lang keine wesentlichen Probleme mit seinen Nachbarn und durch sie anerkannte und gesicherte Grenzen. Die Probleme der Zwischenkriegszeit schienen der Vergangenheit anzugehören. Diese historischen Errungenschaften wurden nach dem Untergang des Realsozialismus von den in Polen an die Macht gekommenen Kräften systematisch abgebaut und diskreditiert. Polen entwickelte sich vom zweitgrößten sozialistischen Land Europas zu einem osteuropäischen kapitalistischen Problemstaat. Statt aus der Zwischenkriegszeit zu lernen, wird diese selektiv glorifiziert. Das führt auch zu Spannungen mit den Nachbarn.

Am schlechtesten sind die Beziehungen zu Russland. Polen fühlt sich nach den Worten seines auf russischem Territorium verunglückten Staatspräsidenten Lech Kaczyński gegenüber Russland als Bremsklotz der Europäischen Union und antirussische Bastion. Diese Position findet oft Widerspruch in der Europäischen Union. Warschau hat es noch immer nicht begriffen, dass die von Marschall Piłsudski erträumte Führungsrolle in Osteuropa schon seit der Sanacja überholt und unrealistisch ist. Es bleibt nur zu wünschen, dass die führenden polnischen Politiker und Staatsmänner nicht weiter ihre Vorbilder im 16. und 17. Jahrhundert und auch nicht in der labilen Sicherheitslage der Zwischenkriegszeit suchen, sondern sich eher an der jüngsten Vergangenheit orientieren.

Literaturverzeichnis

Ajnenkiel, Andrzej. Od rzadow ludowych do przewrotu majowego. Zarys dziejów politycznych Polski 1918–1926. Wydanie IV. Warszawa 1978

Ajnenkiel, Andrzej. Polska po przewrocie majowym. Zarys dziejów politycznych Polski 1926–1939. Warszawa 1980.

Atlas zur Geschichte. Band 2. Von der Großen Sozialistischen Oktoberrevolution 1917 bis 1972. Gotha/Leipzig 1975

Atlas historyczny Polski. Wydanie IV. Warszawa 1977

Beck, Józef. Ostatni raport. Warszawa 1987

Beck, Józef. Przemówienia, deklaracje, wywiady. Warszwa 1938

Buszko, Józef. Historia Polski 1864–1948. Warszawa 1979

Ciałowicz, J.Polsko-francuski sojusz wojskowy 1921–1934. Warszawa 1970

Ciesielska. W zasięgu krzyżackiego miecza. II wydanie. Warszawa 1963

Cimek, Henryk, Kieszczyński, Lucjan. Komunistyczna Partia Polski 1918–1939. Warszawa 1984

Cisek, Janusz. Józef Piłsudski. Warszawa 2007

Chojnowski, Andrzej. Pilsudczycy na wladzy. Dzieje Bezpartyjnego Bloku Wspólpracy z Rządem. Wrocław, Warszawa, Kraków , Gdańsk, Lódź 1986

Dach, Krzysztof, Dubicki, Tadeusz. Maszałek Ion Antonescu. Biografia żołnierza i polityka. Łódż 2003

Dau, Rudolf, Svatosch. Neuste Geschichte der Tschechoslowakei. Berlin 1985

Der zweite Weltkrieg. Dokumente. Ausgewählt und eingeleitet von Gerhard Förster und Olaf Groehler. Berlin 1972

Die Völker der UdSSR. Zahlen und Fakten 1922–1982. Statistische Zentralverwaltung der UdSSR. Moskau 1982

Dokumente zur Geschichte der SED. Band 1, 1847–1945. 2. Aufl. Berlin 1983

Dokumenty programowe polskiego ruchu robotniczego 1878–1984. Pod redakcją Norberta Kołomejczyka i Bronisława Syzdka. Warszawa 1988

Dziedzictwo zaborów. Wybór tekstów. Warszawa 1983

Dzieje Polski 1918–1939. Wybór materiałów żródłowych. Redakcja i opracowanie Władysław A. Serczyk. Kraków 1990

Dzieje Polski. Pod redakcją Jerzego Topolskiego. Warszawa 1977

Eckert, Marian. Historia polityczna Polski lat 1918–39. Wydanie piąte. Warszawa 1990

Encyklopedia PWN. Fakty i liczby. Warszawa 2006.

Encyklopedia II wojny światowej. Warszawa 1975

Fuhrmann, Rainer W. Polen. Geschichte, Politik, Wirtschaft.Vollständig überarbeitete und ergänzte Neuausgabe 1990. Hannover 1991

Garlicki, Andrzej. Józef Piłsudski 1867–1935. Wydanie III poprawione i uzupełnione. Warszawa 1990
Garlicki, Andrzej. U źródeł obozu belwederskiego. Wydanie II.Warszawa 1979
Garlicki, Andrzej. Przewrót majowe. Warszawa 1979
Garlicki, Andrzej. Od maja do Brześcia. Wydanie II. Warszawa 1985
Garlicki, Andrzej. Od Brześcia do maja. Warszawa 1986
Gossweiler, Kurt. Wider den Revisionismus. Aufsätze, Vorträge, Briefe aus sechs Jahrzehnten. München 1997
Greiner, Piotr, Gronkowska, Ewa, Kaczmarek, Ryszard, Miroszewski, Kazimierz, Paździora, Marek. Słownik historii Polski i świata. Wydanie II. Katowice 2008
Grünberg, Karol. Otręba Bolesław. Joachim von Ribbentrop. Szef hitlerowskiej dyplomacji. Warszawa 1995
Hass, Gerhard. 23. August 1939. Der Hitler-Stalin-Pakt. Dokumentation. Berlin 1990
Historia Anglii. Wydanie czwarte poprawione i uzupełnione. Wrocław, Warszawa, Kraków.
Historia Polski. Bd. IV. 1918–1939. Teil 2 1921–1926. Warszawa 1978
Historia Polski w liczbach. Ludność.Terytorium. Warszawa 1993
Histoire de la France de 1917–1918 aux années soixante-dix. Moscou 1980.
Hoensch, Jörg K. Geschichte Polens. Zweite neubearbeitete und erweiterte Auflage. Stuttgart 1990
Istorija litowskoj SSR. Institut istorii akademii nauk litowskoj SSR. S drewniejschich wremien do naschych dniej. Wilnius 1978.
Jablonowski, Marek. Z dziejów gospodarczych Polski lat 1918–1939. Warszawa 1992
Jędrzejewicz, Wacław.Józef Piłsudski 1867–1935. Życiorys. 13. Auflage. Warszawa 2002
Kamiński, Marek K., Zacharias Michał J. Polityka zagraniczna II Rzeczypospolitej 1918–1939. Warszawa 1987
Kawalec, Krzysztof. Roman Dmowski.Wrocław, Warszawa, Kraków 2002
Král,V.Historické mezniki ve vývoji Československa. Praha 1978
Krasucki, Jerzy. Tragiczna niepodległość. Polityka zagraniczna Polski w latach 1919–1945. Poznań 2000
Kronika dziejów Polski. Kraków 1995
Kołomejczyk, Norbert. Rewolucje ludowe w Europie 1939–1949. Warszawa 1973
Kowalski, Włodzimierz T., Skrzypek, Andrzej. Stosunki polsko-radzieckie 1917–1945. Warszawa 1980
Kozłowski, Czesław. Zarys dziejów polkiego ruchu robotniczego do 1948 roku. Warszawa 1980
Kowaljow, Sergej. Erdichtungen und Fälschungen bei der Einschätzung der Rolle der UdSSR am Vorabend und zu Beginn des Zweiten Weltkrieges. Internetausgabe der russischen Zeitung (Vsgljad, »Blick«) vom 4. Juni 2009
Kulesza, Wladysław. Koncepcje ideowo-polityczne obozu rządzącego w Polsce w latach 1926–1935. Wrocław, Warszawa, Kraków, Gdańsk, Łódź. 1985
Landau, Zbigniew, Tomaszewski, Jerzy. Zarys historii gospodarczej Polski 1918–1939. Wydanie piąte. Warszawa 1986

Laroche, Jules. Polska lat 1926–1935. Wspomnienia ambasadora francuskiego. Warszawa 1966
100 lat polskiego ruchu robotniczego. Kronika wydarzeń. Warszawa 1978
Lepecki, Mieczysław. Pamiętnik adiutanta Marszałka Piłsudskiego. Warszawa 1987
Maiski, J.M. Memoiren eines sowjetischen Botschafters. Berlin 1973
Mały rocznik statystyczny. Rok X. Warszawa 1939
Markiewicz, Stanisław., Państwo i Kościół. Warszawa 1984
Michael, Holger. Die Legende vom Hitler-Stalin-Pakt. Berlin 2008
Michael, Holger. Zwischen Davidstern und roter Fahne. Juden in Polen im XX. Jahrhundert. Berlin 2007
Michael, Holger. Der schwarze Mythos. Die katholische Kirche Polens im XX. Jahrhundert. Berlin 2008
Mirowicz, Ryszard. Edward Rydz-Smigły. Działalność wojskowa i polityczna. Warszawa 1988
Molenda, Jan. Piłsudczycy a narodowi demokraci 1908–1918. Warszawa 1980
Mottek, Hans, Becker, Walter, Schröter, Alfred. Wirtschaftsgeschichte Deutschlands. Ein Grundriss. Band III . Von der Bismarckschen Reichsgründung 1871 bis zur Niedrelage des deutschen Imperialismus 1945. 2. Auflage. Berlin 1975
Motyka, Grzegorz. Ukrainska partysantka 1942–1960. Działalność Organizacji Ukraińskich Nacjonalistów i Ukraińskiej Powstańczej Armii. Warszawa 2006
Nałęcz, Daria i Tomasz. Józef Piłsudski-legendy i fakty. Warszawa 1986
Ochmański, Jerzy. Historia Litwy. Wydanie trzecie poprawione i uzupełnione. Wrocław, Warszawa, Kraków 1990.
Osuchowski. Janusz. Prawo wyznianiowe Rzeczypospolitej Polskiej 1918–1939. Warszawa 1967
Pałyga, Edward J. Polsko-watykańskie stosunki dyplomatyczne. Od zarania II Rzeczypospolitej do pontyfikatu papieża-Polaka. Warszawa 1988
Partie kommunistyczne i robotnicze świata. Zaryz ecyklopedyczny.Warszawa 1978
Piłsudski, Józef. Pisma zbiorowe. Wydanie prac dotychczas drukiem ogłoszonych. 10 Bände. Warszawa 1937–1938
Polska niepodległa. Encyklopedia PWN. Warszawa 2008
Polska w latach 1918–1939. Wybór tekstów źródłowych do nauczania historii. Pod redakcją Wojciecha Wrzesińskiego. Wydanie pierwsze. Warszawa 1986
Próchnik, Adam. Piewsze piętnastolecie Polski niepodległej. Zarys dziejów politycznych. Warszawa 1983
Rocznik statystyczny 1939. Rok X. Warszawa 1939
Röhr, Werner. Von Annaberg nach Gleiwitz. Zur Vorgeschichte des deutschen Überfalls auf Polen am 1. September 1939.Berlin 2009
Serczyk, Władysław A. Dzieje Polski 1918–1939. Wybór materiałów źródłowych. Kraków 1990
Serczyk, Władysław A. Historia Ukrainy. III. Wydanie. Wrocław, Warszawa, Kraków 2001
Shukow, G.K. Erinnerungen und Gedanken. Bd. 1. Berlin 1969
Sienkiewicz, Witold. Mały słownik historii Polski. Warszawa 1991

Słownik historii Polski. Wydanie VI. Warszawa 1973

Słownik polityków polskich XX wieku. Pod redakcją Przemysława Hausere i Stanisława Żerki. Poznań 1998

Stalin, J. Fragen des Leninismus. 4. Auflage. Berlin 1951

Suleja, Włodzimierz. Józef Piłsudski. Wydanie drugie. Wrocław, Warszawa, Kraków 2005

Thälmann, Ernst. Über proletarischen Internationalismus. Reden und Artikel. Leipzig 1977

Tuszyński, Waldemar, Tarnogródzki, Tadeusz. Geschichte des polnischen Widerstandskampfes 1939–1945. Militärhistorischer Abriß. Berlin 1980

Tysiąc lat dziejów Polski. Przegląd ważniejszych wydarzeń z historii i kultury pod redakcją Adama Tatomira. Wydanie IV poprawione i zozszerszone przez Wladysława Kurkiewicza i Wiesława Żurawskiego. Warszawa 1967

Wapiński, Roman. Władysław Sikorski. Warszawa 1978

Wojciechowski, Marian. Stosunki polsko-niemieckie 1933–1938. Poznań 1980

Wyszczelski, Lech. O czym nie wiedzieli Beck i Rydz-Smigły. Warszawa 1989.

Wybór tekstów źródłowych z historii ustroju Polski 1916–1939. Wydanie II poprawione i uzupełnione. Wybór dokonali: Jerzy Chodorowski i Alfred Konieczny. Wrocław 1977

Zieliński, Henryk. Historia Polski. 1914–1939. Wrocław, Warszawa, Kraków, Gdańsk, Łódź 1985

Życie polityczne w Polsce 1918–1939. Wrocław, Warszawa, Kraków, Gdańsk, Łódź 1985

ZSRR-Niemcy 1939–1941. Dokumenty i materiały dotyczące stosunków radziecko-niemieckich w okresie od kwietnia 1939 do lipca 1941. Wilna 1990